Die Botschaft des Neuen Testaments

Walter Klaiber
Der Römerbrief

Neukirchener Theologie

Walter Klaiber

Der Römerbrief

2., durchgesehene Auflage 2012

Neukirchener Theologie

Dieses Buch wurde auf FSC-zertifiziertem Papier gedruckt. FSC (Forest Stewardship Council) ist eine nichtstaatliche, gemeinnützige Organisation, die sich für eine ökologische und sozialverantwortliche Nutzung der Wälder unserer Erde einsetzt.

Bibliografische Information der Deutschen Nationalbibliothek

Die Deutsche Nationalbibliothek verzeichnet diese Publikation in der Deutschen Nationalbibliografie; detaillierte bibliografische Daten sind im Internet über http://dnb.d-nb.de abrufbar.

© 2009 – 2., durchgesehene Auflage 2012
Neukirchener Verlagsgesellschaft mbH, Neukirchen-Vluyn
Alle Rechte vorbehalten
Umschlaggestaltung: Andreas Sonnhüter, Wuppertal
Lektorat: Volker Hampel, Neukirchen-Vluyn
DTP: Volker Hampel, Neukirchen-Vluyn
Druck und Bindung: CPI buchbücher.de gmbh, Birkach
Printed in Germany
ISBN 978-3-7887-2378-1
www.neukirchener-verlage.de

Vorwort

»Bücher für an der Bibel interessierte Nichttheolog/innen«, das forderte der Berner Neutestamentler Ulrich Luz in einem Artikel, den ich vor etwa zwei Jahren las, von seinen neutestamentlichen Fachkollegen. Und er fuhr fort: »Dazu gehören auch wieder Kommentare, aber andere! Einen informativen Kommentar, welchen man z.B. Lehrern und Lehrerinnen in die Hand drücken könnte, gibt es nicht.« Diese Aussage elektrisierte mich. Den Eindruck, den Luz in seiner autobiographischen Skizze weitergab (Eve-Marie Becker (Hg.), Neutestamentliche Wissenschaft. Autobiographische Essays aus der Evangelischen Theologie (UTB 2475), Tübingen/Basel 2003, 300f), teilte ich. Und aufgrund von Erfahrungen in vielen Bibelwochen hatte ich die Meinung gewonnen, dass es möglich sein müsse, solche Auslegungen zu schreiben. Die Bemerkungen von Luz forderten mich heraus, das in die Tat umzusetzen. Ich begann Leitlinien für eine Kommentarreihe zum Neuen Testament zu entwerfen, die das, was Luz und mir vorschwebte, erfüllen würde. Sie sollte eine Auslegung der Schriften des Neuen Testaments bieten, die
– konsequent nach der Botschaft fragt, die die Verfasser der neutestamentlichen Schriften weitergeben wollten,
– dabei nahe an den Texten bleibt, um die Logik der Aussagen der Autoren zu verfolgen,
– wichtige Beobachtungen am Urtext auch für die erschließt, die kein Griechisch können,
– die Bedeutung leitender Begriffe auf ihrem biblischen und zeitgenössischen Hintergrund erläutert,
– die Ergebnisse der Bibelwissenschaft und der historischen Forschung berücksichtigt, aber die Auslegung nicht mit Informationen über die ganze Vielfalt an Hypothesen überlastet,
– über wichtige Alternativen der Auslegung in Geschichte und Gegenwart informiert,
– zur eigenen Meinungsbildung anregt und
– allgemeinverständlich formuliert, ohne das Niveau der Reflexion zu beeinträchtigen.
Name und Programm für die Reihe sollte sein: *Die Botschaft des Neuen Testaments*.

Aber Leitlinien allein helfen nicht weiter. Um zu erproben, ob eine solche Auslegung möglich ist, begann ich mit der Kommentierung des Römerbriefs. Als ich in einem ersten Entwurf etwa zwei Drittel fertiggestellt hatte, legte ich den Plan Herrn Dr. Volker Hampel vom Neukirchener Verlag vor. Er und die zuständigen Gremien des Verlags zeigten große Offenheit für meine Initiative und waren gerne bereit, die Reihe in ihr Verlagsprogramm zu übernehmen. Dafür möchte ich herzlich danken.
Obwohl ich hoffe, eine Reihe neutestamentlicher Schriften selbst auslegen zu können, kann ein solches Unternehmen nicht ohne die Mitarbeit engagierter Kollegen gelingen. Ich freue mich, dass sich Prof. Dr. Roland Gebauer (Reutlingen), Pfr. Dr. Michael Gese (Esslingen), Dr. Volker Hampel (Neukirchen-Vluyn), Prof. Dr. André Heinze (Elstal) und Pfr. Dr. Karl-Heinrich Ostmeyer (Fulda) bereiterklärt haben, die Auslegung einzelner Bücher zu übernehmen. Weitere mögliche Autoren, u.a. Prof. Dr. Ulrich Luz, sind angefragt. Sie alle kennen das Spannungsfeld von wissenschaftlicher Forschung und Auslegung für die Gemeinde aus eigener Erfahrung. Herzlichen Dank für die Bereitschaft mitzuarbeiten! Der Text der Auslegung des Markusevangeliums ist im Entwurf fertiggestellt, sodass der nächste Band der Reihe in 2010 erscheinen kann.
Dass wir mit der Auslegung des Römerbriefs beginnen, hat einen doppelten Grund: Einerseits dürfte dieser Brief diejenige der theologisch zentralen Schriften des Neuen Testament sein, der nichttheologisch vorgebildeten Lesern und Leserinnen die meisten Verständnisschwierigkeiten bereitet. Andererseits ist der Römerbrief für mich persönlich das Buch des Neuen Testament, das die Botschaft des Evangeliums am klarsten und durchdachtesten weitergibt. Die Herausforderung, gerade an dieser Schrift den Versuch einer wirklich allgemeinverständlichen Auslegung zu wagen, war daher fast unausweichlich. Ob das Wagnis gelungen ist, müssen die entscheiden, die mit dem Kommentar arbeiten werden. Für kritische Rückmeldungen bin ich dankbar.
Danken möchte ich meiner Frau, die mit kritischem Blick das Manuskript durchgearbeitet und dabei als Nichttheologin besonders auf die Allgemeinverständlichkeit geachtet hat. Wenn wir den Wunsch von Ulrich Luz ein Stück weit erfüllen konnten, ist das nicht zuletzt auch ihr zu verdanken. Mein Dank gilt auch Volker Hampel für die intensive verlegerische Betreuung.
Denen, die das Buch lesen, wünsche ich, was Paulus seinen Leserinnen und Lesern zusagt (15,33): *Der Gott des Friedens sei mit euch allen!*

Tübingen, im August 2009   Walter Klaiber

Inhalt

Vorwort		5
Einleitung		11
Die Auslegung		15
1,1–7	Der Briefkopf	15
1,8–15	Die Einleitung des Briefs	23

I
1,16 – 4,25 Gottes Ja gilt allen Menschen 27

1,16–17	Das Thema: Das Evangelium und die Gerechtigkeit Gottes	27
1,18 – 3,20	*Alle Menschen verfehlen ihre gottgewollte Bestimmung*	30
1,18–32	Die Auswirkungen des göttlichen Gerichts	31
2,1–16	Vor Gott gibt es keine Privilegien	38
2,17–29	Wer sind die wahren Juden?	44
3,1–8	Urteilt Gott gerecht?	48
3,9–20	Vor Gott ist keiner gerecht	51
3,21 – 4,25	*Die Rechtfertigung aus Glauben*	57
3,21–31	Die Verwirklichung der Gerechtigkeit Gottes im Tod Christi	57
4,1–25	Abraham als Zeuge für die Glaubensgerechtigkeit	68
4,1–12	Gottes Gnade	68
4,13–25	Abrahams Glaube	73

II			
5,1 – 8,39	**Leben vom Ja Gottes**		81
5,1–11	Als Gerechtfertigte leben		81
5,12–21	Die Universalität der Gnade		92
6,1–23	*Das neue Leben derer, die zu Christus gehören*		101
6,1–14	Die Taufe als Grund des neuen Lebens		101
6,15–23	Im Dienst der Gerechtigkeit		109
7,1 – 8,17	*Leben unter dem Gesetz oder Leben im Geist*		115
7,1–6	Die neue Rechtslage		115
7,7–25	Das Leben unter dem Gesetz		119
8,1–11	Neues Leben durch Gottes Geist		132
8,12–17	Leben als Kinder Gottes		141
8,18–39	*Die Gewissheit der Treue Gottes*		146
8,18–30	Solidarisches Leiden und Hoffnung auf Verherrlichung		147
8,31–39	Gott ist für uns		157
III			
9,1 – 11,36	**Gottes Ja zu Israel ist unwiderruflich**		165
9,1–5	Der Schmerz über Israel		165
9,6–33	*Gottes freie Berufung*		168
9,6–13	Wer ist wirklich Träger der Berufung?		168
9,14–29	Gottes freies Erbarmen		170
9,30–33	Der falsche Weg Israels		174
10,1–13	Das Geheimnis der Gerechtigkeit aus Glauben		177
10,14–21	Der Unglaube Israels		183
11,1–10	Gott hat sein Volk nicht verstoßen		186
11,11–16	Gottes Absicht bei der Zurückstellung Israels		188
11,17–24	Eine Mahnung an die Heidenchristen		191
11,25–36	Heil auch für Israel		193

IV

12,1 – 15,13	Ein Ja zu den anderen finden	201
12,1–2	Grundlagen des neuen Lebens	201
12,3–8	Das rechte Miteinander in der Gemeinde	206
12,9–21	Das Verhalten gegenüber allen Menschen	212
13,1–7	Umgang mit staatlichen Behörden	221
13,8–14	Leben in der Liebe	229
14,1 – 15,13	*Gelebte Liebe angesichts von Meinungsverschiedenheiten*	237
14,1–12	Auch Andersdenkende in die Gemeinschaft aufnehmen	237
14,13–23	Nicht auf Kosten anderer Recht behalten	247
15,1–6	Dem Vorbild Christi folgen	256
15,7–13	Christus – Diener der Juden und Hoffnung der Heiden	261
15,14–33	*Abschließende Mitteilungen*	267
15,14–21	Der Auftrag des Apostels	268
15,22–33	Die Reisepläne des Paulus	273
16,1–23	*Grüße und letzte Hinweise*	280
16,1–16	Empfehlung der Phöbe und Grüße nach Rom	281
16,17–20	Eine letzte, dringende Warnung	287
16,21–24	Grüße nach Rom	290
16,25–27	Ein Lobpreis am Schluss	293

Die Botschaft des Römerbriefs – Versuch einer Zusammenfassung 297

I. Anlass und Absicht des Briefs 297

II. Die ursprüngliche Botschaft des Briefs 301

III Die Wirkung des Briefs 306

IV Die Bedeutung der Botschaft heute 309

Weiterführende Literatur 315

Abkürzungen 317

Register wichtiger Begriffe (Auswahl) 319

Einleitung

»Eine Handvoll Dynamit« – mit dieser Überschrift erschien vor Jahren ein Buch, das den Text des Römerbriefs in vier verschiedenen Übersetzungen abdruckte. Ein Text voller Sprengkraft – so sahen die Herausgeber diesen Brief des Paulus an die Christen in Rom. Mehrfach hat die Auslegung dieses Textes in der Geschichte der Kirche verkrustete Denkstrukturen und Überzeugungen aufgesprengt und neue Durchblicke für die Bedeutung des Evangeliums freigelegt. Die Rolle des Römerbriefs für die Theologie Martin Luthers ist hier zu nennen, aber auch die umstürzende Wirkung der Römerbriefauslegung Karl Barths für das theologische Denken nach dem 1. Weltkrieg.
Heutige Leser und Leserinnen tun sich dagegen eher schwer damit, die Argumentation des Paulus im Römerbrief zu verstehen und nachzuvollziehen. Zu kompliziert erscheinen viele seiner Überlegungen und zu fremd seine Begriffswelt. Dieser Kommentar will helfen, dem Gedankengang des Paulus nachzuspüren und zu erkennen, welche Botschaft er weitergeben wollte. Die Auslegung ist zugleich von der Überzeugung geleitet, dass die Botschaft des Apostels auch heute zu uns spricht, wenn wir sorgfältig auf sie hören.
Zunächst aber gilt es, den Römerbrief als Wort des Paulus in einer bestimmten Situation seines Wirkens zu verstehen. Diese Situation lässt sich aus dem Römerbrief selbst relativ genau erschließen.
Am Anfang des Briefs teilt Paulus mit, dass er schon lange geplant habe, nach Rom zu kommen, um auch dort an der Weitergabe des Evangeliums mitzuarbeiten (1,9–15). Aber erst gegen Ende, in 15, 22–29, spricht er genauer über seine Pläne. Er hat den Eindruck, dass seine Aufgabe als Apostel und Missionar im Osten des Römischen Reiches erledigt ist, und möchte nun nach Spanien reisen, um dort seinen Auftrag fortzusetzen. Der Weg dorthin wird ihn zunächst nach Rom führen, und darum hofft er auf eine tätige Unterstützung durch die dortigen Christen für diese Pläne. Zuvor aber will er das Ergebnis einer Geldsammlung unter den Gemeinden in Mazedonien und Achaia, d.h. vor allem in Philippi, Thessalonich und Korinth, für die Gemeinde in Jerusalem persönlich dort abliefern. Das passt recht gut zu der in Apg 20,1–16 geschilderten

Situation. Hier wird erzählt, dass sich Paulus zur Organisation dieser Reise drei Monate in Griechenland aufhielt (V. 2f). Daraus lässt sich schließen, dass der Brief nach Rom im Frühjahr des Jahres 56 n.Chr. in Korinth geschrieben worden ist.
Somit kennen wir die Situation, in der Paulus den Brief schreibt. Nach Überwindung mancher Schwierigkeiten hält er die Arbeit in den von ihm gegründeten Gemeinden für einigermaßen gefestigt. Die Auseinandersetzung, die den heftigen Brief an die Gemeinden in Galatien nötig gemacht hat, scheint beigelegt, und auch die Turbulenzen, die sich in der Korrespondenz mit der Gemeinde in Korinth widerspiegeln, sind überstanden. Jetzt steht als ungelöste Frage vor Paulus, ob auch die Verantwortlichen in der Gemeinde in Jerusalem die Entwicklung seiner missionarischen Arbeit akzeptieren würden (15,31). Möglicherweise wurde die Übereinkunft, die nach Gal 2,1–10 und Apg 15 in der Frage der Heidenmission erzielt worden war, nicht mehr von allen als gültig angesehen.
Eine Besonderheit des Römerbriefs besteht darin, dass er an eine Gemeinde geschrieben ist, die Paulus nicht selbst gegründet hat. Wie Röm 16 zeigt, kennt Paulus zwar eine Reihe von Leuten in Rom, aber der Mehrzahl der dortigen Christen war er persönlich nicht bekannt. Es gab also Erklärungsbedarf im Blick auf seine Theologie, gerade weil sie in der Urchristenheit nicht unumstritten war.
Über die Situation der Christen in Rom wissen wir wenig. Das Christentum scheint schon im Lauf der vierziger Jahre des 1. Jahrhunderts durch zuziehende Judenchristen in der Stadt Fuß gefasst zu haben. Denn der römische Historiker Sueton berichtet, dass es unter Kaiser Claudius zu Unruhen unter den Juden gekommen sei. Er nennt als Ursache einen Unruhestifter namens *Chrestus*, was zweifellos darauf hinweist, dass man sich in den griechisch sprechenden Synagogen Roms über die Frage nach dem Messias (griechisch: *christos*) gestritten hat. Das führte (wahrscheinlich um 49 n.Chr.) zu einer Ausweisung der Juden aus Rom, von der auch die Judenchristen betroffen waren. Nach Apg 18,2 traf Paulus in Korinth (ca. 51 n.Chr.) Aquila, einen in Pontus am Schwarzen Meer gebürtigen Juden, und dessen Frau Priscilla, die »kürzlich aus Italien gekommen waren, weil Kaiser Claudius allen Juden befohlen hatte, Rom zu verlassen.«
In Rom sammelte sich in der Zwischenzeit wieder eine Gruppe von Christen nicht-jüdischer Herkunft, vermutlich vor allem aus dem Kreis der sog. »Gottesfürchtigen«. So bezeichnete man Leute, die sich dem Glauben an den Gott Israels zugewandt hatten und die Synagogengottesdienste besuchten, aber nicht den Schritt zum Übertritt zum Judentum wagten, der für die Männer ja mit dem

Vollzug der Beschneidung verbunden gewesen wäre. Aus den Berichten der Apostelgeschichte wissen wir, dass diese Gruppe für die christliche Botschaft besonders offen war. Sie war von der Ausweisung der Juden nicht betroffen und bildete den Kern einer neuen christlichen Gemeinde. Diese Christen kannten die Schriften des Alten Testaments in griechischer Übersetzung, und das erklärt, warum Paulus gegenüber einer mehrheitlich heidenchristlichen Gemeinde so intensiv mit diesen Schriften, die die gemeinsame Bibel der Juden und der Urchristenheit bildeten, argumentieren konnte.

Allerdings scheint es kurz vor der Abfassung des Römerbriefs zu einer nochmaligen Verschiebung in der Zusammensetzung der Christenheit in Rom gekommen zu sein. In Röm 16 grüßt Paulus nicht nur Priska und Aquila, sondern auch noch eine Reihe anderer Judenchristen, die mit ihm in Kleinasien zusammengearbeitet haben. Wieso waren sie (wieder) in Rom? Im Oktober 54 n.Chr. war Claudius ermordet worden und sein Stiefsohn Nero an die Herrschaft gelangt. Obwohl wir nicht wissen, ob das entsprechende Edikt aufgehoben wurde, scheinen doch ein Teil der Ausgewiesenen und andere Menschen jüdischer Abstammung den Herrschaftswechsel genutzt zu haben, in die Hauptstadt zurückzukehren. Das führte dazu, dass es wieder eine Gruppe von Judenchristen in der römischen Gemeinde gab, die freilich jetzt in der Minderheit war. Das erklärt einige der Probleme, auf die Paulus in seinem Brief reagiert.

Das ist in Grundzügen, was wir über die Situation des Paulus und der Christen in Rom zur Zeit der Abfassung des Briefs wissen oder mit einiger Wahrscheinlichkeit vermuten können. Was Paulus den Christen in Rom in dieser Situation zu sagen hatte, dazu soll zunächst der Brief selbst sprechen. Eine Zusammenfassung seiner Botschaft findet sich am Ende der Auslegung.

Die Auslegung

1,1–7
Der Briefkopf

¹Paulus, ein Diener Christi Jesu, berufener Apostel, ausgesondert für das Evangelium Gottes, ²das durch seine Propheten im Voraus in den heiligen Schriften verheißen worden ist, ³(das Evangelium) von seinem Sohn, der nach dem Fleisch aus der Nachkommenschaft Davids stammt, ⁴der nach dem Geist der Heiligkeit als Sohn Gottes in Vollmacht seit der Auferstehung von den Toten eingesetzt wurde, Jesus Christus, unserem Herrn. ⁵Durch ihn haben wir die Gnade und den Auftrag empfangen, um seines Namens willen zum Gehorsam des Glaubens unter allen (nichtjüdischen) Völkern (zu wirken), ⁶zu denen auch ihr als Berufene Jesu Christi gehört.
⁷An alle von Gott Geliebten, die in Rom leben, die berufenen Heiligen.
Gnade sei mit euch und Friede von Gott, unserem Vater, und dem Herrn Jesus Christus.

Diese Sätze bilden den Briefkopf des Römerbriefs. Wie ein solcher Briefkopf auszusehen hatte, war in der griechisch schreibenden Welt der Antike durch Herkommen und Gewohnheit ziemlich festgelegt. Die Normalform eines solchen Briefkopfs findet sich in Apg 23,26:
»Claudius Lysias dem edlen Statthalter Felix: Zum Gruß!« (ähnlich Apg 15,23; Jak 1,1).
Die Reihenfolge war also: Absender – Adressat – Grußformel. Wenn Juden einen Brief schrieben, benutzten sie gerne anstelle der Formel *zum Gruß* den schönen, im semitischen Sprachbereich üblichen Gruß *Friede*. Dies entsprach auch dem Friedensgruß, den man sich bei einer persönlichen Begegnung entbot. Das ist die Grundform, die auch Paulus benutzt, die er aber gerne erweitert.
Die schlichteste Form findet sich im 1. Thessalonicherbrief (1,1):
Paulus und Silvanus und Timotheus
an die Gemeinde in Thessalonich, die in Gott, dem Vater, und im Herrn Jesus Christus lebt: Gnade sei mit euch und Friede.

Die drei Grundelemente lassen sich unschwer erkennen: Absender sind Paulus, Silvanus und Timotheus, die ohne Titel oder andere Erläuterungen genannt werden; Adressatin ist die Gemeinde in Thessalonich, deren Wesen durch einen Nebensatz erläutert wird; Basis der Grußformel ist der Friedensgruß, der aber durch den vorangestellten Zuspruch der Gnade erweitert ist. Das ist die Grundform des Briefkopfs paulinischer Briefe, die aber je nach Bedarf an der einen oder anderen Stelle erweitert wird.

Wenn wir uns auf diesem Hintergrund den Briefkopf des Römerbriefs ansehen, ergeben sich einige erstaunliche Beobachtungen. Die Angaben zum Absender haben bei weitem den größten Umfang (V. 1–6) und sprengen alles, was wir in anderen Briefen des Paulus oder bei anderen Autoren finden. Auch die Adressatenangabe und die Grußformel sind etwas erweitert, aber das bleibt im Rahmen dessen, was in anderen Paulusbriefen zu beobachten ist.

Was will Paulus den Christen in Rom so dringend über sich mitteilen, dass er es schon im Briefkopf unterbringen muss?

Dass der Absender am Anfang steht, ist allgemeiner Brauch (**1**). *Paulus* ist der Name, den der Apostel im griechisch-römischen Sprachbereich verwendete. Sein jüdischer Geburtsname lautete in Anspielung an seine Herkunft aus dem Stamme Benjamin *Saulus*. Solche Doppelnamen waren gebräuchlich, und der Wechsel von Saulus zu Paulus hat nichts mit der Lebenswende des Apostels zu tun. Mit drei »Funktionsbezeichnungen«, die ihn kennzeichnen sollen, beginnt Paulus seine ausführliche Selbstvorstellung: Er ist *Diener Christi Jesu, berufener Apostel* und *ausgesondert für das Evangelium*.

Diener Christi Jesu nennt Paulus sich zusammen mit seinem Mitarbeiter Timotheus auch in Phil 1,1. Das griechische Wort, das er dabei gebraucht, wird oft mit *Sklave* übersetzt. Das ist sprachlich und sachlich möglich. Denn zweifellos sah sich Paulus in einem völligen Abhängigkeitsverhältnis zu seinem Herrn, Jesus Christus. Aber das Wort ist nicht nur Signal für Demut und Niedrigkeit. Wer Diener eines mächtigen Herrn war, hatte auch entsprechende Vollmachten. Auch das lateinische Wort *minister* heißt ursprünglich *Diener*. Diener eines Königs hatten oft einen großen Verantwortungsbereich, und die Sklaven des Kaisers waren teilweise mächtige Leute. Hinzu kommt, dass auch im Alten Testament Beauftragte Gottes als seine *Knechte* bzw. *Diener* bezeichnet werden, ohne dass damit eine Stellung als *Sklave* verbunden ist (z.B. Mose: Dtn 34,5; Josua: Jos 24,29; David: Ps 18,1; und der geheimnisvolle *Gottesknecht*: Jes 42,19). Wenn Paulus sich also als *Diener* Christi bezeichnet, stellt er sich als dessen Beauftragter vor, als einer, der ganz in seinem Dienst steht. Die ungewöhnliche Wortstellung

Christi Jesu erinnert daran, dass *Christus* eigentlich kein Eigenname, sondern ein Titel ist. Wörtlich übersetzt heißt das entsprechende griechische Wort *Gesalbter* und bezeichnet Jesus als den *Messias* (ein Wort aus dem Hebräischen, das ebenfalls *Gesalbter* bedeutet). Jesus ist der von Gott eingesetzte und gesalbte endzeitliche König Israels, der verheißene Retter. Man dürfte also die ersten Worte auch übersetzen: Paulus, im Dienst des Messias Jesus.
Das führt die zweite Selbstbezeichnung weiter: *berufener Apostel* (so auch in 1Kor 1,1). Von der Wortbedeutung her könnte man das griechische Wort *apostolos* mit *Gesandter* übersetzen. Aber das würde den unzutreffenden Eindruck erwecken, als hätte dieses Wort allgemein eine entsprechende Position im diplomatischen Dienst bezeichnet. Das ist aber nicht der Fall. Vielmehr hat die frühe Christenheit dieses eher seltene und in ganz anderen Zusammenhängen gebrauchte Wort neu geprägt und als Titel für eine bestimmte Personengruppe verwendet. Daher bleiben wir in unserer Übersetzung bei dem Fremdwort *Apostel*. Sachlich hängt diese Neuprägung mit der biblischen Sendungstheologie zusammen. Gott sendet Menschen, die in seinem Auftrag sagen: »So spricht der Herr!« (Jes 3,16; vgl. 6,8f u.ö.). Dazu tritt die sich im Judentum herausbildende Auffassung, dass der Abgesandte eines Menschen diesen rechtsgültig vertritt (vgl. Lk 10,16: »Wer euch hört, hört mich; und wer euch verachtet, verachtet mich. Wer aber mich verachtet, verachtet den, der mich gesandt hat.«).
In diesem Sinne hat das Urchristentum einen Kreis von Personen als *Gesandte/Apostel* bezeichnet. Gelegentlich sind damit *Abgesandte* von Gemeinden gemeint, die zu einer besonderen Aufgabe entsandt und bevollmächtigt wurden (2Kor 8,23; Phil 2,25). In den meisten Fällen aber handelt es sich um *Apostel Christi*, die von Jesus Christus zu einem besonderen Dienst beauftragt wurden. Für Paulus waren zwei Merkmale für diesen Personenkreis bestimmend: Sie sind dem Auferstandenen begegnet (1Kor 9,1; 15,7–9) und von ihm mit der grundlegenden missionarischen Verkündigung betraut worden (Gal 1,1.15–17). In der Darstellung des Lukas werden nur die zwölf Jünger, die Jesus von Anfang an begleitet haben, Apostel genannt (Lk 6,13; Apg 1,15–23). Für Paulus dagegen ist dieser Kreis größer, und er weiß sich – wenn auch als Letzter – von dem Auferstandenen zu diesem Auftrag berufen (1Kor 15,8f). Das betont er im Briefkopf des Römerbriefs auch deshalb, weil er wusste, dass dieser Anspruch umstritten war.
Die dritte Funktionsbezeichnung erläutert, worin Paulus seinen Auftrag sieht: Christus hat ihn *ausgesondert für das Evangelium Gottes*, das heißt: Er hat ihn in besonderer Weise zur Verkündigung der christlichen Botschaft bestimmt. Wie die parallele Aussa-

ge in Gal 1,15 zeigt, hat Paulus seinen Auftrag in enger Beziehung zu der Berufung des Propheten Jeremia verstanden. Diesem wurde in Jer 1,5 gesagt: »Ich kannte dich, ehe ich dich im Mutterleibe bereitete, und sonderte dich aus, ehe du von der Mutter geboren wurdest, und bestellte dich zum Propheten für die Völker.« Wie Jeremia zum Propheten für die Völker, so sah sich Paulus zum Apostel für die Völker ausgesondert und berufen. Während aber Jeremia beauftragt war, Gericht zu verkünden, ist Paulus mit der Weitergabe des *Evangeliums* betraut. Auch dieses der griechischen Sprache entlehnte Wort bekommt in der frühen Christenheit eine eigengeprägte Bedeutung. *Sachlich* liegt die Wurzel des Wortes in der *guten Botschaft*, die im zweiten und dritten Teil des Jesajabuches verkündet wird: Gott hat sein Volk nicht verlassen, sondern wird seine heilvolle Herrschaft über das Volk antreten und dabei besonders für die Armen und Entrechteten eintreten (Jes 52,7; 61, 1). *Sprachlich* knüpft der Begriff *Evangelium* an ein griechisches Wort an, das man gerne für politische gute Nachrichten wie eine Siegesmeldung oder die mit der Geburt oder dem Amtsantritt eines neuen Herrschers erwarteten Wohltaten verwendete. Indem die Urchristenheit ihre Botschaft als *Evangelium* bezeichnete, knüpfte sie in doppelter Weise an die Hoffnungen ihrer Zeitgenossen an. Mit Jesu Wirken bricht Gottes heilvolle Herrschaft in diese Welt des Leides und des Bösen ein und überwindet all das, was die Menschen versklavt (vgl. Mk 1,14f). In Jesu Tod und Auferstehung durchbricht Gott den Bann von Schuld und Hass, der über der Menschheit liegt, und öffnet das Tor zu einem Leben mit Gott. Das ist *Gottes frohe Botschaft* für die Juden, die auf ihren Befreier hoffen, und für die Nichtjuden, die auf einen von Gott gesandten, Heil bringenden Herrscher und Retter warten.

Allerdings scheint Paulus an dieser Stelle so dringenden Erklärungsbedarf zu spüren, dass er noch im Briefkopf zu einer knappen Antwort auf die Frage ansetzt, was das denn für ein Evangelium sei, das er verkündet. Das führt zu einer auch für Paulus ziemlich einzigartigen Kette von Erläuterungen: Wie er seine Aufgabe als *Apostel* versteht, das soll der Hinweis auf seine Bestimmung, das *Evangelium* zu verkündigen, erklären; das Evangelium ist der Maßstab, an dem er beurteilt werden kann. Welchem *Evangelium* er verpflichtet ist, zeigt eine dreifache Näherbestimmung: Es ist *erstens* das Evangelium *Gottes*, die gute Nachricht, die von Gottes Handeln spricht und von ihm selbst autorisiert ist. Das unterscheidet sie von den Parolen politscher und religiöser Glücksbringer, die ihre Versprechen nicht halten. Es ist *zweitens* die frohe Botschaft, die *in den heiligen Schriften* Israels (also unserem Alten Testament) durch die Propheten schon im Voraus verheißen worden ist;

sie wurzelt in der Überlieferung und der Hoffnung Israels (**2**). Das Evangelium ist *drittens* die gute Nachricht von *Gottes Sohn*, in dem Gott den Menschen als Mensch begegnet, d.h. von Jesus, den die Christen als Christus/Messias und Herrn bekennen. Aber diesen Gedankengang führt Paulus gar nicht zu Ende, sondern unterbricht ihn nach dem Stichwort *Sohn*, um den Christen in Rom auch gleich zu sagen, wie er das Bekenntnis zu Jesus als Sohn Gottes versteht (**3f**).

Paulus schiebt dazu zwei erläuternde Nebensätze ein. Ihre parallele Formulierung erweckt den Eindruck, dass er damit einen Text zitiert, den man in den urchristlichen Gemeinden benutzte, um zwei verschiedene Aspekte der Gottessohnschaft Jesu zu bekennen:

Nach dem Fleisch (d.h. nach seiner irdischen Herkunft) stammt er aus der *Nachkommenschaft Davids*. Ihm gilt also die Zusage, die der Prophet Nathan nach 2Sam 7,14 David in Gottes Auftrag für seine(n) Nachkommen gegeben hat: »Ich will sein Vater sein, und er soll mein Sohn sein.« Paulus bemüht sich nicht wie Mt 1,1–12 und Lk 3,23–38, die Abstammung Jesu von David durch eine Rekonstruktion seines Stammbaumes zu sichern. Für ihn ist das eine in der Christenheit bekannte Tatsache, die aber durch eine zweite Aussage ergänzt wird:

Nach dem Geist der Heiligkeit (d.h. durch das Wirken des Heiligen Geistes) wurde der Sohn Davids zum Gottessohn eingesetzt und durch seine *Auferstehung von den Toten* im himmlischen Machtbereich inthronisiert.

Drei Dinge sind an der Schilderung der beiden Aspekte der Gottessohnschaft Jesu beachtlich:

1. *Fleisch* und *Geist* stehen sich nicht wie an anderer Stelle als widerstreitende Mächte gegenüber, sondern beschreiben den Bereich der *irdischen* und der *göttlichen* Wirklichkeit (ähnlich 1Tim 3,16; 1Petr 3,18). *Geist der Heiligkeit* ist wörtliche Übersetzung einer hebräischen Wendung, die meist mit *Heiliger Geist* übersetzt wird (vgl. Ps 51,13; Jes 63,10). Es ist der Geist Gottes, der in seinem Wirken Gottes Heiligkeit und damit sein Gottsein repräsentiert. Im Bereich des *Fleisches*, also des Irdischen und von Menschen Beobachtbaren, ist die Kontinuität mit der Verheißung für David wichtig, dass einer seiner Nachkommen als Repräsentant und Sohn Gottes Gerechtigkeit und Frieden schaffen wird. Die Vorstellung einer biologischen Gottessohnschaft ist damit nicht verbunden.

2. Dem entspricht, was im Bereich des *Geistes*, der göttlichen Wirklichkeit, geschieht: Jesus wurde von Gott durch seine Auferweckung von den Toten zum Sohn Gottes eingesetzt, und zwar in der umfassenden Vollmacht, die dem Wirken des Geistes ent-

spricht. Im Sohn begegnen Menschen dem rettenden und Leben schaffenden Gott.

3. Paulus kann an anderer Stelle auch in anderer Weise von der Gottessohnschaft Jesu sprechen, z.B. in Gal 4,4 (»Als aber die Zeit erfüllt war, sandte Gott seinen Sohn ...«). Dort wird Jesus schon vor Beginn seiner irdischen Existenz als Gottes Sohn gesehen. Die unterschiedlichen Sichtweisen bedeuten für Paulus jedoch keinen Widerspruch. Die Formulierungen in V. 3 und 4 wählt er, um deutlich zu machen, dass für ihn das Christusereignis in der Geschichte und der Verheißung Israels wurzelt, dass aber Gottes Handeln in der Auferweckung Jesu einen ganz neuen, umfassenderen Horizont der Wirklichkeit des Heils aufgerissen hat.

Nachdem geklärt ist, wie Paulus die Gottessohnschaft Jesu versteht, kann er weiter von Jesus Christus sprechen. Er nennt ihn *unseren Herrn*, eine in der Urchristenheit sehr verbreitete Bezeichnung Jesu. Dieser Würdetitel hat verschiedene Wurzeln. Wir finden ihn als respektvolle Anrede in den Evangelien (Mk 7,28), die im Lukas- und Johannesevangelium zum Titel Jesu geworden ist (Joh 21,7: »Es ist der Herr!«). Er spielt aber auch darauf an, dass in der Antike Götter, von denen Schutz und Hilfe erwartet wurde, als *Herren* bezeichnet wurden und auch Herrscher, die sich als göttliche Heilbringer verehren ließen, diesen Titel beanspruchten. Dass man im griechisch sprechenden Judentum damit begonnen hatte, den Gottesnamen mit dem griechischen Wort für *Herr* zu umschreiben, wird von Christen zur Deutung alttestamentlicher Stellen auf Jesus genutzt. Wie V. 7 zeigt, unterschied man aber grundsätzlich zwischen Gott, dem Vater, und dem *Herrn* Jesus Christus. Der Titel *Herr* für Jesus gewann in der Urchristenheit deshalb so große Bedeutung, weil man überzeugt war, dass die Frage nach dem Heil nicht von der Lösung der Machtfrage zu trennen war. Dem richtigen Herrn zu gehören, war entscheidend für das Gelingen des Lebens.

Paulus stellt also in diesen ersten Zeilen des Briefkopfes klar: Autorität und Vollmacht eines Apostels leiten sich vom Evangelium ab, das er verkündet. Das Evangelium aber erhält seinen Gehalt und seine Kraft dadurch, dass es Evangelium von Jesus Christus ist. Und die Gestalt Jesu wird dadurch eindeutig, dass Gott durch ihn seine Zusage an Israel erfüllt und ihm durch die Auferstehung die Vollmacht dessen gibt, der Gottes Werk in dieser Welt ans Ziel führt.

Daraus aber speist sich auch die Autorität des Auftrags des Paulus, auf den er nun wieder zurückkommt (**5**). Von Christus hat Paulus *Gnade und Auftrag* (bzw. *Apostelamt*) empfangen. Die beiden Begriffe interpretieren einander. Für Paulus bedeutet die Begegnung mit Gottes Gnade nicht nur die Be*gnadigung* von in der Vergangenheit begangener Schuld, sondern auch die Be*gnadung* mit einer neuen Aufgabe. Gottes freie und gnädige Zuwendung zu einem Menschen schließt ein, dass dessen Leben in Dienst genommen wird und so Sinn und Erfüllung findet. So spricht Paulus von seinem Auftrag als von »der Gnade, die mir gegeben ist« (Röm 12,3; 15,15; 1Kor 3,10, Gal 2,9). Gerade als ehemaliger Verfolger der christlichen Gemeinde hat er seine Beauftragung als Apostel immer als Ausdruck tiefster Gnade betrachtet (1Kor 15,9f) und ihn darum ganz im Dienst dieser Gnade gesehen. Denn obwohl Paulus hier *wir* sagt, spricht er doch vor allem von seinem eigenen apostolischen Auftrag. Dieser Auftrag hat ein klares Ziel: Er soll *zum Gehorsam des Glaubens unter allen (nichtjüdischen) Völkern* führen.

Für uns heute hat das Wort *Gehorsam* einen schlechten Klang, weil es – gerade in der Geschichte Deutschlands – oft missbraucht wurde. Für Paulus ist es ein wichtiges Wort, das uns im Römerbrief noch an anderen Stellen begegnen wird (10,3.16). Das griechische Wort hat wie das deutsche mit dem Hören zu tun: Hören, das offen ist für das, was gesagt wird, und bereit ist, das Gehörte im eigenen Leben umzusetzen. So meint *Gehorsam des Glaubens* wohl weniger Gehorsam *gegenüber* der Glaubensbotschaft, sondern Gehorsam, der im Glauben besteht. Sich Gott um der Botschaft von Jesus willen ganz anzuvertrauen, das ist der *Glaubensgehorsam*, auf den Auftrag und Verkündigung des Paulus zielen. Dabei ist ihm ein besonderes Wirkungsfeld zugewiesen: die *Völker*. Wenn ein Jude von den *Völkern* spricht, dann meint er alle nichtjüdischen Menschen. Das Wort hat im jüdischen Sprachgebrauch durchaus etwas Abschätziges und wird deshalb meist mit *Heiden* übersetzt. Da aber die wörtliche Bedeutung *Völker* an manchen Stellen wichtig ist, versuchen wir die entsprechenden Bedeutungsnuancen durch Umschreibungen wiederzugeben. Paulus sah sich als der Apostel, der von Gott ganz speziell zu den nichtjüdischen Menschen gesandt war (vgl. Gal 1,16), und das wurde auch von den anderen Aposteln anerkannt (Gal 2,6–9). Er sah seinen Auftrag aber nicht nur darin, zu den Nichtjuden zu gehen und ihnen von Jesus zu erzählen, sondern er wusste sich auch berufen, diese Mission theologisch zu begründen.

Wichtig ist, dass diese Arbeit *um seines* (Jesu) *Namens willen* geschieht. Darin steckt ein doppelter Hinweis: *Indirekt* wird damit angedeutet, wem der Glaubensgehorsam gilt: Er gilt Jesus Christus und dem, was Gott durch ihn getan hat. Christlicher Gehorsam und Glaube gelten nicht irgendwelchen Ideologien oder Institutionen, sondern einer Person, nämlich dem, dessen Name für Gottes gnädiges Kommen steht. *Direkt* wird damit gesagt, dass alles, was Paulus (und christliche Mission) tut, zur Ehre dieses Namens ge-

schieht. Jesu Name verweist auf Gottes rettendes Handeln. Das steht im Mittelpunkt.
Mit der Erwähnung der nichtjüdischen Völker schlägt Paulus den Bogen zu den *Adressaten* des Briefs (**6**): Sie gehören (mehrheitlich) zu den Menschen außerhalb Israels, also zu den heidnischen *Völkern*, zu denen Paulus gesandt ist. Als Christen aber sind sie *Berufene Jesu Christi*, wie Paulus *berufener Apostel* ist. Durch Jesu Ruf gehören sie zusammen. Und so kann Paulus endlich die Adresse nennen (**7a**): *An alle in Rom befindlichen Geliebten Gottes, berufenen Heiligen* (so die wörtliche Übersetzung).
Mit zwei Begriffspaaren identifiziert Paulus die Adressaten als Christen: Dass sie *von Gott Geliebte* sind, ist eine Aussage, die bei Paulus eher selten ist (vgl. aber 1Thess 1,4 und, im Blick auf das jüdische Volk, Röm 11,28). Sie weist aber auf zwei wichtige Abschnitte im folgenden Brief voraus, in denen die Bedeutung der Liebe Gottes für die Glaubenden besonders hervorgehoben wird (5, 5–8; 8,37–39). Sehr viel häufiger erscheint das zweite Begriffspaar *berufene Heilige* in den Briefen des Paulus (vgl. 1Kor 1,2; 2Kor 1,1; Phil 1,1). In Grüßen steht die Bezeichnung *Heilige* häufig anstelle des bei Paulus noch nicht gebräuchlichen Begriffs *Christen* (vgl. Röm 16,15; 2Kor 13,12). *Heilig* ist nach biblischem Sprachgebrauch alles, was Gott gehört. *Heilige* sind also die Menschen, die ganz zu Gott gehören, und zwar nicht aufgrund besonderer Qualifikationen wie Herkunft oder Lebensführung, sondern weil Gott sie in seine Gemeinschaft *berufen* hat. Seit Dan 7,18–27 wird das Gottesvolk der Endzeit mit dem Titel *Heilige (des Höchsten)* bezeichnet, ein Sprachgebrauch, der sich auch in den Qumranschriften findet und von den Christen übernommen wurde (besonders als Bezeichnung für die Urgemeinde in Jerusalem; vgl. 1Kor 16,1). Für den christlichen Sprachgebrauch gilt aber: *Heilige* sind alle Christen, weil sie durch Christus geheiligt sind und deshalb zu Gott gehören (1Kor 1,2). Bemerkenswert ist, dass der Begriff bei Paulus außer in Phil 4,21 nur im Plural vorkommt. *Heilige* sind die Christen als Teil der Gemeinschaft derer, die zu Christus gehören. Als diese Gemeinschaft spricht Paulus auch die Christen in Rom an.
Man hat darüber gerätselt, warum Paulus in dieser Adresse nicht wie in anderen Briefen von der »Gemeinde Gottes in Rom« spricht. So hat man vermutet, dass Paulus die römischen Christen noch gar nicht als richtige Gemeinde ansehe und sie erst durch diesen Brief oder bei einem Besuch kraft seiner apostolischen Autorität dazu machen wolle. Solche Spekulationen scheitern daran, dass der Begriff Gemeinde auch in dem Brief nach Philippi fehlt, also an eine Gemeinde, die Paulus selbst gegründet hat (Phil 1,1; vgl. auch Kol 1,2). Die Angaben in Röm 16 lassen eher darauf schließen, dass es,

als der Brief geschrieben wurde, in Rom verschiedene Hausgemeinden, aber noch keine organisierte Gesamtgemeinde gab. Vielleicht betont Paulus deshalb sosehr, dass sich der Brief an *alle* Geliebten Gottes in Rom richtet. Dieses inklusive Element ist typisch für den Römerbrief.

Endlich schließt der *Eingangsgruß* den Briefkopf (**7b**). Hier benutzt Paulus eine Formulierung, die wir ohne große Veränderungen in allen seinen Briefen finden. Dem traditionellen Friedensgruß, der typisch für jüdische Briefe ist, wird der Zuspruch der Gnade vorangestellt. Friede entsteht dort, wo Gott sich den Menschen gnädig zuwendet. Das unterstreicht der Zusatz, der deutlich macht, woher der Friede kommt, den Paulus den Christen in Rom zuspricht: Es ist Friede von *Gott, unserem Vater.* Die Formulierung *unser* Vater betont das Element der persönlichen Beziehung zum Ursprung unserer Existenz und den Aspekt der Fürsorge und des Erbarmens im biblischen Vaterbild. Zugleich ist es Friede *von dem Herrn Jesus Christus.* Damit wird angedeutet, dass es wahren Frieden dort gibt, wo Menschen ihr Leben in der heilsamen Herrschaft Jesu bergen.

Die Christen in Rom, die diesen Brief zum ersten Mal lasen oder vorgelesen bekommen haben, waren sicher erstaunt über die ungewöhnliche Gestalt seines Anfangs. Aber sie werden gespürt haben, was Paulus ihnen damit signalisieren wollte. Er schrieb an sie mit der Autorität eines von Jesus Christus Beauftragten. Er war aber zugleich bereit, diese Autorität zu begründen. Sie gilt nicht, weil er etwas Besonderes erlebt hat oder einen formalen Ausweis seiner Vollmacht vorweisen kann. Sie gilt, weil sein Dienst vom Evangelium Jesu Christi bestimmt ist und weil sein Evangelium auf Gottes Handeln in Jesus Christus, seinem Sohn, gründet. Dieses Evangelium wurzelt in der Verheißung Israels und gilt den Juden in gleicher Weise wie allen übrigen Menschen.

Christliche Kirche braucht ein Reden in Vollmacht. Echte Vollmacht kann sich aber nie nur auf formale Kriterien oder den Anspruch persönlicher Erfahrungen berufen. Sie schöpft ihre Überzeugungskraft aus ihrer Bindung an das Evangelium und Gottes Handeln in Christus. Daran lässt sie sich messen.

1,8–15
Die Einleitung des Briefs

⁸Vor allem danke ich meinem Gott durch Jesus Christus für euch alle und dafür, dass man von eurem Glauben in der ganzen Welt spricht. ⁹Denn Gott, dem ich in der Verkündigung des Evange-

liums von seinem Sohn in meinem Geist diene, er ist mein Zeuge, wie beständig ich immer wieder in meinen Gebeten an euch denke ¹⁰und darum bitte, ob es nach dem Willen Gottes nicht doch einmal gelingen wird, zu euch zu kommen. ¹¹Denn ich sehne mich danach, euch zu sehen, damit ich euch etwas an geistlicher Gnadengabe zu eurer Stärkung mitteilen kann, ¹²besser gesagt: um unter euch und zusammen mit euch durch die Gemeinsamkeit eures und meines Glaubens ermutigt zu werden. ¹³Ihr sollt nämlich wissen, Brüder und Schwestern, dass ich mir schon oft vorgenommen habe, zu euch zu kommen – bin aber leider bis jetzt daran gehindert worden –, damit ich auch unter euch wie unter den übrigen (nichtjüdischen) Völkern ein wenig Frucht ernte. ¹⁴Griechen und Nichtgriechen, Gebildeten und Ungebildeten gegenüber bin ich verpflichtet, ¹⁵und darum möchte ich, soviel an mir liegt, auch euch in Rom das Evangelium verkündigen.

Ein antiker Brief beginnt oft mit der Versicherung, dass der Absender in seinen Gebeten für die Adressaten betet oder dankbar an sie denkt (vgl. 2Makk 9,20f). Das leitet dann zum eigentlichen Anliegen des Briefs über. Paulus hält sich an diesen Brauch, gestaltet den Einleitungsabschnitt aber je nach Briefsituation sehr unterschiedlich. Das gilt gerade auch für den Römerbrief. Wenn er betet, dann steht ihm die Situation der Christen in Rom dankbar vor Augen (**8**). Dass Paulus dabei von *meinem* Gott spricht, meint natürlich nicht, dass er zu einem privaten, von dem der römischen Christen unterschiedenen Gott beten würde. Wie die Beter der Psalmen spricht er zu einem persönlichen Gott (vgl. Ps 3,8; 7,2 u.ö.), und er findet diesen persönlichen Zugang zu Gott durch Jesus Christus. Als Grund seiner Dankbarkeit für die Christen in Rom nennt er, dass *man von eurem Glauben in der ganzen Welt spricht*. Paulus hat dieses Kompliment auch den Christen in Thessalonich gemacht (1Thess 1,8). Uns erscheint es als etwas übertrieben. Aber die Vorgänge, die zur Ausweisung der Juden aus Rom geführt hatten, verschafften der christlichen Bewegung in der Hauptstadt schon eine gewisse Aufmerksamkeit. Darum gilt auch die besondere Fürbitte des Paulus den dortigen Christen. Er ruft dafür Gott als Zeugen an (**9**) und betont, dass sein Dienst in der Verkündigung des Evangeliums keine äußerliche Verpflichtung darstellt, sondern ihn von innen her (d.h. *in meinem Geist*) in Beschlag nimmt. Das eigentliche Ziel seines Gebets, von dem er den Christen in Rom berichten will, ist der Wunsch, wenn es Gottes Wille sein sollte, einmal selbst nach Rom zu kommen (**10**). Über den Grund für diesen Wunsch zu sprechen, scheint aber nicht einfach zu sein, denn Paulus drückt sich reichlich gewunden aus. In einem ersten Anlauf (**11**) sagt er,

dass er etwas von der *Gnadengabe* (griechisch: *charisma*), d.h. dem geistlichen Gut, mit dem er selbst beschenkt wurde, weitergeben möchte, um damit die römischen Christen zu stärken. Aber Paulus korrigiert diese Formulierung sofort (**12**). Es geht nicht nur darum, dass er etwas mitbringt und den Christen dort etwas gibt; er möchte vielmehr *zusammen mit ihnen ermutigt* werden, und zwar dadurch, dass sie gemeinsam entdecken, wie die verschiedenen Ausdrucksformen ihres und seines Glaubens einander ergänzen.
Doch das möchte Paulus nun im Klartext sagen (**13**). Er setzt noch einmal feierlich ein (wörtlich: *Ich möchte euch nicht in Unkenntnis darüber lassen …*) und redet seine Adressaten ganz persönlich an. Dabei ist zu beachten, dass die maskuline Form des griechischen Wortes für *Brüder* auch Frauen einschließen kann; und da in Röm 16 viele Frauen unter den Adressaten namentlich genannt werden, übersetzen wir es mit *Brüder und Schwestern*. Paulus bekennt, dass er schon lange geplant hatte, nach Rom zu kommen, aber immer wieder an der Durchführung dieses Planes gehindert wurde. Das hatte verschiedene Gründe. Möglicherweise war Paulus zunächst auch vom Aufenthaltsverbot für Juden in Rom durch Claudius betroffen. Später machten Probleme in den kleinasiatischen und griechischen Gemeinden sein Bleiben dort notwendig. Aber aufgegeben hat er seine Pläne nicht. Rom war für Paulus Mitte und Abbild der Völkerwelt des Römischen Reiches. Dort wohnten ja nicht nur Römer, sondern ein buntes Gemisch von Menschen ganz unterschiedlicher Herkunft. Paulus als der Apostel der *Völker* sieht es als seinen Auftrag an, an diesem Ort zu wirken und *ein wenig Frucht zu ernten*, d.h. er möchte die Erfahrung machen, wie die Botschaft des Evangeliums in das Leben ganz unterschiedlicher Menschen fällt, keimt, aufgeht und Frucht bringt, indem es die Kraft und den Reichtum der Liebe Gottes wirksam werden lässt.
Paulus sucht aber mehr als eine gute Erfahrung für sich selbst. Den Reichtum des Evangeliums, von dem er selbst lebt, ist er allen Menschen schuldig (**14**). Alle Menschen, das bedeutet für ihn nicht nur Juden und Nichtjuden, sondern auch *Griechen und Nichtgriechen*. Dabei stehen hier *Griechen* für die Menschen, die zur privilegierten Schicht derer gehören, die Griechisch können und Anteil an der römisch-hellenistischen Kultur haben. *Nichtgriechen* (wörtlich: *Barbaren*) meint alle die, die eine unverständliche Sprache sprechen und nicht zur zivilisierten Welt zählen, auch wenn sie in derselben Stadt wohnen. Paulus unterstreicht diese Unterscheidung, die sich quer durch die antike Gesellschaft zieht, durch ein zweites Gegensatzpaar *Gebildete und Ungebildete* (wörtlich: *Weise und Unverständige*), das eine ähnliche Bedeutung hat. In der kulturellen Unterscheidung auch eine soziale Diskriminierung. In ei-

nem ägyptischen Papyrus beklagt sich ein Arbeiter, dass ihm die Verantwortlichen den Lohn vorenthalten, denn »sie hatten erkannt, dass ich ein Barbar bin ... und nicht verstehe, griechisch zu leben«. Paulus benutzt die Stichworte und Wertungen der herrschenden Schicht, aber er tut dies, um deutlich zu machen, dass er in der Pflicht einer Botschaft steht, die diese Trennungslinien überwindet. Das Evangelium durchbricht nicht nur die religiösen Grenzen zwischen Juden und Heiden; es überwindet auch die Diskriminierung zwischen denen, die aus Bildung und Kultur ihren Vorteil ziehen, und denen, die immer die »Dummen« zu sein scheinen. Weil er diesem Evangelium verpflichtet ist, möchte Paulus – soweit er selbst entscheiden kann – unbedingt *auch in Rom das Evangelium verkünden* (**15**). Denn diese Metropole ist für ihn geradezu der Inbegriff einer in sich zerrissenen und doch zusammengehörigen Welt, der die Botschaft von Gottes Kommen in Jesus Christus gilt. Paulus lässt offen, ob er mit *evangelisieren* (so wörtlich im Griechischen für *das Evangelium verkündigen*) vor allem eine missionarische Verkündigung unter Nichtchristen meint oder auch die Entfaltung seiner Auslegung des Evangeliums für die Christen in Rom. Er wird erst wieder in Kap. 15 auf diese Pläne zurückkommen und sie etwas genauer erläutern.

Zunächst geht es ihm darum, zu begründen, warum für ihn im Evangelium eine derart verpflichtende Kraft liegt und woher seine grenzüberschreitende Wirkung kommt. Das wird Paulus in V. 16 und 17 tun.

Paulus kündigt in diesem einleitenden Abschnitt seine Absicht an, nach Rom zu kommen. Er will in Rom zusammen mit den dortigen Christen die Botschaft des Evangeliums verkündigen. Er sieht in der Metropole des Römischen Reiches die große Herausforderung für eine Mission, die allen Menschen gilt. Die Menschen brauchen die Botschaft, die religiöse und soziale Grenzen überwindet und Menschen der verschiedensten Schichten und Milieus in die Gegenwart Gottes stellt.

I
1,16 – 4,25
Gottes Ja gilt allen Menschen

Paulus begründet in 1,16f, warum ihn das Evangelium zu einer Mission verpflichtet, die allen Menschen gilt. Damit formuliert er zugleich das *Thema des Römerbriefs*. Mit ihm beginnt der erste Hauptteil des Briefs (1,16 – 4,25), in dem Paulus die Bedeutung dieser Botschaft für Juden und Nicht-Juden darlegt.

1,16–17
Das Thema: Das Evangelium und die Gerechtigkeit Gottes

¹⁶Denn ich schäme mich des Evangeliums nicht, denn es ist Gottes Kraft zum Heil für jeden, der glaubt, zuerst für den Juden und genauso für den Griechen. ¹⁷Denn in ihm wird Gottes Gerechtigkeit offenbart, aufgrund des Glaubens und für den Glauben, wie geschrieben steht: *Der Gerechte wird aufgrund des Glaubens leben* (Hab 2,4).

In V. 16 und 17 knüpft Paulus unmittelbar an seine Aussage in V. 14f an. Mit einem dreifachen *denn* zählt er die Gründe auf, die sein missionarisches Wirken für ihn unausweichlich machen und ihm die Kraft dafür geben:
Die *erste* Begründung nennt seine persönliche Motivation. Die wörtliche Übersetzung gibt das, was Paulus sagen will, nur ungenügend wieder. Die doppelte Negation *nicht schämen* in *Denn ich schäme mich des Evangeliums nicht* bedeutet in der Sprache des Neuen Testaments eine betont positive Hervorhebung: *Ich bekenne mich offen und frei zum Evangelium*. Es gibt für Paulus ein »unverschämtes« Reden von der frohen Botschaft von Christus, das, ohne sich zu genieren, mit anderen über das spricht, was diese Botschaft im eigenen Leben bewirkt hat. Es ist vergleichbar mit dem Verhalten von Menschen, die eine wunderbare Heilung erlebt haben und allen, die dies hören wollen oder nicht, erzählen (müssen): »Ich kann meine Ärzte gar nicht genug loben ...«
Warum das so ist, sagt Paulus in der *zweiten* Begründung: *Denn das Evangelium ist Gottes Kraft zum Heil für jeden, der glaubt, zuerst für den Juden und genauso für den Griechen.* Das Evange-

lium, die frohe Botschaft von Gottes Handeln in Jesus Christus, ist nicht nur Information darüber, was mit diesem Jesus um das Jahr 30 in Galiläa und Judäa geschehen ist. Dieses Handeln wird als Gottes heilschaffende Kraft in den Worten des Evangeliums gegenwärtig und wirksam. Es ist Kraft zum *Heil* oder – wie wir auch übersetzen könnten – zur *Rettung* für die Menschen.

Wenn Paulus von *Rettung* spricht, meint er zunächst die Rettung aus dem Endgericht, dessen Urteil allen droht (Röm 5,9; 1Thess 1,10; 5,9). Aber er hat nicht nur ein jenseitiges Heil im Blick, wie Luthers Übersetzung *die selig macht* missverstanden werden könnte. Denn die zukünftige Rettung bedeutet jetzt schon Befreiung von der Herrschaft der Sünde und von der Bedrohung durch den Tod (Röm 8) und damit Befreiung zu einer neuen Gemeinschaft mit Gott und einem Leben mit ihm (Röm 6). *Rettung* bedeutet umfassendes *Heil*, und mit der Wahl dieses Wortes spricht Paulus sowohl die Hoffnungen jüdischer Menschen an, die um die drohende Verurteilung im letzten Gericht wissen, als auch die Ängste und Sehnsüchte der Nichtjuden, die sich nach Rettung aus der Herrschaft eines blinden Schicksals sehnen und auf ein Heilwerden ihres Lebens hoffen.

Und darum betont Paulus, dass dieses Heil *allen gilt, die glauben, den Juden zuerst und genauso den Griechen*. Die Wendung *jedem, der glaubt*, ist also keineswegs als Einschränkung oder einengende Vorbedingung zu verstehen, wie uns das vielleicht erscheint. Dass das Heil jedem und jeder offen steht, die sich dieser Botschaft anvertrauen, ist für Paulus die Entschränkung aller Eingrenzungen für Gottes Heil und die Aufhebung bisheriger Heils- und Unheilsbereiche. Der Glaube ist für Paulus keine von Menschen zu leistende Vorbedingung, sondern die Art und Weise, wie sich Menschen von Gottes Heil beschenken lassen und es dankbar für ihr Leben annehmen. Dabei wird der heilsgeschichtliche Vorrang der Juden gewahrt. Aber die Griechen, also Leute, die von der hellenistisch-römischen Kultur geprägt sind und die hier stellvertretend für alle Nichtjuden genannt sind, werden gleichberechtigt danebengestellt.

Aber damit hat Paulus nicht alles gesagt. Er schiebt eine *dritte* Begründung nach (**17**), die erklärt, warum das Evangelium diese rettende Kraft Gottes darstellt: *Denn in ihm wird Gottes Gerechtigkeit offenbart.* Hier scheint eine Unbekannte durch die andere erklärt zu werden. Nicht nur Martin Luther hat darum gerungen, wie ausgerechnet die Offenbarung von Gottes *Gerechtigkeit* Heil für die Menschen bedeuten könne. Luther hat das Rätsel dadurch gelöst, dass er Gottes Gerechtigkeit nicht als die Gerechtigkeit verstand, mit der Gott die Welt richtet, sondern als die Gerechtig-

keit, die uns Gott in Christus schenkt und die deshalb *vor ihm gilt.* Allerdings hat sich in den letzten Jahrzehnten gezeigt, dass das hebräische Wort, das unsere Bibelübersetzungen mit *Gerechtigkeit* übersetzen, ein viel breiteres Bedeutungsspektrum als das deutsche Wort besitzt. Es bezeichnet nicht sosehr eine formale, strafende oder belohnende Gerechtigkeit, sondern ein Verhalten, das einer Gemeinschaft, einer Beziehung oder einem Menschen gerecht wird. Manche Ausleger übersetzen das Wort deshalb nicht mit *Gerechtigkeit,* sondern mit *Gemeinschaftstreue.*
Dies ist auch der Hintergrund für die Aussage des Paulus in V. 17, wie Ps 98,2 zeigt:
Der HERR lässt sein Heil kundwerden;
vor den Völkern macht er seine Gerechtigkeit offenbar.
Dieses Zitat ist in mehrfacher Hinsicht für unsere Stelle von Bedeutung. Es zeigt, dass im Alten Testament Gottes *Gerechtigkeit* als paralleler Ausdruck für Gottes *Heilshilfe* gesehen werden kann. Wenn Gott seine Treue zu seinem Volk vor der Welt offenbart, dann bedeutet das Rettung für Israel. Wie z.B. Dan 9,16–18 sehr schön zeigt, steht Gottes Gerechtigkeit keineswegs im Gegensatz zu Gottes Barmherzigkeit, sondern bedeutet seine helfende Treue, auf die sich auch die berufen, die wissen, dass sie schuldig geworden sind (vgl. Ps 51,16; 143,1f). Gottes Gerechtigkeit ist sein verlässliches Ja, mit dem er seine Schöpfung erhält, sein Volk auch durch das Gericht hindurch rettet und den Armen und Verlassenen hilft (vgl. Ps 71).
Wie wir aus den Qumrantexten wissen, wurde das, was in Ps 98 als schon geschehendes Handeln Gottes gepriesen wird, im zeitgenössischen Judentum als endzeitliche Offenbarung der Gerechtigkeit Gottes erwartet. Durch sie wird seine Treue zu seinem Volk sichtbar werden und seine heilvolle Hilfe sich durchsetzen (1QH 14,16; CD 20,20).
An diese Hoffnung knüpft Paulus an: Im Evangelium von Gottes Handeln in Jesus Christus hat Gott seine Gerechtigkeit, sein heilvolles Ja, vor aller Welt offenbart. Aber sie gilt nicht nur Israel, und die Völker sind nicht nur Zuschauer. Dieses Ja gilt Juden wie Griechen, allen, die es im Vertrauen auf Jesus für sich gelten lassen. Paulus unterstreicht dies durch die Wendung *aus Glauben zum Glauben.* Ihre Elemente sind im Einzelnen nicht exakt erklärbar, aber ihr Sinn ist klar: Die Offenbarung der Gerechtigkeit Gottes erschließt sich den Menschen *aufgrund des Glaubens,* also dadurch, dass sie ihr Leben für Gottes Handeln öffnen, und sie führt immer wieder neu *zum Glauben.*
Das ist die paulinische Fassung des *allein aus Glauben (sola fide),* mit dem die reformatorische Theologie formuliert hat, dass Gottes

Heilshandeln allen gilt, ohne dass sie »Eigenleistungen« vorweisen müssten.
Dieser Grundsatz wird von Paulus durch ein Zitat aus Hab 2,4 unterstrichen, einer Stelle, die für Paulus sehr wichtig ist: *Der Gerechte wird aus Glauben leben.* In seinem ursprünglichen Zusammenhang bedeutet dieses Wort des Propheten: »Der Gerechte wird durch seine Treue am Leben bleiben.« Paulus, der in der griechischen Übersetzung des Alten Testaments lebt, findet in deren Text einen entscheidenden Hinweis auf die Bedeutung des Glaubens. Nicht die Treue eines Menschen, nicht sein Durchhaltevermögen ist Grundlage dafür, dass er vor Gott als gerecht gilt und vor und mit ihm leben darf. Aus dem Glauben heraus, aufgrund des Vertrauens auf das, was Gott in Christus getan hat, öffnet sich einem Menschen die Gemeinschaft mit Gott, in der er zurechtkommt und wahrhaft zu leben beginnt. Reformatorische Auslegung hat deswegen vorgeschlagen, das Zitat mit *Der aus Glauben Gerechte wird leben* zu übersetzen, weil die Gerechtigkeit des Menschen nur in dem besteht, was er im Glauben von Gott geschenkt bekommt. Das trifft die Meinung des Paulus, auch wenn die Übersetzung den Text des Zitates überschärft.

Paulus begründet seine Mission und erklärt, warum sie Menschen ganz unterschiedlicher Herkunft gilt: In der Botschaft des Evangeliums von Jesus Christus zeigt sich Gott den Menschen in seiner *Gerechtigkeit*. Sie begegnen darin also Gott selbst in seinem heilvollen Anspruch auf ihr Leben, aber auch in seiner alle umfassenden Güte. Durch Christus spricht er zu ihnen sein befreiendes und zurechtbringendes Ja. Was Israel für sich erwartet hat, nämlich, dass sich Gott in seiner Treue trotz aller Verfehlungen zu ihm bekennt, das wird in der Verkündigung des Evangeliums jedem einzelnen Menschen zugesprochen. Es gilt allen. Wer das im Glauben annimmt, darf gewiss sein, dass sein Leben in Gott geborgen ist und in ihm sein Ziel findet.

1,18 – 3,20
Alle Menschen verfehlen ihre gottgewollte Bestimmung

Wenn Paulus davon spricht, dass durch den Glauben an Jesus Christus alle Menschen gerettet werden und von Gott Heil empfangen, dann setzt er voraus, dass dies auch alle nötig haben. Dass das so ist, legt er in dem ersten großen thematischen Abschnitt des Römerbriefs dar. Dabei spricht er zunächst über die Situation der Menschheit als Ganzer.

1,18–32
Die Auswirkungen des göttlichen Gerichts

[18] Denn Gottes Zorngericht offenbart sich vom Himmel her über alle Gottlosigkeit und Ungerechtigkeit der Menschen, die die Wahrheit durch Ungerechtigkeit unterdrücken. [19] Denn das, was von Gott erkennbar ist, das ist ihnen bekannt; denn Gott hat es ihnen offenbart. [20] Denn er, der Unsichtbare, wird seit der Erschaffung der Welt an seinen Werken mit den Augen der Vernunft wahrgenommen, und zwar in seiner ewigen Kraft und seiner Göttlichkeit, sodass sie keine Entschuldigung haben. [21] Denn obwohl sie Gott kannten, haben sie ihn doch nicht als Gott geehrt und ihm gedankt, sondern sind in ihren Gedanken Nichtigem verfallen, und ihr unverständiges Herz wurde verfinstert. [22] Indem sie behaupteten, weise zu sein, verfielen sie der Torheit [23] und *vertauschten* die Herrlichkeit des unvergänglichen Gottes mit dem Ebenbild eines vergänglichen Menschen oder von Vögeln, Vierbeinern und Kriechtieren. [24] *Deshalb hat sie Gott* durch die Begierden ihres Herzens an die Unreinheit *ausgeliefert*, sodass ihre Leiber durch sie selbst geschändet werden. [25] Sie sind es ja selbst, die die Wahrheit Gottes mit der Lüge *vertauscht* haben und huldigten und dienten dem Geschaffenen anstatt dem Schöpfer – gepriesen ist er in Ewigkeit, Amen. [26] *Deshalb hat Gott sie* an schändliche Leidenschaften *ausgeliefert*: Denn ebenso wie die Frauen unter ihnen den natürlichen Verkehr mit dem widernatürlichen *vertauscht* haben, [27] so haben in gleicher Weise die Männer den natürlichen Verkehr mit dem weiblichen Geschlecht aufgegeben und sind in gegenseitiger Begierde zueinander entbrannt; Männer treiben mit Männern Schande und empfangen den gebührenden Lohn für ihre Verirrung an sich selbst. [28] Und da sie es nicht für gut fanden, Gott anzuerkennen, *hat sie Gott* an eine ungute Gesinnung *ausgeliefert*, sodass sie tun, was nicht in Ordnung ist: [29] Sie sind angefüllt mit lauter Ungerechtigkeit, Bosheit, Gewinnsucht, Schlechtigkeit, voll Neid, Mord, Streit und boshafter List, (sind) Intriganten, [30] Verleumder, Gottesfeinde, Lästerer, Hochmütige, Prahler, Erfinder böser Machenschaften, ihren Eltern ungehorsam, [31] unverständig, unbeständig, lieblos, unbarmherzig. [32] Obwohl sie die Rechtsordnung Gottes kennen und wissen, dass diejenigen, die solche Dinge tun, des Todes schuldig sind, tun sie sie nicht nur, sondern spenden auch noch denen Beifall, die sie tun.

Noch einmal setzt Paulus mit einer Begründung an, aber er führt die Kette der positiven Aussagen nicht fort (**18**). Formal steht seine Aussage zwar parallel zu V. 17, sie stellt aber inhaltlich deren Ge-

genteil dar und begründet die Notwendigkeit der Rettung für alle.
Auf die Zusage:
*Denn in ihm [dem Evangelium] wird Gottes Gerechtigkeit offenbart,
aufgrund des Glaubens und für den Glauben*
folgt nun die Feststellung:
*Denn vom Himmel her wird Gottes Zorn offenbart
über alle Gottlosigkeit und Ungerechtigkeit der Menschen.*
Dem Offenbarwerden der *Gerechtigkeit* Gottes *im Evangelium* steht also das Offenbarwerden des *Zornes* Gottes *vom Himmel her* gegenüber. Gegenbegriff zu Gottes *Gerechtigkeit* ist Gottes *Zorn.* Was ist damit gemeint? Sollte man nicht denken, dass Gott mit solch negativen Affekten wie Zorn nichts zu tun hat? Doch die Rede vom Zorn Gottes findet sich im Alten wie im Neuen Testament. Prägend für ihre Bedeutung ist die Verwendung im Alten Testament. Hier wird der Begriff besonders von den Propheten verwendet, die mit ihm die aus der Tiefe des Herzens Gottes kommende Reaktion auf den Irrweg seines Volkes beschreiben. Die Emotionalität des Wortes Zorn ist wichtig, weil sie die tiefe Verwundung Gottes durch die Sünde seines Volkes signalisiert. So wie sich Gott in freier, nicht begründbarer Entscheidung voll Liebe seinem Volk zuwendet, so lässt er es seine tiefe Enttäuschung darüber spüren, dass es diese Liebe durch sein Verhalten mit Füßen tritt. Man weiß in Israel aber auch darum, dass dies Zorngericht nötig ist, damit sich Gott seinem Volk neu zuwenden kann (vgl. Jes 12,1; 54,8; Ps 30,6). Im Neuen Testament tritt der emotionale Klang des Wortes zurück. An vielen Stellen bedeutet es einfach *Gericht.*
An unserer Stelle setzt Paulus durch die Gegenüberstellung von Gerechtigkeit und Zorn Gottes einen besonderen Akzent: Gottes Gerechtigkeit ist Gottes unverbrüchliches *Ja* zu den Menschen, das sie im Evangelium von Jesus Christus hören und mit dem Ja des Glaubens für sich gelten lassen. Gottes Zorn aber ist Gottes notwendiges *Nein* zu einem menschlichen Verhalten, das sich weder um Gott noch um das Recht der Mitmenschen kümmert. *Gottlosigkeit* ist also nicht sosehr der theoretische Atheismus, sondern die bewusste oder unbewusste Weigerung, Gott den ihm gebührenden Platz im Leben einzuräumen. Dem entspricht im Verhältnis zu den Mitmenschen die *Ungerechtigkeit,* die anderen Lebensrecht und Lebensraum streitig macht und wegnimmt.
Aber wo und wie wird Gottes Gericht über die Menschen offenbart? Offensichtlich nicht in der Verkündigung des Evangeliums. Sie spricht von Gottes Gerechtigkeit und von dem Heil, das Gott schenkt. Dass sich das Zorngericht Gottes *vom Himmel her* offenbart, weist es als eine Wirklichkeit aus, unter der sich die Menschen schon befinden, ob sie das wissen oder nicht. (Denkbar wäre

auch, dass Paulus hier vom zukünftigen Gericht spricht. Aber die Parallelität der beiden Aussagen in V. 17 und V. 18 weist auf ein gegenwärtiges Geschehen.) Dass sich diese Wirklichkeit *vom Himmel her* über allem menschlichen Fehlverhalten zeigt, macht deutlich: Dieses Gericht kommt von Gott, und niemand kann ihm entrinnen. Es ist sicher nicht die Aufgabe der christlichen Verkündigung, den Menschen vor Gottes Zorn Angst zu machen. Wohl aber ist es wichtig, den Menschen die Augen dafür zu öffnen, dass ein Leben ohne Gott ein Leben unter dem Nein Gottes gegen Sünde und Ungerechtigkeit ist, und dass die Auswirkungen dieses Neins überall zu spüren sind.

Dabei geht Paulus davon aus, dass die Menschen die *Wahrheit* kennen; d.h. sie könnten wissen: Gott ist das Gegenüber für mein Leben und gibt ihm die rechte Richtung. Aber sie unterdrücken diese Wahrheit dadurch, dass sie sich weigern, daraus die Konsequenzen zu ziehen. Der Gegensatz zur *Wahrheit* ist biblisch also nicht einfach die Lüge, sondern die *Ungerechtigkeit*, ein Verhalten, das sich gegen Gottes Gerechtigkeit stellt.

In den nächsten Sätzen führt Paulus das näher aus. Die Menschen kennen Gott nicht in der ganzen Fülle seines Seins; aber das, was *an Gott* (für Menschen) *erkennbar ist*, das hat er ihnen offenbart (**19**). Denn obwohl Gott *unsichtbar* ist, werden sein göttliches Wesen und sein Ja zum Leben an seiner Schöpfung anschaulich. Die Menschen, die ihn leugnen oder ihn verkennen, können sich also nicht damit entschuldigen, dass sie es nicht besser gewusst haben (**20**). Im Grunde haben die Menschen auch immer etwas von der Wirklichkeit Gottes geahnt, aber sie haben ihn nicht als den einzigen und wahren Gott verherrlicht, *ihm nicht die Ehre gegeben* und für das, was er schenkt, *gedankt*. Das aber hatte zur Folge, dass sie sich in ihrem Denken und Wollen an *nichtigen* Dingen und Ideen orientieren, die keinen Bestand haben. Dadurch wurden sie blind für das, was wirklich zählt, und verloren in ihrem Denken und Fühlen (*ihrem Herzen*) die Orientierung (**21**).

Gerade die Behauptung der Menschen, die eigentliche Weisheit bestünde darin, die Welt ohne den wahren Gott zu erkennen und zu erklären, hat dazu geführt, dass sie die wahre Weisheit verfehlten und einem unsinnigen und törichten Verhalten verfielen, indem sie *die Herrlichkeit des unsichtbaren Gottes*, ihres Schöpfers, *mit den Abbildern sterblicher Menschen oder anderer Geschöpfe vertauschten* (**22f**).

Paulus nimmt damit die Polemik des Alten Testaments und des frühen Judentums gegen die Götterbilder ihrer heidnischen Umwelt auf (vgl. Jes 44,9–20; Weish 13f). Das zeigt, dass dieser erste Teil seiner Ausführungen über Gottes Gericht sich vor allem mit der nichtjüdischen Menschheit beschäftigt, so wie sie der Apostel aus der hellenistischen-römischen Gesellschaft seiner Zeit kannte. Eine Verehrung von Göttern ohne ein Kultbild war dort so undenkbar, dass man Juden und später auch Christen als Atheisten bezeichnete, weil man sich einen bildlosen Gottesdienst nicht vorstellen konnte. In der Regel haben auch die heidnischen Zeitgenossen des Paulus ihre Götterbilder nicht mit den Göttern identifiziert, sondern sie als deren irdische Repräsentation angesehen. Aber dadurch, dass man das Bild eines starken Mannes oder einer schönen Frau und in Ägypten auch das Bild von mit Kraft oder Klugheit begabten Tieren zur Veranschaulichung des Göttlichen verwendete, wurde nach Meinung des Paulus die Verehrung des über jede menschliche Vorstellung erhabenen Schöpfers verfälscht zur Anbetung von Geschöpfen und damit letztlich des Menschen selbst. Nach Gen 1 sind die Menschen zwar als Gottes Ebenbild und damit als Statthalter seines Schöpferwillens geschaffen, aber eben nicht dazu bevollmächtigt, das eigene Bild an die Stelle Gottes zu setzen. Das schärft das zweite Gebot der Zehn Gebote (ursprüngliche Zählung) als Auslegung des ersten unmissverständlich ein. Wo der Mensch meint, Gott in der Gestalt von Kreaturen verehren zu müssen, da vertauscht er die Wirklichkeit des wahren Gottes mit dem Vertrauen auf die handhabbaren, aber vergänglichen Figuren von Götzen (**23**). Das aber gilt sicher nicht nur im Blick auf die Götterbilder der Antike, sondern auch für die Götter und Götzen unserer Zeit!

Mit dem Stichwort *vertauschen*, das im Folgenden noch mehrfach vorkommt, charakterisiert Paulus den eigentlich unbegreiflichen Vorgang, dass Menschen ihre Gottesbeziehung für anscheinend näher liegende und handgreiflichere Vorteile preisgeben. Dem entspricht die Reaktion Gottes, die in den V. **24**, **26** und **28** dreimal mit einer nahezu identischen Formulierung beschrieben wird. Gott richtet nicht, indem er in den Lauf der Geschichte eingreift und eine drastische Strafe verhängt. Das Gericht, das sich schon jetzt von Gott her über der Menschenwelt vollzieht, besteht darin, dass er die Menschen den Konsequenzen ihrer Entscheidung preisgibt und sie an die Folgen ihres Tuns *ausliefert*.

Weil sie sich Götter nach dem Vorbild von Schönheit und Stärke des menschlichen Körpers gemacht haben, liefert Gott sie den *Begierden* und der Triebhaftigkeit *ihres Herzens* aus. Denn wo das Herz als Personzentrum des Menschen nicht mehr von der Erkenntnis Gottes gehalten ist, da verliert es »die Kontrolle über die eigenen Wünsche« (Haacker 52). So schlägt die Bewunderung und Achtung vor der Schönheit des von Gott geschaffenen Leibes um in Verhaltensweisen, die diesen Leib und seine Würde schänden.

Paulus denkt nicht nur an die ausschweifenden Sexualpraktiken, die ihn in der heidnischen Gesellschaft seiner Zeit schockierten; seine Aussagen umfassen jeden Umgang mit dem eigenen Körper und dem anderer Menschen, die diesen die Menschenwürde raubt. Zugleich ist festzuhalten, dass für Paulus diese moralischen Missstände nicht *Ursache* für Gottes Gericht, sondern dessen *Auswirkung* als Folge der Grundverfehlung der Menschen sind. Die Verhaltensweisen, die die Achtung vor Leib und Leben anderer und unser selbst zerstören, sind Symptome des zerstörten Verhältnisses zu Gott.

Das unterstreicht V. 25: Das Grundproblem der Menschen liegt darin, dass sie die *Wahrheit Gottes*, die Erkenntnis seiner jenseits aller geschöpflichen Vorstellungen liegenden, souveränen Wirklichkeit, mit der *Lüge* vertauschten, d.h. mit der Vorspiegelung, man könne Gott und sein Wesen mit Analogien des geschöpflichen Seins erfassen. So *verehren sie das Geschaffene statt den Schöpfer*, sich selbst statt den, dem sie ihr Sein verdanken. Die Verehrung von Götterbildern ist nur *ein* Ausdruck unter vielen für die Anbetung von Götzen. Die Anbetung des Goldenen Kalbs hat viele Formen gefunden: Die Vergötzung von staatlicher Macht, von Besitz und Geld, von Sex-Appeal oder Erfolg gehören zu den folgenschwersten unter ihnen. In einer Art liturgischem Zwischenruf stellt Paulus klar, dass allein dem Schöpfer Ehre und Verherrlichung gebühren.

Dann aber setzt er zur zweiten Beschreibung der Reaktion Gottes auf dieses Verhalten der Menschen an (**26f**). Gott gibt sie ihren schändlichen Leidenschaften preis, was dazu führt, dass anstelle der natürlichen Beziehungen zwischen Frau und Mann Verhaltensweisen weiblicher und männlicher Homosexualität treten. Paulus schildert das relativ ausführlich. Für ihn als Juden war dieses in der hellenistischen Gesellschaft weit verbreitete Verhalten fremd und erschreckend. Zum dritten Mal gebraucht er das Wort *vertauschen*, um die Pervertierung zu kennzeichnen, die er dort am Werk sieht, wo man sich nicht mehr an Gott orientiert. Dass er das Phänomen der Homosexualität so stark herausstellt, mag nicht nur daran liegen, dass er in ihm den sittlichen Verfall der nichtjüdischen Welt besonders deutlich empfand. Vielleicht sah er in dem Unvermögen, sich dem anderen Geschlecht zu öffnen, ein Symptom des grundlegenden menschlichen Narzissmus, d.h. einer Selbstverliebtheit, die Gott nicht als Gegenüber akzeptieren kann. Weil der Mensch in den Götterbildern in Menschengestalt sich selbst anbetet, verliert er auch die Offenheit für den Mitmenschen als den »anderen«. Inwieweit dies ein grundsätzliches Urteil über Menschen mit einer homosexuellen Prägung bedeutet, das auch heute noch gilt, werden wir noch zu bedenken haben. Für seine Zeit ist Paulus davon überzeugt, dass sich dieses Verhalten an den Betroffenen selbst rächt. Wenn er allerdings schreibt, dass sie *den gebührenden Lohn für ihre Verirrung an sich selbst empfangen*, denkt er weder an Geschlechtskrankheiten, die in der Antike noch kaum beachtet wurden, und schon gar nicht an AIDS, das erst seit wenigen Jahrzehnten auftritt. Er ist sich einfach sicher, dass ein solcher Lebensstil die seelische und körperliche Unversehrtheit derer, die sich ihm hingeben, langfristig zerstört.

Aber Paulus bleibt nicht bei dieser Frage stehen. Ein drittes Mal beschreibt er die Reaktion Gottes auf die Verirrung der Menschen mit der Formulierung, dass Gott sie den Folgen ihrer falschen Grundentscheidung *ausliefert* (**28**). Dieses Prinzip der »adäquaten Vergeltung« wird im Griechischen durch ein Wortspiel unterstrichen, das wir im Deutschen nur schwer nachmachen können. Weil die Menschen es nicht für *gut* fanden, sondern ver*schmähten*, Gott, wie er wirklich ist, anzuerkennen, darum hat Gott sie an eine un*gute*, *schmähliche* Gesinnung ausgeliefert, die sie dazu drängt, zu tun, was nicht in Ordnung ist. Was das bedeutet, wird in den nächsten Versen durch einen ganzen Katalog von menschlichen Charakterschwächen, Fehlverhalten, Lastern und Verbrechen illustriert (**29-31**). Solche »Lasterkataloge«, wie sie sich auch in der hellenistischen Popularphilosophie und der zeitgenössischen jüdischen Literatur finden, sind von Natur aus plakativ und pauschal. Aber sie nehmen Probleme einer Gesellschaft aufs Korn, in der vieles aus den Fugen geraten ist. Sie entsprechen den Schlagzeilen entsprechender Rubriken heutiger Tageszeitungen, aus denen man mühelos aktuelle Beispiele für diese Skandalchronik gewinnen könnte. Fast alle Stichworte beschreiben Verhaltensweisen, die das menschliche Miteinander zerstören: *Ungerechtigkeit*, *Bosheit* und *Schlechtigkeit* kennzeichnen eher allgemein ein unsoziales (aber u.U. durchaus legales) Verhalten. *Neid*, *Streitsucht* und *Arglist* zielen auf schädigende Beziehungsstörungen. *Mord* ist deren extreme Auswirkung. Bemerkenswerterweise werden *Intrigantentum*, *Denunziation* und *Verleumdung* besonders genannt, weil dieses Verhalten das Miteinander in der kaiserzeitlichen Gesellschaft vergiftete. *Großtuerei* und *kriminelle Phantasie* werden ebenso erwähnt wie pathologische *Gewinnsucht*, ein gestörtes Verhältnis zwischen den Generationen und die Haltung derer, denen nichts mehr heilig ist. Dass es dabei nicht nur um einzelne Taten, sondern um tiefe Störungen in der persönlichen Beziehungsfähigkeit geht, machen Merkmale wie *uneinsichtig*, *unzuverlässig*, *lieblos* und *unbarmherzig* deutlich. Dabei setzt Paulus voraus, dass die Menschen, die sich so verhalten, durchaus um das Gefährliche und Verwerfliche

ihres Tuns wissen. Aber sie verhalten sich nicht nur selbst so, sondern spenden auch denen Beifall, die das Gleiche tun. Es entsteht eine öffentliche Komplizenschaft in Verhaltensweisen, die die Gemeinschaft schädigen. Fast könnte man meinen, Paulus hätte schon die Wirkung moderner Massenmedien im Auge gehabt!
Man kann natürlich fragen, ob Paulus mit diesen Aussagen der Gesamtheit seiner Mitmenschen gerecht wird. Es gab unter ihnen ja sicher auch nicht wenige anständige und hilfsbereite Menschen – und zwar nicht nur unter den Juden, sondern auch unter den Heiden. Aber was Paulus hier vorstellt, ist nicht eine differenzierte Untersuchung, sondern eine Art Plakat, eine Warntafel, auf der die Symptome der Gerichtsverfallenheit der Menschen klar und deutlich zu sehen sind.

Paulus will zeigen, wie sehr die Menschen die Rettung und das von Gott geschenkte Heil nötig haben und wie dringend sie die Begegnung mit dem wirklichen Gott und mit dem Ja, das er in Christus zu ihnen gesprochen hat, brauchen. Denn dort, wo Menschen die Orientierung an Gott verlieren und ihr Herz von selbst gemachten Götzen gefangen nehmen lassen, da wird nicht nur ihr Verhältnis zu Gott, sondern auch ihr Verhältnis zu anderen und zu sich selbst gestört und zerstört. Wo Menschen die Herrlichkeit Gottes mit dem Talmiglanz von Bildern menschlicher Kraft und Schönheit vertauschen, da verschreiben sie sich einer vermeintlichen Sicherheit, die aber enttäuscht und zerbricht. Gottes Gericht über diese Gottvergessenheit der Menschen besteht zunächst in nichts anderem, als dass er die Menschen den Konsequenzen dieses Verhaltens überlässt.
Paulus macht die Auswirkungen an drei Beispielen deutlich: Ein Leben, das von den eigenen maßlosen Wünschen und der Gier nach mehr beherrscht wird, zerstört die Grundlage dieses Lebens (24). Ein Leben, das um sich selbst kreist, wird unfähig, sich einem Partner des anderen Geschlechts hinzugeben (27). Eine Gemeinschaft, die kein wirkliches Gegenüber in Gott mehr hat, verwahrlost sittlich (29–31).
Von diesen Beispielen ist heute die Wertung der Homosexualität umstritten. Es kann ja nicht übersehen werden: Auch in heterosexuellen Partnerschaften kommt es vor, dass ein Partner im Gegenüber nicht das geliebte Du, sondern nur das eigene Spiegelbild und die Bestätigung eigener Potenz oder eigenen Sex-Appeals sucht. Umgekehrt lässt sich auch nicht leugnen, dass es heute – wie immer das zur Zeit des Paulus gewesen sein mag – auch homosexuelle Partnerschaften gibt, die von gegenseitiger Achtung, Liebe und Treue getragen sind. Angesichts dessen ist es wichtig, daran zu er-

innern, dass für Paulus auch Homosexuelle letztlich Symptomträger für eine tiefer liegende Grundkrankheit sind, an der die ganze Menschheit leidet. Solche Symptomträger sind auch die, die von einer übermäßigen Liebe zum Geld gezeichnet sind, oder solche, die immer wieder schlecht über andere sprechen oder die sich nicht über Erfolge anderer freuen können. Ohne leugnen zu wollen, dass für Paulus das Verhalten homosexueller Menschen seiner Zeit unakzeptabel war, kann man sagen, dass dies nicht der eigentliche Zielpunkt seiner Aussage ist. Letztlich wollte er zeigen, dass Menschen dann, wenn sie die Orientierung an dem wahren Gott als dem Schöpfer und souveränen Gegenüber ihres Lebens aufgeben und sich an ihre eigenen Vorstellungen von Gott halten, auch die Fähigkeit verlieren, ihre Mitmenschen als zu achtendes Gegenüber wahrzunehmen und wert zu schätzen. Wir würden heute vielleicht andere Symptomträger ausmachen, an denen sich die zerstörerische Kraft dieser falschen Grundentscheidung zeigt, so wie wir auch die Götzen unserer Zeit anders beschreiben würden als Paulus damals. Vielleicht würden wir Menschen nennen, die in einer Sucht gefangen sind, oder solche, die vom Zwang besessen sind, über andere Macht auszuüben. Wen immer wir nennen, es muss zugleich deutlich bleiben: Symptomträger sind nicht schuldiger als andere Menschen. An ihnen wird nur deutlicher, wie gravierend und unheilvoll es ist, wenn Gott die Menschen den Konsequenzen ihrer falschen Grundentscheidung überlässt. Dass es völlig falsch wäre, mit den Fingern auf die davon besonders betroffenen Menschen zu zeigen und über ihnen den Stab zu brechen, macht Paulus im nächsten Abschnitt klar.

2,1–16
Vor Gott gibt es keine Privilegien

¹Deshalb kannst du dich nicht herausreden, o Mensch, wer du auch bist, der du (andere) verurteilst. Indem du das Urteil über den anderen sprichst, verurteilst du dich selbst; denn du, der du zu Gericht sitzt, tust ja dasselbe. ²Denn wir wissen, dass Gottes Urteil in Übereinstimmung mit dem wahren Sachverhalt über die ergeht, die so handeln. ³Rechnest du denn damit, o Mensch, der du das Urteil über die sprichst, die solche Dinge tun, und doch dasselbe tust, dass du Gottes Urteil entfliehen kannst? ⁴Oder verachtest du den Reichtum seiner Güte, seiner Geduld und seiner Langmut und weißt nicht, dass dich Gottes Güte zur Umkehr führen will? ⁵Aufgrund deines Starrsinns und deines unbußfertigen Herzens häufst du immer mehr Zorn auf dich zum Tag des Zorngerichts, wenn Gottes ge-

rechtes Urteil offenbar werden wird. ⁶*Er wird jedem nach seinen Werken vergelten* (Spr 24,12):
⁷ewiges Leben denen, die mit Ausdauer im Tun des Guten nach Herrlichkeit, Ehre und Unvergänglichkeit streben;
⁸Zorn und Grimm aber (droht) denen, die aus niedriger Gesinnung handeln und der Wahrheit ungehorsam, aber der Ungerechtigkeit hörig sind.
⁹Bedrängnis und Angst (kommt) über das Leben eines jeden Menschen, der das Böse tut, und zwar für die Juden zuerst und auch die Griechen,
¹⁰Herrlichkeit, Ehre und Frieden aber auf jeden, der das Gute tut, und zwar für die Juden zuerst und auch die Griechen; ¹¹denn bei Gott gibt es kein Ansehen der Person.
¹²Denn alle, die unabhängig vom Gesetz gesündigt haben, werden auch unabhängig vom Gesetz zu Grunde gehen, und alle, die in Kenntnis des Gesetzes gesündigt haben, werden durch das Gesetz verurteilt werden. ¹³Denn nicht die Hörer des Gesetzes sind in den Augen Gottes gerecht, sondern die Täter des Gesetzes werden gerechtfertigt.
¹⁴Denn wenn die Völker, die das Gesetz nicht haben, von sich aus tun, was vom Gesetz gefordert wird, dann sind sie, obwohl sie das Gesetz nicht haben, für sich selbst ein Gesetz. ¹⁵Sie zeigen, dass das vom Gesetz geforderte Tun in ihre Herzen geschrieben ist, was auch ihr Gewissen im Dialog ihrer Gedanken, die sich gegenseitig verklagen oder auch verteidigen, bezeugt. ¹⁶(Offenkundig wird dies) am Gerichtstag, an dem Gott das, was in den Menschen verborgen ist, gemäß meinem Evangelium durch Jesus Christus richtet.

Die Argumentation des Paulus nimmt einen unerwarteten Verlauf. Hatte er eben noch die unmoralischen Verhältnisse in der hellenistisch-heidnischen Gesellschaft scharf kritisiert, so wendet er nun den Blick einem anderen Gesprächspartner zu. Fast hat man den Eindruck, dass vor sein geistiges Auge ein Mensch tritt, der sich innerlich die Hände reibt und sich darüber freut, dass Paulus die Missstände in der Gesellschaft beim Namen nennt und schadenfroh denkt: Über solche Leute wird Gott das gerechte Urteil sprechen. Für Paulus ist das aber Beifall von der falschen Seite. Er sieht die Gefahr, dass Menschen die Bestätigung der eigenen Rechtschaffenheit aus dem Urteil über die Unmoral der anderen schöpfen. Jesus hat mit der Gestalt des Pharisäers, der meint, sich durch das Urteil über den Zöllner rechtfertigen zu können (Lk 18,9–14), die gleiche Gefahr aufgezeigt.
Viele Ausleger sind der Meinung, dass sich Paulus nach Aufdeckung der Gerichtsverfallenheit der Heidenwelt in 1,18–32 nun der

Entlarvung der problematischen Stellung der Juden vor Gott zuwendet. Das ist auch nicht ganz falsch, wie die Diskussion der Gesetzesfrage in 2,14–16 und die ausdrückliche Anrede der Juden in 2,17 zeigen werden. Aber zunächst spricht Paulus sehr allgemein sein Gegenüber mit »o Mensch« an und betont in V. 9f ausdrücklich, dass das, was hier verhandelt wird, allen Menschen gilt. Die Warnung des Paulus gilt allen, die die notwendige Kritik an schädlichen Verhaltensweisen als Anlass zur Verurteilung anderer missbrauchen. Auf diesem Richtstuhl sitzt es sich gefährlich, denn das Urteil, das man über andere fällt, trifft einen selbst, wenn man dasselbe tut (**1**).

Es scheint nun freilich eine unzulässige Verallgemeinerung zu sein, wenn Paulus behauptet, dass jeder, der einen anderen verurteilt, dasselbe tut. Tatsächlich wird im Einzelfall nicht jeder von diesem Vorwurf getroffen sein. Aber Paulus spielt offensichtlich auf die Beobachtung an, dass es gerade dort, wo man sich über die offene Unmoral anderer aufregt, sehr viel verborgene, unterdrückte und verdrängte Komplizenschaft gibt. Je lauter die Entrüstung, desto gefährdeter sind oft die, die sich entrüsten. Vor Menschen kann man das unter Umständen verbergen, und es gibt ganze Epochen in der Geschichte der Christenheit, in denen die Arbeit an einer rechtschaffenen Fassade die wichtigste Aufgabe für einen Christen zu sein schien. Gott aber können wir nicht täuschen. Er wird die Verurteilung anderer nicht für den Erweis unserer Rechtschaffenheit halten, sondern uns nach unserem wirklichen Verhalten und dem, was an Motiven dahintersteht (wörtlich: *gemäß der Wahrheit*), beurteilen (**2f**).

Dass Gott sein Urteil nicht sofort fällt, sondern uns in seiner *Güte* noch Lebensraum und -zeit schenkt, darf nicht als Billigung oder Nichtbeachtung falschen Verhaltens gesehen werden, sondern muss als dringende Einladung zur *Umkehr* verstanden werden (**4**). Nicht die Gerichtsdrohung, sondern Gottes Güte will uns dazu führen, zu erkennen, dass wir auf dem falschen Weg sind, und uns anleiten, uns ganz Gott zuzuwenden. Das ist vom Evangelium geleitete *Buße*, Umkehr zu Gott, wie sie auch Jesus in der Geschichte vom »verlorenen Sohn« schildert (Lk 15,11–32).

Gefährlich aber ist es, wenn Menschen, die um diese Güte wissen, Gottes Vergebungsbereitschaft als feste Zusage einer Daueramnestie in das Kalkül ihres Lebens einbeziehen. Wer so Gottes Langmut missachtet und den lieben Gott einen guten Mann sein lässt, verschließt sein Leben vor dem, was Gottes Güte eigentlich bewirken will. Darum häuft sich Gottes Nein gegen das Böse (in biblischer Sprache: Gottes *Zorn*) in seinem Leben immer mehr an und wird am *Tag des Zorns* (d.h. des Gerichts) zur unüberwindlichen Ankla-

ge (**5f**). In diesem letzten Gericht wird sich zeigen, wie es um das Leben eines jeden steht. Gottes Richten verhängt keine willkürliche Urteile, sondern bringt zutage, was Menschen mit ihrem Leben (ihren *Werken*) bewirkt haben, und danach richtet sich, was im Gericht »herauskommt« und was Gott zuteilt.
Ewiges Leben, d.h. Leben in der Gemeinschaft mit Gott, gibt es für jene Menschen, für die *Herrlichkeit*, *Ehre* und *Unvergänglichkeit* Richtschnur und Ziel ihres Handelns waren (**7**). Diese Worte bekommen ihre genaue Bedeutung erst im Zusammenklang der drei Begriffe. Denn das Lob gilt ja nicht einfach denen, für die Ruhm, Ehre und die Sehnsucht nach der Unsterblichkeit Triebfeder des Handelns war. Nach Ps 8,6 hat Gott die Menschen *mit Herrlichkeit und Ehre gekrönt*. Diese Begriffe sind Ausdruck der von Gott geschenkten, ursprünglichen Würde des Menschen. Sein Leben auf diese von Gott gegebene Bestimmung auszurichten, gibt ihm die rechte Perspektive, die zum ewigen Leben führt (so auch 1Petr 1,7).
Umgekehrt warten *Zorn und Grimm* auf die, deren Leben nicht auf Gott ausgerichtet ist (**8**). So merkwürdig es uns scheint, dass als Gegenbegriffe zu *ewiges Leben* so emotionale Worte wie *Zorn und Grimm* genannt sind, so klar wird dadurch, dass das Entscheidende die zerstörte Beziehung zu Gott ist: Nicht Tod oder Verdammnis treten dem ewigen Leben gegenüber, sondern der Schmerz einer zutiefst gestörten Beziehung zu Gott. Gott, der das letzte Urteil spricht, ist eben nicht einem Computer vergleichbar, der unsere Lebensbilanz ungerührt ausdruckt, sondern ist der lebendige Gott, dessen tiefe Verletztheit und dessen engagiertes Nein angesichts eines verfehlten Lebens zeigen, wie es um dieses Leben steht.
Das ist das »Gericht«, das auf die wartet, deren Handeln durch eine selbstsüchtige, am Eigennutz orientierte *niedrige Gesinnung* bestimmt ist, und die nicht der *Wahrheit*, also der Wirklichkeit Gottes und seinem Willen, folgen, sondern sich der *Ungerechtigkeit* als Lebensprinzip anvertrauen. (Unsere Übersetzung *gehorchen / hörig sein* weist auf ein Wortspiel im Griechischen hin.) Wie in 1,18f benennen *Wahrheit* und *Ungerechtigkeit* die grundlegenden Mächte und Prinzipien, die ein Leben bestimmen und über Gelingen und Misslingen entscheiden.
Paulus sind diese Aussagen so wichtig, dass er sie in umgekehrter Reihenfolge und mit anderen Worten wiederholt (**9f**). *Bedrängnis und Angst* warten auf die Menschen, die *Böses tun*, aber *Herrlichkeit, Ehre und Frieden* auf die, die *Gutes tun*. Das gilt – wie Paulus in beiden Fällen ausdrücklich betont – *für die Juden zuerst*, aber genauso *auch für die Griechen*. Paulus nimmt die Formel, die er schon in 1,17 für die Heilszusage verwendet hat, hier für die Ansa-

ge eines doppelten Ausgangs des Gerichts auf und unterstreicht dies in V. **11**: *Bei Gott gibt es kein Ansehen der Person*, er bevorzugt keinen, auch wenn das rechte Verhalten zuallererst von den Juden erwartet wird, die Gottes Willen durch sein Gesetz kennen. Was inhaltlich Maßstab für das Gericht ist, wird in denkbar einfachen Worten gesagt. *Böses tun*, also das tun, was andere verletzt und ihr Leben zerstört, steht gegenüber von *Gutes tun*, das tun, was dem Leben dient.
So orientieren sich auch die Worte, mit denen der Ausgang des Gerichts beschrieben ist, an dem, was in der Beziehung zu Gott Lebensraum schafft: Im negativen Fall ist das Ergebnis *Bedrängnis und Angst* – es wird ganz eng für die, die sich nur um sich selbst gedreht und gekümmert haben. Im positiven Fall ist es *Herrlichkeit, Ehre und Friede*, also Teilhabe an Gottes Wesen und Gemeinschaft. Dabei fällt auf, dass hier anstelle von *Unvergänglichkeit* (so V. 7) *Friede* steht. Damit wird klargestellt, dass es nicht darum geht, eine göttliche Eigenschaft zu empfangen, sondern darum, in den Frieden Gottes und die Gemeinschaft mit ihm hineingenommen zu werden.
In den V. **12–16** scheint Paulus einen Einwand aufzunehmen, den ein gedachter Gesprächspartner vorbringen könnte: Wie können Juden und Heiden in gleicher Weise vor Gottes Gericht stehen, wo doch die Nichtjuden, die Gottes Gesetz nicht haben, Gottes Willen gar nicht kennen können? Paulus gibt zu, dass es hier Unterschiede gibt, aber sie spielen für die letzte Entscheidung keine Rolle. Es gibt tödliche Lebensverfehlung auch bei denen, die das Gesetz nicht kennen. Darum werden sie auch ohne eine Verurteilung durch das Gesetz an den Folgen ihrer Verfehlung umkommen. Paulus meidet hier Worte wie *gerichtet* oder *verurteilt werden*. Vielleicht kennt er schon den Grundsatz *nulla poena sine lege*, d.h. keine Strafe ohne ein entsprechendes Gesetz. Aber sündigen können Menschen auch ohne Gesetz (vgl. 5,12f), und die Konsequenzen solcher Lebensverfehlung, die den Lebensraum und die Lebensgrundlage anderer zerstört, fallen auf die Täter zurück: Ihr Leben ist verwirkt. Doch diejenigen, die unter der Herrschaft des Gesetzes leben und gegen seine Weisung zum Leben sündigen, werden durch das Gesetz gerichtet werden (**13**).
Grundsätzlich gilt: Nicht schon die Tatsache, das *Gesetz gehört zu haben, rechtfertigt* vor Gott. Nur diejenigen, die das *Gesetz befolgen*, werden gerechtgesprochen werden. Hier taucht zum ersten Mal im Römerbrief das Stichwort *gerechtfertigt werden* auf. Es bezeichnet grundsätzlich das positive Urteil gegenüber Angeklagten. Sie werden damit nicht nur von der Anklage freigesprochen, sondern es wird ihnen bestätigt, dass sie sich recht verhalten haben.

Wenn es um das Urteil Gottes geht, heißt das also nicht nur, dass die Unschuld von Menschen festgestellt wird, sondern dass Gott zu ihrem Leben Ja sagt und sie in seine Gemeinschaft aufnimmt. Das tut Gott bei denen, die seinen Willen tun.

Das ist allerdings nicht das letzte Wort des Paulus zur Frage der Rechtfertigung. An unserer Stelle wendet er sich gegen eine Auffassung im Judentum, die meinte, schon der Besitz des Gesetzes sei ein entscheidender Vorzug Israels gegenüber den Nichtjuden. Paulus teilt diese Ansicht nicht.

Darum gilt für ihn umgekehrt (**14**): Wenn Heiden, die das mosaische Gesetz nicht kennen, dennoch von sich aus Gottes Willen erfüllen, den das Gesetz bekundet, dann lassen sie für sich Gottes Gesetz gelten, auch wenn sie die geschriebene Tora nicht haben. Paulus sieht also in den Tugenden der Heiden nicht einfach »glänzende Laster«, wie dies später Augustin formuliert hat. Er anerkennt, dass es auch unter den Heiden rechtes Tun gibt und sieht darin ein Zeichen, dass Nichtjuden *das Gesetz ins Herz geschrieben* ist (**15**). Es gibt auch unter den Heiden Gewissensbildung und ein inneres Ringen um den rechten Weg. Auch sie kennen die innere Instanz, die Stimmen, die anklagen und verteidigen und so ein Stück klärendes Gericht vollziehen. Dies ist allerdings nur eine schwache Vorwegnahme der eigentlichen Instanz, des *Gerichtstags*, an dem Gott auch das beurteilen wird, was menschlichen Augen und auch der eigenen Selbstprüfung verborgen bleibt (**16**). Maßstab dafür – und das ist an dieser Stelle ein überraschender Gedanke – wird das *Evangelium* sein, das Paulus verkündet. Damit deutet er an, dass letztlich nicht die Werke der Menschen entschieden werden, sondern ihre Offenheit für die frohe Botschaft von Gottes gnädigem Handeln in Jesus Christus.

Was möchte Paulus in diesem Abschnitt sagen? Nachdem er in 1,18–32 den Verfall menschlichen Miteinanders durch die Abwendung von dem wahren Gott und seiner Gerechtigkeit dargestellt hat, wendet er sich scharf gegen die Position einer moralischen Entrüstung, die meint, weil man wisse, was richtig ist, könne man sich zum Richter über andere aufschwingen. Das ist eine gefährliche Täuschung. Gott braucht keine Claqueure, die ihm Beifall spenden, aber selbst seinen Willen nicht tun. Paulus sagt das zunächst sehr betont ganz allgemein, ohne sich an eine bestimmte Gruppe zu wenden. Allerdings zeigt die Weiterführung des Gedankens, dass er innerlich schon den Dialog mit jüdischen Gesprächspartnern beginnt. So wie es ihm in 1,17 wichtig war, zu betonen, dass Gottes Heilshandeln zunächst den Juden, dann aber genauso den Nichtjuden gilt, so stellt er in 2,7–10 klar, dass Gottes Gericht

zuerst über die Juden ergeht, die seinen Willen durch die Tora, das mosaische Gesetz, kennen, dann aber auch über die Nichtjuden.
Paulus kämpft offensichtlich gegen die Gefahr einer jüdischen Doppelmoral, wie sie aus Sätzen wie Weish 14,31 – 15,2 abgeleitet werden könnte, wo für die Juden Barmherzigkeit, »wenn wir auch sündigen«, angesagt wurd, für die Heiden aber »die Strafe, die sie mit ihrem Sündigen verdienen«. (Dass die Weisheit auch anders formulieren kann, dafür siehe 11,23f). Dagegen protestiert Paulus vehement. Auf Gottes Barmherzigkeit zu spekulieren und zu meinen, schon der Besitz des Gesetzes genüge, ist eine gefährliche Selbsttäuschung. Gott urteilt nach dem Tun.
Dies ist die paulinische Fassung der Absage an die »billige Gnade«, wie sie Dietrich Bonhoeffer gegen vergleichbare Fehlentwicklungen in der evangelischen Christenheit formuliert hat. Wenn Paulus festhält, dass Gott jedem nach seinen *Werken* zuteilt, dann ist das kein wirklicher Widerspruch gegen seine spätere Aussage von der Rechtfertigung allein aus Glauben ohne die Werke des Gesetzes. Denn Paulus vertritt hier ja nicht den Standpunkt, dass letztlich doch allein die eigene Leistung vor Gott zählt, sondern will die Illusion zerstören, schon das eigene Überlegenheitsgefühl über andere begründe einen Anspruch für eine bevorzugte Behandlung durch Gott.
Deshalb macht er auch deutlich, dass die ethische Herausforderung durch Gottes Willen alle betrifft, nicht nur die, die diesen Willen durch die Tora kennen. Paulus scheint damit nicht ein inhaltlich umrissenes Konzept eines Naturrechtes im Auge zu haben, das für alle Menschen gilt. Am ehesten dürfte er daran denken, dass die Anforderungen der Zehn Gebote in Grundzügen allen Menschen bewusst und plausibel erscheinen. Worum es Paulus eigentlich geht, ist die Tatsache, dass alle Menschen ein ethisches Bewusstsein haben, auf das sie Gott mit seinem Urteil ansprechen kann. Ob es wirklich Menschen gibt, die als Täter dessen, was das Gesetz fordert, gerechtfertigt werden, lässt Paulus hier offen. Dass Gott die Menschen – wie Paulus sagt – *gemäß meinem Evangelium durch Jesus Christus* richtet, weist noch einmal auf eine andere Dimension des Urteils Gottes, die hier noch nicht entfaltet wird.

2,17–29
Wer sind die wahren Juden?

¹⁷**Wenn du dich aber einen Juden nennen lässt, dich auf das Gesetz verlässt, auf (deine Beziehung zu) Gott stolz bist,** ¹⁸**seinen Willen kennst und – belehrt durch das Gesetz – weißt, worauf es an-**

kommt, ¹⁹und überzeugt bist, ein Führer für die Blinden zu sein, ein Licht für die, die im Dunkel sind, ²⁰ein Erzieher der Unverständigen, ein Lehrer der Unmündigen und in der Gestalt des Gesetzes die Verkörperung der Erkenntnis und der Wahrheit hast: ²¹(Was) nun, (wenn) du andere belehrst, aber nicht dich selbst? Wenn du verkündigst, man dürfe nicht stehlen, aber selbst stiehlst? ²²Wenn du sagst, man solle nicht ehebrechen, und selbst die Ehe brichst? Oder wenn du die Götzen verabscheust und selbst Tempelraub begehst? ²³Du bist stolz auf das Gesetz, und verunehrst Gott durch die Übertretung des Gesetzes, ²⁴wie geschrieben steht (Jes 52,5): *denn der Name Gottes wird durch euch unter den Völker verlästert.*
²⁵Denn die Beschneidung nützt nur etwas, wenn du das Gesetz befolgst; wenn du aber ein Übertreter des Gesetzes bist, dann ist deine Beschneidung zur Unbeschnittenheit geworden. ²⁶Wenn also jemand, der nicht beschnitten ist, die Rechtsforderungen des Gesetzes befolgt, wird ihm dann nicht sein Unbeschnittensein als Beschneidung angerechnet? ²⁷Und so werden die, die an sich nicht beschnitten sind, aber das Gesetz erfüllen, dich richten, der du den Buchstaben (des Gesetzes) hast und beschnitten bist, aber das Gesetz übertrittst. ²⁸Denn nicht der ist Jude, der es äußerlich ist, und nicht das ist Beschneidung, was äußerlich am Fleisch vollzogen wird, ²⁹vielmehr (ist es) der, der im Verborgenen Jude ist, und (ist es) die Beschneidung des Herzens im Geist und nicht im Buchstaben. Dessen Anerkennung kommt nicht von Menschen, sondern von Gott.

Hatte Paulus zuletzt den Fall erwogen, was geschieht, wenn Heiden, die das Gesetz nicht kennen, doch die Forderung des Gesetzes erfüllen, so diskutiert er jetzt den umgekehrten Fall. Was geschieht, wenn Menschen, die Gottes Gesetz, das sie in der Tora besitzen, für ihren Lebensmittelpunkt erklären, sich in ihrem Tun aber nicht daran halten? Mit dem, was er in V. 21f sagt, behauptet Paulus nicht, dass sich alle Juden so verhalten. Er möchte lediglich in rhetorischer Zuspitzung deutlich machen, dass nicht der Besitz des Gesetzes entscheidend ist, sondern das Tun dessen, was es fordert.
Die V. **17–20** beschreiben das Sendungsbewusstsein eines Juden, der stolz und dankbar ist, im Gesetz die Richtschnur für das eigene Leben zu haben und darum anders als viele Menschen nicht orientierungslos durchs Leben zu gehen. Vielleicht porträtiert Paulus hier sich selbst und seine Haltung, bevor er Christus begegnete. Was aber bedeutet dieser Anspruch, wenn es einem selbst nicht gelingt, das Gesetz wirklich zu erfüllen? Paulus setzt sich in diesem Abschnitt besonders mit Gesetzes*lehrern* auseinander, die zwar das

Rechte lehren, aber nicht wirklich die Konsequenzen für das eigene Leben ziehen. Seine Kritik berührt sich in vielem mit den kritischen Worten Jesu gegen Schriftgelehrte und Pharisäer, die in Mt 23 überliefert sind. Dabei ist die Diskrepanz zwischen Lehre und Tun sicher nicht nur ein Problem jüdischer Menschen. Überall, wo hohe moralische Standards gepredigt werden, besteht die Gefahr einer Doppelmoral, einer Kluft zwischen dem, was man von anderen fordert, und dem, was man sich selbst als Freiheit zubilligt.

Von daher liegt es nahe, das Problem am Verbot des Diebstahls und des Ehebruchs deutlich zu machen (**21b.22a**). Denn der Verlockung, sich fremdes Eigentum anzueignen und – wohl noch verführerischer – in die Ehe eines anderen einzubrechen, können im konkreten Fall viele nicht widerstehen, die grundsätzlich groß von der Schutzwürdigkeit des Eigentums und der Heiligkeit der Ehe sprechen. Merkwürdig ist freilich das dritte Beispiel (**22b**). Kam es wirklich vor, dass sich Juden an gestohlenem Tempelgut bereicherten, obwohl dies in Dtn 7,25f ausdrücklich verboten war? Oder war es ein Vergehen, dessen man die Juden gerne verdächtigte, gerade weil sie die Götter der anderen verachteten (vgl. Apg 19,37)?

Aber gleich, ob es sich nun um allgemein menschliche Verfehlungen oder eher um kriminalistische Raritäten handelt, worum es Paulus grundsätzlich geht, sagt er in V. **23**: Er sieht die Tragik, dass es Menschen gibt, die stolz darauf sind, das Gesetz zu haben, und es doch übertreten. Damit schaden sie Gottes Ansehen in der Welt und merken das oft nicht einmal. Für Paulus geht damit freilich ein prophetisches Wort aus Jes 52,5 in Erfüllung (**24**). Allerdings steht der Text, den Paulus zitiert, nicht im hebräischen Original, sondern in der griechischen Übersetzung des Alten Testaments, der Septuaginta. Paulus hatte offensichtlich den griechischen Text im Ohr und zitiert ihn häufig. Sachlich trifft Paulus mit diesem Zitat ein Problem, das auch von den Propheten thematisiert (vgl. z.B. Ez 36,17–20) und von jüdischen Zeitgenossen selbstkritisch angesprochen wurde.

Ab V. **25** wendet sich Paulus wieder der grundsätzlichen Frage zu: Ist die Beschneidung als solche so etwas wie eine Garantie des Heils? Das war nicht die vorherrschende Meinung im Judentum jener Zeit. Aber – wie der Galaterbrief zeigt – spitzte sich die Fragestellung in den innerchristlichen Kontroversen um die Notwendigkeit einer Beschneidung der gläubig gewordenen Nichtjuden in dieser Weise zu (vgl. Gal 5,3). Paulus hingegen sieht in der Beschneidung nicht das alles entscheidende Zeichen des Bundes mit Gott, sondern einen Teil der Tora. Für die, die das Gesetz als Ganzes befolgen, ist die Beschneidung Teil ihres Gehorsams. Wer jedoch das Gesetz übertritt, dem nützt auch nicht, dass er beschnitten

ist. Die Beschneidung verleiht keine Sonderkonditionen im Urteil Gottes.
Paulus wagt es, auch den umgekehrten Schluss zu ziehen (**26**): Wenn jemand das erfüllt, was das Gesetz fordert, aber nicht beschnitten ist, wird dann durch diesen Gehorsam der Zustand des Unbeschnittenseins zu einer Art Beschneidung ehrenhalber werden? Paulus stellt dies zunächst nur als Frage. Es gab jüdische Missionare, die diese Ansicht vertraten. Dagegen wandten sich andere Gesetzeslehrer mit dem Argument, dass die Beschneidungsforderung unveräußerlicher Teil der Tora sei. Der jüdische Historiker Josephus erzählt von einer solchen Auseinandersetzung. Für Paulus ist die Antwort auf diese Frage klar: Durch ihren Gehorsam werden die, die das Gesetz erfüllen, obwohl sie nicht beschnitten sind, das Urteil über die sprechen, die zwar den Buchstaben des Gesetzes besitzen, es aber durch ihren Ungehorsam übertreten (**27**).
Paulus geht sogar noch ein Stück weiter: Nicht das sind die wirklichen Juden, die die äußeren Erkennungsmerkmale des Judeseins für sich in Anspruch nehmen, sondern diejenigen, die Gottes Willen im Verborgenen erfüllen (**28f**). Nicht die körperliche Beschneidung ist wichtig, sondern die Beschneidung des Herzens, also eine Zugehörigkeit zu Gott, die aus der Mitte der Existenz heraus und in ganzer Hingabe an Gott gelebt wird.
Das Motiv von einer Beschneidung des Herzens begegnet schon im Alten Testament (vgl. Dtn 10,16; 30,6; Jer 4,4; vom unbeschnittenen Herzen sprechen auch Lev 26,41; Jer 9,25; Ez 44,7.9) und in den Schriften von Qumran. Auch im Judentum wusste man darum, dass das Entscheidende nicht durch äußere Riten, sondern durch eine vom Zentrum der Existenz geleitete ganzheitliche Hinwendung zu Gott bewirkt wird. Paulus verstärkt den Unterschied von äußerlicher und innerlicher Zugehörigkeit noch dadurch, dass er den Gegensatz von *Buchstaben* und *Geist* einführt (vgl. dazu auch Röm 7,6; 2Kor 3,6). Zwei unterschiedliche Akzente dieses Motivs treffen sich hier: Da ist die landläufige Überzeugung, dass Gesetze nicht nur dem Buchstaben nach zu erfüllen sind, sondern in dem Geist, in dem sie gegeben wurden. Paulus deutet damit aber auch an, dass wir Gottes Willen letztlich nicht aus eigener Kraft, sondern nur in der Kraft des Geistes Gottes erfüllen können (vgl. dazu schon Ez 11,19f; Jer 31,33). Die *Anerkennung*, die über ein Leben entscheidet, kommt *von Gott* und *nicht von Menschen*, ein Gedanke, der Paulus auch in der innerchristlichen Diskussion über den rechten Weg wichtig ist (1Kor 4,5).
Ohne dass Paulus das ausdrücklich sagt, gewinnt man den Eindruck, dass für ihn gerade der (Heiden-)Christ der wahre Jude ist. Diese Schlussfolgerung hatte für die Geschichte der Beziehungen

zwischen Juden und Christen fatale Folgen: Sie stützte die Enterbungstheorie, mit der man Israel seine bleibende Erwählung absprach. Eine doppelte Überlegung ist hier wichtig. Erstens: Paulus spricht nicht von außen, sondern als Jude mit Juden. Zweitens ist zu bedenken, ob Paulus nicht Vergleichbares auch von Christen sagen könnte, die sich z.B. auf den Besitz eines Taufscheins berufen, ohne Konsequenzen aus ihrem Getauftsein zu ziehen.

Paulus ist wichtig: Es gibt keine formalen Garantien für die Zugehörigkeit zu Gott. Zu wissen, was richtig ist und andere darüber zu belehren, macht das eigene Leben nicht recht vor Gott. Vor Gott zählt nur, von ganzem Herzen und in ganzer Konsequenz in seinem Geist und nach seinem Willen zu leben. Dass damit die Beschneidung als entscheidendes Merkmal für die Zugehörigkeit zu Gott ausscheidet, löst auch ein Problem, das Paulus gar nicht gesehen zu haben scheint: Da im Judentum nur Jungen bzw. Männer beschnitten wurden, war die Hälfte der Menschheit von dieser Frage gar nicht betroffen. Die Beschneidung des Herzens aber gilt allen.

3,1–8
Urteilt Gott gerecht?

[1] Was ist denn dann noch der Vorteil des Juden, oder was ist der Nutzen der Beschneidung? [2] Viel in jeder Hinsicht! Denn erstens sind ihnen die Worte Gottes anvertraut worden. [3] Was macht es also, wenn einige untreu geworden sind? Hebt ihre Untreue etwa die Treue Gottes auf? [4] Keinesfalls. Vielmehr soll Gott sich als wahr und verlässlich erweisen, jeder Mensch aber als Lügner, wie geschrieben steht (Ps 51,6): *Damit du recht behältst in deinen Worten und siegst, wenn man mit dir rechtet.*
[5] Wenn aber unsere Ungerechtigkeit Gottes Gerechtigkeit herausstellt, was sollen wir daraus folgern? Verhält sich – menschlich gesprochen – Gott dann etwa ungerecht, wenn er sein Zorngericht verhängt? [6] Keinesfalls! Denn wie könnte Gott sonst die Welt richten? Wenn aber Gottes Zuverlässigkeit durch meine Unzuverlässigkeit zu seiner Ehre groß herausgekommen ist, warum werde ich dann noch als Sünder verurteilt? [8] Und gilt etwa das, womit man uns verleumdet und was uns einige in den Mund legen, nämlich: »Lasst uns Böses tun, damit Gutes herauskommt!«? Solche Leute trifft zu Recht das Urteil (Gottes).

Die Ausführungen des Paulus reizen zum Widerspruch, zumindest zu Fragen. Das spürt auch der Apostel und formuliert eine erste

Frage eines gedachten Gesprächspartners (**1**). Wenn das so ist, wie Paulus sagt, gibt es dann noch etwas, was die Juden aufgrund ihrer Berufung durch Gott anderen Menschen voraus haben, und hat die Beschneidung noch irgendwelchen Nutzen? Paulus bejaht diese Fragen nachdrücklich (**2**). Jude zu sein und das Bundeszeichen der Beschneidung zu tragen, bringt in vieler Hinsicht Vorteile für die Betroffenen. Paulus scheint einige davon aufzählen zu wollen.

Als erstes nennt er, dass den Juden *die Worte Gottes anvertraut worden sind*. Israel hat in der Tora und durch die Worte der Propheten Gottes Reden erfahren. Sosehr dies ein Reden in konkrete Situationen hinein war, bleiben diese Worte doch als Gottes Offenbarung an sein Volk gültig auch für spätere Zeiten. Darum sagt Paulus, dass diese Worte Israel *anvertraut* worden sind und deutet damit an, dass die heiligen Schriften Israels auch noch für die Nichtjuden Bedeutung haben werden. Das *Plus* der Juden, der *Mehrwert* ihrer Berufung liegt darin, dass sie Erstempfänger des Redens Gottes sind und in der Verantwortung stehen, diese Worte zu bewahren – nicht nur durch eine gesicherte schriftliche Überlieferung, sondern auch durch ein entsprechendes Leben.

Es ist wohl dieser Gedanke, der Paulus dazu bringt, seine Aufzählung gleich hier zu unterbrechen. Er wird sie erst in 9,4 fortsetzen, wo die ganze Fragestellung wieder aufgenommen wird. Hier drängt sich Paulus in dem inneren Dialog, in dem er sich befindet, eine andere Fragestellung auf (**3**): Was bedeutet es, wenn einige sich dieser Aufgabe gegenüber als unzuverlässig und dem Auftraggeber gegenüber als untreu erwiesen haben? Stellt das die Treue Gottes in Frage? (Ein sprachlicher Hinweis: Das griechische Wort *pistis*, das hier mit *Treue* übersetzt wird, heißt an anderer Stelle *Glaube*; hier aber geht es um die Alternativen *treu* oder *untreu*.)

Diese Überlegung weist Paulus mit Nachdruck zurück (**4**). Es ist gerade umgekehrt: Dort, wo sich Menschen als unzuverlässig und als Lügner erweisen, da stellt sich heraus, dass Gott zuverlässig und wahrhaftig ist. (Wörtlich heißt es: Gott erweist sich als *wahr*; das bedeutet im biblischen Griechisch: als *zuverlässig* und *treu*.) Diesen Grundsatz findet Paulus schon in der Schrift, nämlich in Ps 51,6, den er wieder nach der Septuaginta, der griechischen Übersetzung, zitiert. (Daher der etwas andere Wortlaut gegenüber dem Text in unseren Psalmenausgaben.) Der Zusammenhang, in dem dieses Wort steht, ist nicht unwichtig: Der Beter von Psalm 51 – und nach der Überlieferung ist das der fromme König David – bekennt, wie sehr er sich vor Gott versündigt hat. Aber durch dieses Bekenntnis gibt er Gott und seinem Urteil über sein Leben recht. Gott behält Recht und erweist sich in seinem Urteil als wahr und zuverlässig.

Paulus ist das auch für die Beurteilung des Weges Gottes mit Israel wichtig. Auch wenn *einige* (hier ist Paulus mit seinem Urteil sehr zurückhaltend!) dem Auftrag *untreu wurden* und sich versündigt haben, Gottes Zuverlässigkeit und Gottes Treue wird dadurch nicht zweifelhaft, sein kritisches Urteil über sein Volk wird vielmehr bestätigt. Paulus wählt hier sehr bewusst den Wortlaut der Septuaginta, die sagt, dass Gott im Streit um seine Gerechtigkeit *siegt*. Das bedeutet nicht nur, dass er Recht behält, sondern zugleich, dass er sich mit seiner Herrschaft auch gegen Sünde und Untreue der Menschen durchsetzt.

Hier leuchtet schon etwas von dem besonderen Akzent der Rechtfertigungsbotschaft des Paulus auf, in der es nicht nur um das Heil des Sünders, sondern zugleich um Gott und seine heilvolle Herrschaft geht. Für den jungen Luther war das »Gott recht geben« von Ps 51,6 Ausdruck wahrer Buße und der erste Schritt zum Glauben. Aus der Rechtfertigung Gottes erwächst die Rechtfertigung des Sünders. Für Paulus ist freilich die Rechtfertigung Gottes nicht von der Einsicht des Sünders abhängig, sondern besteht darin, dass Gott sich selbst und seinem Heilswillen treu bleibt. Auch das wird in Röm 9–11 noch einmal zu bedenken sein.

Zunächst aber sieht sich Paulus genötigt, problematische Folgerungen abzuwehren, die man möglicherweise aus seinen Aussagen ziehen könnte (**5–8**). Wenn gerade das Fehlverhalten (die *Ungerechtigkeit*) von Menschen die *Gerechtigkeit* Gottes, also sein *Im-Recht-Sein* und seine *Treue* zu seinem Volk, wirksam werden lässt, was kann man daraus schließen (wörtlich: *dazu sagen*)? Menschlich gedacht könnte man ja fragen, ob es nicht ungerecht ist, wenn Gott dennoch über dieses Verhalten seinen *Zorn*, also sein entschiedenes Nein ausspricht. Es dient doch letztlich der Ehre Gottes!

Paulus wehrt diesen Gedanken schroff ab. Wenn Gottes Richten gegenüber seinem Volk ungerecht wäre, *wie könnte er dann die ganze Welt richten?* Dass Gott dies aber zu Recht tun wird, ist eine Überzeugung, die Paulus auch bei seinen Gesprächspartnern als unzweifelhaft voraussetzt. Dennoch gibt er diesem Einwand noch einmal Raum, sogar in einer sehr persönlich formulierten, in der Ich-Form abgefassten Frage: *Wenn Gottes Zuverlässigkeit und Treue gerade durch meine Untreue und mein unzuverlässiges Verhalten zu seiner Ehre groß herausgekommen sind, warum werde ich dann als Sünder verurteilt?* Ist das Gericht nicht entbehrlich, ja unsachgemäß, wenn letztlich auch die Sünde der Menschen Gott in seiner Souveränität, mit der er über die Sünde siegt, verherrlicht?

Die Art, wie Paulus die Frage stellt, lässt zunächst offen, ob er einem angefochtenen jüdischen Gesprächspartner die Stimme leiht

oder einen spitzfindigen Einwand gegen seine Theologie formuliert.
Der nächste Satz macht dann klar, dass dahinter eine handfeste Auseinandersetzung um die Konsequenzen der paulinischen Gnadentheologie steht. Es gibt Leute, die Paulus unterstellen, er würde verkünden: *Lasst uns Böses tun, damit Gutes geschieht*. Eine ähnlich problematische Folgerung aus seiner Rechtfertigungslehre wird Paulus in 6,1 zitieren: *Sollen wir bei der Sünde bleiben, damit die Gnade umso größer werde?* Was Paulus als Paradox des Glaubens formuliert, dass Gottes Gnade und Treue wirksamer sind als alles Sündigen der Menschen, das wird zu einer zynischen Handlungsanweisung umgeformt, die ihm unterstellt, er wolle das Heilshandeln Gottes (das *Gute*) dadurch groß machen, dass er zum Tun des Bösen aufrufe. Ob übereifrige Paulusanhänger solche Parolen verbreiteten, lässt sich nicht sagen. Paulus sieht jedenfalls in solchen Aussagen böswillige Unterstellungen und Verleumdungen, die er vehement zurückweisen muss. Er bricht die Argumentation ab und konstatiert nur noch in lapidarer Schärfe, dass gerade die, die so argumentieren und seine Botschaft dadurch entstellen, das gerechte Urteil Gottes treffen wird.

Trotz aller Kritik an der Meinung, jüdische Menschen würden vor Gott von vorneherein eine Vorzugsstellung genießen, hält Paulus daran fest: Zu Gottes Volk zu gehören, bringt viele Vorteile, darum aber auch eine große Verantwortung mit sich. Dies gilt für Paulus auch angesichts der Tatsache, dass jüdische Menschen ihrer Berufung nicht treu geblieben sind. Dass Gott trotzdem an seinem Volk festhielt, hat immer wieder seine Treue und Gerechtigkeit erwiesen. Daraus aber zu folgern, das eigene Fehlverhalten diene der Verherrlichung Gottes, und kräftiges Sündigen gebe Gott eine gute Gelegenheit zum Vergeben, ist gotteslästerlich und gefährlich.

3,9–20
Vor Gott ist keiner gerecht

[9]*Was also? Stehen wir (als Juden) besser da? Nicht wirklich. Denn wir haben ja schon vorher Anklage erhoben, dass sowohl Juden als auch Griechen alle unter der (Herrschaft der) Sünde stehen,* [10]*wie geschrieben steht: Es gibt keinen Gerechten, auch nicht einen* (Pred 7,20), [11]*es gibt keinen, der verständig ist, es gibt keinen, der Gott wirklich sucht.* [12]*Alle haben sich abgewendet, sind alle miteinander zu nichts zu gebrauchen; es gibt keinen, der redlich handelt, aber auch nicht einen* (Ps 14,1–3)! [13]*Ihr Rachen ist ein geöffnetes Grab,*

mit ihrer Zunge pflegen sie zu betrügen, Natterngift ist unter ihren Lippen (Ps 5,10; 140,4). [14]*Ihr Mund ist voll von Fluch und Bitterkeit* (Ps 10,7), [15]*ihre Füße sind schnell, wenn es darum geht, Blut zu vergießen,* [16]*Verwüstung und Elend finden sich auf ihrem Weg,* [17]*und den Weg des Friedens kennen sie nicht* (Jes 59,7f). [18]*Gottesfurcht haben sie nicht im Blick* (Ps 36,2).
[19]**Wir wissen aber, dass das Gesetz alles, was es zu sagen hat, denen sagt, die im Geltungsbereich des Gesetzes leben, damit jeder Mund zum Schweigen gebracht wird und (deutlich wird), dass die ganze Welt vor Gott schuldig ist.** [20]**Denn aufgrund von Gesetzeswerken wird kein Fleisch vor ihm gerechtfertigt werden; denn durch das Gesetz entsteht Erkenntnis der Sünde.**

Noch einmal kommt Paulus auf die Frage zurück, ob Juden durch ihr Judesein einen Vorteil vor anderen haben, und an dieser Stelle schließt er sich durch ein *wir* betont in die Fragestellung mit ein. In 3,1f hat er diese Frage in bestimmter Hinsicht bejaht. Aber jetzt muss er diese Aussage an der entscheidenden Stelle einschränken: Wenn es um die Frage geht, wie die Menschen ihr Verhältnis zu Gott leben, dann muss klar gesagt werden, dass nicht nur die *Griechen*, also die Menschen, die nach den problematischen Sitten (und Unsitten) der hellenistisch-römischen Kultur leben, unter der Herrschaft der Sünde leben, sondern auf ihre Weise auch die *Juden*, obwohl sie den Willen Gottes durch die Tora kennen. Paulus kommt zu diesem Urteil nicht nur, weil auch Juden die eine oder andere Übertretung begehen. Durch ihren Ungehorsam sind alle unter die Macht der Sünde geraten. Sie stehen darum alle unter der gleichen Anklage.
Paulus sieht dies auch durch eine Vielzahl von Aussagen der Heiligen Schrift bestätigt und stellt eine ganze Kette von Zitaten zusammen. Da die einzelnen Zitate fast nahtlos ineinander übergehen und gegenüber dem Text der Septuaginta leicht verändert sind, nehmen manche Ausleger an, Paulus benutze hier eine überlieferte Zitatzusammenstellung zum Thema, ein sog. Florilegium. Die Existenz solcher Zusammenstellungen ist für das Judentum durch die Schriften von Qumran belegt. Aber die Zitatenkette kann auch einfach ein Zeichen dafür sein, wie sehr Paulus in den Heiligen Schriften seines Volkes lebt – auch in deren griechische Übersetzung – und wie sehr für ihn bestimmte Aussagen inhaltlich zusammenfließen.
Paulus beginnt mit einer Anspielung auf Pred 7,20, die er mit Worten aus Ps 14,1–3 verknüpft (**10–12**). Die Anklage, die er diesen Versen entnimmt, lautet: Kein Mensch ist gerecht vor Gott und handelt so, wie es Gottes Willen und der Gemeinschaft mit

ihm entsprechen würde (**10**). Niemand hat die Einsicht und das tiefere Verständnis, durch die er oder sie erkennt, welches Verhalten Gott gegenüber angemessen ist, und niemand fragt wirklich nach Gott und sucht die Begegnung mit ihm (**11**). *Gott suchen* bedeutet in Israel ursprünglich sehr konkret die Befragung eines Propheten in einer Notsituation (vgl. 1Kön 22). Der Begriff wird dann zum Ausdruck für die grundsätzliche Orientierung des ganzen Lebens an Jahwe, oft im Gegensatz zum Götzendienst (vgl. Am 5,4f; Jes 65,1–10). Die traurige Bilanz des Psalmisten ist aber, dass keiner wirklich nach Gott fragt, dass sich alle von Gott abgewendet haben und untauglich für den Weg mit Gott geworden sind. Das wirkt sich auch auf das Miteinander der Menschen aus: Redlichkeit und Güte sind nicht länger Maßstab des Handelns (**12**).
Was das bedeutet, wird mit sehr bildhaften Worten aus verschiedenen Schriftstellen illustriert. Stichwortgeber für die Auswahl der Zitate scheint die Beschreibung der unheilvollen Wirkung verschiedener Körperteile zu sein: *Rachen, Zunge, Lippen, Mund, Füße und Augen* werden genannt (**13–15**). Der innere Zusammenhang der Aussagen aber ist die verderbliche Wirkung zerstörter Kommunikation. Wo sie nicht mehr gelingt, da wird das Miteinander von Menschen vergiftet und gefährlich. Am Ende der Zitatenkette werden noch einmal die zwei grundsätzlichen Fehlverhalten genannt. Zunächst wird leicht gekürzt Jes 59,7f zitiert: Es gibt soviel *Blutvergießen* und soviel *Elend* und *Verwüstung* in den menschlichen Beziehungen, weil die Menschen den *Weg zum Frieden* nicht kennen (**15–17**). Und damit ist nicht ein Mangel an Wissen angesprochen, sondern die Weigerung, anzuerkennen und zu praktizieren, was zum Frieden und einem gedeihlichen Zusammenleben der Menschen führt. Und dazu tritt als die andere Dimension des Grundproblems die Feststellung aus Ps 36,2: Die *Ehrfurcht vor Gott* ist den Menschen aus den Augen geraten (**18**). Sie ist nicht mehr im Horizont ihres Denkens und Handelns.
Gottesfurcht ist nun freilich eine Haltung, deren Bedeutung gerade dem heutigen Menschen schwer zu vermitteln ist. Für die Gottesverkündigung im Alten Testament ist sie aber von zentraler Bedeutung. Klar ist, dass Gottes*furcht* nichts mit der *Angst* vor einem strafenden oder unberechenbaren Gott zu tun hat. Nicht von ungefähr gehört die Aufforderung: *Fürchte dich nicht!* zu den Grundelementen der Begegnung mit Gott. Es ist gerade die Erfahrung der Hilfe Gottes, die zur Überzeugung führt, dass Gott nichts anderes fordert, *als dass du den* HERRN, *deinen Gott, fürchtest, auf allen seinen Wegen gehst, ihn liebst und dem* HERRN, *deinem Gott dienst* (Dtn 10,12). Gottesfurcht ist also der liebende Respekt vor Gott, durch den unser ganzes Denken, Wollen und Handeln ge-

prägt ist. Solche Ehrfurcht ist geboren aus der erschütternden Erfahrung der Begegnung mit dem rettenden Gott und wird genährt durch die immer wieder neue Erinnerung an Gottes Handeln im Wort der Verkündigung. Das dankbare Staunen über Gott und sein Handeln ist Anfang und Grund aller menschlichen Weisheit (Spr 1,7; Ps 110,10). Dass dieses Wissen um Gott den Menschen fehlt und man bestenfalls den lieben Gott einen guten Mann sein lässt, das ist die Ursache für die gestörten Beziehungen unter den Menschen und dafür, dass sie das wahre Leben verfehlen.

Es bleibt die Frage, von wem die Schrift dies alles sagt (**19**). Ps 14 beschreibt Gottes Urteil über die *Menschenkinder*; andere der zitierten Psalmen urteilen über die *Gottlosen* oder die *Übeltäter*. Paulus möchte aber allen Verleugnungsstrategien einen Riegel vorschieben. Was das *Gesetz sagt* – und er rechnet hier offensichtlich Propheten und Psalmen auch zur *Tora*, d.h. zur Weisung Gottes –, das sagt es vor allem denen, für die das Gesetz gilt, also den Juden. Damit werden alle Ausflüchte abgewehrt, dies alles gelte nur für die Nichtjuden. Dass jeder Mund zum Schweigen gebracht wird (Luther in kräftiger wörtlicher Wiedergabe: *allen der Mund gestopft wird*) bedeutet, dass niemand etwas zu seiner Verteidigung vorbringen kann. Prozessrechtlich bedeutet dies nach römischem Recht das Eingeständnis der Schuld. Vor Gott ist die ganze Menschheit schuldig geworden, einschließlich der Juden!

Paulus begründet das in V. **20** mit einer Aussage, die für seine Rechtfertigungslehre zentral ist, in unserem Zusammenhang aber etwas überraschend kommt. Dass es Aufgabe des Gesetzes ist, *zur Erkenntnis der Sünde zu führen*, ergibt sich logisch aus den vorhergehenden Aussagen. Dass aber niemand aufgrund von *Gesetzeswerken* vor Gott gerechtfertigt ist, das ist ein neuer Gedanke. Paulus spielt hier auf Ps 143,2 an, wo es heißt: *denn kein Lebender ist gerecht vor dir*. Auch das ist eine Schlussfolgerung, die sich aus dem in V. 9–18 Gesagten ergibt. Aber warum sagt Paulus in diesem Zusammenhang: nicht aufgrund von *Gesetzeswerken*?

Das Gespräch, in das er die Christen in Rom mit hineinnimmt, scheint doch noch eine verborgene Thematik zu haben, die hier ans Licht kommt. Der Begriff *Gesetzeswerke* (oder: *Werke des Gesetzes*) taucht bei Paulus in der Auseinandersetzung in Galatien auf (Gal 2,16; 3,2.5.10) und bezieht sich dort u.a. auf die Forderung, dass die bekehrten Heiden beschnitten werden müssten, um am Bund Gottes mit Israel teilzuhaben. Auch im Römerbrief wird die Wendung noch häufiger vorkommen, wenn Paulus auf die Bedeutung der Rechtfertigungsbotschaft zu sprechen kommt (3,28; 4,2.6; 9,12.32). Positiv hat Paulus in 2,15 vom *Werk* des Gesetzes (Singular!), d.h. von dem durch das Gesetz geforderten Tun, gesprochen.

Die Wendung kommt nicht im Alten Testament vor; aber der entsprechende hebräische Begriff ist in einem erst spät publizierten Text aus Qumran aufgetaucht. *Werke* des Gesetzes bezeichnen demnach zunächst die *Vorschriften* des Gesetzes, aber auch die entsprechenden *Taten* derer, die tun, was das Gesetz fordert.
Warum aber sagt Paulus, dass aufgrund von *Gesetzeswerken* niemand gerecht wird? Hatte er nicht in 2,13 erklärt, dass nicht die *Hörer* des Gesetzes, sondern die *Täter* des Gesetzes nach dem Urteil Gottes gerechtfertigt werden?
Es gibt *drei* verschiedene Erklärungen für diese Aussage.
Die *erste* sagt: Eine Rechtfertigung aufgrund von Gesetzeswerken ist deshalb ausgeschlossen, weil kein Mensch wirklich erfüllt, was das Gesetz fordert. So bleibt für das Gesetz nur die Aufgabe, den Menschen ihr Fehlverhalten zu zeigen.
Die *zweite* Erklärung sieht Gesetzeswerke als Grund für die Rechtfertigung deswegen ausgeschlossen, weil sich der Mensch grundsätzlich nicht durch sein Tun und seine eigene Leistung rechtfertigen kann. Diese Auslegung beruft sich auf Aussagen des Paulus in Gal 3,10f; Phil 3,7–11 und Röm 9,32. An unserer Stelle scheint sie in Widerspruch zur Beweisführung des Paulus in Röm 2 (besonders V. 12–16.26) zu stehen.
Die *dritte* Erklärung ist erst in den letzten Jahren unter dem Anspruch einer »neuen Perspektive« für die paulinische Theologie propagiert worden. Sie sieht in den *Gesetzeswerken* nicht allgemein das *Tun* des Gesetzes angesprochen, sondern die *Vorschriften* des Gesetzes, die für die jüdische Identität entscheidend waren, also insbesondere Beschneidung, Einhaltung des Sabbats und bestimmte Speise- und Reinheitsvorschriften. Tatsächlich scheint dies sehr gut die Argumentation der Gegner des Paulus in Galatien zu beschreiben. Ihnen ging es um die Bewahrung jüdischer Identitätsmerkmale (*identity markers*), denen sie als Bundeszeichen auch Heilsbedeutung zusprachen. An unserer Stelle würde Paulus also mit der Ablehnung der *Gesetzeswerke* seine Polemik von Kap. 2 fortsetzen. Gegen die Meinung, schon das Judesein an sich genüge zum Heil, und deshalb sei die Sicherung jüdischer Identität durch das Einhalten der entsprechenden Vorschriften entscheidend, sagt er: Weil alle das Gesetz übertreten haben, genügt es nicht, *Gesetzeswerke* als jüdische Identitätsmerkmale vorzuweisen, um sich vor Gott zu rechtfertigen. Das scheint auf den ersten Blick sinnvoll; aber die Fortsetzung der Argumentation in 3,21–28 macht es unwahrscheinlich, dass Paulus den Begriff *Gesetzeswerke* hier in diesem eingeschränkten Sinne gebraucht.
Paulus bekämpft an unserer Stelle nicht eine angebliche jüdische Werkgerechtigkeit. Er schließt die Möglichkeit einer Rechtferti-

gung durch *Gesetzeswerke* zuallererst deswegen aus, weil diejenigen, denen das Gesetz anvertraut wurde, nicht vor dessen Urteil bestehen können. Wenn aber schon diejenigen alle Sünder sind, die im Bereich des Gesetzes leben (wie das Gesetz selbst sagt), dann gilt das biblische Urteil in Ps 143,2, dass *kein Fleisch* (d.h. *kein menschliches Wesen, niemand*) *vor Gott gerechtfertigt wird*, nicht nur *de facto*, sondern *grundsätzlich*. Dabei meint *gerechtfertigt werden* auch hier nicht nur, im Jüngsten Gericht freigesprochen, sondern schon jetzt von Gott in seine Gemeinschaft aufgenommen zu werden. Dazu aber bedarf es eines anderen Wegs als den des Gesetzes.

Paulus hat das Ziel seines Argumentationsgangs von 1,18 – 3,20 erreicht. Alle Menschen sind auf Gottes gnädiges Ja angewiesen, das er durch Jesus Christus zu ihnen spricht. Mit dem, was sie selbst tun und sind, können sie vor Gott nicht bestehen. Paulus hat das zunächst am Beispiel der Menschen deutlich gemacht, die nicht nach Gottes Willen fragen, sondern sich ihre eigenen Götter machen. Wo Gottes gute Gaben und das, was er in unser Geschöpfsein gelegt hat, an die Stelle des Gebers treten, werden sie zu Götzen, deren Macht wir verfallen und die alle zwischenmenschlichen Beziehungen pervertieren und zerstören.
Aber auch dort, wo Menschen nach Gottes Willen fragen, stehen sie in Gefahr, sich damit zu begnügen, zu wissen, was recht ist, und mit einer formalen Erfüllung ihrer Pflichten zufrieden zu sein. Gott aber sucht das Handeln, das von Herzen kommt. Die Gefahr, sich stattdessen an äußeren Zeichen der Zugehörigkeit zu Gott festzuhalten und gerade so die lebensspendende Gemeinschaft mit ihm und seinem Willen zu verfehlen, ist groß. Paulus macht das am Beispiel der Juden und ihrem Verhältnis zum mosaischen Gesetz, der Tora, klar. Er betont dabei einerseits, dass das jüdische Volk eine ganz besondere Stellung vor Gott hat, die nicht übergangen werden darf. Andererseits aber ist entscheidend, dass daraus keine Heilsgarantie abgeleitet wird. So wird die Auseinandersetzung mit den jüdischen Gesprächspartnern zur Fallstudie für die Situation aller, die zu wissen glauben, was Gott fordert und was Recht ist, und die das auch anderen sagen und von ihnen einfordern und auf diese Weise versuchen, ihr Leben durch die eigenen Rechtschaffenheit (oder deren Fassade) zu rechtfertigen. Sie sind in Gefahr, das eigene Scheitern zu verleugnen und gerade dadurch ihr Leben zu verfehlen.
Ob Paulus mit vergleichbaren Argumenten versucht hat, Menschen in seiner missionarischen Verkündigung zum Glauben zu führen, wissen wir nicht. Wichtig ist, dass im Römerbrief seine Analyse der

Notwendigkeit der Rettung für alle unter dem Vorzeichen seiner These von 1,16f steht. Erst dort, wo schon vom Ja Gottes zu den Menschen gesprochen wurde, kann auch realistisch das Nein zur Sprache gebracht werden, das die Menschen durch ihr Verhalten über ihr Leben heraufbeschwören.

3,21 – 4,25
Die Rechtfertigung aus Glauben

In den nächsten anderthalb Kapiteln des Römerbriefs entfaltet Paulus in einem ersten Argumentationsgang seine These von 1,16f. Er tut dies in zwei Abschnitten: In 3,21–31 spricht er von der Verwirklichung der Gerechtigkeit Gottes und von der Rechtfertigung allein durch den Glauben, in 4,1–25 vom Glauben Abrahams und der Rechtfertigung des Gottlosen.

3,21–31
Die Verwirklichung der Gerechtigkeit Gottes im Tod Christi

[21]Jetzt aber ist – unabhängig vom Gesetz – Gottes Gerechtigkeit, wie sie vom Gesetz und den Propheten bezeugt wird, sichtbar Wirklichkeit geworden, [22]und zwar Gottes Gerechtigkeit, die durch den Glauben an Jesus Christus für alle, die glauben, wirksam wird. Denn es besteht kein Unterschied: [23]Alle nämlich haben gesündigt und entbehren die Herrlichkeit Gottes [24]und werden doch ganz umsonst durch seine Gnade gerechtfertigt durch die Erlösung, die in Jesus Christus geschehen ist. [25]Ihn hat Gott als Sühneort herausgestellt, (wirksam) durch Glauben kraft seines Blutes. So wollte Gott seine Gerechtigkeit erweisen dadurch, dass er die vorher geschehenen Sünden [26]in seiner Geduld erlassen hat; zum jetzigen Zeitpunkt aber wollte er seine Gerechtigkeit so erweisen, dass er selbst gerecht ist und den rechtfertigt, der aus dem Glauben an Jesus lebt.
[27]Wo bleibt dann das Rühmen? Es ist ausgeschlossen. Durch welches Gesetz? Das der Werke? Nein, sondern durch das Gesetz des Glaubens. [28]Denn wir sind überzeugt, dass ein Mensch allein durch Glauben gerechtfertigt wird ohne Gesetzeswerke. [29]Oder ist Gott nur ein Gott der Juden? Und nicht auch Gott der übrigen Völker? Doch sicher auch der Völker, [30]so gewiss Gott der Eine ist, der die Beschneidung aufgrund des Glaubens rechtfertigt und die Unbeschnittenheit durch den Glauben. [31]Setzen wir also durch den Glauben das Gesetz außer Kraft? Keineswegs! Wir bringen es erst richtig zur Geltung.

Mit einem betonten *Jetzt aber* kehrt Paulus wieder zur Perspektive des Evangeliums zurück und verlässt die negative Analyse menschlicher Wirklichkeit vor Gott, die den Abschnitt 1,18 – 3,20 bestimmt hat. Er greift dazu auf das Thema zurück, das er in 1,16f formuliert hat. Dort sagte er, dass im Evangelium von Jesus Christus Gottes Gerechtigkeit offenbart wird. Hier nimmt er diese Formulierung wieder auf, wandelt sie aber charakteristisch ab. Er wählt für die gleiche Aussage ein anderes Verb und eine andere Zeitform: *Gottes Gerechtigkeit ist sichtbar Wirklichkeit geworden* (oder: *in Erscheinung getreten*). Im Griechischen steht ein Perfekt, und das heißt: Die Offenbarung der Gerechtigkeit Gottes ist ein für alle Mal und bleibend gültig geschehen. Wenn sich diese Gerechtigkeit in der Verkündigung des Evangeliums offenbart, dann deshalb, weil sie im Geschick Jesu Christi für alle sichtbar Wirklichkeit geworden ist. Diese Aussage wird im Folgenden Schritt für Schritt entfaltet.

Zunächst aber (**21**) wird – anknüpfend an die Thematik von 3,9– 20 – gesagt, dass Gottes Gerechtigkeit *unabhängig vom Gesetz* in Erscheinung getreten ist. Das Gesetz ist kein Werkzeug der Offenbarung von Gottes Heilshandeln. Allerdings fügt Paulus sogleich hinzu, dass diese Gerechtigkeit *durch das Gesetz und die Propheten bezeugt* worden ist. *Gesetz und Propheten* sind die beiden wichtigsten Teile des jüdischen Kanons und stehen oft für das Ganze der Schrift. Nach der Überzeugung des Paulus weisen zwar Gesetz und Propheten vielfältig auf die kommende Offenbarung der Gerechtigkeit Gottes hin, aber in Erscheinung getreten ist diese Gerechtigkeit ohne Mitwirkung des Gesetzes. Darum kann das Tun des Gesetzes auch nicht mehr den Weg zum Heil bedeuten.

Das macht der nächste Satz klar (**22**): Kennzeichnend für die jetzt offenbar gewordene Gerechtigkeit Gottes ist, dass sie *durch den Glauben an Jesus Christus* wirksam wird und darum *für alle Glaubenden* gilt. Der Glaube, von dem Paulus hier spricht, ist mehr als allgemeines Gottvertrauen. Es geht darum, sich mit der ganzen Existenz auf das zu verlassen, was Gott in Jesus Christus getan hat. Paulus sieht darin keine Einschränkung für die Wirkung der Rechtfertigung aus Glauben. Wieder betont er, dass das für *alle* gilt, die glauben. Jede Diskriminierung von Menschen aufgrund religiöser, kultureller oder anderer Merkmale hat vor Gott keine Gültigkeit. Deutlich ist auch, dass mit *Gerechtigkeit Gottes* nicht seine richterliche Gerechtigkeit gemeint sein kann, sondern die rettende und befreiende Gerechtigkeit Gottes, jene Treue Gottes, die alle menschliche Entfremdung von Gott wieder zurechtbringt (vgl. zu 1,17). Insofern beschreibt auch Luthers Übersetzung von der *Gerechtigkeit, die vor Gott gilt*, nur einen Teilaspekt des von Paulus Gemeinten.

Noch einmal umreißt Paulus ganz kurz, warum diese völlig neue Offenbarung der Gerechtigkeit Gottes nötig war, um alle Menschen mit seinem Heilshandeln zu erreichen: Es gibt in der Stellung vor Gott letztlich keinen Unterschied zwischen den Menschen – auch nicht, so ist zwischen den Zeilen zu lesen, zwischen Juden und »Heiden«. Denn (**23**) *alle haben gesündigt* und sich gegenüber Gott und seinem Willen verfehlt. Das ist eine Aussage, die ähnlich auch schon im Alten Testament getroffen wird (1Kön 8,46; Pred 7,20). Für Paulus ist das aber nicht nur ein bedauerliches Faktor im Sinne von: »Ach wir sind ja alle Sünder – irgendwie und irgendwo«. Es geht hier um Leben und Tod. Denn dadurch sind die Menschen Gott entfremdet und leben nicht mehr in der Leben spendenden Gemeinschaft mit ihm.

Das schafft ein tiefes Lebensdefizit: Den Menschen fehlt die *Herrlichkeit Gottes*. Was damit gemeint ist, ist bei den Auslegern umstritten. Es hängt davon ab, wie man das griechische Wort *doxa* übersetzt. Dieses Wort kann im biblischen Griechisch *Ruhm, Ehre* heißen. Dann würde Paulus sagen: die Menschen haben die Anerkennung durch Gott verloren (vgl. Luther: *ermangeln des Ruhmes, den sie bei Gott haben sollten*). Die *Doxa* Gottes kann aber auch die *Herrlichkeit* Gottes bedeuten, also das, womit im Alten Testament das unbeschreibliche Wesen Gottes benannt wird (Ex 33,18). Im Judentum gab es die Ansicht, dass die ersten Menschen mit der Herrlichkeit Gottes umkleidet waren, weil sie als Ebenbild Gottes geschaffen worden sind. Diese Herrlichkeit Gottes haben sie aber durch die Sünde verloren. So heißt es in einer apokryphen jüdischen Schrift (Apokalypse des Mose 20) von Adam: »Und im gleichen Augenblick wurden mir die Augen aufgetan, und ich erkannte, dass ich entblößt war von der Gerechtigkeit, mit der ich bekleidet gewesen. Da weinte ich und sprach [zu Eva]: Warum hast du mir das angetan, dass ich von meiner Herrlichkeit entfremdet wurde, mit der ich bekleidet war.« Das könnte der Hintergrund für die Aussage des Paulus sein. Aber angesichts dessen, was Paulus in 5,1 über die Hoffnung auf eine zukünftige Teilhabe an Gottes Herrlichkeit sagt, könnte das *Fehlen* der Herrlichkeit Gottes auch bedeuten: Durch die Sünde sind die Menschen gar nicht erst zur Bestimmung ihres Lebens gelangt, an Gottes ewiger Herrlichkeit teilzuhaben. Darum ist ihre Existenz von einem tiefgreifenden Mangel an wahrem Leben gezeichnet.

Aber Paulus verlässt diese Defizitanzeige sogleich. Denn das eigentliche Ziel seiner Feststellung, dass es vor Gott keinen Unterschied zwischen den Menschen gibt, ist die positive Aussage (**24**): *und werden doch ganz umsonst durch seine Gnade gerechtfertigt*. Das ist die Kernaussage der paulinischen Rechtfertigungsbotschaft.

Ohne menschliches Verdienst und ohne eine Vorleistung aufseiten der Menschen, aus reiner Gnade, nimmt Gott den Menschen an. In der Auslegungsgeschichte hat man darüber gestritten, ob Gott die Menschen gerecht *spricht* oder gerecht *macht*. Im biblischen Denken sind das keine Gegensätze. Wenn Gott Menschen gerecht *spricht*, dann *macht* er sie auch gerecht, d.h. er bewältigt und bereinigt ihre Schuld und nimmt sie in seine Gemeinschaft auf. Dass Gott gerecht *macht*, bedeutet die Heilung der Beziehung zwischen Gott und Mensch, verleiht aber den Menschen keinen Status, auf den sie sich unabhängig von Gottes Handeln berufen könnten. Paulus präzisiert das Gesagte auch sogleich: Gerechtfertigt werden die Menschen *durch die Erlösung, die in Jesus Christus geschehen ist*. Rechtfertigung ist also kein einmaliger Gnadenakt, keine vorübergehende Amnestie, sondern die grundlegende Sanierung der Beziehung zwischen Gott und Mensch durch das, was Gott im Geschick Jesu tut.

Das Wort *Erlösung* kann im zeitgenössischen Kontext ganz praktisch auf die Befreiung aus der Sklaverei durch Loskauf hinweisen. Dieser Gedanke ist Paulus nicht fremd (vgl. 1Kor 6,20; 7,23). Das Wissen, dass Freiheit ihren Preis hat, schwingt bei der Verwendung unterschwellig mit. Bestimmend für die paulinische Aussage ist jedoch der alttestamentliche Hintergrund. Das Wort *Erlösung* selbst kommt im Alten Testament zwar nur selten vor (vgl. Ps 111,9; 130,7; Jes 45,17), aber die Überzeugung, dass Gott sein Volk erlöst und befreit, ist eine zentrale Glaubensaussage. Im Deuteronomium wird damit Gottes befreiendes Handeln bei der Herausführung aus der Sklaverei in Ägypten beschrieben (Dtn 7,8; 9,26; 13,6). In der Zeit des Exils kündigt der Begriff die Befreiung aus der Verbannung in Babylon und einen neuen Anfang mit Gott an: »Fürchte dich nicht, denn ich habe dich erlöst«, sagt Jahwe durch das Wort des Propheten dem Volk (Jes 43,1), oder: »Ich helfe dir, spricht der HERR, und dein Erlöser ist der Heilige Israels« (41,14). *Erlösung* ist die Befreiung aus tödlicher Fremdbestimmung, die Eröffnung neuen Lebens mit Gott und die Neuschöpfung (Jes 44,24) und Begründung einer neuen Liebes- und Lebensgemeinschaft zwischen Gott und seinem Volk (»ich habe dich bei deinem Namen gerufen; du bist mein!«, 43,1).

Der Grund dafür, dass jetzt *alle* Menschen ohne ihr Zutun gerechtfertigt werden, ist Gottes befreiendes Handeln *in Jesus Christus*. Mit der Formel *in Christus* begegnen wir einer Wendung, die Paulus häufig benutzt. Provisorisch könnte man sie mit *durch Jesus Christus* in geläufigeres Deutsch übersetzen. Denn Paulus will deutlich machen, dass die endgültige Erlösung für alle von Gott durch das Sterben und die Auferstehung Jesu bewirkt wurde. Er

wird das im nächsten Satz erläutern. Aber das *in Christus* beschreibt mehr, als nur das Mittel, durch das Gottes Absicht verwirklicht wurde. Das *In* ist durchaus auch lokal zu verstehen und bestimmt den bleibenden Geltungs- und Wirkungsbereich des befreienden Handelns Gottes. In der Beziehung zu Christus und in der Verbundenheit mit seinem Geschick erfahren Menschen Gottes Erlösung. Denn auffallend ist, dass Paulus in V. 22 so nachdrücklich die Bedeutung der Offenbarung der Gerechtigkeit Gottes für die *Glaubenden* hervorhebt, während er in V. 23f davon spricht, dass alle, die gesündigt haben, ohne Unterschied gerechtfertigt werden. Die universale Geltung der göttlichen Erlösung ist Paulus so wichtig, dass er die Frage nach der persönlichen Aneignung dieser Wirklichkeit zurückstellt.
Wichtiger ist zunächst, die Frage zu klären, was die Befreiung aus der Gefangenschaft der Sünde mit dem Tod Jesu zu tun hat. Paulus erläutert das in V. **25f** mit einem äußerst komplizierten Satzgebilde, dessen Sinn nicht leicht zu erfassen ist. Dass dieser Satz so kompliziert ist, hängt wohl damit zusammen, dass Paulus hier traditionelle Formulierungen benutzt, die das Erlösungswerk Gottes durch Christus beschreiben. Allerdings sind sich die Ausleger nicht einig, welchen Wortlaut diese Bekenntnisformel gehabt haben könnte. Am ehesten könnte sie so gelautet haben:
Ihn hat Gott als Sühneort in seinem Blut herausgestellt zum Erweis seiner Gerechtigkeit durch den Erlass der vorher in der Zeit seiner Geduld geschehenen Sünden.
Paulus findet diese Formulierungen hilfreich, erweitert sie aber in seinem Sinn. Dabei knüpft er unmittelbar an das *in Jesus Christus* an: »*Ihn [Christus] hat Gott als Sühneort herausgestellt*«. Leider ist die genaue Bedeutung des griechischen Wortes, das wir mit *Sühneort* übersetzt haben, unklar. Es kann ganz allgemein *Sühnegabe*, *Sühnemittel* oder einfach *Sühne* bedeuten. Viele Ausleger übersetzen deshalb: *Ihn hat Gott als Sühnemittel eingesetzt* oder: *Ihn hat Gott dazu bestellt, Sühne zu schaffen* (ZB). Aber das entsprechende Wort wird in der Septuaginta auch dazu benutzt, den hebräischen Begriff *kapporet* wiederzugeben. Er beschreibt die Deckplatte mit den beiden Cheruben, die auf der Bundeslade lag (Ex 25,17–22; LÜ: *Gnadenthron*) und auf die der Hohepriester am großen Versöhnungstag Blut der geopferten Tiere sprengte, um Sühne für sich und die Israeliten zu schaffen (Lev 16,14–17). Letztlich ist also die Bedeutung in beiden Fällen dieselbe: Jesu Tod soll Sühne für die Schuld der Menschen bewirken. Bei der zweiten Variante (von uns mit *Sühneort* wiedergegeben) wird aber als Erklärungsmodell für die Bedeutung des Todes Jesu noch konkreter auf das Geschehen im Allerheiligsten beim großen Versöhnungstag angespielt.

Was aber ist mit *Sühne* gemeint, und warum ist sie nötig? Grundsätzlich wird durch *Sühne* Unheil in der menschlichen Gesellschaft bereinigt und beseitigt. Das gilt auch für die biblische Auffassung von Sühne. Ganz wichtig ist dabei: Nicht Gott, sondern die menschliche Gemeinschaft braucht zu ihrer Reinigung und Heilung Sühne, wenn durch gemeinschaftsschädliche Handlungen das Miteinander gestört und vergiftet ist. Durch die Sühnehandlung wird der Zusammenhang zwischen schädlichem Verhalten (Sünde) und dem sich daraus ergebenden Unheil unterbrochen. Wenn jemand einen anderen getötet hatte, sühnte er im Alten Israel mit seinem eigenen Leben. Wenn aber der Täter unbekannt blieb, musste das Land dennoch entsühnt werden. Dafür und für eine Fülle anderer Verfehlungen gab Gott seinem Volk Sühneriten, die das Volk und das Land von dem geschehenen Unheil und seinen Folgen reinigen sollten und einen Neuanfang in der Gemeinschaft mit Gott eröffneten. Man kann das mit der Situation vergleichen, in der durch unsachgemäße Arbeit mit giftigen Substanzen der Boden belastet und vergiftet ist. Es genügt nicht, dann zu sagen: Lasst uns einen neuen Anfang mit besseren Verfahren machen. Zuerst müssen die Altlasten entsorgt werden.
Für das biblische Denken sind Schuld und Sünde, gemeinschaftsschädliche und lebensfeindliche Verfehlungen, so etwas wie giftige Altlasten, die entsorgt werden müssen. Die Frage:»Warum vergibt Gott nicht einfach?« geht an der Tiefe des Problems vorbei. Gott braucht die Sühne nicht für sich, sondern stellt die Möglichkeit der Entsühnung zur Verfügung, um die Folgen der Sünde von den Menschen abzuwenden und den Weg zu einer heilen Gemeinschaft zu ermöglichen. Denn bei diesen Sühneriten geschah noch mehr, als dass die Schuld dem Opfertier aufgeladen und mit ihm beseitigt wurde. Wenn der Priester seine Hand auf das Opfertier aufstemmte (Lev 4,4; 16,21), übertrug er nicht nur die zu sühnende Schuld auf das Tier. Er identifizierte den, der das Opfer darbringt, mit dem Tier, das geopfert wird. Indem das Tier den Tod dessen stirbt, der sein Leben verwirkt hat, wird das Todesverhängnis von ihm genommen und damit auch die Gemeinschaft vom Verwesungsgift ungesühnter Schuld befreit. Durch das Todesgericht hindurch ist neues Leben möglich. Dabei ist der Blutritus von besonderer Bedeutung: Das Blut gilt als Sitz des Lebens, und darum symbolisiert das vergossene Blut des Opfertiers sowohl die stellvertretende Lebenshingabe als auch das Geschenk neuen Lebens in der Begegnung mit Gott (»Denn das Blut ist die Lebenskraft und erwirkt Sühne«, Lev 17,11).

Die traditionelle Formulierung, die Paulus in V. 25 zitiert, deutet den Kreuzestod Jesu im Licht dieser Vorstellungen. Gott hat durch die Lebenshingabe Jesu Christi Sühne geschaffen und darin seine *Gerechtigkeit*, d.h. seine Treue zu seinem Volk erwiesen. Damit sind auch die Verfehlungen endgültig bereinigt, die Gott in der Zeit, in der er immer wieder Geduld mit seinem Volk hatte, ungesühnt ließ. Der Erweis der Gerechtigkeit Gottes besteht also *nicht* darin, dass er Christus die gerechte Strafe auflud und sich so freie

Hand zur Barmherzigkeit gegenüber den Sündern schaffte. So wurde und wird der Text immer wieder verstanden. Aber dieses Verständnis ist falsch. Gottes Gerechtigkeit besteht gerade darin, dass Gott selbst durch den Tod Christi für die Menschen die tödlichen Folgen ihrer Sünden bewältigt und so den Weg zur erneuerten Gemeinschaft mit ihm freimacht. Was in Israel Jahr für Jahr durch den Hohepriester im Allerheiligsten vollzogen werden musste, ist am Kreuz Jesu ein für alle Mal für alle geschehen. *In seinem Blut*, und das heißt: in seiner Lebenshingabe, ist die Tür zur Gemeinschaft und zum Leben mit Gott geöffnet.

Paulus führt diese Aussagen auf doppelte Weise weiter: Erstens fügt er gleich am Anfang dieses Satzes ein *durch Glauben* ein, um deutlich zu machen, wie dieses Geschehen im Leben der Menschen wirksam wird. Wie im alttestamentlichen Ritus der Priester durch das Aufstemmen der Hand auf das Opfertier stellvertretend für den, der Entsühnung suchte, die Identifikation mit dem Opfer vollzog, so identifiziert sich ein Mensch, der durch Christus die neue Gemeinschaft mit Gott sucht, durch den Glauben mit dem, was er für uns getan hat. Der Glaube ist also nicht eine *Vorbedingung* für die Rechtfertigung des Menschen, sondern die Art und Weise, in der sie sich am Menschen vollzieht.

Zweitens ergänzt Paulus die Wendung *So wollte Gott seine Gerechtigkeit erweisen* durch eine parallele Aussage, die noch deutlicher machen soll, wie Gott seine Gerechtigkeit im Christusgeschehen verwirklicht: *zum jetzigen Zeitpunkt aber wollte er seine Gerechtigkeit so erweisen, dass er gerecht ist und den rechtfertigt, der aus dem Glauben an Jesus lebt*. Paulus unterstreicht damit noch einmal, warum im Tod Jesu Gottes Gerechtigkeit sichtbar Wirklichkeit geworden ist. Indem Gott durch die Lebenshingabe Jesu die Menschheit entsühnt und zur Gemeinschaft mit sich befreit, erweist er seine Treue zu der vom Menschen zerbrochenen Gemeinschaft. In diesem Sinne ist er *gerecht*, und zwar sowohl den Menschen gegenüber, seinen Geschöpfen, die er liebt, als auch im Blick auf deren Schuld, die der Bewältigung bedarf. Er erweist sich also gerade dadurch gerecht und gemeinschaftstreu, dass er die rechtfertigt und in seine Gemeinschaft aufnimmt, die *aus dem Glauben an Jesus leben* und ihr Leben und seinen Wert ganz von ihm bestimmen lassen. Dass dies jetzt geschieht, ist Gottes *Kairos*, die von ihm bestimmte Zeit des Heils.

Was folgt daraus? Mit der Frage: *Wo bleibt das Rühmen?* (**27**) nimmt Paulus ein Stichwort auf, das für seine Theologie sehr wichtig ist (vgl. 1Kor 1,29–31). Eventuell hat es auch unter den Christen in Rom eine Rolle gespielt. Worauf man stolz ist und wessen man sich rühmt, das ist das, worauf man sich im Leben verlässt.

Das ist auch heute noch so, auch wenn wir das Wort *rühmen* nicht mehr in diesem Sinne gebrauchen. Für die einen ist das ihre Familie oder ihre Herkunft, für andere ein Titel oder eine Stellung, die sie errungen haben, für viele das Geld, das sie haben oder verdienen, oder die Gesundheit, der sie sich erfreuen. Es sind also Dinge, die uns ohne unser Zutun zugefallen sind, vor allem aber das, was wir durch eigene Leistung erreicht haben, worauf wir stolz sind und worauf wir Selbstwertgefühl und Lebenszuversicht bauen. Die ganze Werbeindustrie zielt darauf, Menschen dazu zu verführen, sich Statussymbole zuzulegen, die zeigen, wer sie sind und wie viel sie wert sind. Im antiken Rom war dies ähnlich. Die ganze Gesellschaft war darauf angelegt, dass Menschen demonstrierten, wie viel Ansehen sie genießen.
Die meisten Mitglieder der christlichen Gemeinden konnten sich an diesem Wettbewerb nicht beteiligen, da sie zu den niederen gesellschaftlichen Schichten gehörten, viele sogar Sklaven oder ehemalige Sklaven waren. Aber es gab andere Möglichkeiten, als Christ sein Selbstwertgefühl zu pflegen. So konnten z.B. Judenchristen, die unter den römischen Christen eine Minderheit bildeten, voll Stolz auf ihre Herkunft aus dem Volk Gottes verweisen. Andere mögen darauf gepocht haben, alles getan zu haben, was das Gesetz fordert. Paulus führt das nicht näher aus. Doch zeigt der Zusammenhang, dass er an diesen Problembereich denkt. Paulus stellt aber ganz grundsätzlich fest: Solches *Rühmen*, also jeder Stolz und jede Begründung der eigenen Existenz auf das, was ein Mensch hat oder leistet, ist prinzipiell ausgeschlossen und hat in der Beziehung zwischen Mensch und Gott nichts verloren (und letztlich auch nichts in zwischenmenschlichen Beziehungen). Paulus muss das begründen, und er tut dies wieder in einer Art Dialog, indem er selbst die Gegenfrage stellt: *Durch welches Gesetz?* Paulus spielt hier mit dem Wort *Gesetz*. Wir hätten auch übersetzen können: »Durch welche *Norm* oder durch welchen *Grundsatz* ist dieses Lebensprinzip ausgeschlossen?« Aber es bleibt doch bewusst, dass es auch um die Gültigkeit des alttestamentlichen Gesetzes, der *Tora*, geht. Und so schiebt Paulus die Frage nach: *Durch das Gesetz der Werke?* Hier ist die Doppelbedeutung eindeutig: Ist das Prinzip des *Sich-Rühmens* durch die *Tora*, die Werke fordert, ausgeschlossen? Stellt sie die Norm auf, die klarstellt, dass man Gottes Anerkennung nicht durch den Stolz auf die eigene Lebensleistung oder religiöse oder soziale Statussymbole erringt? Nein, das leistet das Gesetz nicht. Hier schafft ein anderer Grundsatz Klarheit, hier gilt eine andere Lebensnorm, nämlich *das Gesetz des Glaubens*. Es ist das Grundgesetz unserer Beziehung zu Gott, das festhält, dass das Leben ein Geschenk Gottes ist. Unverdientes Geschenk ist auch die

trotz aller menschlichen Schuld durch Gott wiederhergestellte Gemeinschaft mit ihm, die wir nur dankbar im Glauben annehmen und leben können. Dass Paulus auch mit der Formulierung *Gesetz des Glaubens* die *Tora* meint, sofern sie auf den Glauben hinweist und die Gerechtigkeit aufgrund des Glaubens bezeugt, ist eher unwahrscheinlich. Dies Gesetz entspricht einer anderen Norm: dem Gesetz des Geistes, der Leben schafft, von dem Paulus in 8,3 sprechen wird.
All das aber führt Paulus dazu, einen Grund-Satz zu formulieren, der seine Rechtfertigungslehre zusammenfasst (**28**): *Denn wir sind überzeugt, dass ein Mensch allein durch Glauben gerechtfertigt wird ohne Gesetzeswerke.* Paulus spricht hier im Wir-Stil, weil er sich in dieser Überzeugung mit allen Christen zusammenschließen möchte (vgl. Gal 2,16). Er formuliert bewusst ganz allgemein. Es geht um jeden Menschen. Die Unterschiede zwischen Juden und Heiden, Barbaren und Griechen treten zurück. Jeder und jede steht als Mensch vor Gott. Das Passiv *gerechtfertigt werden* umschreibt das Handeln Gottes. Er spricht frei und schenkt neues Leben. Danach scheint heute kaum jemand zu fragen. Heute rechtfertigen Menschen sich selbst: entweder ganz konkret angesichts bestimmter Anschuldigungen oder sehr grundsätzlich: Sie versuchen sich und anderen zu beweisen, wie wichtig sie sind und was ihr Lebensrecht begründet. Das ist genau das, was Paulus mit *sich rühmen* benannt hat. Aber das trägt nicht. Rechtfertigen kann allein Gott. Allein er kann uns neu unser Lebensrecht schenken und uns den Lebensraum in seiner Gemeinschaft öffnen. Dass Gott rechtfertigt, bedeutet also mehr als Freispruch im Jüngsten Gericht. Schon jetzt bringt Gott unser Leben zurecht und gibt ihm verlässlichen Grund. Streng genommen rechtfertigt nicht der Glaube, sondern *Gott*. Dass wir *durch Glauben* gerechtfertigt werden, bedeutet nicht, dass der Glaube die Rechtfertigung bewirkt. Der Glaube ist die Art und Weise, in der ein Mensch sich Gottes rechtfertigendem Handeln öffnet und es an sich geschehen lässt. Solcher Glaube ist zunächst einmal *Vertrauen*: Vertrauen darauf, dass Gott in Christus meine Lebensschuld bewältigt und mich annimmt, wie ich bin. Es geht also nicht allein um Vertrauen als menschliche Haltung, die an die Stelle des eigentlich erforderlichen Tuns des Gesetzes tritt. Es geht um das Vertrauen auf das, was Gott in Christus getan hat und tut, um den *Glauben an* Gottes rettendes Handeln in Jesus Christus. Auch dieser Glaube ist keine Ersatzleistung des Menschen anstelle der Gesetzeswerke. Der Glaube entspricht den Händen eines Hungernden, die sich für das Brot öffnen, das ihm geschenkt wird.
Paulus nennt hier eine klare Alternative: durch Glauben und *nicht durch Gesetzeswerke*. Luther hat den Sinn dieser Gegenüberstel-

lung ganz richtig wieder gegeben, wenn er übersetzt: *allein* durch den Glauben. Die Vorschriften des Gesetzes führen nicht zum Leben, weder die Übernahme von Kennzeichen für die Zugehörigkeit zum jüdischen Volk wie Beschneidung, Einhaltung des Sabbats oder der Speisevorschriften noch der Versuch einer strikten Lebensführung nach den einzelnen Geboten der Tora und der Tradition. Paulus hat in 3,9–20 dargelegt, dass es *de facto* niemand gelingt, auf diese Weise die Gemeinschaft mit Gott zu bewahren. Er wird später noch deutlich machen, dass dies auch *grundsätzlich* nicht der Weg zu Gott sein kann.

Er deutet das schon im folgenden Vers an (**29**) mit der Frage: *Ist denn Gott nur ein Gott der Juden und nicht auch der Völker?* Und er beantwortet diese Frage sofort mit einem eindeutigen: *Doch sicher auch der Völker!* Begründet wird diese Antwort mit einem Zitat aus dem Grundbekenntnis Israels, dem *Sch^{e}ma Israel* nach Dtn 6,4: »Höre Israel: Der HERR, unser Gott, ist der einzige HERR.« Darauf beruft sich Paulus, wenn er argumentiert: *So gewiss Gott der Eine ist.* Paulus befindet sich mit seiner Argumentation in einem inneren Gespräch mit Israel – seien es Juden oder Judenchristen. Er möchte zeigen, dass schon das Grundbekenntnis Israels auf die universale Heilsbotschaft im Evangelium von Jesus Christus hinzielt. Aus der Einzigkeit Gottes zieht Paulus den Schluss: Er, der der Gott für alle ist, *er rechtfertigt die Beschneidung* [d.h. die jüdischen Menschen] *aus Glauben und die Unbeschnittenheit* [wörtlich *Vorhaut*, d.h. die nichtjüdischen Menschen] *durch den Glauben.* Im Hintergrund steht noch einmal die Feststellung von V. 23: *Es gibt keinen Unterschied.* Aber sie ist hier mit der positiven Aussage verbunden, dass der Weg für alle in gleicher Weise offen ist.

Bei der Formulierung des Satzes fallen zwei Beobachtungen auf. Paulus spricht zunächst sehr betont von Kollektiven, die durch das Bekenntniszeichen der Beschneidung bzw. deren Fehlen gekennzeichnet sind. Dass dies nur die Männer betrifft, scheint Paulus nicht aufzufallen. Aus der Perspektive des männlichen Juden teilt sich so die religiöse Welt auf. Aber diese Heils- bzw. Unheilskollektive werden aufgebrochen. Für die Menschen beider Gruppen gilt: Gott rechtfertigt sie *aus Glauben* bzw. *durch den Glauben.*

Und darauf bezieht sich die zweite Beobachtung. Paulus variiert hier in der Formulierung, aber sachlich besteht kein Unterschied zwischen beiden Aussagen. Für Menschen beider Lager gilt, dass Gottes zurechtbringendes und befreiendes Handeln *aufgrund des Glaubens* in ihrem Leben Wirklichkeit wird. Der Zusammenhang macht klar, dass mit *Glauben* nicht einfach Gottvertrauen gemeint ist, sondern der Glaube an Jesus Christus. Aber zugleich ist deut-

lich, dass Paulus das nicht als einengende Vorbedingung sieht, sondern als universale Öffnung des Heils für alle Menschen.
Wenn wir also die Frage des Paulus in die heutige Zeit übersetzen und fragen würden: »Ist Gott nur ein Gott der Christen und nicht auch der Gott der Nichtchristen?« dann müssten wir mit ihm antworten: Sicher doch auch der Nichtchristen! Im Sinne des Paulus könnte die Begründung jedoch nicht – wie heute oft gefordert – lauten: Denn es ist der *eine* Gott, der die Christen aus Glauben (an Christus) und die Nichtchristen durch den Glauben (an ihre religiöse Überzeugungen) rechtfertigt. Diese Begründung müsste vielmehr vom Glauben an Christus in einer Weise sprechen, die seine befreiende und Leben schaffende Bedeutung für *alle* deutlich macht. Sie müsste zugleich klarstellen, dass solcher Glaube nicht gleichbedeutend ist mit der Übernahme aller kulturellen Ausprägungen des Christentums, Glaube ist die Öffnung des Lebens für Gottes Treue und Güte, die sich in Jesus Christus offenbart.
Aber Paulus geht es nicht nur darum, dass die Nichtjuden aufgrund einer Art Ausnahmegenehmigung in den Bund Gottes mit seinem Volk aufgenommen werden. Auch das Verhältnis Israels zu seinem Gott ist für ihn durch das Erscheinen des Messias Israels auf einen neuen Grund gestellt worden. Was aber bedeutet das für das Gesetz? Ist es dadurch außer Geltung gesetzt worden? (**31**) Diesen naheliegenden Vorwurf weist Paulus mit der kühnen Behauptung zurück: *Keineswegs. Wir bringen das Gesetz erst richtig zur Geltung* (wörtlich: *Wir richten das Gesetz auf*). In welchem Sinn Paulus das sagen kann, wird das nächste Kapitel zeigen.

Dieser zentrale Abschnitt des Römerbriefs hat eine doppelte Pointe: Dass Menschen in der Botschaft von Jesus Christus der rettenden Gerechtigkeit Gottes begegnen, hat seinen Grund darin, dass Gott diese Gerechtigkeit im Tod Jesu in einzigartiger Weise gezeigt hat und wirksam werden ließ. Gott hat das Nein, das durch die Gottesverfehlung und Lebensverneinung der Menschen unausweichlich über ihrem Leben stand, in der Lebenshingabe Jesu auf sich genommen und getragen. Darum gilt jetzt sein Ja uneingeschränkt für sie. Auch wenn für uns der Sühnegedanke nicht leicht nachzuvollziehen ist, bleibt er wichtig. Er hält fest, dass Gott die »Lebensvergiftung«, die menschliche Schuld und menschliches Leid verursachen, ernst nimmt und überwindet, um seinem Ja zum Leben Geltung zu verschaffen. Dieses Ja gilt für alle und schenkt allen, die sich dafür im Glauben öffnen, neues Leben in der Gemeinschaft mit Gott.
Und das führt zur zweiten Pointe: Jede Begründung des Selbstwertgefühls, die auf der Diskriminierung anderer beruht, ist ausge-

schlossen. Das stolze Vertrauen auf religiöse Sonderstellung oder Leistung widerspricht einer vertrauensvollen Gemeinschaft mit Gott. Vor ihm gilt nur eins: sich ihm ganz anzuvertrauen. Das jedoch öffnet den Weg zu ihm für *alle* Menschen, so wahr er der Gott aller ist. Gerade die radikale »Engführung«, dass das Heil der Menschen allein im Handeln Gottes in Jesus Christus gründet ist und allein im Glauben empfangen wird, begründet seine universale Geltung!

4,1-25
Abraham als Zeuge für die Glaubensgerechtigkeit

Im Grunde ist Kap. 4 ein zusammenhängender Argumentationsgang. Aber er kreist um zwei Schwerpunkte, die wir um der Übersichtlichkeit willen in zwei Abschnitten behandeln.

4,1-12
Gottes Gnade

¹Was sollen wir denn sagen, hat Abraham, unser Vorvater nach dem Fleisch, gefunden? ²Denn wenn Abraham aufgrund von Werken gerechtfertigt wurde, hatte er etwas, dessen er sich rühmen konnte – aber eben nicht vor Gott. ³Denn was sagt die Schrift? *Abraham glaubte Gott, und es wurde ihm als Gerechtigkeit angerechnet* (Gen 15,6). ⁴Dem aber, der arbeitet (und Leistungen erbringt), wird der Lohn nicht im Gnadenweg gutgeschrieben, sondern weil er ihm zusteht. ⁵Demjenigen aber, der keine Leistung erbringt, sondern dem glaubt, der den Gottlosen rechtfertigt, wird der Glaube als Gerechtigkeit angerechnet. ⁶In gleicher Weise preist auch David den Menschen selig, dem Gott die Gerechtigkeit ohne Werke anrechnet: ⁷*Selig sind die, denen die Gesetzlosigkeiten vergeben und deren Sünden gesühnt wurden.* ⁸*Selig der Mann, dem der Herr die Sünde nicht zurechnet* (Ps 32,1f).
⁹Gilt nun diese Seligpreisung (nur) der Beschneidung oder auch der Unbeschnittenheit? Wir haben ja gesagt: Abraham wurde der Glaube als Gerechtigkeit angerechnet! ¹⁰Wie denn wurde er angerechnet? Als er schon beschnitten war oder noch unbeschnitten? Eben nicht im Zustand der Beschneidung, sondern der Unbeschnittenheit! ¹¹Und das Zeichen der Beschneidung empfing er als Siegel für die Glaubensgerechtigkeit, die (ihm) schon im Stand des Unbeschnittenseins (geschenkt worden war). So sollte er der Vater aller derer werden, die als Unbeschnittene glauben, damit ihnen die Ge-

4,1–12

rechtigkeit angerechnet werden würde. ¹²Zugleich sollte er der Vater der Beschnittenen sein, die nicht nur zur Beschneidung gehören, sondern auch den Spuren des Glaubens folgen, den unser Vater Abraham schon als Unbeschnittener gelebt hat.

Paulus will nun den Beweis dafür erbringen, dass die Auffassung, nur der Glaube rechtfertigt und nicht Gesetzeswerke, das Gesetz nicht außer Kraft setzt, sondern es erst richtig zur Geltung bringt. Er tut dies, indem er zeigt, dass die Tora, also das »Gesetz« als Teil der Schrift, die Rechtfertigung aus Glauben selbst bezeugt. Dabei setzt er allerdings bei seinen Lesern und Leserinnen einiges an Bibelkenntnis voraus. Denn die merkwürdige Frage, mit der er einsetzt – (1): *Was sollen wir sagen, dass Abraham ... gefunden hat?* – und die er zunächst gar nicht beantwortet, wird erst sinnvoll, wenn man aufgrund von Gen 18,3 schon die Antwort weiß: Abraham hat *Gnade gefunden* (so auch Gen 6,8 von Noah). Offensichtlich spricht Paulus damit vor allem zu Gesprächspartnern jüdischer Herkunft und nennt Abraham deshalb *unseren Vorvater nach dem Fleisch*, d.h. unseren Stammvater nach der leiblichen Abstammung. Die Wendung *nach dem Fleisch* hat hier also keinen negativen Beiklang, sondern meint wie in 1,3 die irdische Herkunft. Aber sie signalisiert doch, dass es sich dabei um einen begrenzten Aspekt der Frage handelt, der noch in einen größeren Zusammenhang gestellt werden wird.

Sein eigentliches Argument beginnt Paulus mit einer Vorüberlegung (2), die dann auf das entscheidende Zitat aus Gen 15,6 hinführt (3). Paulus fragt zunächst, was es bedeuten würde, wenn – wie manche glauben – Abraham *aufgrund von Werken*, d.h. aufgrund seines gesetzestreuen Tuns, *gerechtfertigt wurde*. Das war die gängige Sicht von Abraham im Judentum. Im *Lob der Väter* bei Jesus Sirach heißt es über Abraham (44,20f):
Abraham war der hochberühmte Vater vieler Völker und wurde geehrt wie kein andrer.
Er hielt das Gesetz des Höchsten, und Gott schloss mit ihm einen Bund und bestätigte diesen Bund an seinem Fleisch; und er wurde für treu befunden, als er versucht wurde.
Fast könnte man annehmen, Paulus habe bei seiner Argumentation diesen Text vor Augen. Denn in der Fortsetzung spricht Sirach auch noch eindrucksvoll vom Segen Abrahams für alle Menschen. Entscheidend für Gottes Bund mit ihm ist aber seine Gesetzestreue. Dabei gingen Sirach und andere davon aus, dass Abraham die Tora schon kannte, bevor sie dem Volk durch Mose gegeben wurde. Wenn das aber so ist, dann – so folgert Paulus – hat Abraham etwas, worauf er stolz sein und *dessen er sich rühmen kann*.

Das Motiv des *Rühmens*, also die Frage nach dem, worauf Menschen stolz sind und worauf sie ihr Selbstwertgefühl gründen, taucht hier wieder in Verbindung mit der Frage nach der Rechtfertigung aufgrund von Werken auf (vgl. 3,27). Und Paulus schließt die Berechtigung, auf das stolz zu sein, was im Leben gelungen ist, nicht einfach aus. Er spricht nicht im Irrealis. Abraham ist eine respektable Persönlichkeit. Aber *vor Gott* hat das keine entscheidende Bedeutung. Warum? Weil *die Schrift* etwas anderes sagt. In ihr, und zwar gerade in der Tora, heißt es: *Abraham glaubte Gott, und es wurde ihm als Gerechtigkeit angerechnet* (Gen 15,6). Also nicht seine gesetzestreuen Taten zählen vor Gott, sondern sein Vertrauen und sein Glaube.

Es ist äußerst spannend zu sehen, dass der Text von Gen 15 auch für die Bewertung der Gestalt des Abrahams im Judentum große Bedeutung hatte. So heißt es in 1Makk 2,52:

Abraham wurde versucht und blieb im Glauben fest; das ist ihm zur Gerechtigkeit angerechnet worden.

Für die ganze jüdische Auslegung ist Abrahams Glaube die Glaubenstreue, die er bewiesen hat, als er bereit war, seinen Sohn Isaak zu opfern. Diese Treue wurde ihm als Gerechtigkeit angerechnet. Der Glaube ist damit ein *Werk* unter anderen, eine Auffassung, die auch Jak 2,21–23 teilt. Und so verwundert es nicht, dass gerade ein Text aus Qumran, in dem zum ersten Mal im jüdischen Kontext die Formel *Werke des Gesetzes* (oder *Vorschriften der Tora*) aufgetaucht ist, sich der Satz findet: »Und es wird dir zur Gerechtigkeit angerechnet werden, wenn du tust, was recht und gut vor Ihm ist« (4QMMT 117; vgl. auch Ps 106,30f).

Die Auslegung des Paulus geht in die genau entgegengesetzte Richtung. Grund dafür ist, dass es bei dem Urteil Gottes über Abrahams Gerechtigkeit um einen Akt der *Gnade* geht. Darum versteht Paulus *anrechnen* nicht als Element der Buchhaltersprache (Glaube wird als Gerechtigkeit *verbucht*), sondern als freie Erklärung Gottes, die Abraham ins rechte Verhältnis zu ihm setzt.

Die wissenschaftliche Auslegung von Gen 15,6 hat in der Vergangenheit sehr eindrücklich dargelegt, dass Paulus damit auch den ursprünglichen Sinn dieser Stelle getroffen hat. Das ist in den letzten Jahren jedoch in Frage gestellt worden. Die Entscheidung, wer recht hat, ist nicht einfach. Paulus hat ja keine historische Exegese getrieben. Er hat die Schrift von seiner Christuserfahrung her gelesen. Gleichwohl haben immer wieder Ausleger von Gen 15,6 auch im ursprünglichen Zusammenhang der Stelle das Signal erkannt: Was die Gemeinschaft Abrahams mit Gott begründet, ist nicht dies oder jenes, was man über ihn Rühmenswertes berichten kann, sondern dass er sich Gott anvertraut hat und sein Leben in Gottes Ver-

heißung *festgemacht hat* (so das hebräische Wort für *glauben*). Das hat Gott als *Gemeinschaftstreue* (= *Gerechtigkeit*) anerkannt.
Das Besondere dieses Vorgangs erklärt Paulus mit einer Analogie aus dem täglichen Leben (**4**). Wenn jemand *arbeitet*, dann ist sein Lohn nicht ein Gnadengeschenk, sondern die redlich verdiente Gegenleistung, die ihm sein Arbeitgeber schuldet. Für *arbeiten* benutzt Paulus ein griechisches Wort, das die gleiche Wortwurzel hat wie das Wort *Werke*. Obwohl er zunächst einfach eine Situation aus dem Alltag anspricht, gibt es dadurch eine sprachliche Verbindung zum Thema. Wer eine Leistung erbringt, der wird dafür pflichtgemäß belohnt. Das aber war bei Abraham nicht der Fall. Dass sein Glaube ihm von Gott als Gerechtigkeit angerechnet wurde, war nicht die pflichtgemäße Verbuchung eines Verdienstes. Das Verhältnis Abrahams zu Gott war von der Gnade bestimmt. Das aber ist die Grundlage für die Anrechnung des Glaubens als Gerechtigkeit (**5**). Wer nicht *arbeitet*, und das heißt in diesem Zusammenhang ganz offensichtlich: Wer *keine Leistungen vorweisen und keine Werke präsentieren kann und will, sondern dem glaubt, der den Gottlosen rechtfertigt*, dem *wird der Glaube als Gerechtigkeit angerechnet.*
Die Formulierung, die Paulus hier wählt, ist in mehrfacher Hinsicht bemerkenswert. Aus dem »Abraham glaubte *Gott*« wird ein: »Er glaubte *dem, der die Gottlosen rechtfertigt.*« Wer der Gott ist, an den Abraham glaubt, wird durch Gottes Handeln beschrieben. Paulus wird dies Verfahren, das für jüdische Theologie typisch ist, in Röm 4 noch mehrfach verwenden.
Weiter: Paulus schreibt nicht: Abraham glaubte dem, der *den Glaubenden* rechtfertigt, obwohl das in der Logik seines Gedankenganges gelegen hätte. Aber der Glaube setzt sich nicht selbst ins Kalkül. Streng genommen rechtfertigen weder die Werke noch der Glaube, sondern Gott allein in seiner Gnade. Der Glaube ist die Art und Weise, wie Menschen Gottes rechtfertigendes Handeln für ihr Leben gelten lassen.
Paulus drückt das in äußerster Kühnheit dadurch aus, dass er sagt: Abraham glaubte dem, der den *Gottlosen* rechtfertigt. Mit dieser Formulierung lässt er den frommen Abraham sich unter die *Gottlosen* einreihen! Dabei ist freilich zu sagen, dass das deutsche Wort *Gottloser* nur eine behelfsmäßige, aber zugleich recht profilierte Übersetzung für ein griechisches Wort ist, das man im lateinischen mit *impius* (englisch *impious*), also *unfromm* wiedergibt. Dahinter steht im Hebräischen ein Wort, das heute meist mit *Frevler* übersetzt wird.
In den Worten des Paulus steckt also eine doppelte Provokation. Da wird *einerseits* Abraham, der für die jüdische Tradition *das* Vorbild

an Frömmigkeit und Rechtschaffenheit war, unter die *Unfrommen*, die *Frevler*, die *Gottlosen* eingereiht, weil ihm Gott seinen Glauben und nicht diesen oder jenen Beweis seiner Rechtschaffenheit als Gerechtigkeit angerechnet hat. Und da wird *andererseits* gegen die ausdrückliche Vorschrift der Tora, *den Frevler nicht zu rechtfertigen*, d.h. den Schuldigen nicht frei zu sprechen (Ex 23,7), von Gott behauptet, dass er genau das tue! Klarer kann man nicht aussprechen, dass Gottes rechtfertigendes Handeln voraussetzungslos allen gilt. Gerade denen, die vor einem menschlichen Gericht (zu Recht) keine Chance hätten, gilt Gottes vergebendes, befreiendes und zurechtbringendes Tun.

Dass solches *Anrechnen* des Glaubens als Gerechtigkeit allein durch Gnade geschieht und kein Verdienst oder vorzeigbare *Werke* bzw. Leistungen aufseiten der Menschen voraussetzt, zeigt sich für Paulus an Gottes Umgang mit menschlicher Schuld: dem *Nicht-Anrechnen* der Sünde (**6–8**). Paulus zitiert den Anfang von Ps 32 nach der griechischen Übersetzung. Der Psalm wird David zugeschrieben. Er beginnt mit einer *Seligpreisung* (nach dem griechischen Leitwort auch *Makarismus* genannt). Die entsprechende hebräische Wendung wird meist mit *Wohl dem ...* übersetzt, die griechische mit *Selig, wer ...* Gemeint ist in beiden Fällen der Zuspruch gelingenden Lebens an Menschen, die ihr Leben recht vor Gott leben. In Ps 32 aber gilt dieser Zuspruch denen, deren Verfehlungen von Gott bereinigt werden.

Der Psalm beschreibt diesen Vorgang mit drei Begriffen gewissermaßen aus drei Perspektiven:

Die *Gesetzlosigkeiten* – das sind die Taten, die Gottes Willen missachten – werden *vergeben*. Damit ist die Dimension der persönlichen Verarbeitung von Schuld durch denjenigen, der gekränkt und beschädigt wurde, angesprochen.

Die *Sünden* – das sind die vielfältigen Verfehlungen, die das Leben in der Gemeinschaft und mit Gott vergiften – werden *gesühnt* (wörtlich: *bedeckt*). Hier kommt die kultische Dimension in den Blick. Sie macht deutlich, dass Schuld verarbeitet und entsorgt werden muss, um ihre unheilvolle Wirkung für die Gemeinschaft zu beseitigen.

Zuletzt: Gott *rechnet die Sünde nicht zu*. Die grundsätzliche Lebensverfehlung der Menschen und ihre Gottfeindschaft wird von Gott nicht gegen die Menschen in Anschlag gebracht: Er erklärt sie für nicht existent. Für Paulus ist klar: Dies ist kein Vorgang der Verbuchung von Soll und Haben, Verfehlung oder Leistung, sondern Gottes freie Entscheidung, die das Verhältnis der Menschen zu ihm auf eine neue Grundlage stellt. *Anrechnen* und *Nicht-Anrechnen* bedeutet also nicht nur, dass Gott die Menschen ansieht, *als ob*

sie gerecht und ohne Schuld seien. Die Worte beschreiben ein schöpferisches Handeln Gottes, das neue Verhältnisse schafft.
Paulus führt seine Argumentation mit einer weiteren Frage zum Ziel (**9**): Gilt das alles nun nur für *die Beschneidung*, also für jüdische Menschen, oder auch für *unbeschnittene* Menschen, d.h. für die übrige Menschheit. Paulus gewinnt die Antwort aus einer einfachen Beobachtung. Zu welchem Zeitpunkt wurde Abraham der Glaube als Gerechtigkeit angerechnet? Als er schon beschnitten war oder als er noch unbeschnitten war? (**10**) Ein Blick in das Buch Genesis macht das klar: Von der Beschneidung Abrahams wird erst in Kap. 17 berichtet, die Zusage der Gerechtigkeit geschah schon in Kap. 15. Die Beschneidung war also als nachträgliches äußeres Zeichen gedacht, als Siegel, das den Vorgang der Rechtfertigung bekräftigt und dokumentiert (**11**). Aber sie hat keine konstitutive Bedeutung. Denn nur so erfüllt sich die Verheißung für Abraham, dass er ein Vater vieler Völker sein werde. Dadurch ist er der (geistliche) Vater aller, die glauben, auch wenn sie nicht beschnitten sind, damit auch ihnen die Gerechtigkeit zugerechnet und zugesprochen wird. Aber Abraham ist natürlich auch der Vater derer, die beschnitten sind (**12**). Allerdings ist auch für sie wichtig, dass sie nicht nur äußerlich zur Beschneidung gehören und diese Zeichen tragen, sondern sich mit Abraham auf den Weg machen und *den Spuren des Glaubens folgen*, den Abraham schon als Nicht-Beschnittener gelebt hat. Entscheidend ist der Glaube.

Am Beispiel Abrahams macht Paulus deutlich, dass schon in der Tora für die Annahme durch Gott nicht das Beachten äußerer Zugehörigkeits- und Identitätsmerkmale oder die Erfüllung bestimmter religiöser Leistungen entscheidend sind, sondern Gottes Gnade. Sich ihr im Glauben anzuvertrauen, setzt ins rechte Verhältnis zu Gott. Das bestimmt die Identität derer, die zu Gott gehören, und darum dürfen sich alle, die glauben, zu denen rechnen, die mit Abraham von Gott angenommen sind.

4,13–25
Abrahams Glaube

¹³Denn nicht durch das Gesetz wurde Abraham und seiner Nachkommenschaft die Verheißung gegeben, Erben der Welt zu sein, sondern durch die Glaubensgerechtigkeit. ¹⁴Denn wenn die Gesetzesleute Erben sind, dann ist der Glaube entwertet und die Verheißung ungültig gemacht, ¹⁵denn das Gesetz bewirkt Verurteilung; wo es jedoch kein Gesetz gibt, da gibt es auch keine Übertretung.

¹⁶Deshalb (gilt): aus Glauben, damit die Gnade bestimmend ist. So bleibt die Verheißung für die ganze Nachkommenschaft gültig, nicht nur für die, die sich zum Gesetz hält, sondern auch für die, die aus dem Glauben Abrahams lebt. Er ist unser aller Vater, ¹⁷wie geschrieben steht: *Zum Vater vieler Völker habe ich dich gemacht* (Gen 17,5). Er hatte Gott vor Augen, dem er glaubte, ihm, der die Toten lebendig macht und das, was nicht ist, ins Dasein ruft.
¹⁸Gegen alle Hoffnung hat er voll Hoffnung geglaubt, dass er Vater vieler Völker werden würde, gemäß der Aussage: *So groß wird deine Nachkommenschaft sein* (Gen 15,5). ¹⁹Und er wurde nicht schwach im Glauben, obwohl er seinen erstorbenen Leib wahrnahm – war er doch schon etwa hundert Jahre alt – und auch den erstorbenen Mutterschoß Saras. ²⁰An Gottes Verheißung zweifelte er nicht ungläubig, sondern wurde im Glauben bestärkt, indem er Gott die Ehre gab ²¹und völlig überzeugt war: Was Gott verheißen hat, dazu hat er auch die Macht, es zu tun. ²²Deshalb wurde es ihm zur Gerechtigkeit angerechnet.
²³Dass es ihm angerechnet wurde, ist aber nicht nur um seinetwillen in der Schrift festgehalten, ²⁴sondern auch um unseretwillen, denen es noch angerechnet werden sollte und die wir an den glauben, der Jesus, unseren Herrn, von den Toten auferweckt hat. ²⁵Er wurde wegen unserer Übertretungen (dem Tod) preisgegeben und um unserer Rechtfertigung willen auferweckt.

Paulus führt seine Argumentation fast bruchlos fort. Aber er nennt neue Leitwörter und dadurch auch neue Aspekte der Bedeutung der Geschichte Abrahams. Das wichtigste Stichwort ist das der *Verheißung* (**13**). In der vergleichbaren Diskussion, die Paulus in Gal 3 führt, wird dieses Wort geradezu zum Gegenbegriff zum *Gesetz*. Im Römerbrief taucht es hier zum ersten Mal auf. Es bezeichnet Gottes Zusage an Abraham und seine Nachkommen und damit gewissermaßen das Ziel der Geschichte Israels. Der Inhalt dieser Verheißung wird hier sehr kühn beschrieben: *Erbe der Welt zu sein*. Das Erbe soll darin bestehen, die Welt zu besitzen. Das klingt auf den ersten Blick imperialistisch und dürfte gerade in Rom mit Vorsicht gehört worden sein. Im Alten Testament ist die Verheißung so auch nirgends formuliert. Hier wird gesagt, dass alle Völker der Erde durch Abraham gesegnet werden (Gen 12,3; 18,18; 22,18). Allerdings heißt es in Anklang an Gen 15,5 in Sir 44,22f, Gott habe Abraham verheißen, dass »er zahlreich werden sollte wie der Staub der Erde und seine Nachkommen wie die Sterne erhöht und Erben werden sollten ... bis an die Enden der Erde.« An solche Aussagen denkt Paulus. Aber er hat nicht die Vision einer politischen Herrschaft Israels über die ganze Welt vor Augen. Er sieht ja

die Erfüllung dieser Verheißung darin, dass die ganze Menschheit in das Gottesverhältnis Abrahams hineingenommen wird und dadurch zu seiner Nachkommenschaft zählt. Das entspricht der Logik der dritten Seligpreisung, in der gerade den Gewaltlosen und Sanftmütigen zugesprochen wird, die Erde zu erben (Mt 5,5).
Die entscheidende Frage ist für Paulus nun die: Ist diese Verheißung Abraham durch das *Gesetz* gegeben worden oder durch die *Glaubensgerechtigkeit*? Bemerkenswert ist dabei, dass Paulus dem *Gesetz* nicht den *Glauben* gegenüberstellt, sondern die Glaubens*gerechtigkeit*. Glaube ist in diesem Zusammenhang nicht die bessere menschliche Möglichkeit. Die *Glaubens*gerechtigkeit ist *Gottes* Gerechtigkeit, die im Glauben empfangen wird. Sie repräsentiert Gottes Handeln, das dem Gesetz gegenübersteht.
Paulus begnügt sich freilich nicht mit dem Argument, das Gesetz sei in der Zeit Abrahams noch gar nicht gegeben gewesen. Er argumentiert grundsätzlich (**14**): Wenn nur die *Gesetzesleute*, also diejenigen, die ihre Existenz und ihre Identität vom Gesetz her bestimmen, Erben der Verheißung wären, dann wäre die Bedeutung des Glaubens entwertet und die Verheißung in ihrer Bedeutung für alle Menschen ungültig und nichtig. Das wird durch eine Zwischenbemerkung begründet (**15**). Das Gesetz schenkt nicht Leben, sondern bewirkt *Verurteilung* und Bestrafung (wörtlich: *Zorn*). Paulus lässt bei dieser Schlussfolgerung einen Zwischenschritt aus, über den er in Kap. 7 ausführlich sprechen wird: Durch seine Gebote und Verbote verführt das Gesetz zur Übertretung des Willens Gottes. Paulus deutet diesen Gedanken durch seine knappe Nachbemerkung an, die den umgekehrten Fall ins Auge fasst: *Wo es kein Gesetz gibt, gibt es auch keine Übertretung.* Er sagt also nicht nur, dass es dort, wo ein Gesetz fehlt, keine Bestrafung geben könne, sondern dass ohne ein Gesetz auch dessen Gebote nicht übertreten werden. Umgekehrt heißt das: Wo das Gesetz nicht mehr als Ankläger auftreten kann, weil Gott es zum Schweigen gebracht hat, da werden Übertretungen nicht mehr registriert, sondern vergeben.
Das führt zu der eigentlichen Schlussfolgerung (**16**). Sie beginnt mit einer äußerst prägnanten Formulierung, die wörtlich übersetzt heißt: *Deshalb: aus Glauben, damit gemäß der Gnade.* Das bedeutet: Die Verheißung wird aufgrund des Glaubens zugesprochen und empfangen, damit Gottes Gnade bestimmend bleibt. Das macht noch einmal deutlich, dass der Glaube nicht eine Ersatzleistung ist, die Gott akzeptiert, weil die Menschen die Erfüllung des Gesetzes nicht schaffen. Vielmehr ist der Glaube die Art und Weise, wie Menschen sich für Gottes Gnade öffnen. Und das führt dazu, dass die Verheißung für die *ganze Nachkommenschaft* (wörtlich: *den Samen*) Abrahams gültig und absolut verlässlich bleibt.

Die Nachkommenschaft wird in zwei Gruppen eingeteilt: Da sind die, *die sich zum Gesetz halten* und sich von ihm her verstehen, und da sind die, die *aus dem Glauben Abrahams leben*. Diese Art der Gegenüberstellung ist überraschend. In V. 12 hatte Paulus für beide Gruppen den *Glauben* als entscheidend für die Zugehörigkeit zu Abraham herausgestellt. Hier wird sehr viel zurückhaltender gesagt: *Nicht nur* für die Gesetzesleute, also das traditionelle Israel, *sondern auch* für die, die sich an den Glauben Abrahams halten, bleibt die Verheißung in Kraft. Das scheint logisch inkonsequent. Aber Paulus ist diese Inkonsequenz wichtig. Er will Israel nicht enterben. Das wird er in Kap. 9–11 genauer darlegen. Hier unterstreicht er den Gedankengang nur mit einem warmen, alle einschließenden: *Er ist unser aller Vater*. Das *uns* umfasst hier Juden wie Christen. Es wird noch einmal mit einem Zitat aus Gen 17,5 begründet (**17**): *Zum Vater vieler Völker habe ich dich gemacht*. Auch im Judentum zur Zeit des Paulus gab es Ausleger, die diese Verheißung auf Nichtjuden ausdehnten; ja es gab in dieser Zeit so etwas wie eine missionarische Bewegung. Aber man konnte sich die Aufnahme von *Heiden* in die Verheißungsgemeinschaft nur als Eintritt in den Geltungsbereich des Gesetzes vorstellen, für die Männer verbunden mit der Aufnahmebedingung der Beschneidung. Paulus sieht damit die Weite dessen, was Gott mit der Verheißung an Abraham vorhatte, entscheidend eingeengt und deren Charakter verfälscht.

An dieser Stelle gibt Paulus dem Gedankengang eine überraschende Wendung. Er wechselt die Perspektive von Abraham zu Gott, in dessen Gegenwart (biblisch gesprochen: *vor dessen Angesicht*) Abrahams Glaube erwächst. Wie in V. 5 beschreibt Paulus den Gott, dem sich Abraham anvertraut, durch das, was Gott tut. Und er tut dies mit zwei Aussagen, die für das Judentum seiner Zeit sehr wichtig geworden sind. Abraham glaubte an den, *der die Toten lebendig macht und das, was nicht ist, ins Dasein ruft*. Dass Gott die Toten auferwecken würde, wird im Alten Testament nur selten und spät (Jes 26,19; Dan 12,2) ausgesprochen und war zur Zeit des Neuen Testaments noch sehr umstritten. Das zeigen die Auseinandersetzungen, von denen Mk 12,18–27 oder Apg 23,6–8 berichten. Aber schon gegen Ende des 1. Jahrhunderts heißt es dann in der zweiten Benediktion des Achtzehnbittengebets, einem der Grundbekenntnisse des Judentums: »Gepriesen seist du, HERR, der du die Toten lebendig machst«.

Auch von einer Schöpfung aus dem Nichts sprechen die alttestamentlichen Schöpfungstexte noch nicht. Aber in 2Makk 7,28f heißt es gerade im Zusammenhang mit der Auferstehungshoffnung: »Gott hat dies alles aus dem Nichts geschaffen«. Die etwas spätere

Syrische Baruchapokalypse formuliert ähnlich wie Paulus: »Durch ein Wort rufst du ins Leben, was nicht da ist« (48,8). Der Glaube, dass Gottes Schöpferkraft ohne alle Voraussetzungen Neues schafft, ist auch der Grund für den Glauben, dass Gott den Toten neues Leben schenken kann.
Wenn Paulus so pointiert Gott und sein Wirken in der Spannweite von Schöpfung aus dem Nichts und Auferweckung der Toten beschreibt, hat er zwei Bezugspunkte im Auge. Der eine ist der Glaube Abrahams, der Gott zutraut, auch in den *erstorbenen* Körpern zweier alter Menschen neues Leben zu schaffen. Das wird er in V. 19 beschreiben. Der andere Bezugspunkt ist die Beschreibung des Glaubens Abrahams in V. 5. Dort sagt Paulus, dass Abraham dem glaubt, *der die Gottlosen rechtfertigt*. Auch hier geht es um eine Schöpfung aus dem Nichts: Wo keine Voraussetzung für die Aufnahme eines Menschen in die Gemeinschaft mit Gott besteht, schafft Gott sie selbst, indem er den Glauben als Gerechtigkeit anrechnet.
Aber zunächst hält sich Paulus an den ersten Bezugspunkt und kehrt zur Beschreibung des Glaubens Abrahams zurück (**18**). Paulus charakterisiert diesen Glauben mit einer paradoxen Wendung: *Gegen Hoffnung auf Hoffnung* glaubte Abraham. Wo nichts mehr zu hoffen war, hielt er voll Hoffnung daran fest, dass Gott ihn zum Vater vieler Völker machen würde, wie er verheißen hatte, und dies, obwohl Sara und er auch im hohen Alter noch keine Nachkommen hatten. Obwohl er das Problem klar vor Augen hatte, dass er im hohen Alter zeugungsunfähig und Saras Leib unfruchtbar geworden war (Paulus sagt drastisch *erstorben*), *wurde er in seinem Glauben doch nicht schwach* (**19**).
An dieser Stelle ist der Text nicht einheitlich überliefert, was zu einer interessanten Beobachtung Anlass gibt. Viele spätere Handschriften schreiben, dass Abraham »seinen erstorbenen Leib *nicht* wahrnahm«. Noch der Luthertext von 1956 übersetzte: *sah auch nicht an seinen erstorbenen Leib*. Aber in allen alten und zuverlässigen Handschriften fehlt dieses *nicht*. Paulus sagt eben nicht, dass man den Glauben dadurch bewahrt, dass man vor den Schwierigkeiten die Augen verschließt. Der Glaube bewährt sich gerade dort, wo er das, was gegen ihn spricht, bewusst ins Auge fasst und doch an Gottes Verheißung festhält.
Abraham *zweifelte* trotz allem, was dagegen sprach, *nicht ungläubig* an der Verheißung (**20**). Dass dies nicht einfach seiner eigenen Standhaftigkeit zuzuschreiben war, deutet Paulus durch die passivische Wendung an: *sondern wurde im Glauben bestärkt*. Das Passiv weist darauf hin: Hier handelt Gott. Diese Perspektive wird auch durch die Bemerkung unterstrichen: *indem er Gott die Ehre gab*.

Darum geht es ja in der Beziehung von Gott und Mensch. Dass sie Gott nicht die Ehre geben, entfremdet die Menschen von Gott, wie Paulus in 1,21 gezeigt hat. Abraham gibt Gott dadurch die Ehre, dass er überzeugt ist und bleibt: *Was Gott verheißen hat, dazu hat er auch die Macht, es zu tun.* Mit dieser Überzeugung lässt Abraham Gott wirklich Gott sein und ehrt ihn als seinen Gott.

Das ist kein allgemeines und abstraktes Bekenntnis zu Gottes Allmacht. Abraham sagt nicht einfach: Gott kann alles. Die für die Bibel so wichtige Aussage, dass *bei Gott nichts unmöglich ist* (Gen 18,14; Jer 32,17: Lk 1,37), ist keine Blankounterschrift unter alles, was wir von Gott wünschen könnten. Sie ist klar an Gottes Verheißung gebunden. Dort aber, wo sich ein Mensch an Gottes Verheißung hält, darf er sich darauf verlassen, dass Gottes Macht keine Grenzen gesetzt sind. So steht Abraham vor Gott und *deshalb wurde es ihm zur Gerechtigkeit angerechnet* (**22**). Es geht also nicht um die Anerkennung der Leistung eines heroischen Glaubensmutes. Es geht darum, dass Abraham wirklich Gott für sich Gott sein lässt und ihm so sein Leben ganz anvertraut. Das anerkennt Gott als *Gerechtigkeit* und *Gemeinschaftstreue*, als Grund und Inhalt der Gemeinschaft mit ihm.

Paulus ist wichtig, dass dies nicht eine Feststellung allein über Abraham und seine Stellung zu Gott bleibt (**23f**). Denn er ist überzeugt, dass das Urteil Gottes über den Glauben Abrahams nicht nur niedergeschrieben wurde, um festzuhalten, was Gott zu Abraham sagte. Wie alles, was über Gottes Weg mit Israel in der Schrift steht, hat es auch Bedeutung für das neue Gottesvolk und seinen Weg (vgl. dazu auch 15,4; 1Kor 10,6.11). Es gilt auch *uns*, sagt Paulus, den Nachkommen Abrahams, die den Spuren seines Glaubens folgen und denen dies als Gerechtigkeit angerechnet werden wird, wenn sie zum Glauben kommen. Für Paulus sind das die Menschen, *die an den glauben, der Jesus, unsern Herrn, von den Toten auferweckt hat.* Noch einmal wird der Glaube beschrieben, indem gesagt wird, an wen er sich hält. Und so findet sich hier eine vierte Kennzeichnung des Gottes, dem sich der Glaube anvertraut: Er ist der, *der Jesus von den Toten auferweckt hat!* Das ist das Urbekenntnis der jungen Christenheit (vgl. 8,11; 10,9; Apg 3,15; 4,10). Seine Formulierung macht deutlich: Es geht nicht nur darum, ein wunderbares Ereignis in der Vergangenheit für wahr zu halten; es geht um das Bekenntnis zu Gott, das sagt, wer er ist und wie er im Geschick Jesu in eine vom Tod gezeichnete Welt eingreift. Der Gott, von dem in V. 17 gesagt wurde, dass er als Ursprung allen Seins die Schöpfung aus dem Nichts gerufen hat und als Ziel allen Lebens die Toten lebendig machen wird, das ist der Gott, der Jesus Christus von den Toten auferweckt hat und damit die tödliche

Gottferne der Menschen durchbrochen hat. Darum ist er auch der Gott, der *die Gottlosen rechtfertigt* (V. 5). In der Einheit des Handelns Gottes liegt auch die Einheit des Glaubens.
Den Zusammenhang zwischen Auferweckung Jesu und Rechtfertigung unterstreicht Paulus mit einer Art Bekenntnissatz, der ihm (und den Christen in Rom) vielleicht schon in einer überlieferten Formulierung vorlag (**25**): Christus *wurde wegen unseren Übertretungen (dem Tod) preisgegeben und um unserer Rechtfertigung willen auferweckt*. Die Heilsbedeutung des Geschicks Jesu wird hier in zwei Stufen erläutert, die aber ganz eng zusammengesehen werden.
Die Aussage, dass Jesus dem Tod *preisgegeben* bzw. *ausgeliefert* wurde, findet sich im Neuen Testament in zwei ganz unterschiedlichen Zusammenhängen: Da sind einerseits die Aussagen der Leidensansagen Jesu (*Der Menschensohn wird ausgeliefert in die Hände der Menschen*, Mk 9,31; 10,33). Judas bietet an, Jesus an die Hohepriester *auszuliefern* (was meist mit *verraten* übersetzt wird, Mk 14,10; vgl. Mt 10,4). Andererseits las man in der griechischen Übersetzung von Jes 53,6: *Der Herr gab ihn für unsere Sünde preis* (und in V. 12: *er wurde um ihrer Ungerechtigkeiten willen preisgegeben* bzw. *ausgeliefert*). Darin sah man einen Hinweis auf die göttliche Dimension dieses eigentlich unbegreiflichen Geschehens. So kann Paulus in Röm 8,32 schreiben, dass Gott seinen Sohn *für uns alle preisgegeben hat*. Wenn also die Christen bei der Feier des Herrenmahls an die Nacht erinnern, in der Jesus *ausgeliefert wurde* (1Kor 11,23), dann denken sie an den Verrat des Judas, aber auch daran, dass Gott seinen Sohn *in den Tod hineingegeben* und damit unsere Gottverlassenheit geteilt hat. Dass dies – wie unsere Stelle sagt – *um unserer Übertretungen willen* geschah, weist auf das Verständnis des Todes Jesu als stellvertretende Sühne hin (vgl. zu 3,24f). Gott verarbeitet die todbringenden Altlasten unserer Vergangenheit, indem sein Sohn den Fluch, den die Sünde in sich trägt, auf sich nimmt und erleidet (vgl. Gal 3,13; 2Kor 5,21).
Doch ist das nur die eine Seite des Heilshandelns Gottes in Jesus Christus. Durch die Auferweckung Jesu durchbricht Gott die Herrschaft von Sünde und Tod und schafft neues Leben in seiner Gemeinschaft. Dass Jesus *um unserer Rechtfertigung willen auferweckt wurde*, zeigt sehr klar, dass Rechtfertigung mehr ist als Vergebung der Sünde und Freispruch im Gericht. Rechtfertigung ist auch Annahme in die Gemeinschaft mit Gott und damit Aufnahme in das Leben, das Gott schenkt. Rechtfertigung ist Freispruch zum Leben. Die Bewältigung der vom Tod gezeichneten Vergangenheit im Sterben Jesu und die Eröffnung neuen Lebens in Gegenwart und Zukunft in der Auferweckung Jesu sind zwei Seiten des Heils-

handelns Gottes in Jesus Christus, die nicht voneinander zu trennen sind. Daran hält sich der Glaube, der sich Gottes rechtfertigendem Handeln öffnet.

Mit diesem Abschnitt geht der erste Hauptteil des Römerbriefs zu Ende. Die Grundthese des Briefs, dass sich im Evangelium von Jesus Christus Gottes Gerechtigkeit für alle offenbart und alle rettet, die sich dafür im Glauben öffnen, ist in einem ersten Argumentationsgang eingehend begründet und entfaltet worden.
Paulus hat dargelegt, dass alle diese Botschaft brauchen: diejenigen, die an den Folgen ihrer Gottesvergessenheit zugrunde gehen, und diejenigen, die meinen, sie hätten Gott auf ihrer Seite, und nicht wahrnehmen, dass sie das Gesetz bei ihrer Sünde behaftet.
Für das *Verhalten* der Menschen gilt Gottes Nein, sein Zorn. Den *Menschen selbst* aber gilt sein Ja, und Gott hat diesem Ja Bahn gebrochen, indem er im Tod Jesu die tödlichen Folgen menschlichen Fehlverhaltens auf sich genommen hat.
Darum ist das Heil des Sünders allein Gottes Tat. Und der Weg zum Heil ist kein anderer, als sich dieser Tat anzuvertrauen. Das öffnet den Weg zu Gott für alle Menschen, quer durch alle religiösen oder sozialen Grenzen, die wir Menschen ziehen, um unseren eigenen Status zu sichern.
Glauben aber heißt, sich der schöpferischen Kraft von Gottes Ja zu öffnen. Dafür ist der Glaube Abrahams ein leuchtendes Beispiel. Der Glaube daran, dass Gott Jesus von den Toten auferweckt hat, ist Glaube an den Gott, der die Welt aus dem Nichts erschaffen hat und der die Toten ins Leben rufen wird. Es ist der Glaube an den Gott, der die Gottlosen rechtfertigt. Gerade darum ist er keine Leistung des Menschen, sondern Wirkung der Botschaft, in der Gott sein Ja zu uns spricht.

II

5,1 – 8,39
Leben vom Ja Gottes

In einem zweiten Teil des Briefs möchte Paulus zeigen, wie sich ein Leben gestaltet, das sich dem Ja Gottes in Jesus Christus öffnet und von ihm lebt. Zunächst macht er das in Kap. 5 unter zwei ganz unterschiedlichen Perspektiven deutlich: 5,1–11 spricht von der persönlichen Gewissheit eines Lebens aus der rechtfertigenden Gnade Gottes, 5,12–21 von der Bedeutung dieser Gnade für die ganze Menschheit.

5,1-11
Als Gerechtfertigte leben

¹Sind wir also durch den Glauben gerechtfertigt, haben wir durch unseren Herrn Jesus Christus Frieden mit Gott. ²Durch ihn haben wir auch im Glauben Zugang zu (diesem Raum) der Gnade bekommen, in dem wir stehen, und so rühmen wir uns der Hoffnung auf die Herrlichkeit Gottes. ³Aber das nicht allein, sondern wir rühmen uns auch dessen, was uns bedrängt, wissen wir doch, dass die Bedrängnis Ausdauer bewirkt, ⁴Ausdauer aber Bewährung, Bewährung aber Hoffnung. ⁵Die Hoffnung aber lässt einen nicht im Stich, denn die Liebe Gottes ist in unsere Herzen ausgegossen worden durch den Heiligen Geist, der uns geschenkt wurde.
⁶Denn schon, als wir noch schwach waren, ist Christus zur rechten Zeit für Gottlose gestorben. ⁷Dabei wird ja selbst für einen Gerechten kaum einer sterben. Immerhin, vielleicht mag einer es fertigbringen, für das Gute den Tod auf sich zu nehmen. ⁸Gott aber hat seine Liebe zu uns dadurch erwiesen, dass Christus für uns gestorben ist, als wir noch Sünder waren. ⁹Wie viel mehr also werden wir, nachdem wir jetzt durch sein Blut gerechtfertigt sind, vor dem Zorngericht gerettet werden! ¹⁰Denn wenn wir schon mit Gott durch den Tod seines Sohnes versöhnt worden sind, als wir noch Feinde waren, wie viel mehr werden wir als Versöhnte durch sein Leben gerettet werden! ¹¹Nicht allein aber das, sondern wir rühmen uns sogar Gottes durch unseren Herrn Jesus Christus, durch den wir die Versöhnung empfangen haben.

Paulus beginnt mit einem deutlichen Neuansatz: *Wenn wir also jetzt aus Glauben gerechtfertigt worden sind* könnte man den Satzanfang noch etwas präziser übersetzen (**1**). In diesem *Wir* schließt sich Paulus mit den Christen in Rom zusammen. Er sieht im Rechtfertigungsgeschehen auch ein biographisches Ereignis, das das weitere Leben bestimmt. Er beschreibt dieses Ereignis nicht und sagt nicht, ob er es eher mit der Bekehrung oder mit der Taufe verbindet. Grundlegend ist für ihn das zum Glauben Kommen als ein Gesamtereignis. Die dadurch begründete neue Lebenswirklichkeit beschreibt er mit der kühnen und gewissen Aussage: ... *haben wir Frieden mit Gott* (ganz genau: *Frieden Gott gegenüber*).

Leider ist diese Aussage in den griechischen Handschriften nicht einhellig überliefert. Ein großer Teil der ältesten und zuverlässigsten Handschriften liest das Verb *haben* in einer Form, die man mit *Lasst uns Frieden mit Gott halten* (griech. Konjunktiv) übersetzen müsste. Ein anderer Teil liest dagegen den Indikativ (... *haben wir Frieden*), und teilweise haben schon die Erstkorrektoren der anderen Handschriften den Text in diese Richtung verbessert. Aber das Gewicht der handschriftlichen Bezeugung würde eher für die erste Lesart sprechen. Die Entscheidung ist aber auch deshalb schwierig, weil zwischen den beiden Wortformen nur ein winziger Unterschied besteht. Der Konjunktiv wird mit einem Omega (Ω) geschrieben, der Indikativ mit einem Omikron (O), und im nachneutestamentlichen Griechisch wurden beide Buchstaben sogar gleich ausgesprochen. Da beim Abschreiben diktiert wurde, konnten die Schreiber beim Hören nicht unterscheiden, was in der Vorlage stand, sondern mussten dem Sinn nach entscheiden.
Im paulinischen Zusammenhang scheint alles für den Indikativ (*haben*) zu sprechen, denn Paulus will ja beschreiben, was das Leben gerechtfertigter Christen ausmacht. Das könnte gerade gegen die Ursprünglichkeit dieser Lesart sprechen: Muss man nicht annehmen, dass die Schreiber eine unerwartete Aussage an das angleichen, was man eigentlich erwartet? Aber haben die Schreiber der frühen Kirche aus ihrem theologischen Verständnis heraus nicht eher gedacht, dass Paulus mahnen würde: *Lasst uns Frieden halten* und daher den Konjunktiv geschrieben? Erst die Korrektoren, die das mit der Vorlage verglichen, verbesserten dann in den Indikativ.
Weil der Zusammenhang so deutlich den Indikativ stützt, sehen die meisten Textausgaben, Übersetzer und Ausleger in ihm den ursprünglichen Text. Nicht alle sind sich darin so sicher wie ein Kommentator (H. Lietzmann, 58), der meinte, selbst wenn wir die Urschrift des Briefs fänden und den Konjunktiv lesen würden, müssten wir annehmen, Tertius, der den Brief schrieb, habe sich verhört. Paulus könne nur den Indikativ gemeint haben!

Paulus beschreibt die neue Beziehung zu Gott als *Frieden Gott gegenüber*. Damit ist das Ende eines Zustandes bezeichnet, den Pau-

lus in V. 10 als *Feindschaft* gegen Gott bezeichnen wird. Sie ist beendet, und weil Gott wirkliche Versöhnung ermöglicht hat (*durch unseren Herrn Jesus Christus*), darum herrscht nicht nur Waffenstillstand, sondern *Schalom*, *Friede* als vertrauensvolles und lebensdienliches Miteinander. Gerechtfertigte wissen: Gott meint es gut mit uns, er ist *für* uns, was immer uns geschieht.
Was Gott in Jesus Christus für uns bewirkt hat, wird in einem zweiten Bild beschrieben (2): *Durch ihn haben wir auch im Glauben Zugang zu (diesem Raum) der Gnade bekommen, in dem wir stehen.* Wie im Eingangsgruß des Paulus tritt neben den *Frieden* die *Gnade*, und sie wird als Lebensraum vorgestellt, als Heilsbereich, in den ein Mensch durch die Begegnung mit Jesus Christus eintreten und so sicheren Stand für sein Leben gewinnen kann. Das Bild vom eröffneten *Zugang* erinnert antike Menschen an die Bedeutung einer Audienz, die von einem Herrscher gewährt wird und über Wohl und Wehe eines Menschen entscheiden kann. Biblisch bewanderte Leser und Leserinnen denken aber auch an den Zugang zum Heiligtum, der nach Ps 15 und 24 nur denen gewährt wird, die reine Hände haben und Gerechtigkeit üben. In diese Richtung weist auch das Motiv vom *Stehen in der Gnade Gottes*. Es erinnert an das Stehen in der Gegenwart Gottes, das die Menschen im Tempel ersehnten. *Im Glauben* hat sich denen, die sich an Christus halten, der Zugang zu Gott geöffnet, und seine Gnade wurde für sie zum Lebensraum, in dem sie Gott begegnen und seinen Segen empfangen. Der Hebräerbrief führt diesen Gedanken weiter und spricht vom Zugang ins Allerheiligste, der durch Christus eröffnet wurde (10,19–23).
Paulus aber gibt seinen Überlegungen eine andere Wendung. Er beschreibt zwei Folgen des Rechtfertigungsgeschehens. Die erste ist: *Wir haben Frieden mit Gott*, die zweite – im Urtext parallel dazu formuliert – lautet: *und so rühmen wir uns der Hoffnung auf die Herrlichkeit Gottes*. Diese Aussage überrascht. Ist das Rühmen nicht ausgeschlossen (3,27)? Oder braucht auch der gerechtfertigte Mensch etwas, worauf er stolz sein kann? Muss auch das Selbstwertgefühl des Christen seinen legitimen Ausdruck finden? Offensichtlich kommt es darauf an, was Inhalt des Rühmens ist. In 1Kor 1,31 zitiert Paulus dazu Jer 9,23: »Wer sich rühmt, der rühme sich des Herrn«. Hier sagt er mit eigenen Worten: Wessen wir uns rühmen und was unser Leben ausmacht, das ist die *Hoffnung auf die Herrlichkeit Gottes*. Damit können zwei unterschiedliche Dinge gemeint sein: Einmal die persönliche Hoffnung, in der endzeitlichen Begegnung mit Gott wieder ganz in die ursprüngliche Beziehung mit ihm aufgenommen zu werden und damit Anteil an der den Menschen fehlenden Herrlichkeit zu erhalten (vgl. 3,23). Aber

wenn wir uns daran erinnern, dass das griechische Wort für Herrlichkeit, *doxa,* auch *Ehre* bedeuten kann, dann kann Paulus auch die Hoffnung meinen, dass sich Gottes Ehre und Herrlichkeit in dieser Welt durchsetzen. Nicht nur die Hoffnung auf die persönliche Vollendung, sondern auch auf die Vollendung der Wege Gottes in der endzeitlichen Offenbarung seiner Herrlichkeit ist das, was das Leben der Gerechtfertigten ausmacht und worauf sie sich berufen.

Paulus gibt diesem Gedankengang eine weitere, noch überraschendere Wendung (3). Nicht nur diese Hoffnung erfüllt die Gerechtfertigten mit Freude und Stolz. *Wir rühmen uns auch dessen, was uns bedrängt,* sagt Paulus, und das klingt zunächst ziemlich rätselhaft. Es ist schon nicht einfach, ein modernes deutsches Wort für den griechischen Begriff zu finden, den Luther ursprünglich mit *Trübsal* wiedergab und der heute meist mit *Bedrängnis, Drangsal* übersetzt wird. Damit sind nicht einfach alle Nöte und Leiden gemeint, die auch im Leben eines Christen zu bestehen sind. Es geht um Widerstände, Schwierigkeiten und Leiden, die sich durch die Zugehörigkeit zu Christus ergeben. So erzählt Paulus in 2Kor 1,8–10 von der Bedrängnis, in die er in der Provinz Asia geraten war und die sogar sein Leben bedrohte. Solche Erlebnisse sind Indizien für eine tiefe Gemeinschaft mit Christus, die auch in sein Leiden hineinführt. Das aber ist der Grund, dass Paulus auch auf solche Erfahrungen stolz sein kann. Er ist ja kein Masochist, der sich freut, dass etwas weh tut. Diese Erfahrungen sind vielmehr wichtig, weil sie die Verbindung mit Christus stärken.

Paulus erläutert das noch genauer und versucht dabei, die römischen Christen in diese christliche Grunderfahrung mit hineinzunehmen: *wissen wir doch, dass die Bedrängnis Ausdauer bewirkt, Ausdauer aber Bewährung, Bewährung aber Hoffnung* (4). Mit einem Kettenschluss macht Paulus klar, welche positive Kraft auch in bedrängenden Erfahrungen steckt, wenn sie in Verbindung mit Christus verarbeitet werden. Sie bewirken zum ersten *Ausdauer.* Die traditionelle Übersetzung *Geduld* ist zu schwach und zu passiv für die Aussage im Urtext. Es geht um das Durchhaltevermögen und das Dranbleiben an Gottes Verheißung. Dabei hat Paulus mehr als eine Art »Trainingseffekt« vor Augen: Wer um Christi willen in Schwierigkeiten kommt, wird lernen, sich noch mehr an ihn zu halten.

Das aber bewirkt *Bewährung.* Menschen, die sich an Christus auch in bedrängenden Situationen halten, machen die Erfahrung, dass dieser Halt trägt. Nicht sosehr das Durchhaltevermögen der Betroffenen bewährt sich, sondern der Beistand Christi erweist sich als zuverlässig – selbst dort, wo er nicht schnelle Hilfe schenkt. Das

aber schafft neue *Hoffnung*. Paulus hat das gerade in der Situation erlebt, von der er in 2Kor 1,8–10 erzählt. Und so schließt sich der Kreis: Dass die Hoffnung auf die Vollendung der Herrlichkeit Gottes für Christen zur Lebensgrundlage und Lebensperspektive geworden ist, bedeutet auch, dass die Belastungen und Beschwernisse des Christseins bejaht werden, weil sie zu einer Hoffnung führen, die nicht enttäuscht.
Diese Position war auch in der frühen Christenheit nicht selbstverständlich. Der Streit darüber bildete den Kern der schmerzlichen Auseinandersetzungen des Paulus mit den Korinthern und den christlichen Missionaren, die dort Einfluss gewonnen hatten. Diese rühmten sich ihrer Ehrentitel und Erfolge (2Kor 3,1; 11,22f). Und obwohl Paulus sagt, dass er durchaus dagegenhalten könnte, wird ihm klar, dass er sich stattdessen nur auf seine Schwachheit berufen kann. Er muss darauf verweisen, wie er Entbehrungen und Strapazen erlitten hat, verfolgt, geschlagen, missachtet und doch immer wieder gerettet wurde und seine Botschaft Glauben fand (11,24 – 12,10). So hat er erfahren: Gerade in der Schwachheit und in bedrängenden Situationen findet die Kraft Christi Raum in seinem Leben. Das bedeutete für ihn eine Umwertung vieler Werte, die weithin auch unter Christen galten. Deshalb misstraut er allzu triumphalistischen Tönen.
Vielleicht hat reformatorische Theologie manchmal zu sehr nur das Lob der Schwachheit und eine Theologie des Kreuzes betont und dabei übersehen, dass Paulus auch die Auferstehungshoffnung und die Rettungserfahrung kennt und preist. Aber angesichts mancher Verkündigung, die nur den Erfolg predigt und nur eine unangefochtene Vollmacht anerkennen will, bleibt das Zeugnis des Paulus eine wichtige Mahnung, auch die Bedeutung der Widerstände und der Niederlagen im Leben der Christen und der Kirche zu würdigen – und zwar nicht als Wert an sich, sondern als Voraussetzung für eine belastbare und erprobte Hoffnung.
Solche *Hoffnung* – davon ist Paulus überzeugt – *lässt nicht im Stich* (**5**). Die herkömmliche Übersetzung *lässt nicht zuschanden werden* ist zwar schwer verständlich, verrät aber noch etwas vom Hintergrund der Aussage. Die Psalmen sind voll von der Bitte: »Lass mich nicht zuschanden werden« (vgl. Ps 25,2; 31,2). Das ist sehr konkret gemeint und hat die Situation eines Prozesses vor Augen, bei dem der Verlierer bzw. der Verurteilte *beschämt* dasteht (vgl. Ps 127,5). Das aber heißt: Er hat sein Gesicht verloren, und das kommt in der Antike dem sozialen Tod nahe. Die Zusage Gottes aber ist, »dass nicht zuschanden werden, die auf mich hoffen« (Jes 49,23). Salopp formuliert: Gott lässt sie nicht im Regen stehen.

Von dieser Hoffnung, die sich nicht als beschämende Illusion erweisen wird, spricht Paulus. Er begründet sie nicht mit Beispielen aus seiner Erfahrung, sondern mit einer grundsätzlichen Aussage: *denn die Liebe Gottes ist in unsere Herzen ausgegossen worden durch den Heiligen Geist, der uns geschenkt wurde.*
Zum ersten Mal spricht Paulus im Römerbrief von der *Liebe Gottes* und vom *Heiligen Geist*. Beides gehört offenbar zusammen. Schon das Alte Testament kennt die *Ausgießung des Heiligen Geistes* als prophetische Verheißung (Jes 32,15; 44,3; Ez 39,29; Joel 3,1). In der Pfingstgeschichte wird Joel 3,1 ausdrücklich zitiert. Im Hintergrund der Aussage des Paulus steht auch Ez 36,26: »Ich will euch ein neues Herz und einen neuen Geist in euch geben.« Gottes Gegenwart soll ganz unmittelbar von seinem Volk erfahren werden. Paulus greift diese Motive auf, formt sie aber auf ganz eigengeprägte Weise um. Er sagt: *Die Liebe Gottes ist ausgegossen worden durch den Heiligen Geist.* Die Zeitform, die er für das griechische Verb wählt, beschreibt ein Ereignis in der Vergangenheit, das bleibende Bedeutung hat. Christen sind von einer Lebenswende geprägt, in der Gott seine Liebe bleibend gültig in das Zentrum ihres Lebens gelegt hat. Wieder sagt Paulus nicht, ob er dabei an Bekehrung und/oder Taufe denkt; es geht ihm um die Grunderfahrung der Begegnung mit Christus. Die entscheidende Akzentsetzung liegt aber darin, dass er nicht wie die Berichte in der Apostelgeschichte und auch er selbst an anderer Stelle (Gal 3,2) den Empfang des *Geistes* als das entscheidende Ereignis bezeichnet, sondern das Erfüllt-Werden mit der *Liebe Gottes.* Das Werk des Heiligen Geistes besteht darin, diese Liebe in das Innere des glaubenden Menschen einzugießen. Jedes ekstatische Missverständnis des Wirkens des Geistes ist damit von vornherein abgewehrt. Vergleichbar dem, was Paulus in 1Kor 13 sagt, ist die Liebe das Vorzeichen, das allem, was sonst als Wirken des Geistes angesehen werden kann, seine Ausrichtung und seinen Wert gibt. Dabei geht es nicht um die Liebe *zu* Gott, obwohl der griechische Genitiv diese Übersetzung zuließe. Gottes *eigene* Liebe erfüllt die, deren Herz durch den Geist für Gottes Gegenwart geöffnet wurde. Dass Gott *für uns* ist, wird *in uns* Wirklichkeit, wird zum Zentrum unserer Person. Das Ja Gottes, das durch das Offenbarwerden seiner Gerechtigkeit im Evangelium allen zugesprochen wird, wird in Gestalt seiner Liebe ganz persönliche Gewissheit. Von ihr können wir leben. Und wie für alles Wirken des Geistes gilt: Das bleibt immer Geschenk!
Paulus will diese tiefgreifende Aussage noch weiter begründen. Er tut dies aber nicht durch den Hinweis auf unsere Gefühle oder Empfindungen, die uns Gottes Liebe gewiss machen. Noch einmal

soll der Verweis auf das Geschick Jesu diese Gewissheit festmachen
(6). Dabei blickt Paulus zurück auf die Zeit, die vor der Erfahrung
von Glauben und Rechtfertigung liegt: *Denn schon, als wir noch
schwach waren, ist Christus zur rechten Zeit für Gottlose gestorben.* Eigenartig ist, dass Paulus den Zustand vor der Begegnung
mit dem Evangelium mit *als wir noch schwach waren* beschreibt.
Die *Schwachen*, das sind nach Röm 14 Christen, deren Glaube bestimmte Konsequenzen christlicher Freiheit noch nicht mittragen
kann. Meist versteht man auch 1Kor 9,22 (»den Schwachen bin ich
ein Schwacher geworden«) in diesem Sinn, obwohl man dort auch
an eine Gruppe ängstlicher und abergläubischer Nichtchristen denken kann, die Paulus für das Evangelium gewinnen will. Hier aber
fasst Paulus die vorchristliche Vergangenheit aller unter diesem
Stichwort zusammen. Paulus sieht sie nicht nur als *Sünder* im Zeichen ihrer Schuld oder als *Gottlose* in der Rebellion gegen Gott,
sondern auch als *Schwache*. Sie sind Menschen, die mit ihrem Leben nicht zurande kommen, hilflos der Macht der Sünde ausgeliefert sind, oder angesichts der Herausforderungen des Lebens resignieren. In dieser hoffnungslosen Situation, als Hilfe dringend nötig war (*zur rechten Zeit*), ist Christus *für Gottlose gestorben*. Der
Titel *Christus* erscheint hier erstmals im Römerbrief ohne den
Namen Jesus. Zumindest Judenchristen hörten also recht deutlich:
Es war der *Messias*, der Gesalbte Gottes, der sein Leben eingesetzt
hat, und zwar für *Gottlose*. Wie in 4,5 benutzt Paulus diesen Begriff, um deutlich zu machen, dass die Lebenshingabe des Christus
gerade den Frevlern und Gottfernen galt. Dabei macht der Zusammenhang klar, dass *wir*, die *schwach waren*, und die *Gottlosen*, für
die Christus starb, nicht zwei verschiedenen Menschengruppen
darstellen, sondern zwei verschiedene Aspekte des Menschseins,
für das sich der Christus Gottes einsetzt. Es sind die, die sich nicht
selbst helfen können, aber auch die, die sich Gottes Willen verweigern, für die Christus sein Leben hingibt.
Was das bedeutet, erklärt Paulus in den folgenden Versen. Zunächst aber macht er klar, wie außergewöhnlich dieses Verhalten
ist (7). Denn, so gibt er zu bedenken, *selbst für einen Gerechten
wird kaum einer sterben*, sicher aber nicht für einen Frevler, der
die Gemeinschaft schädigt. Man kannte auch in der Antike das
Phänomen, dass Menschen, um andere zu retten oder um das Vaterland zu schützen, ihr Leben einsetzten, und ehrte das als »edlen
Tod«. Aber es war auch klar, dass sich das auf außergewöhnliche
Situationen beschränkte. Deswegen gibt Paulus in V. 7b auch dem
Einwand Raum, dass vielleicht *einer es fertigbringen mag, für das
Gute den Tod auf sich zu nehmen.* Die Lutherübersetzung formuliert hier (wie das griechische Original) bewusst zweideutig: *um*

des Guten willen und lässt offen, ob es sich um einen *guten Menschen* (so EÜ) oder um eine *gute Sache* (so ZB) handelt. Aber die Selbstkorrektur des Paulus ist nur einleuchtend, wenn es nun statt um einen Gerechten um eine gute Sache geht. Und so entkräftet sie auch nicht sein Argument, dass die Lebenshingabe Christi für Gottlose und Schwache einzigartig ist.

Das entfaltet Paulus auf sehr eindrückliche Weise in V. **8–10**. Zwei Akzente sind dabei wesentlich: 1. Paulus macht klar, dass Gott selbst als der Handelnde hinter diesem Geschehen steht. 2. Paulus entwickelt eine doppelte Argumentationskette, die vom stellvertretenden Tod Christi zur Gewissheit der endgültigen Errettung führt. Denn er will ja beweisen, dass die Hoffnung auf Christus nicht beschämt dastehen lässt (V. 5). Bevor wir das im Einzelnen erläutern, eine schematische Darstellung des ganzen Gedankengangs:

Gott hat seine Liebe zu uns erwiesen:
Als wir noch Sünder waren,
    ist Christus für uns gestorben.
Wie viel mehr werden wir als durch sein Blut Gerechtfertigte
    durch ihn vor dem Zorn *gerettet werden*!
Wenn wir, als wir noch Feinde waren,
    mit Gott durch den Tod seines Sohnes versöhnt worden sind,
wie viel mehr werden wir als Versöhnte
    durch sein Leben gerettet werden!

V. 8 beginnt mit einer in ihrer grundsätzlichen Bedeutung gar nicht zu überschätzenden Feststellung: *Gott aber hat seine Liebe zu uns dadurch erwiesen, dass Christus für uns gestorben ist.* Damit knüpft Paulus wieder an V. 5 an. Die Liebe Gottes, die in unsere Herzen ausgegossen ist, wird näher beschrieben. Dieser Zusammenhang macht auch klar, dass in V. 5 nicht die Liebe *zu* Gott gemeint sein kann, sondern die Liebe, mit der Gott selbst liebt. Diese Liebe zeigt sich darin, dass Christus für uns gestorben ist.

Das ist eine Aussage, die heute auch unter Christen auf Unverständnis stößt. Eine breite Front von Stimmen argumentiert, dass die Annahme einer gottgewollten Heilsbedeutung des Todes Jesu dem Glauben an einen liebenden Gottes strikt widersprechen würde. Im Neuen Testament dagegen wird, insbesondere in der paulinischen und johanneischen Theologie, die Liebe Gottes geradezu von der Lebenshingabe Jesu Christi her definiert! So ist in Röm 8,39 »die Liebe Gottes, die sich in Christus Jesus zeigt«, die Liebe dessen, »der seinen eigenen Sohn nicht verschont hat« (8,32). Das ist auch ein Kernsatz johanneischer Theologie: »So sehr hat Gott die Welt geliebt, dass er seinen einzigen Sohn gab« (3,16; vgl. 1Joh 4,10b). Dem entsprechen die Aussagen über die Liebe Christi, des

Sohnes Gottes, »der mich geliebt und sich für mich hingegeben hat« (Gal 2,20; vgl. Röm 8,35; 2Kor 5,14; Eph 5,2). Darin zeigt sich eine wichtige Voraussetzung für die biblischen Aussagen: Gott und Christus, Vater und Sohn, werden nicht als getrennte Personen gesehen, sondern in ihrer Willens- und Handlungseinheit betrachtet. Indem der Vater den Sohn preisgibt, gibt er sich selbst hin. Dass er Christus in den Tod gehen lässt, ist deshalb das eindeutigste Zeichen der Liebe Gottes.

Christus ist für uns gestorben ist ein Grundbekenntnis der ersten Christen. Es findet sich in 1Thess 5,10; 2Kor 5,14; Röm 14,15; 1Petr 2,21; Joh 11,51 und mit der Formulierung *für unsere Sünden* auch in 1Kor 15,3. Der Hinweis, dass Christus für uns starb, *als wir noch Sünder waren*, weist in die gleiche Richtung: Durch das Sterben Christi hat Gott die tödliche Last unserer Sünde von uns genommen und bewältigt. In dem *für uns* steckt also eine dreifache Akzentsetzung. Es bedeutet: *uns zugut, an unserer Stelle* und *wegen uns*. Diese Akzente können an verschiedenen Stellen unterschiedlich betont sein. In V. 8 steht das *uns zugute* im Vordergrund; aber dass Christus *an unserer Stelle wegen unserer Sünden* starb, ist mit eingeschlossen. Grundlage dafür ist, was Jes 53,6 über die stellvertretende Sühne des Gottesknechts sagt.

Aber dieses Bekenntnis ist ja nur der Ansatzpunkt zu der eigentlichen Aussage (**9**). Mit der Wendung *wie viel mehr* benutzt Paulus ein bei den Rabbinen seiner Zeit beliebtes Beweisverfahren, den Schluss *vom Leichteren zum Schwereren* (*Qal-Wachomer-Schluss*, lateinisch: *a minore ad maius*). Für unsere Logik ist es eigentlich ein Schluss vom *Schwereren zum Leichteren*. Denn dass einer für die Sünder stirbt, ist – wie Paulus dargelegt hat – ganz unwahrscheinlich. Aber wenn Gottes Liebe schon dies bewirkt, *wie viel mehr* dürfen wir dann gewiss sein, dass diejenigen, die jetzt *durch das Blut* Christi *gerechtfertigt*, also von Gott angenommen sind, *durch ihn* auch vor einer Verurteilung im letzten Gericht *gerettet werden*.

Hier spielt Paulus noch einmal auf 3,25 an, wo das Sterben Jesu als kultische Sühne durch das Blut eines Opfers gesehen wird, die die Rechtfertigung bewirkt. Dass die endgültige Rettung unseres Lebens durch das letzte Gericht hindurch noch aussteht, ist ein Gedanke, der sich häufig bei Paulus findet (vgl. 1Thess 1,10; Röm 8, 24: »auf Hoffnung hin sind wir gerettet«). Dass dies durch Christus geschieht, bedeutet nicht, dass er unser Leben dem unbarmherzigen Richtergott abringen muss. Gott bleibt Herr des Verfahrens. Hinter dem Passiv des *Gerettet-Werdens* steht Gott als handelndes Subjekt. Vor dem Nein (wörtlich *Zorn*), das gegen unser Leben sprechen mag, rettet Gott durch Christus.

Diesen Gedankengang wiederholt Paulus mit anderen Worten in V. **10** auf sehr eindrückliche Weise. Statt von der Rechtfertigung der Sünder spricht er jetzt von der *Versöhnung der Feinde*. Damit wird eine neue Dimension der menschlichen Entfremdung von Gott und des Heilshandelns Gottes angesprochen. Menschen, die sich von Gott getrennt haben, werden – bewusst oder unbewusst – zu Feinden Gottes oder sehen in ihm ihren Feind. Das gilt nicht nur für diejenigen, die gegen ihn rebellieren oder mit ihm hadern. Paulus hat selbst erfahren, dass auch diejenigen, die sich für fromm halten und Gott in ihre Lebensrechnung einbeziehen, in diese Gefahr kommen, selbst wenn sie es gar nicht merken. Sie bekämpfen Gott, wenn sie ihre Privilegien gegen andere verteidigen. Paulus hat das in seinem Kampf gegen Christus und die Christen erlebt. Aber in der Begegnung mit dem Auferstandenen und seiner Berufung in dessen Dienst hat er auch die Wirklichkeit der Versöhnung erfahren. Er hat davon in 2Kor 5,18–21 ausführlicher gesprochen.

Der Begriff *Versöhnung* kommt an und für sich aus dem Bereich zwischenmenschlicher Beziehungen. Wenn nach langem Streit zwischen Nachbarn oder verbissenen Kämpfen zwischen verfeindeten Völkern ein Weg gefunden wird, die widerstreitenden Interessen auszugleichen und die erlittenen Verletzungen zu heilen, dann geschieht Versöhnung. Im Unterschied zum Waffenstillstand wird dabei versucht, geschehenes Unrecht aufzuarbeiten und die Grundlage für ein gedeihliches Miteinander zu finden. Versöhnung führt zum Frieden, und so knüpft Paulus mit diesem Stichwort noch einmal an das Thema von V. 1 an. Für ihn ist auch klar, dass Gott selbst es ist, der seine Feinde mit sich versöhnt (vgl. 2Kor 5,19: »*Gott* versöhnte in Christus die Welt mit sich«). Dass dies seinem Sohn das Leben kostete, liegt nicht daran, dass Gott als der von den Menschen Beleidigte eine Genugtuung brauchte, um sich versöhnen zu können. Vielmehr nahm er im Tod des Sohnes die tödlichen Konsequenzen des Konflikts, die immer wieder neu das Miteinander von Gott und Menschen bedrohen, auf sich und machte so Versöhnung möglich.

Wenn Gott sich aber um diesen hohen Preis mit seinen Feinden versöhnte, *wie viel mehr* wird er die Versöhnten durch die Lebensmacht des Auferstandenen retten und in die vollendete Gemeinschaft mit ihm führen. Wie in 4,25 werden Kreuzigung und Auferstehung in ihrer heilvollen Wirkung für Vergangenheit und Zukunft der Glaubenden getrennt beschrieben und doch als untrennbares Ganzes des göttlichen Gnadenhandelns gesehen.

Drei Beobachtungen sind im Blick auf diese Aussagen wichtig und hilfreich:

1. Bei seiner Deutung der Heilsbedeutung des Todes Jesu geht Paulus nicht von einem festgelegten Schema aus, das zwingend darlegt, warum alles so geschehen musste. Er umschreibt das Geheimnis mit unterschiedlichen Erklärungsmodellen (Sühnopfer; stellvertretende Lebenshingabe). Grundüberzeugung ist, dass Gott im Sterben Jesu in die Welt des Todes gekommen ist, ihr Verhängnis auf sich genommen und damit den Weg zum Leben eröffnet hat.
2. Dass in der Rechtfertigung auch die Gewissheit der zukünftigen Rettung liegt, ist Paulus wichtig. Diese Gewissheit beruht auf dem Vertrauen in die Treue Gottes (vgl. 1Kor 1,8f; 10,13; Phil 1,6). Aber Paulus kann gelegentlich auch vor einer falschen Sicherheit warnen, die *christliche* Heilszeichen und Identitätsmerkmale als Garantie für das Heil ansieht (1Kor 10,1–13). Gott selbst ist der Garant der Errettung.
3. Paulus markiert einen klaren Unterschied zwischen der Situation derer, die noch schwach, Gottlose, Sünder und Feinde sind, und derer, die durch Christus im Glauben gerechtfertigt und versöhnt sind. Es gibt ein *Einst* der Sünde und ein *Jetzt* des Glaubens. Aber zugleich macht er deutlich, dass die Glaubenden nicht *Gerechte*, sondern *Gerechtfertigte* sind. Grundlegend ist, was an ihnen von Gott her geschehen ist.
Das macht V. **11** deutlich. Es ist nicht nur die gewisse Hoffnung auf die Vollendung des Lebens in Gottes Heilshandeln, die das Leben der Gerechtfertigten erfüllt und deren sie sich rühmen (V. 2). Es ist auch die dankbare Freude darüber, dass Gott sie in seine Gemeinschaft aufgenommen hat. Darüber wird Gott die Ehre gegeben: *wir rühmen uns sogar Gottes durch unseren Herrn Jesus Christus, durch den wir die Versöhnung empfangen haben.* Zu Gott zu gehören, das nennen Christen dankbar und zuversichtlich als Grund und Inhalt, Sinn und Wert ihres Lebens.

Menschen, die aus Glauben gerechtfertigt sind, sind Leute, die Gottes Ja zu ihrem Leben bejahen. Sie leben ein neues Leben. Dass sie wissen: Gott ist für uns, das gibt ihrem Leben Frieden und Hoffnung. Es gibt ihnen zugleich die Kraft, Schwierigkeiten und Widerstände zu bestehen. Die Kraft dafür schöpfen sie aus der Gewissheit: Gott liebt mich. Diese Gewissheit hat ihnen Gottes Geist ins Herz gelegt. Verankert aber ist diese Gewissheit in dem Wissen, dass Gott selbst im Tod Christi unser Verhältnis zu Gott geheilt hat, bevor wir etwas dafür tun konnten. Das schafft die gewisse Hoffnung, dass er unser Leben ans Ziel bringt, selbst wenn das durch Widerstände und Leid führt. »Nirgend anderswo hat sich die Realitätskraft des christlichen Glaubens ... eindrucksvoller erwie-

sen als in den verschiedenen Zeugnissen von ertragenem Leid, in denen nicht Resignation spricht, sondern die staunende Freude konkreten Ertragenkönnens.« (Wilckens I, 300)
Ohne es besonders hervorzuheben, nennt Paulus Glauben (V. 1), Hoffnung (V. 2.5) und Liebe (V. 5) als die tragenden Pfeiler des Lebens der Christen (vgl. 1Thess 1,3; 1Kor13,13). Fundament dieses Lebens ist die Liebe *Gottes*. Gott hat diese Liebe im Leben und Sterben Jesu gelebt (V. 5-8). Sie im Glauben anzunehmen gibt Grund zur Hoffnung.

5,12-21
Die Universalität der Gnade

¹²Deshalb: Wie durch *einen* Menschen die Sünde in die Welt hineinkam und durch die Sünde der Tod und so zu allen Menschen der Tod hindurchdrang, weil alle sündigten ... ¹³Denn (auch) bevor es ein Gesetz gab, gab es (schon) Sünde in der Welt, Sünde aber wurde noch nicht angerechnet, solange kein Gesetz existierte; ¹⁴trotzdem herrschte der Tod von Adam bis Mose auch über diejenigen, die nicht in gleicher Weise wie Adam bei seiner Übertretung gesündigt hatten. Er ist das Urbild des Kommenden.
¹⁵Aber mit der Verfehlung (verhält es sich) nicht so wie mit der Gnadentat: Denn wenn durch die Verfehlung des *Einen* die Vielen zu Tode kamen, um wie viel mehr wurden die Gnade Gottes und die Gabe, die durch die Gnade des *einen* Menschen Jesus Christus gewährt wurde, den Vielen überreich zuteil. ¹⁶Und mit dem, was durch das Sündigen des *Einen* (bewirkt wurde, verhält es sich) nicht so wie mit der Gabe: Denn das Urteil führte aufgrund (der Tat) des *Einen* zur Verurteilung; aber die Gnadentat (führt) aus den Verfehlungen *Vieler* zum Freispruch. ¹⁷Denn wenn durch die Verfehlung des *Einen* der Tod zur Herrschaft gelangt ist, wie viel mehr werden diejenigen, die die Fülle der Gnade und der Gabe der Gerechtigkeit empfangen, im Leben herrschen durch den *Einen*, Jesus Christus.
¹⁸Also: Wie es durch die Verfehlung des *Einen* für alle Menschen zur Verurteilung kam, so auch durch die Rechttat des *Einen* für alle Menschen zum Freispruch zum Leben. ¹⁹Denn wie durch den Ungehorsam des *einen* Menschen die Vielen zu Sündern geworden sind, so werden auch durch den Gehorsam des *Einen* die Vielen zu Gerechten werden. ²⁰Das Gesetz aber ist nachträglich hinzugekommen, damit die Verfehlung zunimmt. Wo aber die Sünde zugenommen hat, da ist die Gnade überreichlich geworden, ²¹damit, so wie die Sünde im Tod die Herrschaft gewann, nun auch die Gnade

durch die Gerechtigkeit zur Herrschaft gelangt und ewiges Leben schafft durch Jesus Christus, unseren Herrn.

Paulus setzt mit einem *Deshalb* seine Argumentation unmittelbar fort. Allerdings ist nicht ganz klar, inwiefern das, was er in 5,12–25 schreibt, Folgerungen aus 5,1–11 zieht. Auffallend ist, dass sich sein Stil ändert. Das persönliche *Wir* tritt zurück. Eine sorgfältige Strukturierung der Aussagen ist zu beobachten. Dennoch sind die Sätze kompliziert und wirken teilweise überladen. Offensichtlich möchte Paulus die Wirklichkeit der Gerechtfertigten noch einmal aus einer anderen, grundsätzlichen Perspektive bedenken, die das Geschick der Menschheit als Ganzer ins Auge fasst.
So beginnt V. **12** mit einem weit ausholenden Vergleich, der mit dem Beginn der Menschheitsgeschichte einsetzt: *Wie durch einen Menschen die Sünde in die Welt hineinkam und durch die Sünde der Tod*. Paulus spielt auf die Erzählung in Gen 3 an, die vom Ungehorsam der ersten Menschen und ihrer Vertreibung aus dem Garten Eden berichtet. Wir nennen sie die Geschichte vom *Sündenfall*, obwohl der Begriff *Sünde* in ihr gar nicht vorkommt. Die Sache ist freilich angesprochen, und die Fortsetzung der Geschichte mit Kains Brudermord macht deutlich, dass sich damit ein grundsätzlicher Bruch zwischen Gott und Mensch und in der menschlichen Gemeinschaft ereignet hat. Die alttestamentliche Erzählung sagt auch nicht, dass erst dadurch der Tod in die Schöpfung eingedrungen ist. Sie deutet an, dass die Menschen wie alle Geschöpfe sterblich waren (3,22). Aber sie zeigt, dass durch das Essen der verbotenen Frucht vom Baum der Erkenntnis des Guten und des Bösen das Wissen um den eigenen Tod als drohendes Todesgeschick in das Leben der Menschen eingebrochen ist. Das Ende des Lebens wird zum Tod, der von Gott trennt.
Das ist in der jüdischen Auslegung zur Zeit des Neuen Testaments auf den Begriff gebracht worden: Durch die Gebotsübertretung der ersten Menschen hat die Sünde die Herrschaft über alle Menschen gewonnen – und durch sie auch der Tod, der die Gottestrennung der sündigen Menschheit verewigt.
Von dieser Überzeugung geht Paulus aus. Interessant ist, dass er zunächst nicht von Adam spricht. In dem *einen Menschen* sind im Grunde Adam und Eva zusammen als Verkörperung des Menschseins gemeint. Durch ihre Übertretung bricht die Sünde als Macht in die Geschichte der Menschheit ein, und dadurch wird auch das »Sein zum Tode« zur Wesensbestimmung der Menschen. Es gibt für Paulus zwar keine *Erb*sünde, wohl aber eine *Ursünde*, in der sich alle Menschen vorfinden. Ihre Macht behält sie dadurch, dass alle durch ihr Sündigen diese Macht bestätigen (*... weil alle sün-*

digten). Das Verhängnis, das durch den ersten Menschen über die Menschheit gekommen ist, hebt also die Verantwortung der Einzelnen nicht auf.

An dieser Stelle aber, wo man den zweiten Teil des Vergleichs mit einem *so auch durch ...* erwarten würde, bricht der Satz ab. Bevor er diesen Vergleich durchführen kann, muss Paulus einige klärende Zwischenbemerkungen einfügen. Manche Übersetzungen (z.B. LÜ, EÜ) retuschieren diesen Bruch. Aber im griechischen Original ist er unübersehbar (vgl. ZB), und es wird sich zeigen, dass es auch sachlich wichtig ist, ihn zu beachten.

Paulus will zunächst den Zusammenhang von Sünde und Gesetz klären (**13f**). Nachdem er in 3,20 deutlich gemacht hat, dass die Sünde durch das Gesetz erkannt wird, muss er klarstellen, dass auch vor der Gesetzgebung durch Mose die Sünde als Macht in dieser Welt war und die Menschen beherrschte. Allerdings wurde die Sünde in der Zeit zwischen Adam und Mose nicht *angerechnet* bzw. *in Rechnung gestellt*. Die Aufgabe des Gesetzes war dann, diese Rechnung zu präsentieren. Nicht erst das Gesetz schafft also den unheilvollen Zusammenhang zwischen Sünde und Tod. Er wirkt in der Menschheit seit Adam. Das Gesetz bringt diesen Zusammenhang zur Sprache und deckt auf, woran die Menschen zugrunde gehen. Darum herrschte der Tod auch in der Zeit zwischen Adam und Mose, auch wenn die Menschen nicht in gleicher Weise wie Adam, nämlich durch Übertretung eines konkreten Gebots, gesündigt haben (**14**).

Über Adam ist aber noch etwas Wichtiges zu sagen: Er ist *das Urbild des Kommenden*. Was heißt das? Das Wort, das wir mit *Urbild* übersetzt haben, heißt auf Griechisch *typos*, also ein Wort, das in Fremdwörtern wie *Typ* oder *typisch* vielfältig in unserer Sprache vorkommt. Es ist ursprünglich die Hohlform, aus der ein Abbild geformt wird, entweder als ein Model für eine Plastik oder als ein Prägestempel für eine Münze. Von daher ergibt sich eine Vielzahl von Bedeutungen wie Vorbild, Muster, Vorlage, Modell – je nach Zusammenhang. In unserem Text ist Adam der *typos* des kommenden (Adams), und damit ist offensichtlich Christus gemeint. Die Funktion Adams für die Menschheit hat also prägende Kraft für das, was Christus ist und bewirkt. Das zeigt sich in der Art, wie Adam und Christus das Geschick der Menschheit bestimmen. Doch ist das eher eine formale Entsprechung. Inhaltlich wird sich herausstellen, dass der *Kommende* in vielem gerade das Gegenteil bewirkt wie Adam. Er ist also wie die »Hohlform« eher ein *Negativabdruck*, ein *Gegenbild* des Christus.

Eine vergleichbare Gegenüberstellung von Adam und Christus findet sich auch in 1Kor 15,21f und 45–49. Es gibt dafür in der jüdischen Auslegung und Theologie keine unmittelbaren Vorbilder. Früher haben manche Ausleger angenommen, dass in der Gnosis entsprechende Denkmodelle zu finden seien. Aber diese haben einen völlig anderen Charakter als die Adam-Christus-Typologie bei Paulus und stammen erst aus späterer Zeit. Wahrscheinlich ist diese Gegenüberstellung in ihrer besonderen Gestalt von Paulus bei seinem Studium der Schrift entwickelt worden. Durch sie konnte er die Bedeutung des Christusereignisses für die ganze Menschheit besonders klar herausstellen.

In den V. **15–17** beschreibt Paulus nun, was auf der Adam- und Christusseite zwar gleich aussehen mag, aber doch unvergleichbar ist. Er tut das mit einem sehr sorgfältig strukturierten Text, der im Griechischen bis in die Wortformen hinein Ähnlichkeiten und Unterschiede herausarbeitet. Ein Versuch, das in Übersetzung darzustellen, sieht so aus:

¹⁵Aber mit der Verfehlung (verhält es sich)	nicht so wie mit der Gnadentat:
Denn wenn durch die Verfehlung des *Einen* die *Vielen* zu Tode kamen,	um wie viel mehr wurden die Gnade Gottes und die Gabe, die durch die Gnade des *einen* Menschen, Jesus Christus, gewährt wurde, den *Vielen* überreich zuteil.
¹⁶Und mit dem, was durch das Sündigen des Einen (bewirkt wurde, verhält es sich)	nicht so wie mit der Gabe:
Denn das Urteil führte aufgrund (der Tat) des *Einen* zur Verurteilung;	aber die Gnadentat (führt) aus den Verfehlungen *Vieler* zur Rechtfertigung.
¹⁷Denn wenn durch die Verfehlung des *Einen* der Tod zur Herrschaft gelangt ist,	um wie viel mehr werden diejenigen, die die Fülle der Gnade und der Gabe der Gerechtigkeit empfangen, im Leben herrschen durch den *Einen*, Jesus Christus.

Der entscheidende Unterschied zwischen beiden Seiten liegt darin (**15**), dass auf der einen Seite die *Verfehlung*, also das konkrete Tun der Sünde, steht und auf der anderen Seite die *Gnadentat*. Paulus benutzt dafür das Wort *Charisma*, das sonst mit Gnaden*gabe* wiedergegeben wird. Gemeint ist die konkret gewordene Gnade, d.h. die durch Christus gelebte Gnade, also Gottes Gnaden*tat*. Der Unterschied zeigt sich dann in den Konsequenzen. Die Verfehlung des *Einen*, nämlich Adams, brachte *den Vielen* den Tod. Hier begegnet uns zum ersten Mal die Formel *die Vielen*. Nach deutschem Sprachgebrauch würde sie eigentlich sagen, dass nicht alle betroffen sind. Das aber ist offensichtlich nicht gemeint. Alle müssen sterben. *Die Vielen* ist die wörtliche Übersetzung einer hebräischen Wendung, die sinngemäß bedeutet: die Vielen, die das Ganze bilden, also *alle*. Dem entspricht auf der Christusseite, dass Gottes Gnade und das Geschenk ihres Wirkens in dem *einen* Menschen Jesus Christus *allen* überreich zuteil wurde. Das *wie viel mehr* markiert wieder einen Schluss vom Leichteren zum Schwereren: Die Seite der Gnade Gottes hat viel mehr Gewicht und Kraft als die der menschlichen Verfehlung.

Auch das, was dadurch den Menschen geschenkt wurde, unterscheidet sich diametral von dem, was durch das Sündigen des ersten Menschen bewirkt wurde (**16**): Das *Urteil* über sein Tun führte zur *Verurteilung*, aber die *Gnadentat* des Christus, der Einsatz seines Lebens für die Gnade, führt aus den *Verfehlungen* der Menschheit heraus zum *Freispruch*. Das griechische Wort könnte auch mit *Rechtfertigung* übersetzt werden; das Gegenüber zu *Verurteilung* legt die Übersetzung mit *Freispruch* nahe. Aber es ist kein Freispruch aus Mangel an Beweisen in eine unklare Zukunft; es ist – wie V. 18 sagt – ein Freispruch zum Leben.

V. **17** nennt eine weitere Überbietung der Adamsseite durch das Christusgeschehen. Noch einmal verwendet Paulus einen Schluss vom Leichteren zum Schwereren. *Denn wenn durch die Verfehlung des Einen der Tod zur Herrschaft gelangt ist* – und nun würden wir erwarten, dass Paulus sagt: um wie viel mehr wird das Leben durch die Gnadentat herrschen. Aber er formuliert eine sehr viel komplexere Aussage: *wie viel mehr werden diejenigen, die die Fülle der Gnade und der Gabe der Gerechtigkeit empfangen, im Leben herrschen durch den Einen, Jesus Christus.*

Damit markiert Paulus eine dreifache Unterscheidung zur Adamsseite:

1. Die Herrschaft des Todes wird vom Herrschaftsgebiet des Lebens abgelöst werden.
2. Das ist eine Wirklichkeit, die in der Auferstehung Jesu schon angebrochen ist, aber für die Menschen erst in der Zukunft ihre alles umfassende Vollendung finden wird.
3. Anders als der Tod herrscht das Leben nicht als anonyme Schicksalsmacht. Seine Herrschaft hat ein menschliches Gesicht. Menschen, die die Fülle der Gnade und die Gabe der Gerechtigkeit empfangen, werden an der Herrschaft Christi teilhaben. Damit sind offensichtlich die Glaubenden gemeint, die sich im Glauben

für Gottes Gnade und seine Gerechtigkeit öffnen und so empfangen, was Gottes heilschaffendes Wesen ausmacht. Sie werden damit den Herrschaftsauftrag erfüllen, den Gott den Menschen übertragen wollte (Gen 1,26). Aber sie tun das nicht selbstmächtig und gegen Gottes Willen, sondern in Verbindung mit dem *Einen*, der Gottes Willen erfüllt hat.

Manche Ausleger schlagen vor, für das Wort *empfangen* die Übersetzung *annehmen* zu wählen. Das soll deutlich machen: Es geht beim Glauben auch um die aktive Entscheidung der Menschen, ob sie die Fülle der Gnade und das Geschenk der Gerechtigkeit für sich annehmen wollen. Gerade dadurch sei auch noch einmal ein klarer Unterschied zur Adamsseite markiert: Das Leben ist kein Verhängnis, das über die Menschen kommt, wie der Tod, sondern ein Geschenk Gottes, das man annehmen muss, aber auch ausschlagen kann. Sprachlich ist diese Übersetzung möglich. Sachlich wirft der Vorschlag eine wichtige Anfrage auf: Wie verhält sich die Rechtfertigung aufgrund des Glaubens zu den Aussagen, dass die Rechtfertigung allen Menschen gilt (vgl. V. 18)? Muss nicht auch von *Annahme* des Heils geredet werden? Das ist grundsätzlich richtig. Aber es ist unwahrscheinlich, dass Paulus gerade hier einen völlig anderen Akzent anschlägt und den Gesamtduktus des Abschnittes korrigiert. Wir bleiben also bei der Übersetzung *empfangen*. Auch sie enthält ja ein personales Element. Wirklichkeit wird die Herrschaft des Lebens im Leben von Menschen, die Gottes Leben schaffende Gnade und Gerechtigkeit aufnehmen.

Nachdem die Unterschiede zwischen der Adam- und der Christus-Seite der Typologie klar herausgestellt sind, kann Paulus den Vergleich der beiden Lebenswirklichkeiten ohne Einschränkung durchführen. Auch hier beeindruckt die Struktur des Textes:

¹⁸Wie es durch die Verfehlung des *Einen* für alle Menschen zur Verurteilung kam,	so auch durch die Rechttat des *Einen* für alle Menschen zum Freispruch zum Leben.
¹⁹Denn wie durch den Ungehorsam des *Einen* Menschen die *Vielen* zu Sündern geworden sind,	so werden auch durch den Gehorsam des *Einen* die *Vielen* zu Gerechten werden.

Das Entsprechungsschema wird nun ungebrochen entfaltet. In V. **18** steht die *Verfehlung*, d.h. die Tatsünde Adams, der *Rechttat* Christi gegenüber, also einem Leben, das als Ganzes das Tun der Gerechtigkeit verkörpert. Dem entspricht die Reaktion Gottes: auf der Adam-Seite die *Verurteilung* aller, weil alle an Adams Sünde teilhaben; auf der Christus-Seite der *Freispruch zum Leben* für alle, d.h. ihre *Rechtfertigung*, weil Christus für sie Gerechtigkeit ge-

lebt hat (vgl. 1Kor 1,30). Auch hier gilt: Christusgeschehen ist Rechtfertigungsgeschehen!
V. **19** legt dar, was das mit den Menschen macht. Dem *Ungehorsam* Adams tritt der *Gehorsam* Christi gegenüber, sein *Lebens*gehorsam, den er nicht zuletzt durch seinen Weg in den Tod bewiesen hat (vgl. Phil 2,7). Adam hat mit seinem Verhalten bewirkt, dass alle Menschen *Sünder* wurden. Sie leben in der Trennung von Gott und verfehlen dadurch das Leben, das er ihnen zugedacht hat. Christus bewirkt durch seinen Gehorsam, dass die Menschen, die auf seiner Seite stehen, *zu Gerechten werden*. Sie leben im Einklang mit Gott und der Bestimmung ihres Lebens. Paulus formuliert das futurisch: Dieses Urteil wird erst in der letzten Begegnung mit Gott endgültig gesprochen und zur alles bestimmenden Lebenswirklichkeit werden können (vgl. Gal 5,5). Aber das Leben der Glaubenden ist schon jetzt von der Gewissheit dieses Urteils erfüllt, wie Paulus in 5,1–11 gezeigt hat.
Aufregend ist freilich, dass auch hier die Wendung *die Vielen* gleichbedeutend mit *allen Menschen* zu sein scheint. Das zeigt nicht nur die Parallelität von V. 18 und 19, sondern auch die Aussage in 19b, dass *die Vielen* (= alle) zu Sündern geworden sind. Geht Paulus davon aus, dass im Jüngsten Gericht alle Menschen gerecht gesprochen werden? Dagegen spricht, dass Paulus an anderer Stelle immer wieder sagt, dass die *Glaubenden* gerechtfertigt werden. Aber die Frage der Aneignung des Heils stellt Paulus in unserem Abschnitt zurück. Im semitischen Sprachgebrauch bedeuten *alle/viele* eine Gesamtheit, die nicht unbedingt jeden einzelnen umfasst (vgl. Röm 11,26). Paulus geht es um eine grundsätzliche Perspektive: Das Heil Gottes, das Christus verkörpert, ist nicht weniger universal als das Unheil, das durch Adam in die Welt gekommen ist. Christus ist nicht gekommen, um eine kleine Gruppe von Erwählten oder Entschiedenen zum Heil zu führen, sondern um eine neue Menschheit zu schaffen, für die Gnade, Gerechtigkeit und Leben bestimmend sind. Dies ist der universale Horizont für die Mission des Paulus und zugleich Grund dafür, dass es für das Evangelium keine Vorurteile im Blick auf die religiöse, soziale oder bildungsmäßige Eignung bestimmter Gruppen für die Heilsbotschaft gibt.
Welche Rolle spielt dabei aber das Gesetz? Diese mögliche Zwischenfrage veranlasst Paulus noch einmal zu einer Bemerkung über die Bedeutung des Gesetzes (**20**). Die erste Feststellung lautet: *Das Gesetz ... ist nachträglich hinzugekommen*. Der Satz ist wohl nicht so negativ gemeint, wie das in manchen Übersetzungen klingt (LÜ: *dazwischen hineingekommen*). Aber klar ist: Das Gesetz spielt eine Nebenrolle. Und diese Nebenrolle ist nicht positiv. Denn das

Gesetz kam hinzu, *damit die Verfehlung zunimmt*. Für einen Juden war diese Aussage eine Provokation. Für ihn ist das Gesetz Gottes Gabe, das den Weg zum Leben zeigt und zumindest hilft, die Macht der Sünde einzudämmen. Für Paulus aber ist es nicht nur die unbeabsichtigte Folge, sondern der Zweck des Gesetzes, die Verfehlung größer werden zu lassen! Wie er das versteht, sagt er hier nicht. Die meisten Ausleger denken an die Erfahrung, die in 7,7–10 geschildert wird: Erst das Verbot weckt die Begierde, und die Begierde führt zur Übertretung und damit zur Sünde. Andere haben vermutet, dass die negative Wirkung des Gesetzes gerade darin besteht, dazu zu verleiten, im Tun des Gesetzes den Weg zum Heil zu sehen und damit der eigentlichen Sünde zu verfallen, sich vor Gott zu rühmen. Im Zusammenhang des Briefs ist eher der erste Vorschlag wahrscheinlich. Aber Paulus sagt letztlich nur: Das Gesetz hat weder die Aufgabe noch die Kraft, die Macht der Sünde zu überwinden. Das Gesetz hat die Aufgabe, die Wirklichkeit der Sünde aufzuzeigen, auch um den Preis, dass dadurch die Erfahrung konkreter Verfehlung zunimmt.
Gottes Heilswille kommt aber dennoch (oder gerade dadurch) zum Ziel. Denn: *Wo die Sünde zugenommen hat, da ist die Gnade überreichlich geworden*. Die Übermacht und der Überfluss der Gnade erweist sich gerade dort, wo durch das Gesetz die Macht der Sünde in ihrer ganzen Größe sichtbar und das Lebensdefizit der Menschen schmerzlich erfahren wird. Wie die griechische Zeitform (Aorist) verrät, denkt Paulus an ein konkretes Ereignis, das den überfließenden Reichtum der Gnade im Machtbereich der Sünde verwirklicht. Ohne Zweifel sind das Kreuzigung und Auferstehung Jesu. Und aus dieser Perspektive heraus formuliert er noch einmal in seinem Entsprechungsschema das Ziel Gottes im Christusereignis (**21**).
Es ist geschehen, damit

so wie die Sünde im Tod die Herrschaft gewann,	nun auch die Gnade durch die Gerechtigkeit zu Herrschaft gelangt und ewiges Leben schafft durch Jesus Christus, unseren Herrn.

Paulus ist damit am Ziel der Argumentation von 5,12–21 angelangt. Wie sich gezeigt hat, geht es in ihr weniger um eine Folgerung aus 5,1–11, sondern darum, die Basis für die Gewissheit der Hoffnung aufzuzeigen, von der Paulus in diesem Abschnitt gesprochen hat. Sie besteht darin, dass Gottes Handeln in Christus eine neue Wirklichkeit schafft, in der seine Gnade und das befreiende Ja seiner Gerechtigkeit die Macht der Sünde und damit auch des Todes überwunden und das Tor zu neuem, ewigem Leben mit ihm geöffnet hat.

Für Paulus beginnt mit Christus eine neue Menschheit. Gerechtigkeit und Leben bestimmen das neue Menschsein, und nicht mehr, wie in der alten, durch Adam geprägten Menschheit, Sünde und Tod. Uns erscheint die Gegenüberstellung von Adam und Christus auf den ersten Blick fremd. Für viele ist es fraglich, ob es einen »Adam« als ersten Vertreter der Art *homo sapiens* gegeben hat. Wir können »Adam« eher als symbolischen Repräsentanten des Menschseins verstehen, und tatsächlich bezeichnet ja das hebräische Wort *adam* die menschliche Art als Ganze. Umgekehrt ist Jesus Christus für uns eine geschichtliche Person, die zu einer bestimmten Zeit gelebt hat, und nicht (nur) symbolischer Repräsentant einer neuen Menschheit.

Nun sagt Paulus selbst, dass Adam und Christus nicht einfach vergleichbar sind. Auch wenn er sicher kein Problem damit hatte, sich Adam als einen einzelnen Menschen vorzustellen, so ist er auch für ihn nicht einfach ein Individuum wie jedes andere. Adam verkörpert das Menschsein, in dem wir uns alle vorfinden. Bis ins Genetische hinein sind wir in diese Einheit des Menschengeschlechtes eingebunden, und auch in den Verhaltensmustern funktionieren wir in vorgegebenen Bahnen. So sind Adam (und Eva) Vor-Bild dafür, dass wir uns in einer langen Kette solchen (Fehl-)Verhaltens vorfinden, die einen Anfang hat und die wir nicht einfach beenden können. Im Gegenteil: In unserem Verhalten begegnen wir immer wieder dem Adam-Schema, der Prägung durch diesen Anfang, die sich im Laufe der Geschichte vertieft und verfestigt. Wir erben die Sünde nicht durch den Akt der Zeugung, wie das lange Zeit in der christlichen Theologie aufgrund einer Fehldeutung von V. 12 behauptet wurde. Aber wir finden uns in einem Netzwerk des Sündigens vor, an dem wir weiterknüpfen.

Dem steht Christus gegenüber. Dass Paulus ihn Adam gegenüberstellt, liegt im Wesen der Sache: »In Jesus hat Gott mit den Menschen einen radikalen Neubeginn gewagt, so radikal, dass Jesus letztlich nur mit dem Stammvater des Menschengeschlechts, mit Adam, verglichen werden kann« (M. Theobald I, 154). So wie alle Menschen, die von Adam stammen, von den Folgen seines Tuns bestimmt sind, so stehen alle, die zu Christus gehören, unter der Aus-Wirkung dessen, was Gott durch Jesus Christus getan hat.

Hier freilich liegt der Knackpunkt der Ausführungen des Paulus. Er spricht hier ja nicht nur von den Menschen, die sich im Glauben und durch die Taufe bewusst in die Gemeinschaft mit Christus stellen. Weil er in Christus den neuen Adam sieht, hat das neue

Menschsein für alle Bedeutung. Das bedeutet keine genetische Umprogrammierung. Gerechtigkeit und Leben brechen nicht wie ein Verhängnis über die Menschen herein. Und doch ist das neue Menschsein, das Gott durch Christus verwirklicht hat, eine Realität, die alle betrifft und der sich niemand ohne Weiteres entziehen kann. Gottes Ja ist gültig und wirksam: für die, die es für sich bejaht haben, aber auch für die, die es noch nicht als Realität für ihr Leben kennen. Zunächst bleibt das eine geglaubte Wirklichkeit. Aber in ihr liegt eine ungeheure Horizonterweiterung: Als Christen sehen wir in den anderen Menschen nicht nur solche, mit denen wir die Abstammung von Adam, also die gleiche genetische Grundausstattung, eine problematische Verhaltensprägung und die Unausweichlichkeit des Todes teilen. Wir sehen in ihnen auch Leute, die für den Freispruch zum Leben bestimmt sind. Mission heißt deshalb, Menschen auf ihre Bestimmung zum Leben anzusprechen und sie einzuladen, sie schon jetzt im Glauben für sich Wirklichkeit werden zu lassen.

6,1–23
Das neue Leben derer, die zu Christus gehören

In Kap. 6 kommt Paulus zurück auf die praktischen Konsequenzen dieser grundsätzlichen Einsichten für das Leben der Christen. Das wirkt sich auch auf den Stil aus. Es entwickelt sich wieder ein innerer Dialog mit kurzen Fragen und entsprechenden Antworten. Das *Wir* und das *Ihr* der christlichen Gemeinschaft bestimmen das Gespräch. Im Grunde ist das ganze Kapitel ein zusammenhängender Gedankengang. Um der Übersichtlichkeit willen teilen wir ihn in zwei Abschnitte. Manche Ausleger sehen einen Einschnitt zwischen V. 11 und 12. Die deutlichere Zäsur liegt jedoch nach V. 14.

6,1–14
Die Taufe als Grund des neuen Lebens

¹Was heißt das nun? Sollen wir bei der Sünde bleiben, damit die Gnade zunimmt? ²Keinesfalls! Die wir für die Sünde gestorben sind, wie können wir noch in ihr leben? ³Oder wisst ihr nicht, dass wir alle, die wir auf Christus Jesus getauft wurden, auf seinen Tod hin getauft wurden? ⁴Wir sind ja mit ihm begraben worden durch die Taufe in den Tod, damit in gleicher Weise, wie Christus durch die Herrlichkeit des Vaters von den Toten auferweckt wurde, so auch

wir in einem neu geschenkten Leben unseren Weg gehen. ⁵Denn wenn wir mit der Gleichgestalt seines Todes zusammengewachsen sind, so werden wir es gewiss auch mit der seiner Auferstehung sein. ⁶Wir wissen doch, dass unser alter Mensch mitgekreuzigt wurde, damit unser von der Sünde bestimmter Leib vergeht, sodass wir nicht mehr der Sünde dienen müssen. ⁷Denn wer gestorben ist, ist von der Sünde freigesprochen. ⁸Sind wir aber mit Christus gestorben, glauben wir, dass wir auch mit ihm leben werden, ⁹wissen wir doch, dass Christus, nachdem er auferweckt wurde, nicht mehr stirbt; der Tod hat keine Herrschaft mehr über ihn. ¹⁰Den Tod, den er starb, ist er ein für alle Mal für die Sünde gestorben; das Leben aber, das er lebt, lebt er für Gott. ¹¹So betrachtet auch ihr euch als solche, die tot für die Sünde, aber lebendig für Gott sind in Christus Jesus.
¹²Die Sünde soll also nicht mehr in eurem sterblichen Leib herrschen, sodass ihr seinen Begierden gehorcht. ¹³Stellt auch eure Glieder nicht mehr der Sünde als Werkzeuge der Ungerechtigkeit zur Verfügung, sondern stellt euch Gott zur Verfügung als Leute, die aus den Toten zum Leben erweckt wurden, und eure Glieder Gott als Werkzeuge der Gerechtigkeit. ¹⁴Denn die Sünde wird euch nicht mehr beherrschen. Denn ihr seid nicht unter dem Gesetz, sondern unter der Gnade.

Paulus führt seine Überlegungen mit der für ihn typischen Formel weiter: *Was sollen wir nun sagen?* oder sinngemäß übersetzt: *Was heißt das nun?* (**1**)
Er knüpft damit an seine Aussage von 5,20b an, dass dort, *wo die Sünde zugenommen hat*, auch *die Gnade überreichlich geworden* sei. Das könnte missverstanden werden, und so formuliert er als denkbare Anfrage: *Sollen wir bei der Sünde bleiben, damit die Gnade zunimmt?* Wäre es nicht konsequent, beim Tun der Sünde zu beharren, umso immer reichlicher Gottes Gnade in Anspruch nehmen zu können? Dass es Leute gab, die Paulus solche Konsequenzen aus seiner Gnadentheologie unterstellten, hat schon 3,8 gezeigt. Paulus zitiert dort als ihm unterschobenes Schlagwort: »Lasst uns Böses tun, damit Gutes herauskommt!« Er weist es dort als böswillige Unterstellung unwirsch zurück. Hier nimmt er den Einwand ernster. Hört er aus ihm die besorgte Stimme von Christen, die sich fragen, wie denn von diesen Grundsätzen aus ein Kampf gegen die Sünde zu begründen sei? Oder sieht er übereifrige Anhänger seiner Theologie in Gefahr, solche Konsequenzen zu ziehen? Jedenfalls sieht er in der Anfrage einen bedenkenswerten Einwand, der ihm Gelegenheit gibt, einen grundlegenden Aspekt im Leben der Gerechtfertigten zu entfalten.

Zunächst weist er die Anfrage mit einem entrüsteten *Keinesfalls* zurück (**2**). Aber er geht auf das Sachproblem mit einer Gegenfrage ein: *Die wir für die Sünde gestorben sind, wie können wir noch in ihr leben?* Paulus geht hier von einer Voraussetzung aus, die so im Römerbrief direkt noch nicht formuliert worden ist. Er setzt voraus, dass die Christen in Rom solche Gedanken kennen. Der Neubeginn, den das Leben mit Christus schenkt, eröffnet nicht nur einen neuen Lebensraum und -weg. Er schließt auch das Absterben alter Beziehungen und Abhängigkeiten ein. Dass Christus *für uns* starb, bevor wir irgendeinen Anteil daran nehmen konnten (*exklusive* Stellvertretung), bewirkt zugleich, dass wir in seinen Tod mit hineingenommen werden und *mit ihm* sterben (*inklusive* Stellvertretung). Damit endet auch die Beziehung zu dem, was vorher unser Leben bestimmt und beherrscht hat, radikal. Paulus hat diesen Gedanken in früheren Briefen mehrfach ausgesprochen (vgl. Gal 6,14; 2Kor 5,14). So wie heute gelegentlich jemand von einem anderen sagt: »Der ist für mich gestorben« und damit jede Beziehung abbricht, so sollen Christen wissen: Ich bin für die Sünde gestorben. Ein weiteres Leben in der Sünde und mit der Sünde ist unmöglich. Damit will Paulus nicht sagen, dass Christen *de facto* ohne Sünde leben (können). Hier ist zunächst einmal wichtig, was grundsätzlich gilt.

Aber das muss er auch für die Christen in Rom etwas breiter darlegen, und er tut dies, indem er von dem spricht, was in der Taufe eines Christen geschieht (**3–5**). Paulus beginnt mit einer Frage, deren Einleitung einen leicht tadelnden Unterton hat: *Oder wisst ihr nicht …?* Das deutet an, dass Paulus das, was er sagt, als bekannt voraussetzt. Aber offensichtlich zieht er andere Konsequenzen daraus. Was er als traditionelles Bekenntnis oder allgemeinchristliche Überzeugung voraussetzt, fasst der Apostel in dem Satz zusammen, *dass alle, die wir auf Christus Jesus getauft wurden, auf seinen Tod hin getauft wurden.* Ausgangspunkt ist der Tatbestand, dass alle Christen *auf Jesus Christus getauft* worden sind. Entscheidend für die Argumentation ist, dass dies zugleich bedeutet, dass *wir auf seinen Tod hin getauft wurden.*

Doch müssen wir zunächst fragen, ob wir genau genug übersetzt haben. Wörtlich heißt es, dass wir *in Christus hinein* bzw. *in seinen Tod hinein getauft wurden*. Sowohl die Übersetzung mit *auf* als auch die mit *in* ist möglich. Die erste wäre eine Kurzform der Formel *auf den Namen Jesu getauft werden*, vergleichbar der Formulierung in 1Kor 10,2, dass die Israeliten im Meer *auf Mose getauft wurden*. Aber in 1Kor 12,13 sagt Paulus, dass die Christen *alle in einen Leib hinein getauft wurden*, und meint damit nicht nur die Gemeinde als Leib Christi, sondern Christus selbst als Verkör-

perung und Raum der Gnade. Ganz ähnlich wird in Gal 3,27, wo es heißt: »Alle, die ihr *in Christus hinein getauft wurdet,* habt Christus angezogen«, Christus als eine leibhafte Wirklichkeit gesehen, in die die Getauften hineingestellt werden. Und so könnte auch das *in seinen Tod getauft* ausdrücken, dass die Getauften (durch das Untertauchen?) in den Tod Jesu hineingenommen werden.
Worauf es Paulus ankommt, ist aber klar, unabhängig von der genauen Vorstellung, die er damit verbindet: Bei der Taufe werden die Täuflinge in einer Weise mit Jesu Tod verbunden, die sie in die Wirkung dieses Sterbens mit hineinnimmt. Das zeigt die Fortsetzung, in der Paulus das Bild noch vertieft, aber zugleich auf den Punkt bringt, der ihm wichtig ist (**4**): *Wir sind mit ihm,* Christus, *zusammen begraben* und zwar *durch die Taufe auf/in seinen Tod.*
Hier scheint möglicherweise eine Vorstellung durch, die schon für die Taufe Johannes des Täufers grundlegend war: Im Untertauchen bei der Taufe vollzieht sich das Eintauchen und Begrabenwerden in der Gerichtsflut und somit die Rettung durch das Gericht hindurch. Die christliche Taufe verbindet die Täuflinge mit dem Tod Jesu, der das Gericht für sie getragen hat. Wie der Satz, dass Christus begraben wurde, in dem Christusbekenntnis von 1Kor 15,4 die Realität seines Todes feststellt, so bezeugt die Aussage, dass die Getauften mit Christus begraben worden sind, die Wirksamkeit dieses Todes für sie.
Doch das ist nur der Ausgangspunkt für das eigentliche Ziel der Argumentation. Christus blieb nicht im Grab. Gott hat ihn auferweckt. Und darum ist auch für die Christen das Begrabenwerden nicht das Ziel, sondern die Gewissheit, dass *in gleicher Weise wie Christus durch die Herrlichkeit des Vaters von den Toten auferweckt wurde, auch wir in einem neu geschenkten Leben unseren Weg gehen.* Zwei Dinge fallen in diesem Satz auf: erstens die Formulierung, dass Christus *durch die Herrlichkeit des Vaters* auferweckt wurde. Das Motiv der Herrlichkeit Gottes taucht immer wieder im Römerbrief auf. Es ist die Kraft des Gottseins Gottes, seine göttliche Gegenwart in einer Welt ohne Glanz und voller Tod, die Christus von den Toten in das Leben in der Gemeinschaft mit dem Vater rief. Noch auffälliger aber ist zweitens, dass Paulus den Satz nicht mit der eigentlich zu erwartenden Wendung zu Ende führt: damit ... auch wir von den Toten erweckt werden. Wörtlich übersetzt heißt dieser letzte Satzteil: *so auch wir in der Neuheit des Lebens wandeln.* Es geht Paulus hier also nicht um die Vergewisserung der künftigen Auferstehung. Die Teilhabe am Geschick Jesu durch die Taufe gibt Anteil an der neuen Lebenswirklichkeit des Auferstandenen. Das gilt aber nicht erst für die endzeitliche Totenauferstehung, sondern schon jetzt in der Wirklich-

keit eines neuen Lebens, die einen neuen *Wandel,* also eine von Christus bestimmte Lebensführung, möglich und unausweichlich macht.
Damit hat Paulus eigentlich schon die Antwort auf die Eingangsfrage, ob man in der Sünde bleiben könne oder gar solle, begründet. Aber er muss diese Beweisführung noch weiter vertiefen (**5**). Noch einmal geht er von einem Tatbestand aus, den er für allgemein bekannt und akzeptiert hält: *Wenn wir mit der Gleichgestalt seines Todes zusammengewachsen sind ...* Ein neues Bild taucht auf, das nicht direkt aus der Taufsymbolik stammt: Wir sind mit dem Sterben Christi *zusammengewachsen.* Damit ist eine organische Verbindung mit dem Geschick Jesu beschrieben. Paulus formuliert das allerdings auf eine Weise, die wir mit der Übersetzung *mit der Gleichgestalt seines Todes* nur andeutungsweise wiedergeben können. Paulus hat das entsprechende Wort schon in 5,14 verwendet, wo es um *die gleiche Art* der Übertretung ging. Es wird wieder in 8,3 auftauchen, wo es heißt, dass Gott seinen Sohn in *der Gleichgestalt des sündigen Fleisches* sandte (ähnlich in Phil 2,7: Christus nahm *die Gleichgestalt* der Menschen an). Gerade die letzten beiden Stellen zeigen, warum Paulus diese umständliche Formulierung wählt: Es geht um Gleichheit mit einer Differenz. Auf unsere Stelle angewandt: Wir sterben nicht den*selben* Tod wie Christus. Den ist er einsam am Kreuz auf Golgatha gestorben. Und doch sind wir durch die Taufe mit ihm im gleichen Todesgeschick verbunden. (Es gibt allerdings noch eine andere Auslegung der Stelle. Sie übersetzt: Wir sind mit ihm durch das *Abbild* seines Todes verbunden, und bezieht das *Abbild* auf das Taufgeschehen. Aber die Konstruktion des Satzes spricht gegen diese Deutung.)
Mit dieser für uns nicht ganz leicht zu verstehenden Aussage hat Paulus aber erst die Voraussetzung für die eigentliche Pointe seiner Aussage genannt: Sind wir auf diese Weise mit Jesu Tod verbunden, *so werden wir es auch mit (der Gleichgestalt) seiner Auferstehung sein.* Paulus erwartet das für die Zukunft. Aber wer es ernst meint mit der Zugehörigkeit zu Christus und seinem Geschick, für den hat das auch Auswirkungen in der Gegenwart.
Paulus erläutert das noch genauer (**6**). Noch einmal knüpft er an Aussagen an, deren Kenntnis er bei den Christen in Rom voraussetzt (oder gerne voraussetzen würde): *Wir wissen doch, dass unser alter Mensch mitgekreuzigt wurde.* Die Teilhabe am Tod Christi wird noch einmal mit einem anderen Bild formuliert. Schon in Gal 2,19 hatte Paulus gesagt: »Ich bin mit Christus gekreuzigt worden.« Der schändliche Tod am Kreuz ist auch zu seinem Tod, zum Urteil über sein bisheriges Leben geworden. Diese Aussage wird an unserer Stelle präzisiert: *Unser alter Mensch* ist mitgekreuzigt worden.

Der *alte* Mensch ist der Mensch, der durch Adam repräsentiert wird (zu Christus als Repräsentanten des *neuen* Menschen vgl. Eph 2, 15; 4,24). Es ist der Mensch, der unter der Herrschaft der Sünde und des Todes steht. Und dieser Mensch, diese Dimension meines Ichs, ist mit Christus gekreuzigt worden.
Das aber ist geschehen, *damit unser von der Sünde bestimmter Leib vergeht*. Diese Aussage könnte als leibfeindlich missverstanden werden. Aber es geht nicht um die Verneinung und Zerstörung unserer Leiblichkeit als solcher, sondern darum, dass der *Leib der Sünde* (so wörtlich) sein Ende findet, also unsere leibliche Existenz, sofern sie von der Sünde beherrscht und bestimmt ist. Paulus ist sehr sensibel dafür, dass unsere körperliche Existenz den Ängsten und Begierden, die zur Herrschaft der Sünde führen, eine breite Angriffsfläche bietet. Diese Seite unserer Leiblichkeit möchte er beendet sehen, von ihr möchte er erlöst werden (vgl. 7,24). Das Ziel ist, *dass wir nicht mehr der Sünde dienen müssen*. Unser Leib wird befreit, Gott zu dienen.
Paulus unterstreicht diese Aussage durch eine Art Rechtssatz (**7**): *Denn wer gestorben ist, ist von der Sünde freigesprochen* (wörtlich: *gerechtfertigt*). Paulus lehnt sich dabei an einen Grundsatz an, der sich in unterschiedlicher Fassung auch in rabbinischen Schriften findet: Gegenüber einem Toten verfallen alle rechtlichen Ansprüche. Darum sind auch die, die mit Christus gestorben sind, von allen Besitzansprüchen der Sünde frei und gegenüber allen Anklagen gerechtfertigt. Hier wird Rechtfertigung als Freispruch verstanden.
Die V. **8–11** fassen noch einmal den Gedankengang, auf den es Paulus ankommt, zusammen. Christus hat durch seine Auferstehung die Herrschaft des Todes endgültig überwunden. Wer mit ihm gestorben ist, wird auch mit ihm leben (**8f**). Daraus folgt (**10**): Weil die Sünde kein Anrecht auf Christi Leben hatte, hat er mit seinem Tod auch ein für alle Mal die Besitzansprüche der Sünde auf diejenigen abgegolten, die sich in seinen Tod hineinnehmen lassen. Das Leben, das Gott ihm in der Auferweckung geschenkt hat, ist Leben für Gott. Das gilt auch für das Leben derer, die zu ihm gehören. Unter diesem Vorzeichen können und sollen Christen ihr Leben gestalten. Sie dürfen sich als Leute *betrachten, die tot für die Sünde, aber lebendig für Gott sind*, und zwar *in Christus Jesus*. *In Christus Jesus*, damit ist der neue Lebensraum der Christen umschrieben. In diesem Bereich kann man nicht bei der Sünde bleiben.
Damit ist die Ausgangsfrage von V. 1 beantwortet, und Paulus zieht in V. **12–14** sofort die Konsequenzen daraus: Was in Christus schon Wirklichkeit ist, das soll sich auch im Leben derer, die zu ihm gehören, verwirklichen. Das heißt (**12**): *Die Sünde soll nicht*

mehr in eurem sterblichen Leib herrschen, sodass ihr seinen Begierden gehorcht. Unser Leib bleibt sterblich. Seine Verletzlichkeit, seine Bedürftigkeit, die Angst vor dem Tod, die in ihm steckt, machen ihn anfällig für die Herrschaft der Sünde. Die *Begierden* des Leibes sind keineswegs nur die sexuellen Triebe; es sind die Regungen unseres Lebenswillens, die umschlagen in die Gier, all das, was wir an Lebens-Mitteln, an Lebens-Raum und an Lebens-Sinn brauchen, auch auf Kosten anderer zu befriedigen. Damit werden sie zur Einfallspforte der Sünde.

Aber Christen stehen nicht mehr unter dem Zwang, ihnen zu gehorchen. Sie können der Versuchung widerstehen, ihren Leib und seine *Glieder der Sünde als Werkzeuge der Ungerechtigkeit zur Verfügung zu stellen* (**13**). Die meisten Übersetzungen sprechen hier von *Waffen* der Ungerechtigkeit. Das entsprechende griechische Wort kann bei Paulus auch diese Bedeutung haben. An unserer Stelle geht es aber nicht um eine kriegerische Auseinandersetzung, sondern um Dienstleistung, deshalb wählen wir die Bedeutung *Werkzeug*. Neben das Problem, mehr oder weniger passiv der Verführung der Begierden zu erliegen, tritt die Versuchung, sich aktiv zu ungerechtem Verhalten instrumentalisieren zu lassen. Aber Christen können beidem widerstehen. Weil sie jetzt schon Leute sind, *die aus den Toten zum Leben erweckt wurden,* können sie aufgefordert werden: *Stellt euch Gott zur Verfügung ... und eure Glieder Gott als Werkzeuge der Gerechtigkeit.* Sich dem richtigen Herrn zu unterstellen, das ist für Paulus der Weg in die Freiheit. Wenn unser Leib und seine Glieder Werkzeuge der Gerechtigkeit werden, dann finden sie ihre von Gott gewollte Bestimmung. Und mit dem Stichwort *Gerechtigkeit* deutet Paulus hier auch schon die soziale Dimension des neuen Lebens an.

Begründet wird diese Aufforderung aber noch einmal durch eine klare Zusage (**14**): *Denn die Sünde wird euch nicht mehr beherrschen.* Darauf dürfen sich die Christen verlassen. Sie leben nicht mehr auf der Adam-Seite unter der Herrschaft der Sünde, sondern auf der Christus-Seite unter der Herrschaft der Gnade. Die Herrschaftsmacht der Sünde ist gebrochen. Paulus sagt nicht, dass Christen nicht mehr sündigen können (*non posse peccare*), aber sehr wohl, dass sie die Sünde meiden können (*posse non* peccare). Paulus gibt dafür noch eine weitere Begründung: *Denn ihr seid nicht unter dem Gesetz, sondern unter der Gnade.* Das Gesetz hat immer wieder neu zum Sündigen provoziert. Auch seine Herrschaft ist durch die Herrschaft der Gnade abgelöst. Aber damit hat Paulus ein neues (und altes) Stichwort aufgegriffen, das zu einem neuen Einwand führt. Bevor wir ihm folgen, eine kurze Zwischenbilanz.

Neues Leben ist möglich, sagt Paulus. Mehr noch: Neues Leben ist wirklich, ja unausweichlich für die, die zu Gott gehören. Ihr Leben ist neu, weil in ihm nicht mehr die Sünde das Sagen hat. Für sie sind sie gestorben. Sie leben jetzt für Gott in der Kraft und in der Perspektive des Lebens, das in der Auferstehung Jesu in eine Welt des Todes hereingebrochen ist.

Grundlage dieses neuen Lebens ist das, was in der Taufe an uns geschehen ist. Von ihr spricht Paulus im Römerbrief nur hier. Bisher hatte er von der Rechtfertigung aus *Glauben* gesprochen. Wie verhält sich beides zueinander? Paulus behandelt diese Frage nirgends systematisch. Aber als Faustformel kann man folgendes sagen:

Immer, wenn es darum geht, wie Menschen zu Christus kommen und in die Gemeinschaft mit Gott finden, spricht Paulus vom Glauben. Dass wir zu Gottes Ja, das er in Tod und Auferstehung Jesu für uns gelebt und zu uns gesprochen hat, im Glauben Ja sagen, das öffnet unser Leben für diesen Freispruch zum Leben und für alles, was an Lebensmöglichkeiten in der Gemeinschaft mit Christus steckt.

Aber wenn es darum geht, daran zu erinnern, was an uns geschehen ist, als wir Christ wurden und in die Christusgemeinschaft aufgenommen wurden, dann spricht Paulus von der Taufe. Offensichtlich ist es wichtig, dass wir uns dann nicht an das erinnern, was wir getan und wie wir uns entschieden haben, sondern uns auf das besinnen, was Gott an uns getan hat und wie dies unser Leben bestimmt. Röm 6 ist ein herausragendes Beispiel für die Erinnerung daran, wie wir durch die Taufe in Sterben und Auferstehen Christi mit hineingenommen wurden.

Aber welche Vorstellungen stehen hinter dieser Identifikation des Täuflings mit Sterben und Auferstehen Christi? Dazu gibt es unter den Auslegern und in den Kirchen sehr unterschiedliche Meinungen. Vertritt Paulus ein sakramentales Verständnis der Taufe, nach dem der äußere Vollzug der Taufhandlung bewirkt, dass der Täufling zu Christus gehört und an seinem Tod und seiner Auferstehung Anteil hat? Und woher stammen solche Vorstellungen, die jüdischem Glauben eher fremd waren? Hat man sie aus den Mysterienreligionen übernommen, in denen geheime Riten Anteil an Tod und Wiederaufleben einer göttlichen Gestalt gaben?

Oder handelt es sich um eine Beziehungssymbolik, die dem, der seine Taufe glaubend erlebt oder sie im Glauben nachvollzieht, aufschließt, was durch diese Handlung von Gott her an ihm oder ihr geschieht?

Um diese Frage zu beantworten, wäre eine Spezialuntersuchung nötig. Ziemlich sicher ist, dass es keinen direkten Einfluss der Mysterienreligionen auf Paulus gab. Sie zeigen nur, dass für den antiken Menschen die Vorstellung von der persönlichen Identifikation mit göttlichem Handeln durch eine symbolische Handlung nicht fremd war. Dafür gab es aber auch in der biblisch-jüdischen Tradition Anhaltspunkte, z.B. in prophetischen Zeichenhandlungen. Auf diesem Hintergrund hat die Urchristenheit ihre Tauftheologie entwickelt.

Kernpunkt der Aussagen über die Taufe ist: In der Begegnung mit Christus hat uns Gott von der Herrschaft der Sünde befreit und eine neue Lebenswirklichkeit eröffnet. Das wird uns in der Taufe zugeeignet und in der Symbolik der Taufhandlung vergegenwärtigt. Die Taufe ist nicht nur Bekenntnisakt der Getauften. In ihr handelt Gott. Aber das neue Leben verwirklicht sich nicht automatisch. Es ist keine Neuprogrammierung unserer Existenz, die uns ohne unsere Mitwirkung steuert. Das neue Leben gründet in einer neuen Beziehung, in die wir durch Glaube und Taufe hineingenommen werden. Diese Beziehung, und damit das neue Leben, will im konkreten Leben vollzogen werden. Gerade das wird in Röm 6 eindringlich dargelegt.

6,15-23
Im Dienst der Gerechtigkeit

[15]Was also? Sollen wir (weiter) sündigen, weil wir nicht unter dem Gesetz, sondern unter der Gnade leben? Keinesfalls! [16]Wisst ihr nicht: Wem ihr euch als Sklaven zum Gehorsam zur Verfügung stellt, dessen Sklaven werdet ihr und müsst ihm gehorchen, entweder (als Sklaven) der Sünde, (die) zum Tod (führt), oder des Gehorsams, (der) zur Gerechtigkeit (führt). [17]Dank aber sei Gott, dass ihr (zwar) Sklaven der Sünde wart, aber (jetzt) aus (ganzem) Herzen der Gestalt der Lehre gehorsam wurdet, der ihr übergeben worden seid, [18]und dass ihr, befreit von der Sünde, in den Dienst der Gerechtigkeit gestellt worden seid.

[19]Ich rede nach menschlichem Verständnis, weil euer Fleisch schwach ist: Wie ihr früher eure Glieder dem Dienst der Unreinheit und Ungesetzlichkeit zur Verfügung gestellt habt, (was) zu (neuer) Ungesetzlichkeit (führte), so stellt nun eure Glieder dem Dienst der Gerechtigkeit zur Verfügung, (was) zur Heiligung (führt)! [20]Denn als ihr Sklaven der Sünde wart, da wart ihr im Blick auf die Gerechtigkeit freie Menschen. [21]Was habt ihr damals geerntet? Dinge, derer ihr euch jetzt schämt! Denn worauf sie zielen, ist der Tod. [22]Jetzt aber, nachdem ihr von (der Herrschaft) der Sünde befreit worden seid und in den Dienst für Gott gestellt wurdet, führt das, was ihr erntet, zur Heiligung. Ihr Ziel ist das ewige Leben. [23]Denn der Sold

der Sünde ist Tod, das Gnadengeschenk Gottes ist ewiges Leben in Christus Jesus, unserem Herrn.

Noch einmal greift Paulus wie in V. 1 einen möglichen Einwand bzw. ein mögliches Missverständnis auf. Er bezieht sich auf die Aussage von V. 14b, dass die Christen nicht mehr unter dem Gesetz leben, sondern unter der Gnade (**15**). Es geht um einen Vorwurf oder auch eine ernsthafte Frage, mit der Paulus sich immer wieder beschäftigen muss: Wenn das Gesetz nicht mehr gilt, ist dann nicht dem ungesetzlichen Verhalten und damit der Sünde Tür und Tor geöffnet? Was nicht verboten ist, das ist erlaubt – auch wenn es Gottes Willen und dem Wohl der Mitmenschen widerstreitet!? Und würde solches Verhalten dann sogar Gottes Gnade in ihrer Bedingungslosigkeit und Größe herausstellen? Noch einmal antwortet Paulus zu solchen Überlegungen mit einem klaren Nein. Und wieder appelliert Paulus an das Wissen seiner Gesprächspartner, hier allerdings mehr an die Lebenserfahrung als an die Kenntnis christlicher Bekenntnistexte (**16**). Demjenigen, dem man als Sklave gehört oder sich zur Verfügung stellt, dem ist man auch Gehorsam schuldig. Für uns mag zunächst verwunderlich sein, dass die Möglichkeit erwogen wird, dass sich jemand selbst in die Abhängigkeit als Sklave begibt. Es war aber nicht ungewöhnlich, dass sich Menschen selbst in die Sklaverei verkauften. Meist ging es dabei darum, Schulden bezahlen zu können und der Schuldhaft zu entkommen. Aber Paulus geht es gar nicht um diesen Spezialfall. Im Hintergrund seiner Aussage steht die Überzeugung, dass es letztlich keine »freien« Menschen gibt. Der autonome, unabhängige Mensch ist ein Phantom. Menschen stehen immer unter der Herrschaft von Mächten. Wichtig ist, dass sie sich dem richtigen Herrn zur Verfügung stellen. Das zeigt die Alternative, die Paulus nennt: Man ist Sklave *entweder der Sünde, (die) zum Tod (führt), oder des Gehorsams, (der) zur Gerechtigkeit (führt)*. Allerdings verwundert es, dass Paulus diese Alternative nicht gleichlautend formuliert. Denn auf der positiven Seite würde man den Wortlaut erwarten: Sklave *der Gerechtigkeit, die zum Leben führt*. Das meint Paulus auch; doch warum formuliert er anders? Vermutlich will er ganz deutlich machen, dass es auch auf der Seite der Gnade und der Gerechtigkeit um *Gehorsam* und nicht um ein *laissez faire* geht, bei dem jeder macht, was ihm gefällt.

Paulus erläutert das gleich im nächsten Satz (**17f**). Allerdings hat auch der eine sehr merkwürdige Gestalt. Er würde sehr viel klarer und schlüssiger klingen, wenn der Zwischensatz fehlen und Paulus schreiben würde: *Dank aber sei Gott, dass ihr (zwar) Sklaven der Sünde wart, aber (jetzt) von der Sünde befreit in den Dienst für die*

Gerechtigkeit gestellt worden seid. Warum drückt Paulus das so viel komplizierter aus? Manche Ausleger halten den Zwischensatz für den Einschub eines frühen Abschreibers oder vermuten, dass eine Randbemerkung in den Text eingedrungen ist. Aber es gibt in der handschriftlichen Überlieferung keinerlei Hinweis auf solch einen Vorgang. Paulus wollte offensichtlich sehr präzise sagen, wem der Gehorsam auf der Gerechtigkeitsseite gilt. Doch er tut dies in einer für ihn ungewöhnlichen Weise. Er sagt nicht: Gott sei Dank, dass ihr Christus gehorsam wurdet, sondern: dass ihr *aus ganzem Herzen der Gestalt der Lehre gehorsam wurdet, der ihr übergeben worden seid.* Mit *Gestalt der Lehre* könnte Paulus auf die Formulierung des Bekenntnisses zu Christus anspielen, die den Christen in Rom überliefert wurde und an die sie in gewissem Sinne *übergeben* wurden, damit sie ihr Leben daran ausrichten. Man kann das Wort *typos*, das hier wieder auftaucht, auch wie in 5,14 mit *Urbild* der Lehre übersetzen und auf Christus beziehen. Christus prägt die christliche Lehre, aber wer er ist, erfahren wir nur durch die konkrete Gestalt dessen, was über ihn gelehrt wird. Diese Auslegung würde erklären, warum Paulus sagt, die Christen in Rom seien *aus ganzem Herzen* der Lehre gehorsam geworden: Sie haben das Christusbekenntnis im Glauben angenommen. Deshalb spricht Paulus auch nicht von der Lehre, die euch übergeben wurde, sondern vom *Urbild der Lehre, der ihr übergeben wurdet.* Im Bekenntnis zu Christus hat der Herrschaftswechsel stattgefunden (vgl. zu 10,9).

Ziel des ganzen Gedankengangs bleibt aber (**18**), dass die Christen aus der Sklaverei der Sünde befreit wurden und in den Dienst der Gerechtigkeit getreten sind. Wirkliche Freiheit bedeutet, sein Leben der richtigen Herrschaft anzuvertrauen und in ihrem Dienst zu leben. Wie schon in V. 13 angedeutet, ist dies die Herrschaft Gottes und seiner *Gerechtigkeit*. Es ist wichtig zu beachten, dass beides unauflöslich zusammengehört: Ein Leben für Gott ist ein Leben im Dienst der Gerechtigkeit. Dabei ist für Paulus Gerechtigkeit keine abstrakte Größe, die von menschlichen Gerechtigkeitsvorstellungen definiert wird. Es ist *Gottes* Gerechtigkeit, sein schöpferisches Ja zu den Menschen, das auch Gestalt und Ordnung ihres Zusammenlebens in heilvoller Weise bestimmen soll. Es ist die Gerechtigkeit, die den Armen und Unterdrückten Recht schafft und die die Propheten vergeblich in Gottes Volk suchten (vgl. Jes 5,7; Amos 5,7), die Gerechtigkeit, die zum Leben führt (Spr 11,19) und deren Frucht Friede sein wird (Jes 32,17). Werkzeug, ja »Sklave« dieser Gerechtigkeit zu sein, das ist Inhalt des neuen Lebens unter der Gnade.

Paulus möchte dies noch deutlicher erklären, auch wenn die Art, wie er das tun wird, nicht völlig der Sache angemessen sein mag, sondern in menschlichen Begriffen und nach *menschlichem Verständnis* erfolgen muss (**19**). Er begründet das mit *der Schwachheit eures Fleisches*. Obwohl das Stichwort *Fleisch* bei Paulus grundsätzlich die Beschränktheit menschlicher Möglichkeiten kennzeichnet, meint er damit nicht nur ein eingeschränktes Erkenntnisvermögen und schon gar nicht fehlende intellektuelle Fähigkeiten. Gottes Art zu handeln geht Menschen in ihrem begrenzten irdischen Fühlen, Wollen und Denken schwer ein. Konkret hat Paulus wohl den Eindruck, dass der Vergleich mit der Sklaverei – gerade auf der positiven Seite seiner Argumentation – nur begrenzt den wirklichen Sachverhalt wiedergeben kann.

Im Grunde variiert Paulus das, was er schon in V. 13 gesagt hat. Dabei kommt es zu einer klaren Gegenüberstellung von einst und jetzt: *Wie ihr früher eure Glieder dem Dienst der Unreinheit und Ungesetzlichkeit zur Verfügung gestellt habt, (was) zu (neuer) Ungesetzlichkeit (führte)* – so beschreibt Paulus das Leben vor der Begegnung mit der christlichen Botschaft. Das Wesen der Herrschaft der Sünde wird mit zwei parallelen Begriffen beschrieben: *Unreinheit* und *Ungesetzlichkeit*. Zwei Aspekte eines Lebens ohne und gegen Gott werden herausgestellt und schon durch die Wortbildung mit *Un-* (ähnlich wie im Griechischen) als Lebensdefizit gekennzeichnet. Ein Leben gegen Gottes Willen führt zur seelischen und gesellschaftlichen Lebensweltverschmutzung, in der Menschen zugrunde gehen. Es führt auch zu einem mehr und mehr um sich greifenden Unrechtsverhalten, durch das Menschlichkeit und Menschenwürde mit Füßen getreten werden. Und in einem förmlichen Teufelskreis führt das zu immer neuer Ungesetzlichkeit. Paulus benutzt hier Begriffe, die aus der jüdischen Polemik gegen die heidnische Umwelt stammen, um pauschal die Vergangenheit der Christen in Rom zu kennzeichnen. Er nimmt die Judenchristen nicht aus, macht aber zugleich deutlich, dass für ihn die Ablösung des Gesetzes als Herrschaftsmacht nicht zu Ungesetzlichkeit führen darf, sondern zu einer neuen Weise, nach Gottes Willen zu fragen und ihn zu tun. Deshalb formuliert er als Folgerung für das Jetzt der Christen: *so stellt nun eure Glieder dem Dienst der Gerechtigkeit zur Verfügung, (was) zur Heiligung (führt)*. Was grundsätzlich schon Wirklichkeit im Leben der Christen ist, dass sie in Christus Gott gehören, das sollen sie im praktischen Leben dadurch verwirklichen, dass sie ihre Glieder in den Dienst der Gerechtigkeit stellen. Dass Paulus hier und in V. 13 so betont von den *Gliedern* spricht, weist daraufhin, dass es ihm wirklich um die praktische Umsetzung geht, um das, was konkret mit Händen, Füßen oder dem Mund getan wird. Und das bringt ihn dazu, das Ziel dieses Tuns, das den Gegensatz zur Ungesetzlichkeit bildet,

mit einem ganz neuen Begriff zu beschreiben: Es führt zur *Heiligung*.
Paulus berührt damit eine ganz neue Dimension des Redens von Gott. *Heilig* ist Gott selbst und alles, was zu Gott gehört und was er für sich aus der Welt des Geschaffenen aussondert. Naturgemäß spricht man deshalb vor allem im Bereich des Kultes von Heiligem: Der Tempel ist heilig und seine Geräte und die Priester. Aber es ist für Israel charakteristisch, dass es dabei nicht bleibt. Dem Volk wird am Sinai gesagt: »Ihr sollt mir ein Königreich von Priestern sein und ein heiliges Volk« (Ex 19,6). Israel ist heilig, weil Gott es geheiligt hat, als er es für sich ausgesondert hat: »Ich bin der Herr, der euch heiligt, der euch herausgeführt aus Ägypten, um euer Gott zu sein« (Lev 22,32f). Dem soll das Volk in seinem Zusammenleben und seinem Handeln entsprechen. Darum heißt es im sog. Heiligkeitsgesetz immer wieder: »Ihr sollte heilig sein, denn ich bin heilig« (Lev 19,1; vgl. 1Petr 1,15f). Die Heiligung des Volkes ist Nachvollzug des Wesens Gottes. Darum geht es inhaltlich dabei nicht nur um Fragen des Gottesdienstes und des Opfers, sondern auch um Fragen der Gemeinschaft und der Sozialgesetzgebung. Nicht von ungefähr steht gerade das Liebesgebot in diesem Zusammenhang (Lev 19,18.33).
Bei Paulus erscheint das Thema nicht häufig, aber genau in der gleichen Akzentsetzung. Heiligung ist Leben nach Gottes Willen und in seiner Gemeinschaft. Dazu sind Christen berufen (1Thess 4,3.7). Grundlage dafür ist aber nicht ihr Tun, sondern Gottes Handeln. In Christus sind sie geheiligt, ausgesondert für Gott und in seine Gemeinschaft aufgenommen (1Kor 1,2). »Ihr seid geheiligt« sagt also auf einer anderen Sprachebene das Gleiche wie »ihr seid gerechtfertigt«. Aber das Stichwort *Heiligung* betont stärker den konkreten Nachvollzug dessen, was mit dem Leben geschehen ist. Was Gott schon getan hat, wird Tag für Tag gelebt. Heiligung ist »als tägliche Aufgabe gelebte Rechtfertigung« (E. Käsemann, 175).
Den ganzen Zusammenhang, um den es ihm geht, und den Gegensatz zwischen einst und jetzt formuliert Paulus noch einmal in ihrer genauen Entsprechung (**20-22**). Schematisch dargestellt sieht das so aus:

[20]Als ihr Sklaven der Sünde wart, wart ihr frei von der Gerechtigkeit, [21]die Frucht ist zum Schämen und das Endergebnis ist der Tod	[22]Jetzt seid ihr befreit von der Sünde und seid Sklaven für Gott, die Frucht führt zur Heiligung, und das Endergebnis ist ewiges Leben.

Wenn Paulus davon spricht, dass die Sklaven der Sünde *im Blick auf die Gerechtigkeit freie Menschen* waren (**20**), dann gewinnt das fast einen ironischen Ton. So sieht er das Wesen selbstbestimmter menschlicher Freiheit: Es ist die Freiheit, sich vom Tun des Guten zu dispensieren. Entsprechend ist das, was dabei herauskomme, die Frucht, *die man erntet: Dinge, derer ihr euch jetzt schämt!* (**21**) Paulus rechnet offensichtlich damit, dass die Christen in Rom dies im Blick auf ihre Vergangenheit auch so sehen. Gerade in jungen Bewegungen sind Menschen oft sehr kritisch gegenüber dem, was in ihrem bisherigen Leben geschehen ist. Die neue Würde und Wertschätzung, die sie durch das Evangelium erfahren, lässt sie nicht nur Versagen und Verfehlungen in ihrem bisherigen Leben, sondern auch das, was sie als Errungenschaft und Leistung betrachtet haben, als beschämend egoistisch und selbstbezogen beurteilen. Es gibt kein richtiges Leben in der falschen Richtung! Und so mögen sie mit Paulus auch in dem abschließenden Urteil übereinstimmen: Was dabei herauskommt, das ist *Tod*. Dabei geht es nicht um den biologischen Tod des Einzelnen. Das *Endergebnis* (griech.: *telos* = Ende, Ziel) eines falschen Lebens, worauf es *zielt*, ist der Tod als Trennung von Gott und damit vom Leben überhaupt. Das schlägt sich auch in einer Kultur des Todes nieder, die eine Gesellschaft bestimmt, in der man unabhängig von Gottes Gerechtigkeit lebt. Das antike Rom gab reichlich Anschauungsmaterial dafür, das auch heute nicht fehlt.

Das jetzige Leben der Christen aber hat ein anderes Profil (**22**). Sie sind *von der Sklaverei unter der Sünde befreit* und nun *Sklaven für Gott*. Aber wie die Sklaven des Kaisers oft wichtige Aufgaben zu erfüllen hatten, so ist ihr (Sklaven-)*Dienst für Gott* keine erniedrigende Schufterei, sondern sinnvolle Arbeit in hoher Verantwortung. Ihr Ertrag (wörtlich: *Frucht*) ist *Heiligung*, d.h. Leben in der Gemeinschaft mit Gott, das seinem Wesen und Willen entspricht. Und darum ist *Endergebnis* und *Ziel* ihres Lebens *ewiges Leben*, d.h. Leben in der nicht endenden Gemeinschaft mit Gott.

Paulus fasst dies alles in eine Art Merksatz zusammen (**23**): *Denn der Sold der Sünde ist Tod* – was die Sünde auszahlt, das ist der Tod, das entspricht ihrem Wesen, so rechnet sie ab, und darum zahlt es sich nicht aus, ihr zu dienen. Aber *das Gnadengeschenk Gottes ist ewiges Leben in Christus Jesus, unserem Herrn*. Gott rechnet nicht ab, er beschenkt. Er beschenkt mit dem, was sein Wesen ausmacht: dem Leben. Niemand muss sich das ewige Leben verdienen. Es bleibt *Geschenk der Gnade (charisma)*. Das gilt *in Christus Jesus*, im Lebensraum der Gnade, wo sich Menschen Gottes Gerechtigkeit anvertrauen und ihr Leben von ihr gestalten lassen. Hier entfaltet sich eine *Kultur des Lebens* als Gegenentwurf zu einer in den Tod verliebten Gesellschaft ohne Gott.

Gelingendes Leben, Leben in Freiheit, Leben in wirklicher Selbstbestimmung, das ist Leben, das sich von dem bestimmen lässt, der uns das Leben geschenkt hat und es zu seiner wahren Bestimmung führt. Das ist die paradoxe Botschaft, die Paulus in Röm 6 weitergibt. Als Getaufte gehören wir ganz zu Gott. Wir leben von seinem Ja. Nun kommt es darauf an, auch unsere ganze Lebensplanung und die Schritte des täglichen Lebens in den Dienst von Gottes Ja zum Leben (paulinisch gesprochen: seiner *Gerechtigkeit*) zu stellen. Dass wir zu Gott gehören, wird mehr und mehr auch zur alltäglichen Realität unseres Lebens. Paulus bezeichnet das als *Heiligung*. Vielleicht kann man das, was Paulus hier sagen will, in einem Vergleich verdeutlichen: Wenn zwei Menschen vor Gott und den Menschen Ja zueinander sagen und den Bund fürs Leben schließen, dann *sind* sie verheiratet. Sie können und müssen nicht noch verheirateter werden. Aber sie können und müssen ihre Zugehörigkeit zueinander in großen und kleinen Herausforderungen des Lebens bewähren und vertiefen. Als Christen *sind* wir durch Christus geheiligt. Wir gehören zu Gott. Wir müssen nicht heiliger werden. Aber wir können und müssen unsere Gemeinschaft mit Gott in den Herausforderungen des Lebens bewähren und vertiefen. Nur ist unsere Gemeinschaft mit Gott keine Partnerschaft zwischen gleichrangigen Partnern. Es ist Gott, der sie trägt und gestaltet. Sich ihm aktiv anzuvertrauen und von ihm in Dienst nehmen zu lassen, das ist Heiligung. Sie führt zur Vollendung unseres Lebens in Gott.

7,1 – 8,17
Leben unter dem Gesetz oder Leben im Geist

Die Kap. 7 und 8 bilden einen zusammenhängenden Argumentationsgang, in dem noch einmal die Frage aufgenommen wird, was ein Leben unter dem Gesetz bedeutet bzw. wie verantwortliches Leben unter dem Ja Gottes aussieht, das er im Offenbarwerden seiner Gerechtigkeit im Evangelium gesprochen hat.

7,1-6
Die neue Rechtslage

¹Oder wisst ihr nicht, Brüder und Schwestern – ich spreche doch zu Gesetzeskundigen –, dass das Gesetz nur solange über einen Menschen bestimmt, wie er am Leben ist? ²Denn eine verheiratete Frau ist an ihren Mann gebunden, solange er lebt. Wenn der Mann aber stirbt, ist sie von der gesetzlichen Bindung an den Mann frei. ³Folg-

lich wird sie, solange der Mann lebt, eine Ehebrecherin heißen, wenn sie die Frau eines anderen wird. Wenn aber der Mann gestorben ist, dann ist sie von der gesetzlichen Bindung frei, sodass sie nicht zur Ehebrecherin wird, wenn sie die Frau eines anderen wird. [4]Daraus folgt, liebe Brüder und Schwestern: Auch ihr seid für das Gesetz durch den Leib Christi gestorben, um einem anderen zu gehören, der von den Toten auferweckt wurde, damit wir für Gott Frucht bringen. [5]Denn als wir im Fleisch lebten, wirkten die durch das Gesetz angestachelten sündigen Leidenschaften in unseren Gliedern, sodass wir für den Tod Frucht brachten. [6]Jetzt aber sind wir vom Gesetz frei geworden, weil wir für das, was uns gebunden hat, gestorben sind, sodass wir unseren Dienst in der neuen Weise des Geistes und nicht in der alten Art des Buchstabens tun.

Paulus bewegt weiter die Frage nach der Gültigkeit des Gesetzes. In 6,15 stand das Problem im Vordergrund, ob dort, wo Menschen nicht mehr unter Aufsicht des Gesetzes stehen, nicht der Ungesetzlichkeit, dem Unrecht und der Sünde Tür und Tor geöffnet sind. Hier geht es um die Frage, ob sich Menschen, und insbesondere Juden, so ohne weiteres aus dem Geltungsbereich und der Herrschaft des Gesetzes herauslösen können. Das war eine Frage, die in der jungen Christenheit von großer Brisanz war. Denn noch verstand man sich ja als Teil des Volkes Gottes, mit dem Gott durch Abraham und Mose seinen Bund geschlossen hatte. Es war wohl auch eine Frage, die Paulus selbst nicht losließ.
Hier (1) wendet er sich mit besonderem Nachdruck an die Adressaten. Zum ersten Mal seit 1,13 gebraucht Paulus wieder die vertrauliche Anrede *Brüder (und Schwestern)*. Das beschwörende *Wisst ihr nicht* möchte wie in 6,3 suggerieren, dass es im Folgenden um Bekanntes und eigentlich Selbstverständliches geht. Und nicht zuletzt spricht Paulus die römischen Christen als Leute an, die das Gesetz kennen. Damit meint er vor allem die Judenchristen, aber nicht nur sie. Auch die aus dem Kreis der »Gottesfürchtigen« stammenden Heidenchristen kannten die Tora. Dazu kommt, dass Paulus im Folgenden mit einem allgemeinen Rechtsgrundsatz argumentieren wird, der nicht nur für den Bereich der Tora gilt. Die Bewohner der Hauptstadt sollten doch in besonderer Weise rechtskundig sein.
Paulus beginnt aber nicht mit dem Grundsatz, auf den er anspielt, sondern mit einem Beispiel dafür, dass der Tod eines Beteiligten alle gesetzlichen Bindungen aufhebt (2f): Wenn der Ehemann einer Frau stirbt, dann ist sie frei von der rechtlichen Bindung an ihn. Würde sie vor seinem Tod ein Verhältnis mit einem anderen Mann eingehen, wäre sie vor dem Gesetz des Ehebruchs schuldig. Ge-

schieht dies nach dem Tod des Mannes, hat das Gesetz keine verurteilende Kraft mehr.
Die Situation dieser Frau hat beispielhaften Charakter: Paulus macht an ihr das Verhältnis der Christen zum Gesetz klar (4). Allerdings ist seine Logik nicht ganz schlüssig. Folgerichtig wäre gewesen zu sagen: Da das Gesetz für uns gestorben ist, sind wir frei, in der Beziehung mit Christus zu leben. Das würde aber der sonstigen Argumentation des Paulus nicht entsprechen. Er greift zurück auf die Aussage von 6,6f. Dort hieß es, dass wir mit Christus für die *Sünde* gestorben sind. Hier sagt Paulus, dass wir mit ihm für das *Gesetz* gestorben sind und deshalb das Gesetz keine Macht über uns hat. Offensichtlich leitet ihn dabei ein jüdischer Rechtssatz, der mehrfach von den Rabbinen zitiert wird: »Wenn ein Mensch gestorben ist, ist er frei von der Tora und von den Gebotserfüllungen« (Shab 30a). Was immer wieder Menschen (meist erfolglos) versuchen, nämlich durch einen vorgetäuschten Todesfall ihren Verpflichtungen zu entkommen und mit einer neuen Identität ein neues Leben zu beginnen, das gelingt bei denen, die ihr Leben mit Christus in den Tod geben.
Durch die nochmalige persönliche Anrede *meine Brüder (und Schwestern)* möchte Paulus den Adressaten diese Tatsache vergewissern: *auch ihr seid für das Gesetz durch den Leib Christi gestorben*. Das Stichwort *durch den Leib Christi* betont die Realität dieses Todes. Es verweist an unserer Stelle nicht auf das Herrenmahl und auch nicht auf die Kirche als Leib Christi. Es geht um den gekreuzigten Leib des Christus. In seinem leibhaftigen Tod am Kreuz ist Christus an unserer Stelle gestorben und wir mit ihm. Obwohl uns das nicht das physische Leben kostet, ist unser Sterben mit ihm nicht fiktiv. Er hat die Strafe für uns auf sich genommen, wir sind frei – *um einem anderen zu gehören, der von den Toten auferweckt wurde*. Der Tod für das Gesetz steht im Dienst eines neuen Lebens, eines Lebens in einer neuen Beziehung und damit auch in einer neuen Bindung. (Um das deutlich zu machen, hat Paulus das Beispiel der verheirateten Frau gewählt.) Es ist die Bindung an den, der *von den Toten auferweckt wurde* und durch den wir auch Anteil an der Kraft göttlichen Lebens bekommen, *damit wir für Gott Frucht bringen*. Darin erfüllen sich Sinn und Ziel unseres Lebens. Wie die Früchte eines Baumes ganz organisch weitergeben, was an Lebensfülle in ihn gelegt ist, so werden Menschen, die zu Christus gehören, zu Segensträgern, deren Sein und Tun empfangenes Leben an andere weiterträgt und so seine Bestimmung *für Gott* erfüllt.
Paulus ist so angerührt von dem, was er hier zu sagen hat, dass er aus dem *Ihr* in das gemeinschaftliche *Wir* verfällt, das er auch in

V. **5f** beibehält. Noch einmal charakterisiert er in scharfem Kontrast das *Einst* und *Jetzt* christlichen Lebens und schließt sich dabei auch in die negative Beschreibung der gemeinsamen Vergangenheit ein.

Dies frühere Leben wird als Leben *im Fleisch* gekennzeichnet. Paulus gibt dieser Wendung unterschiedliche Akzente. Sie kann einfach das Leben in der durch Begrenzung und Vergänglichkeit geprägten körperlichen Existenz bezeichnen, in der auch Christen noch leben (vgl. Gal 2,20; 2Kor 10,3; Phil 1,23). An unserer Stelle aber beschreibt sie ein Leben, das auf diesen Horizont beschränkt ist und in Sorge und Angst um sich selbst zum Angriffspunkt und Nährboden für Bestrebungen wird, sich auf Kosten anderer mehr Lebensmöglichkeit und Lebenssicherheit zu verschaffen. (*Im Fleisch* leben, entspricht hier also dem, was sonst bei Paulus *nach dem Fleisch* leben bedeutet; so auch 8,8f; vgl. 2Kor 10,3). Diese Bestrebungen hat Paulus bisher meist *Begierden* genannt (1,24; 6,12), hier spricht er von *sündigen Leidenschaften* (wörtlich: *Leidenschaften der Sünden*). In Gal 5,24 nennt er beide Begriffe nebeneinander; vielleicht betont *Leidenschaften* stärker die Zügellosigkeit und Unbeherrschbarkeit der Regungen, die gegen die Begrenztheit einer geschöpflichen Existenz rebellieren und durch die die Sünde in sündigen Taten konkret wird.

Das Aufregende an unserer Stelle ist die Aussage, dass diese Leidenschaften *durch das Gesetz angestachelt* werden. Wie er das versteht, wird Paulus in 7,7–11 erklären. Hier gibt es noch zwei Näherbestimmungen: Die sündigen Leidenschaften werden *in unseren Gliedern* wirksam. So sehr es gilt, dass solche Regungen im Herzen der Menschen entstehen, also aus ihrem Inneren kommen, so klar muss auch gesagt werden, dass sie ihre zerstörerische Wirkung durch konkretes Handeln bekommen, das in das Leben anderer eingreift. Dafür benennt Paulus im Guten und im Bösen die *Glieder* als Werkzeuge, in denen sich die Grundeinstellung unseres Lebens auswirkt (vgl. 6,13). Konsequenz solchen Handelns aber ist, *dass wir für den Tod Frucht brachten.* Nicht *Frucht für Gott,* sondern *für den Tod* erwächst aus einem Leben, das von Sünde und Gesetz bestimmt ist. Die Formulierung macht klar: Es geht nicht nur um unseren eigenen Tod als *Sold der Sünde* (6,23); es geht um eine *Kultur des Todes,* in der Menschen mit verlockenden Lebensperspektiven angelockt werden, die aber in sich den Keim des Todes tragen.

Dem stellt Paulus mit einem *Jetzt aber* den Lebensentwurf derer gegenüber, die zu Christus gehören (**6**). Sie sie sind von der beherrschenden Macht des Gesetzes frei gemacht worden (das Passiv beschreibt das Handeln Gottes), weil sie durch den Tod mit Chris-

tus seiner bindenden Kraft entkommen sind. Das eröffnet die neue Lebensperspektive für sie: den Dienst für Gott, der dem Leben dient und zum Leben führt.
Wie das aussieht, beschreibt Paulus mit einem ganz neuen Gegensatzpaar. Es ist *Dienst in der neuen Weise des Geistes und nicht in der alten Art des Buchstabens*. Der Gegensatz von Geist und Buchstaben ist uns schon in 2,29 begegnet. Dort ging es um *die Beschneidung des Herzens im Geist und nicht im Buchstaben*, also auch um das rechte Verhältnis zum Gesetz. In 2Kor 3,16 spricht Paulus vom »neuen Bund«, der durch den Geist bestimmt ist und nicht durch den Buchstaben. Er prägt dort den markanten Satz: »Der Buchstabe tötet, der Geist aber macht lebendig!« An all diesen Stellen geht es nicht nur um die geläufige Weisheit, dass man ein Gesetz nach seinem Geist und nicht nur nach dem Buchstaben auslegen muss. Genau übersetzt heißt das griechische *gramma* hier auch nicht *Buchstabe*, sondern *das Geschriebene*, und kennzeichnet das Gesetz in seiner Funktion als Vorschrift, die fest*schreibt*, was Gottes Wille ist, und feststellt, wo er übertreten wurde, und so die Übertreter bei ihrer Schuld festhält. Das ist die Aufgabe des Gesetzes. Sie aber führt nicht zum Leben und ermöglicht darum auch nicht wirklichen Dienst für Gott. Dem steht der Dienst in *der neuen Weise des Geistes* gegenüber, ein Dienst, der aus der Kraft Gottes und von seiner Liebe geleitet geschieht. In ganz ähnlicher Weise hatte Paulus in 6,4 davon gesprochen, dass die, die mit Christus gestorben sind, in *neu geschenktem Leben* ihren Weg gehen. Was das inhaltlich bedeutet, wird er in 8,1–17 näher erläutern. Die Aussagen von 7,5 und 6 geben also das Thema vor, das in 7,7 – 8,17 behandelt werden wird.

Paulus hält noch einmal grundsätzlich fest: Ein Leben unter dem Gesetz führt zum Tod. Wer aber (in der Taufe) den Tod Christi mitgestorben ist, ist vom Anspruch des Gesetzes auf sein Leben befreit. Er/sie ist frei geworden, Gott wirklich zu dienen. Das führt zu einem Leben, das zu einer Kultur des Lebens beiträgt und so auch für andere fruchtbar und sinnvoll wird.

7,7–25
Das Leben unter dem Gesetz

⁷Was heißt das nun? Ist das Gesetz Sünde? Keinesfalls! Vielmehr hätte ich die Sünde nicht kennengelernt, wenn nicht durch das Gesetz. Denn ich wüsste auch nichts von Begierde, wenn nicht das Gesetz gesagt hätte: *Du sollst nicht begehren!* **(Ex 20,17) ⁸Die Sünde**

aber nahm die Gelegenheit wahr und erweckte in mir durch das Gebot lauter Begierde. Denn ohne das Gesetz war die Sünde tot. ⁹Ich aber war einst am Leben – ohne das Gesetz, als aber das Gebot kam, wurde die Sünde lebendig, ¹⁰ich aber starb. Und so erwies sich für mich, dass gerade das Gebot, das zum Leben gegeben war, zum Tod führte. ¹¹Denn die Sünde nahm die Gelegenheit wahr und betrog mich mithilfe des Gebotes und tötete mich dadurch.
¹²Deshalb ist das Gesetz zwar heilig und das Gebot heilig, gerecht und gut.
¹³Ist mir dann also das Gute zum Tod geworden? Keinesfalls, sondern die Sünde hat, damit sie als Sünde sichtbar werde, für mich durch das Gute den Tod bewirkt, damit sich die Sünde durch das Gebot als über alle Maßen sündig erweise.
¹⁴Wir wissen ja, dass das Gesetz geistlich ist, ich aber bin fleischlich, unter die (Herrschaft der) Sünde verkauft. ¹⁵Denn was ich bewirke, das durchschaue ich nicht; denn nicht das, was ich will, mache ich, sondern was ich hasse, das tue ich. ¹⁶Wenn ich demnach gerade das, was ich nicht will, tue, gestehe ich dem Gesetz zu, dass es gut ist. ¹⁷So aber bewirke also nicht ich das, (was ich nicht will,) sondern die Sünde, die in mir wohnt.
¹⁸Denn ich weiß doch, in mir, und das heißt: in meinem Fleisch, wohnt nichts Gutes. Denn das (Gute zu) wollen, das ist bei mir da, aber das Gute zu bewirken nicht. ¹⁹Denn nicht das Gute, das ich will, tue ich, sondern das Böse, das ich nicht will, das mache ich. ²⁰Wenn ich aber gerade das tue, was ich nicht will, dann bewirke das also nicht ich, sondern die Sünde, die in mir wohnt. ²¹Ich finde also bei mir, der ich das Gute tun will, das ›Gesetz‹, dass (nur) das Böse bei mir da ist. ²²Denn ich stimme nach dem inneren Menschen Gottes Gesetz freudig zu, ²²ich sehe aber in meinen Gliedern ein anderes ›Gesetz‹, das dem Gesetz meiner Vernunft widerstreitet und mich unter das Gesetz der Sünde, das in meinen Gliedern ist, gefangen nimmt. ²⁴Ich elender Mensch! Wer wird mich aus diesem dem Tod verfallenen Leib erlösen? ²⁵Dank sei Gott durch Jesus Christus, unseren Herrn. Folglich diene ich selbst also mit meiner Vernunft dem Gesetz Gottes, aber mit meinem Fleisch dem Gesetz der Sünde.

Noch einmal treibt Paulus den inneren Dialog nach vorne mit der Frage: *Was heißt das nun?* (wörtlich: *Was sollen wir dazu sagen?* [7]). Hatte er in 6,6f gesagt, dass die Getauften durch ihr Sterben mit Christus von der *Sünde* frei wurden, so in 7,4, dass sie für das *Gesetz* gestorben sind. Die Frage ist unausweichlich: Wie eng hängen Gesetz und Sünde miteinander zusammen? Oder ganz scharf gefragt: *Ist das Gesetz Sünde?* Wir können kaum ermessen, welche

Überwindung es Paulus gekostet haben mag, diese Frage zu stellen. Für einen Juden war dies die radikale Infragestellung all dessen, wovon das Volk Gottes lebte. Deswegen antwortet er auch hier mit einem scharfen: *Keinesfalls!* Unter keinen Umständen! Aber das befreit ihn nicht von der Aufgabe, genauer über das Verhältnis von Gesetz und Sünde Auskunft zu geben. Und das tut er dann auch mit den folgenden Sätzen, die in einem sehr persönlichen Ich-Stil gehalten sind. Wir werden allerdings fragen müssen, ob hinter diesem Ich nur die ganz persönlichen Erfahrungen des Paulus stehen oder ob dies ein Stilmittel ist, um etwas, das für alle gilt, ganz persönlich auszusprechen.

Das erste, was Paulus über dieses Verhältnis sagt, ist: Ohne das Gesetz *hätte ich die Sünde nicht kennengelernt.* Das meint mehr als nur: *hätte ich die Sünde nicht erkannt.* Auch wenn in 3,20 ausdrücklich gesagt ist, dass das Gesetz *zur Erkenntnis* der Sünde führen solle, hier ist noch etwas Grundsätzlicheres gemeint: Ohne das Gesetz hätte ich nicht die *Bekanntschaft* der Sünde gemacht, wäre ihrer Wirklichkeit nicht begegnet. Während von Christus in 2Kor 5,21 gesagt wird, dass »er von keiner Sünde wusste«, d.h. ihre Wirklichkeit nicht durch eigenes Sündigen kennengelernt hatte, so sagt Paulus hier von sich: Erst durch das Gesetz habe ich die Sünde als Macht über mein Leben kennen gelernt. Wie ist es dazu gekommen?

Paulus erklärt das: *Denn ich würde auch nichts von Begierde wissen, wenn nicht das Gesetz gesagt hätte: Du sollst nicht begehren!* (Ex 20,17). Einlasspforte für die Sünde ist die Begierde, und sie wird gerade durch das Gebot *Du sollst nicht begehren!* erweckt. Eine Kurzfassung des 10. Gebotes wird zu einer Zusammenfassung des Gesetzes. Und in der Tat: Zumindest die Gebote: »Du sollst nicht stehlen!« oder: »Du sollst nicht ehebrechen!«, aber in gewisser Weise auch: »Du sollst nicht töten!« werden durch das Verbot des Begehrens zusammengefasst, das vor Übergriffen in den Lebensraum und das Lebensrecht anderer warnt. Auch das Verbot, vom Baum der Erkenntnis im Garten in Eden zu essen, steht unter diese Überschrift. »Respektiere die dir von Gott gesetzte Grenze!«, könnte man das Gebot in seiner grundsätzlichen Bedeutung umschreiben. Es zeigt sich, dass schon die Begierde das Wesen der Sünde aufweist. Dass der Mensch sich nicht in seinen geschöpflichen Grenzen zurechtfindet, sondern sie durchbrechen will – auch auf Kosten anderer – und somit sein will wie Gott, das ist Grund der Begierde und Kennzeichen der Sünde. Deshalb sind z.B. sexuelle Regungen nicht als solche schon Begierde. Allerdings stellt der Bereich der Sexualität ein weites Betätigungsfeld für wirkliche Begierde im Sinne eines Übergriffs auf die Würde anderer dar.

Den Zusammenhang zwischen Gebot, Begierde und Sünde schildert Paulus knapp und einleuchtend (**8**): *Die Sünde aber nahm die Gelegenheit wahr und erweckte in mir durch das Gebot lauter Begierde.* Dass die verbotenen Kirschen in Nachbars Garten die süßesten sind, sagt auch das Sprichwort. Und schon Eva im Garten Eden gewinnt den Eindruck, dass von dem verbotenen Baum gut zu essen wäre, »und dass er eine Lust für die Augen wäre und verlockend, weil er klug machte« (Gen 3,6). Es geht um eine Grunderfahrung der Menschen, die Paulus mit den Farben der Paradieserzählung als seine eigene schildert. Als verborgene Triebkraft dieser Erfahrung nennt er die Sünde. Den engen Zusammenhang zwischen der Macht der Sünde und dem sündigen Tun des Menschen schildern die nächsten Sätze, die Paulus offensichtlich sehr sorgfältig und mit wechselweisen Entsprechungen formuliert. Eine schematische Anordnung zeigt das:

⁸Denn ohne das Gesetz war die Sünde tot.	⁹ᵃIch aber war einst am Leben – ohne das Gesetz,
⁹ᵇals aber das Gebot kam, wurde die Sünde lebendig,	¹⁰ich aber starb.

Paulus sagt nicht, dass die Sünde ohne das Gesetz nicht existierte. Aber sie war ohne Leben, wirkungslos. Rätselhaft ist dagegen zunächst, wie er von sich sagen kann, dass er einst *ohne das Gesetz* existierte. Spielt er auf seine Kindheit an und auf die (spätere) Ordnung, dass ein jüdischer Junge erst mit 13 Jahren (als Bar Mitzwa) die volle Verantwortung für die Beachtung des Gesetzes übernahm? Aber abgesehen von der Frage, ob diese Regelung zur Zeit des Paulus schon galt, konnte er wirklich sagen: Ich war ohne das Gesetz? Und in welchem Sinne konnte von ihm gelten: *Ich aber starb*?

Beide Fragen lassen sich beantworten, wenn wir erkennen, dass Paulus mit seinem *Ich* nicht zuerst persönliche Erfahrungen schildert, sondern gewissermaßen Adam (und Eva) die Stimme leiht. Dann aber wird die Gegenüberstellung von Sünde und Ich noch einleuchtender, und V. **9a** heißt nicht: *Ich lebte einst ohne das Gesetz*, sondern sehr betont (im Gegensatz zur leblosen Sünde): *Ohne das Gesetz war ich einst am Leben.* Und demgegenüber steht dann die Erfahrung des ersten Menschen (**9b–10a**): *Als aber das Gebot kam, wurde die Sünde lebendig, ich aber starb.* Nun sind freilich auch Adam und Eva nach dem Essen der verbotenen Frucht nicht gleich tot umgefallen; aber das Todesurteil war über ihrem Leben ausgesprochen. Das aber zeigt ein Paradox, das seit Adam und Eva offensichtlich für alle Menschen gilt, die mit Gottes Gebot kon-

frontiert sind (**10b**): *Und so erwies sich für mich, dass gerade das Gebot, das zum Leben gegeben war, zum Tod führte.*
Paulus spricht hier unterschiedliche Ebenen an: Da ist das Verbot, vom Baum der Erkenntnis von Gut und Böse zu essen, das die ersten Menschen schützen und sie in der Gemeinschaft mit Gott und mit dem Leben halten sollte. Das Gebot selbst wird zum Anlass, es zu übertreten, und darum zur Tür für den Weg in den Tod. Da ist weiter das mosaische Gesetz, die Tora, von deren Geboten es ausdrücklich heißt: »wer sie befolgt, wird durch sie leben« (Lev 18,5; vgl. Ez 20,11; Neh 9,29). Und doch erweist es sich, dass die Menschen am Gesetz scheitern. Anstatt sie zum Leben zu führen, zeigt ihnen das Gesetz, dass sie dem Tod entgegengehen. Und hier könnte auch die ganz persönliche Erfahrung des Paulus mit aufklingen, der das Gesetz in größter Radikalität befolgte und von sich sagen konnte, er sei nach den Maßstäben des Gesetzes »untadelig« gewesen (Phil 3,6). Und doch wurde es für ihn nicht der Weg zum Leben, weil er nicht wirklich Gottes Sache, sondern die eigene Gerechtigkeit suchte.
Wie es dazu kommen konnte, begründet Paulus noch einmal ganz ähnlich wie in V. 8, präzisiert aber, was hier vorging (**11**): *Denn die Sünde nahm die Gelegenheit wahr und betrog mich mit Hilfe des Gebotes und tötete mich dadurch.* Hier haben wir nun einen fast wörtlichen Anklang an Gen 3,13, wo die Frau auf die Vorhaltungen Gottes sagt: »Die Schlange *betrog* mich«. Rückblickend erscheint die Schlange als Verkörperung der Sünde, die die Menschen täuscht. Und so sieht Paulus das Werk der Sünde, die Gottes Gebot zum Werkzeug ihrer Verführung macht, indem sie es hinterfragt (»Sollte Gott gesagt haben?«) oder die Folgen der Übertretung verharmlost (»Ihr werdet keineswegs sterben!«) bzw. in ein positives Licht stellt (»Ihr werdet sein wie Gott!«). So ist Gottes Gebot nicht mehr Weg zum Leben, sondern wird zum Werkzeug des Todes. Ob Paulus aufgrund seiner Erfahrung dabei nicht nur an die Verführung zur Übertretung gedacht hat, sondern auch an ein trügerisches Verleiten zu einer falschen Gebotserfüllung, zu einer »feindlichen Übernahme« des Gesetzes, um das eigene Recht auf Leben durchzusetzen, bleibt offen.
Zunächst geht es ihm darum, nochmals den positiven Charakter von Gesetz und Gebot herauszustellen, die von sich aus nicht an dieser Entwicklung Schuld tragen (**12**). *Deshalb ist das Gesetz zwar heilig und das Gebot heilig, gerecht und gut.* Das ist die positivste Aussage, die Paulus über das Gesetz macht. Fast hat man den Eindruck, er korrigiere damit negativere Äußerungen wie in Gal 3,19. Das Gesetz ist *heilig*, d.h. es gehört ganz auf die Seite Gottes. Das Gleiche gilt auch für die konkreten Gebote des Gesetzes. Sie

werden noch weiter qualifiziert: Sie sind *gerecht*, d.h. sie fördern und schützen das Miteinander der Menschen zum gegenseitigen Wohl, und sie sind *gut*, sie dienen dem Leben. Doch steckt im griechischen Text eine kleine Einschränkung, die wir im Deutschen mit einem *zwar* wiedergeben: *das Gesetz ist zwar heilig* – wir erwarten ein *aber*, das erklärt, warum das Gesetz dennoch missbraucht werden kann.

Inhaltlich gibt Paulus diese Erklärung in V. **13**, allerdings eingeleitet mit einer typischen Frage: *Ist mir dann also das Gute zum Tod geworden?* Darauf antwortet Paulus mit einem klaren Nein: *Keinesfalls!* Zumindest kann das Gesetz nicht direkt ursächlich für den Tod des Sünders verantwortlich gemacht werden. Die Wirklichkeit ist komplexer: *Die Sünde hat, damit sie als Sünde sichtbar werde, für mich durch das Gute den Tod bewirkt, damit sich die Sünde durch das Gebot als über alle Maßen sündig erweise.* Das Gesetz überführt nicht nur die Sünder. Gerade im Missbrauch des Gebots wird auch die Sünde in ihrer ganzen Bosheit entlarvt. Im Sieg der Sünde liegt schon der Keim zu ihrer Niederlage.

Paulus möchte das Problem noch aus einer anderen Perspektive darstellen, die er in den V. **14–25** entwickelt. Dabei bleibt er im Ich-Stil, allerdings spricht er nun in der Gegenwart. Ob er damit seine eigene Situation als Christ beschreiben möchte oder mit seinem Ich die Situation von Menschen vergegenwärtigt, die noch unter dem Gesetz leben, ist eine viel diskutierte Frage. Wir folgen zunächst einfach dem Text.

Mit einem *Wir wissen ja* (**14**) sucht Paulus zunächst das Einverständnis seiner Adressaten mit der eben gemachten Feststellung. *Das Gesetz ist geistlich*, das heißt: Das Gesetz als solches entspricht dem Wesen Gottes und kommt von ihm. Dem tritt das eigene Ich entgegen: *Ich aber bin fleischlich, unter die Sünde verkauft.* Der Gegensatz von Geist und Fleisch, der in Kap. 8 grundlegend werden wird, wird hier erstmals klar formuliert (vgl. schon 7,5f). Ich bin *fleischlich* bedeutet also nicht nur: Ich bin ein Mensch aus Fleisch und Blut und damit ein verletzliches und vergängliches Geschöpf. Es bedeutet vielmehr (analog zu dem *im Fleisch* von 7,5): Ich lasse mich ganz von meiner irdischen Existenz und der Sorge um sie bestimmen; Gott und sein Wirken bleiben jenseits dieses Horizonts oder werden nur unter dieser Perspektive gesehen. Die Ausrichtung eines solchen Lebens ist also der wirklichen Bestimmung des Gesetzes diametral entgegengesetzt. Und deshalb gilt für diesen Menschen zugleich: Ich bin *unter die (Herrschaft der) Sünde verkauft.* Das ist die Sprache des Sklavenhandels. Wer so spricht, dem ist bewusst, dass er (oder sie) nicht mehr über das eigene Leben bestimmen kann.

Von diesem totalen Verlust an Selbstbestimmung handeln dann die folgenden Verse. Dabei ist Luthers Übersetzung von V. **15** irreführend. Paulus sagt nicht: *Denn ich weiß nicht, was ich tue.* Das wäre eine merkwürdig allgemeine Orientierungslosigkeit. Er sagt: *Denn was ich bewirke* (oder: *vollbringe*), *durchschaue* (oder: *erkenne*) *ich nicht* (möglich wäre auch: *beschließe ich nicht*). Das Problem ist also, dass der Mensch nicht wirklich erkennen und bestimmen kann, was bei seinem Tun herauskommt. Denn obwohl er leben will, bewirkt er mit seinem Handeln den Tod. Darin besteht das Dilemma völlig misslingender Selbstbestimmung: *denn nicht das, was ich will, mache ich, sondern was ich hasse, das tue ich.* Einerseits ist dem, der hier spricht, bewusst: Ich tue das, was ich verabscheue. Und doch schafft er es nicht, das, was er eigentlich will, in die Tat umzusetzen.

Von einem vergleichbaren Zwiespalt weiß auch der antike Mensch. Ausgehend von einem Drama des Euripides wird er an der Gestalt der Medea festgemacht, die zwischen dem Willen zur Rache und der Fürsorge für ihre Kinder hin und her gerissen ist. Bei Euripides sagt Medea: »Wohl fühl ich, welchen Gräuel ich vollbringen will. Doch stärker als mein Denken ist die Leidenschaft, die stets den Sterblichen die größten Übel bringt« (EurMed 1078–80). Bei Ovid wird das zu einer fast sprichwörtlichen Aussage verdichtet: »Ich sehe das Bessere und lobe es und folge doch dem Schlechteren« (Metam VII,20f). Das klingt sehr ähnlich wie Röm 7,15 und liegt doch auf einer anderen Ebene. Als Problem gilt hier die Spannung zwischen Denken und Leidenschaft, und der Philosoph Epiktet ist der Überzeugung, wenn man Medea ihre Situation nur vernünftig erklärt hätte, dann hätte sie sich für das Richtige entschieden.

Für Paulus geht die Störung viel tiefer. Er spricht von einem grundsätzlichen Unvermögen der Menschen, das zu tun, was für sie gut ist. Nicht die Schwäche des Willens ist das Problem. Das Problem ist, dass der Mensch sich in seinem Wollen selbst verfehlt.

Der Maßstab, an dem das klar wird, ist das Gesetz. Es verheißt Leben und wird doch Werkzeug zum Tod. Aber das liegt nicht am Gesetz, sondern an einem Ich, das in die falsche Richtung geht. Das führt Paulus zu der paradoxen Feststellung: *Wenn ich also gerade das, was ich nicht will, tue, gestehe ich dem Gesetz zu, dass es gut ist* (**16**). Im Scheitern am Gesetz wird klar, dass es *gut* (wörtlich: *schön, einwandfrei, tadellos*) ist, weil es dem Willen Gottes entspricht. Aber Gottes Wille wird nicht zu meinem Willen. Ihn beherrscht eine andere Macht (**17**): *So aber bewirke also nicht ich das, (was ich nicht will,) sondern die Sünde, die in mir wohnt.* Was Paulus hier schreibt, ist nicht ganz ungefährlich. Man könnte das als Entlastungsstrategie verwenden und sagen: Ich bin gar nicht

schuld an meinen Verfehlungen; sie sind das Werk der Sünde in mir. Doch das falsche Handeln bleibt mein Tun (V. 15f), aber was mein Tun bewirkt, das bestimmt die Sünde, die die Herrschaft über mein Leben übernommen hat. Der Mensch, der hier spricht, ist nicht mehr Herr im eigenen Haus. Die Entfremdung des Menschen nicht nur von Gott, sondern auch von sich selbst wird eindrücklich beschrieben.
Paulus sind diese Aussagen so wichtig, dass er sie in einem zweiten Gedankengang noch einmal mit etwas anderen Worten wiederholt. Die folgende Gegenüberstellung macht das deutlich:

¹⁴Wir wissen ja, dass das Gesetz geistlich ist, ich aber bin fleischlich, unter die Sünde verkauft.	¹⁸Denn ich weiß doch, in mir, und das heißt: in meinem Fleisch, wohnt nichts Gutes.
¹⁵Denn was ich bewirke, das durchschaue ich nicht;	Denn das (Gute zu) wollen, das ist bei mir da, aber das Gute zu bewirken nicht.
denn nicht das, was ich will, mache ich, sondern was ich hasse, das tue ich.	¹⁹Denn nicht das Gute, das ich will, tue ich, sondern das Böse, das ich nicht will, das mache ich.
¹⁶Wenn ich also gerade das, was ich nicht will, tue, gestehe ich dem Gesetz zu, dass es gut ist.	²⁰Wenn ich aber gerade das tue, was ich nicht will,
¹⁷So aber bewirke also nicht ich das, (was ich nicht will,) sondern die Sünde, die in mir wohnt.	dann bewirke das also nicht ich, sondern die Sünde, die in mir wohnt.

Paulus knüpft in V. **18** an die Aussage von V. 17 an: Die Sünde wohnt in mir. Nun zieht er den Umkehrschluss (und an die Stelle des *Wir wissen ja* von V. 14 tritt ein sehr persönliches *Ich weiß doch*): *In mir*, und das heißt: *in meinem Fleisch*, also in meiner auf mich zentrierten und in mein bisschen Leben verbissenen Existenz, *in mir wohnt nichts Gutes*. Gottes guter Wille, der fördert, was dem Leben dient, ist nicht die Mitte meines Lebenshauses. Ich habe eine Ahnung davon, ich finde eine Form des Willens dazu bei mir vor. Aber die Fähigkeit, das Gute auch zu bewirken und zu erreichen, die fehlt.
Das ist die Stelle, wo viele Ausleger fragen, ob Paulus hier nur von einem *ethischen* Dilemma spricht. Geht es allein darum, dass Menschen zwar erkennen, was gut für sie selbst, ihre Mitmenschen oder ihre Umwelt ist, es aber nicht schaffen, es zu tun? Oder liegt das Problem tiefer in einem *existentiellen* Dilemma? Ist das Gute, von dem Paulus spricht, viel grundsätzlicher das Leben selbst und

die Gemeinschaft mit Gott, die der Mensch erreichen will und doch erkennen muss: Von mir aus kann ich das nicht schaffen, selbst in dem besten Leben? Paulus sagt das nicht in letzter Deutlichkeit, aber vieles, was er sagt, bekommt noch einen anderen Tiefgang, wenn man es unter dieser Fragestellung bedenkt.

V. **19** wiederholt Paulus noch einmal die Aussage von 15b, jetzt aber eben mit der inhaltlichen Qualifikation: *Denn nicht das Gute, das ich will, tue ich* – also das, was dem Leben dient und zum Leben führt –, *sondern das Böse, das ich nicht will, das mache ich* – also das, was Leben zerstört und in den Tod führt. Und obwohl dies mein Tun ist, für das ich die Verantwortung trage – dass mein Handeln die falsche Richtung einschlägt, bewirkt *die Sünde, die in mir wohnt* und mein Leben beherrscht (V. **20** // V. 17).

Paulus versucht ein Fazit zu ziehen (V. **21–23**): *Ich finde also bei mir, der ich das Gute tun will, das ›Gesetz‹, dass (nur) das Böse bei mir da ist.* Paulus spielt hier mit dem Wort *Gesetz*. Er entdeckt in seinem Leben eine unheilvolle Gesetzmäßigkeit, dass trotz des Willens zum Guten als Ertrag nur das Böse vorzufinden ist. (Damit wird die Aussage von V. 10 aufgenommen und variiert: *Und so erwies sich, dass für mich gerade das Gebot, das zum Leben gegeben war, zum Tod führte.* Es geht um Leben und Tod!)

Paulus gibt eine Erklärung für beide Seiten dieses Zwiespalts. Einerseits gilt: *Denn ich stimme nach dem inneren Menschen Gottes Gesetz freudig zu* (**22**). Es gibt also doch eine Dimension der Existenz dessen, der hier spricht, die die Freude an Gottes Gesetz teilt. Wenn Paulus diese Dimension den *inneren Menschen* nennt, so klingt das zunächst, als gäbe es doch noch ganz im Inneren des Menschen einen guten Kern, der nicht zerstört oder gestört ist. Oder ist das ein Indiz, dass Paulus hier als Christ spricht? Genaue Untersuchungen des Wortgebrauchs haben gezeigt, dass der *innere Mensch* weder einen intakten Kern im Menschen bezeichnet noch den durch Christus erneuerten Menschen, sondern den Menschen charakterisiert, wie er von Gott gemeint ist. Es ist der Mensch nach Gottes Bestimmung, er stimmt in die Freude an Gottes Gesetz mit ein. Das ist das Ich, das das Gute will und doch nicht bewirkt.

Andererseits ist da der real existierende Mensch, den Paulus so beschreibt: Ich sehe jedoch in meinen Gliedern ein anderes ›Gesetz‹, das dem Gesetz meiner Vernunft widerstreitet und mich unter das Gesetz der Sünde, das in meinen Gliedern ist, gefangen nimmt. (**23**) Im Menschen, wie er leibt und lebt, wie er fühlt und handelt, d.h. in meinen Gliedern, da findet sich eine anderes ›Gesetz‹, ein anderes Prinzip, und das ist das Gesetz der Sünde.

Es gibt für diese Ausdrucksweise zwei Deutungsmöglichkeiten: Paulus spricht hier von der Gesetzmäßigkeit und vom Herrschaftsprinzip der Sünde *oder* von dem durch die Sünde beschlagnahmten und missbrauchten Gesetz Gottes. Beides schließt sich nicht aus. Denn in jedem Fall steht dieses ›Gesetz‹ im Gegensatz zum *Gesetz Gottes* (V. 22), aber auch zu dem, was Paulus überraschenderweise *Gesetz meiner Vernunft* (oder: *meines Geistes*) nennt. Es gibt also diese Dimension im Menschen, die Gottes Gesetz vernehmen und verstehen kann. Aber es ist eben nicht die autonome Vernunft, die sich aus den Fesseln aller leiblichen Verstrickungen befreit. Sie ist Teil jenes Ichs, das von dem Gesetz der Sünde beherrscht wird. Paulus gebraucht hier in auffälliger Weise militärische Sprache: Das andere ›Gesetz‹ *führt Krieg* gegen das Gesetz der Vernunft und *nimmt* das Ich *als Kriegsgefangenen fest*, um es in die Sklaverei der Sünde zu stecken. Was hier geschieht, ist offensichtlich Teil einer die Einzelnen übergreifenden kriegerischen Auseinandersetzung. Der Streit zwischen Gott und der Sünde um die Weltherrschaft ereignet sich als Streit um die Existenz jedes Einzelnen, gerade auch im Blick auf dessen Beziehung zur Welt.

Weil die Lage so verzweifelt ist, mündet diese Selbstanalyse nicht in einer Aufforderung zu einem klügeren oder beherrschteren Verhalten, sondern in einem verzweifelten Ruf nach Befreiung: *Ich elender Mensch! Wer wird mich aus diesem dem Tod verfallenen Leib erlösen?* (**24**) Auffallend ist, dass Paulus hier plötzlich den Leib als Gefängnis zu sehen scheint, aus dem er erlöst werden will. Dabei zeigt 1Kor 15, dass er sich ein Leben ohne Leib gar nicht vorstellen kann. Es geht also nicht um Erlösung von der Leiblichkeit als solcher, sondern um die Befreiung vom *Todesleib*, also einer Existenz, die nur noch vom Tod gezeichnet und bestimmt ist. Die Aussage nimmt die vom *Leib der Sünde* in 6,6 auf. Paulus sehnt sich nach einer Leiblichkeit, die nicht mehr durch Ängste und Begierden, Verfall und Tod beherrscht wird, sondern zum Werkzeug für Gott und seine Gerechtigkeit wird. Nicht mehr das Sein zum Tode soll menschliche Existenz qualifizieren, sondern das Sein zum Leben.

Diese Perspektive lässt ihn in einen ganz unerwarteten Ausruf ausbrechen (**25**): *Dank aber sei Gott durch Jesus Christus, unseren Herrn.* Im Vorgriff auf das, was er gleich in den nächsten Sätzen über die Befreiung durch Christus und das Wirken des Geistes sagen wird, ist diese Danksagung die unmittelbare Antwort auf den Schrei aus der Tiefe.

Allerdings kommt dann fast noch unerwarteter der letzte Satz in diesem Zusammenhang: *Folglich diene ich selbst also mit meiner Vernunft dem Gesetz Gottes, aber mit meinem Fleisch dem Gesetz der Sünde.* Warum greift Paulus nach diesen eindrucksvollen Schlusssätzen noch einmal diese Problematik auf? Viele Ausleger

sind der Auffassung, dass dies eine Randbemerkung ist, die an der falschen Stelle in den Text eingedrungen ist. Manche meinen, es sei eine zusammenfassende Bemerkung, die Paulus selbst an den Rand von V. 23 geschrieben habe, und die schon in den ersten Abschriften nach 25a in den Text eingedrungen sei. Das würde erklären, dass wir keine Handschriften kennen, die diesen Vers nicht oder an einer anderen Stelle haben.
Viele aber wenden ein, dass der Inhalt dieser Zusammenfassung einen ganz anderen Akzent aufweise als die Ausführungen im Text. Vor allem sei es ganz unpaulinisch, dass ein Teil des Menschen (die *Vernunft*) dem Gesetz Gottes diene, ein anderer Teil, nämlich *das Fleisch*, dem Gesetz der Sünde. Auch nach Paulus kann niemand zwei Herren dienen. Der Mensch ist für ihn ganz Fleisch bzw. ganz Geist/Vernunft und nicht aus sich widerstreitenden Teilen zusam-mengesetzt. Diese Ausleger sind überzeugt, dass ein früher Abschreiber diese zusammenfassende Randbemerkung gemacht, dabei aber die Aussagen des Paulus in V. 22f missverstanden habe. Diese Randbemerkung sei dann sehr bald in den Text geraten und habe, da sie sich in allen Handschriften findet, einen großen und teilweise verhängnisvollen Einfluss auf die Paulusinterpretation gehabt.
So eindrücklich diese Argumente sind, es bleiben Fragen offen. Die Aussagen des Satzes stehen denen der V. 22f doch recht nahe, und an anderer Stelle, in Gal 5,16, kennt Paulus einen Widerstreit von Fleisch und Geist (hier allerdings das von Gott geschenkte *pneuma* und nicht die menschliche *Vernunft*). So ist nicht auszuschließen, dass die Bemerkung doch von Paulus diktiert wurde, der noch einmal den Kampf zwischen dem Gesetz der Sünde und dem Gesetz Gottes im Menschen charakterisieren will. Man wird jedoch gut daran tun, sie nicht zum Schlüssel der Interpretation zu machen.
Doch nun zur entscheidenden Frage: Wer spricht in dem Ich des Paulus?
Für 7,7–11 hatten wir schon als vorläufiges Ergebnis notiert, dass dort das Ich des Paulus die Erfahrung Adams (und Evas) beschreibt, aber auch seine eigene Begegnung mit Gottes Gebot charakterisiert. Wie steht es dann mit 14–25, wo von gegenwärtigen Erfahrungen gesprochen wird? Es gibt drei verschiedene Deutungen, die die Auslegungsgeschichte bis heute bestimmen:
1. Paulus beschreibt mit seinem Ich *eine* Seite seines Lebens als Christ, die für jeden Christen charakteristisch ist. Die *andere* Seite wird er dann in Kap. 8 aufzeigen. Für diese Deutung spricht, dass Paulus in der Zeitform des Präsens formuliert und dass die wenigen Lichter, die in diesem düsteren Bild auftauchen, auf Merkmale

christlicher Existenz verweisen (der *innere Mensch* in V. 22 und die Rolle der *Vernunft* in V. 23 und 25). Dazu kommt, dass viele Christen sich mit ihrem eigenen Kampf um den rechten Weg in dem Ringen wiederfinden, das Paulus hier beschreibt. Diese Deutung fand viele prominente Vertreter: Vom späten Augustin, Luther, Calvin bis zu Karl Barth finden sich hier gerade die profiliertesten Ausleger des Römerbriefs. Die reformatorische Exegese sah in der Spannung zwischen Röm 7 und 8 ihre Überzeugung bestätigt, dass der Christ als Gerechter und Sünder zugleich (*simul iustus et* peccator) existiere. Die Deutung wird auch heute noch von namhaften Exegeten vertreten.
Dennoch ist sie nicht haltbar. Paulus macht in diesen Versen Aussagen, die dem Bild, das er sonst vom Christsein zeichnet, völlig widersprechen. Nach dem, was er in Röm 6,1 – 7,6 geschrieben hat, noch zu sagen, ein Christ sei *unter die Sünde verkauft*, wäre ein unerträglicher Widerspruch. Auch in 8,5–11 erscheinen fleischliche und geistliche Existenz nicht als komplementäre Wirklichkeiten, sondern als sich ausschließende Gegensätze. Christus als Überwinder der Sünde wird in 7,7–25 nirgends erwähnt. Diese Deutung ist deshalb keine sachgemäße Auslegung dessen, was Paulus im Römerbrief schreiben wollte. Ob sie dennoch eine wichtige Beobachtung enthält, werden wir noch fragen müssen.
2. Paulus beschreibt in lebhaft vergegenwärtigender Sprache seinen eigenen inneren Kampf mit dem Gesetz und sein Scheitern an dieser Herausforderung. Diese Erfahrung hat ihn für die Begegnung mit Christus und dem Evangelium offen gemacht. Diese biografische Deutung war vor allem im 19. Jahrhundert beliebt, weil man meinte, damit die Bekehrung des Paulus psychologisch erklären zu können. Sie widerspricht allerdings diametral dem Selbstzeugnis des Paulus, der sich nach Phil 3,3–8 bis zu seiner Christusbegegnung für »untadelig nach der Gerechtigkeit, die das Gesetz fordert« hielt (vgl. auch Gal 1,14). Diese Deutung wird heute kaum noch vertreten, es sei denn in der Form, dass Paulus in Röm 7 einen unbewussten Konflikt in seinem Leben als gesetzestreuer Jude aufarbeite. Diese Variante berührt sich aber schon mit dem dritten Auslegungsmodell.
3. Paulus schildert das Leben der Nicht-Erlösten, die Christus noch nicht begegnet sind. Er tut dies nicht mit einer Beschreibung der subjektiven Empfindungen solcher Menschen, sondern aus der Perspektive eines Menschen, der Christus begegnet ist und darum sein Leben ohne ihn in einem ganz neuen Licht sieht. Modell für diese rückschauende Analyse ist der Mensch, der unter der Herrschaft des Gesetzes lebt und vergeblich versucht, durch seine Befolgung den Weg zum Leben zu finden.

Einer der Gründe, warum Paulus diese Erfahrung beispielhaft an seinem eigenen Ich darstellt, dürfte sein, dass er selbst in der Begegnung mit dem Auferstandenen erkennen musste, dass er in dem Versuch, durch das Gesetz Heil und Leben zu bewirken, gescheitert war. Und zwar nicht, weil er bei der Erfüllung dieses oder jenes Gebotes versagt hatte, sondern weil er in seinem Gesetzeseifer nicht auf das Geschenk des Lebens hingelebt hatte, sondern ein Agent des Todes geworden war. Und obwohl die These von 7,5, die Paulus in 7,7–25 entfaltet hat, diese Existenzweise ausdrücklich als für die Christen vergangen kennzeichnet, beschreibt sie Paulus hier als bedrängende Gegenwart, um die rettende und bergende Funktion eines Lebens *in Christus*, im Lebensraum der Gnade, in Kap. 8 umso nachdrücklicher darstellen zu können.

Wenn tiefenpsychologisch geschulte Ausleger in dieser Darstellung auch die Aufarbeitung eines unbewussten Konfliktes im vorchristlichen Leben des Paulus entdecken können, dann widerspricht das dieser Deutung nicht, sondern verweist nur auf eine andere Ebene der geistlichen Vergangenheitsbewältigung.

Ein Rückblick auf die Formulierung von 7,5 macht deutlich, dass Paulus nicht nur bei jüdischen Menschen ein Scheitern am tödlichen Zusammenspiel von Sünde und Gesetz wahrnimmt. Wie 2,14–16 zeigt, rechnet er damit, dass Gottes Wille auch für Menschen, die das mosaische Gesetz nicht kennen, unausweichlich präsent wird. Und auch für sie kommt es zu dem Konflikt zwischen dem Guten, das sie bewirken wollen, und dem, was sie wirklich erreichen.

Und eine letzte Beobachtung, die für Juden und Nichtjuden wichtig ist: Während Paulus die Fassade des Gesetzestreuen bewahren konnte, bis sie unter der Begegnung mit dem Auferstandenen zerbrach, gibt es viele Menschen, deren Scheitern sehr viel offenkundiger ist und die das, was Paulus in den V. 15–20 beschreibt, nicht nur als grundsätzlichen Zielkonflikt erleben, sondern als tägliches Dilemma in ethischen Entscheidungen und menschlichen Beziehungen.

Paulus versetzt sich mit seinem Ich in die Situation des unerlösten Menschen, und zwar aus der Sicht des erlösten. Die Situation, die er schildert, entspricht dem Geschick Adams und Evas und bestimmt auch das deren Nachkommen. Es geht um einen Menschheitskonflikt: Es ist der Konflikt zwischen dem Menschen, wie er von Gott geschaffen ist, der das Leben, für das er bestimmt ist, leben will, und dem Menschen, wie er in der Geschichte existiert, der dieses Leben verfehlt und sich den Tod verschafft. Er will das Leben, auf das Gottes Gebot zielt, aber er verwirklicht es nicht. Nicht

nur, weil er hinter der Forderung des Gebotes zurückbleibt, sondern auch, weil er sie falsch auslegt. Das ist der Mensch im Schatten Adams und Evas, der Mensch ohne Christus.
Allerdings haben nicht wenige und oft sehr ernsthafte Christen den Zwiespalt, den Paulus hier schildert, als Beschreibung der Zerrissenheit ihres eigenen Lebens empfunden. Das führt zu der Frage: Warum identifizieren sich Christen mit diesem Bild? Bleiben sie hinter dem zurück, was Paulus als Sein der Erlösten beschreibt? Oder sehen sie aufgrund ihrer Erfahrung die Wirklichkeit der Sünde, die auch ins Leben der Christen hineinragt, schärfer als Paulus? In jedem Fall gilt: Die Vergangenheit im Schatten Adams und Evas ist nicht einfach passé, sondern eine Wirklichkeit, die das Leben der Christen umstellt und sie immer wieder bedrängt. Sie zu überwinden heißt nicht, sie zu verdrängen. Gerade im Licht eines Lebens mit Christus, wie es Paulus in 8,1-17 schildert, bleiben die dunklen Konturen dieses Schattens bewusst.

8,1-11
Neues Leben durch Gottes Geist

¹Nun also gibt es keine Verurteilung mehr für die, die in Christus Jesus (leben). ²Denn das Gesetz des Geistes, der Leben schafft, hat dich in Christus Jesus befreit von dem Gesetz der Sünde und des Todes. ³Denn was dem Gesetz unmöglich war, weil es durch das Fleisch geschwächt war (, das geschah): Gott sandte seinen eigenen Sohn in der Gestalt des sündigen Fleisches und um der Sünde willen und verurteilte die Sünde im Fleisch, ⁴damit bei uns die Rechtsforderung des Gesetzes erfüllt werde, die wir unser Leben nicht mehr nach dem Fleisch führen, sondern nach dem Geist. ⁵Denn die, die sich nach dem Fleisch ausrichten, die streben nach dem, was dem Fleisch entspricht; die sich aber nach dem Geist ausrichten, nach dem, was dem Geist entspricht. ⁶Denn das Bestreben des Fleisches zielt auf den Tod, aber das Bestreben des Geistes auf Leben und Frieden. ⁷Denn das Bestreben des Fleisches ist Feindschaft gegen Gott, es ordnet sich nämlich nicht dem Gesetz Gottes unter und kann es auch gar nicht. ⁸Die aber vom Fleisch bestimmt sind, können Gott nicht gefallen.
⁹Ihr aber seid nicht vom Fleisch bestimmt, sondern vom Geist, so gewiss Gottes Geist in euch wohnt. Wenn aber jemand Christi Geist nicht hat, der gehört nicht zu ihm. ¹⁰Wenn aber Christus in euch ist, dann ist zwar der Leib wegen der Sünde tot, der Geist aber ist Leben wegen der Gerechtigkeit. ¹¹Wenn aber der Geist dessen, der Jesus von den Toten auferweckt hat, in euch wohnt, wird der, der Chris-

tus von den Toten auferweckt hat, auch eure sterblichen Leiber lebendig machen durch den Geist, der in euch wohnt.

V. 1 fasst zusammen und greift zurück auf früher Gesagtes: Es gibt *keine Verurteilung* mehr, keinen Schuldspruch für die, *die in Christus Jesus* leben. Das Stichwort *Verurteilung* war zuletzt in 5,16.18 aufgetaucht als letzte Konsequenz eines Lebens in der adamitischen Menschheit. Das klare Signal, das Paulus hier aussendet, lautet: Die zu Christus gehören, haben die Seiten gewechselt. Sie gehören auf die Christus-Seite. An die Stelle des Schuldspruchs tritt der Freispruch, die Rechtfertigung des Lebens. Damit wird aber auch die These von 7,5f wieder aufgegriffen und die positive Seite der Aussage entfaltet, die Befreiung von der Herrschaft des Gesetzes. Gültig sind diese Aussagen für die, die *in Christus Jesus* sind. Paulus beschreibt hier Christus und das, was er für die Menschen bedeutet, als Lebensraum, in den die hineingestellt sind, die an Christus glauben und auf ihn (bzw. *in* ihn; vgl. 6,3) getauft wurden. Was Christus für sie getan hat, bestimmt ihr Leben. Theoretisch könnte Paulus auch sagen: Es gibt keine Verurteilung für die, die *an Jesus Christus glauben.* Aber er wählt die Formel *in Christus Jesus,* um deutlich zu machen: Entscheidend ist die Wirklichkeit des Christusereignisses, an das wir glauben und in dessen Geltungsbereich wir leben. Gerade in Kap. 8 ist sehr schön zu beobachten, wie die beiden Sprachebenen, durch die Paulus das Heil beschreibt, die Sprache der Rechtfertigung und die Sprache der Zugehörigkeit und Teilhabe an Christus, eng miteinander verbunden sind und sich gegenseitig ergänzen.

V. **2** formuliert dann die befreiende Botschaft, die die Aussage von 7,6 wieder aufnimmt und die Grundlage für die Ausführungen des Paulus bis V. 17 bildet: *Denn das Gesetz des Geistes des Lebens in Christus Jesus hat dich befreit von dem Gesetz der Sünde und des Todes* [so die wörtliche Übersetzung]. Auffallend ist zunächst die betonte Anrede: hat *dich* befreit. An die Stelle des um sich selbst kreisenden und in sich selbst gespaltenen *Ichs* von Kap. 7 tritt das *Du,* dem seine Freiheit zugesprochen wird. Wahre Freiheit erschließt sich nicht durch noch so tiefgreifende Selbstanalyse, sondern ist Zusage, Ermächtigung durch einen anderen. Auffallend ist jedoch auch die Formulierung: Das *Gesetz* des Geistes hat dich befreit.

Welches Gesetz ist hier gemeint? Geht es um die Tora, das mosaische Gesetz, das inspiriert vom Geist des Lebens zur befreienden Macht wird, und zwar gerade gegenüber dem *Gesetz* der Sünde und des Todes, also der von der Sünde missbrauchten und manipulierten Tora? Nicht wenige Ausleger vertreten das mit Nachdruck und verweisen darauf, dass die Tora auch in 8,4 und 8,7 erwähnt werden wird.

Aber ist das wirklich denkbar? In 7,4.6 hat Paulus ausdrücklich die Befreiung aus der Herrschaft des Gesetzes als entscheidende Lebenswende bezeichnet und dabei nicht nur von dem durch die Sünde missbrauchten Gesetz gesprochen. Schon im nächsten Satz wird er von dem reden, *was dem Gesetz unmöglich war* (8,3). Ist es also möglich, dass er im Satz davor der vom Geist geleiteten und erfüllten Tora die entscheidende Befreiungstat zuschreibt? Offensichtlich nicht. Paulus formuliert bewusst paradox: Dem Gesetz der Sünde und des Todes tritt ein ganz anderes ›Gesetz‹ als Herrschafts- und Ordnungsmacht entgegen: das ›Gesetz‹ des Geistes, die Leben schaffende, Gemeinschaft stiftende und Verhalten prägende Kraft des Geistes. Paulus nennt ihn *Geist des Lebens*, lebendig machenden Geist, der in ganz neuer Weise den Weg darstellt, der zum Leben führt, was die Tora nicht vermochte.

Dem steht *das Gesetz der Sünde und des Todes* entgegen, das die Menschen gefangen gehalten hatte. Von ihm sprach Paulus schon in 7,23. Hier stellt er neben die Sünde den Tod. Das sind die beiden Sklavenhalter, die das Leben der Menschen beherrschen und das ›Gesetz‹, das Prinzip, mit dem sie sie gefangen halten und versklaven, ist die Angst der Menschen: die Angst, zu kurz zu kommen, die Angst, zu wenig Leben zugeteilt zu bekommen, die Angst vor dem Ende des Lebens. Aus ihr erwächst die Begierde, der Übergriff auf andere, die Übertretung des Gebotes. Wie die Tora zum Werkzeug dieses Todesgesetzes wird, hat Paulus in Kap. 7 beschrieben. Wie dort spricht Paulus auch hier nicht nur zu jüdischen Menschen, die im Gültigkeitsbereich der Tora lebten. Das ›Gesetz‹ der Sünde und des Todes ist eine universale Größe. Das gilt deshalb auch für das ›Gesetz‹ des Geistes, der Leben ist und schenkt.

Ein Letztes: Die Aussage *hat dich befreit* verweist auf ein Ereignis in der Vergangenheit. Wer zu Christus gehört, ist frei geworden. Grundsätzlich gilt: Die Herrschaft von Sünde und Tod ist durch Tod und Auferstehung Jesu durchbrochen worden. Hier wurde die Bresche in die Mauer von Angst und Schuld geschlagen, die die Menschen gefangengehalten hat. Persönlich wird die Befreiung in dem Augenblick erfahren, in dem ein Mensch die Zusage: »Du bist frei!« hört und ihr folgt und sich durch die zerstörte Mauer in die Freiheit führen lässt, die sich *in Christus* auftut. Was der Geist bewirkt, geschieht *durch und in Christus Jesus*. Paulus möchte jedem Christen in Rom sagen: Als du zum Glauben kamst und dich taufen ließest, hat Christus dich in seine Freiheit gestellt.

Die innere Verbindung zwischen dem, was durch Christus geschehen ist, und dem, was der Geist bewirkt, wird Paulus in den nächsten Sätzen klarmachen.
Allerdings ist gerade der nächste Satz (**3f**) relativ kompliziert. Er beginnt mit der Aussage: *Denn was dem Gesetz unmöglich war, weil es durch das Fleisch geschwächt war* ... Es geht also noch einmal um das Unvermögen der Tora, das zu bewirken, was sie eigentlich verheißt, nämlich Leben in der Gemeinschaft mit Gott. Als Grund dafür nennt Paulus, dass das Gesetz *durch das Fleisch geschwächt war*. Der Begriff *Fleisch* ist einer der beiden Schlüsselbegriffe des folgenden Abschnitts. Deshalb noch einmal die wichtigsten Merkmale seiner Bedeutung: Einerseits bezeichnet *Fleisch* den Menschen als lebendiges Geschöpf, aber mit einem besonderen Akzent auf der Begrenztheit, Verletzlichkeit und Vergänglichkeit seiner Existenz. Das verweist zunächst ganz neutral auf die Art und Weise, wie sich Menschen als biologische Wesen vorfinden. Negativ wird der Begriff dort, wo er anzeigt, dass der Mensch sich ganz auf diese Dimension seiner Existenz beschränkt: mit seinen Ängsten, Begierden, Leidenschaften, Rivalität gegenüber anderen, aber auch mit seiner Neigung, auf das sein Vertrauen zu setzen, was er mit eigenen Kräften erreicht. Dass Menschen so »funktionieren«, das hat das Gesetz an entscheidender Stelle geschwächt. Sie haben sich durch seine Gebote zur Begierde und zur Übertretung verleiten lassen, aber sie haben auch dort, wo sie das Gesetz befolgen, sich dies als eigene Leistung gutgeschrieben und zur Abgrenzung gegen andere verwandt. Das wiederum hat es dem Gesetz unmöglich gemacht, sie zu einem Leben in Gemeinschaft mit Gott und im Einklang mit seinem Willen zu führen.
Hier aber bricht der angefangene Satz zunächst ab, und ein neuer Satz beginnt. Man muss also ergänzen: Im Blick auf das, was dem Gesetz unmöglich war ..., gilt – oder: Was dem Gesetz unmöglich war ..., das geschah bzw. das hat Gott getan.
Was Gott getan hat, das wird im Hauptteil des Satzes mit einer knappen Schilderung und Deutung des Christusereignisses gesagt: *Gott sandte seinen Sohn.* Dies ist eine Formulierung des christlichen Bekenntnisses, die wir in leicht abgewandelter Form an verschiedenen Stellen des Neuen Testaments finden. Bei Paulus steht sie auch in Gal 4,4f, einem Abschnitt, der viele Berührungspunkte mit Röm 8,1–17 aufweist, bei Johannes in Joh 3,17; 1Joh 4,9f.14. Die Aussage setzt voraus, dass Gottes Sohn vor seiner irdischen Geburt in einer nicht näher beschriebenen Weise beim Vater, also präexistent war. Sie steht der Formulierung von der Dahingabe des Sohnes (Röm 8,32; vgl. 4,25) nahe; wie sie deutet sie an, dass im Weg des Sohnes auch der Vater gegenwärtig ist.

Die Menschwerdung des Sohnes wird durch die Wendung *in der Gestalt des sündigen Fleisches* beschrieben. Wie in dem johanneischen »Das Wort wurde Fleisch« (Joh 1,14), wird damit gesagt, dass sich der Gottessohn ganz mit der menschlichen Existenz identifizierte. Ja, es wird sogar betont: Er kam in Gestalt des von der Sünde beherrschten Fleisches (wörtlich: *des Fleisches der Sünde*). Das heißt: Er wurde Mensch mit alledem, was unser Menschsein ausmacht und zur Einfallspforte und Operationsbasis der Sünde wurde, also auch Begrenztheit, Schwäche, Versuchlichkeit und Sterblichkeit. Allerdings bringt Paulus eine Differenzierung an. Genau übersetzt sagt er: in der *Gleichgestalt* des Fleisches der Sünde, benutzt also dasselbe Wort, das uns schon in 5,14 und 6,5 beschäftigt hat. Es beschreibt Identität, jedoch mit einer Differenz: Christus hat sich ganz mit dem Menschsein identifiziert, er wurde wahrhaft Mensch, aber er wurde nicht von der Sünde infiziert (eine ähnliche Aussage findet sich in Phil 2,6f; 2Kor 5,21).

Noch eine zweite Näherbestimmung der Sendung des Sohnes gibt Paulus: Sie geschah *um der Sünde willen*. Die hier benutzte griechische Wendung bedeutet in der Septuaginta oft »*als Sündopfer*« (vgl. Lev 4,14; 16,6), und so wird sie auch von vielen Auslegern an unserer Stelle verstanden. Allerdings spricht Paulus im Folgenden nicht speziell von einem Opfer; und so besagt die Wendung wohl ganz allgemein, dass die Sendung des Sohnes das Ziel hat, die Macht und die Schuld der Sünde aufzuheben, was den Sühnegedanken nicht ausschließt.

Wie das geschieht, sagt der eigentliche Hauptsatz: *Gott verurteilte die Sünde im Fleisch*. Das ist eine auch für Paulus außergewöhnliche Aussage. Klar ist allerdings, dass es um eine äußerst konzentrierte Beschreibung dessen geht, was von Gott her gesehen im Kreuzestod Jesu geschah. Paulus kann die Bedeutung dieses Geschehens ja unter verschiedenen Aspekten beleuchten. In Röm 3,24f war die Frage zu beantworten, was durch Jesu Tod mit der *Schuld* unserer Sünde geschieht. Dort trat der Aspekt der stellvertretenden Sühne in den Vordergrund. In 5,6–8 ging es um die Überwindung der Gottesferne und -feindschaft der Sünder. Hier wird der Aspekt der stellvertretenden Lebenshingabe betont, der den Weg zur Versöhnung freimacht.

An unserer Stelle geht es um die Überwindung der *Macht* der Sünde, die die Menschen in Unheil und Tod treibt. Der »Befreiungsschlag« aber geschieht *im Fleisch*, also im ureigensten Herrschaftsgebiet der Sünde. Sie dort zu treffen, ist geradezu das Ziel der Menschwerdung. Aber dann sagt Paulus eben *nicht*, dass Gott seinen Sohn an unserer Stelle verurteilte und dieser Urteil und Strafe auf sich nahm und uns so von der Herrschaft der Sünde be-

freite. So deuten das viele Ausleger, und auch Paulus sagt Vergleichbares in Gal 3,13 oder 2Kor 5,21. Hier aber betont Paulus: Gott verurteilte *die Sünde* im Fleisch. Das Kreuz zeigt nicht nur Gottes Urteil über die Sünde als menschliche Tat auf und wie Gott die Schuld der Sünde für uns Menschen bewältigt. Das Kreuz zeigt zugleich Gottes Urteil über die Sünde als eine Macht, die die Menschen versklavt, über das Elend, das sie im Leben der Menschen anrichtet, und über die Zerstörung, die sie in der menschlichen Gemeinschaft verursacht. Als von Menschen zu verantwortendes Todesurteil ist Jesu Kreuzigung Brennpunkt der Machenschaften einer von der Sünde beherrschten Menschheit. Als Brennpunkt der Liebe Gottes aber zeigen Kreuz und Auferweckung Jesu, wie Gott die Sünde ins Unrecht setzt und ihre Macht durchbricht.
Damit aber ist der Weg frei für das Ziel der Befreiungstat Gottes (4): *damit bei uns die Rechtsforderung des Gesetzes erfüllt werde.* Das ist eine überraschende Aussage. Geht es letztlich doch um die Erfüllung des Gesetzes? In gewissem Sinne: Ja! Paulus hat nie einen Zweifel darüber gelassen, dass er in der Sache das, was das Gesetz fordert, für richtig und dem Willen Gottes entsprechend hält. Nur den Weg zur Erfüllung kann es nicht weisen. Dabei muss man allerdings berücksichtigen, dass für Paulus *inhaltlich* das Gesetz durch das Liebesgebot als Zusammenfassung der Gebote definiert ist. Befreiung und Erlösung bedeuten für Paulus nicht nur, dass der Weg für die himmlische Gemeinschaft mit Gott freigemacht ist, sondern auch, dass jetzt ein freies und mündiges Leben in dem, was vor Gott Recht ist, möglich ist. Das kann *bei uns*, also bei den Christen, geschehen oder – wie man auch übersetzen kann – *durch uns* als Werkzeuge seiner Gerechtigkeit oder *unter uns*, also in der Gemeinschaft der christlichen Gemeinde.
Wer die sind, die so in Freiheit das Rechte tun können, beschreibt Paulus in einem Nachsatz: *die wir unser Leben nicht mehr nach dem Fleisch führen, sondern nach dem Geist.* Nicht mehr die egoistische Beschränkung auf die eigenen Möglichkeiten oder Gefährdungen (das *Fleisch*) bestimmt die Lebensführung (wörtlich: den *Wandel*) derer, die durch Christus befreit sind, sondern die Perspektive des *Geistes*. Das erinnert daran, dass nach 7,7 bei der Rechtforderung des Gesetzes vor allem an das Gebot: *Du sollst nicht begehren!* zu denken ist. Wer sein Leben nur auf die Möglichkeiten und Defizite der eigenen Existenz baut, wird an diesem Gebot immer wieder scheitern. Wer es aus der Fülle der Gnade Gottes, die sein Geist in unser Leben legt, gestaltet, der kann die von Gott gesetzten Grenzen respektieren.
Damit aber stehen wir vor der Bedeutung des Gegensatzes von *Fleisch* und *Geist*, der die ganze folgende Argumentation des Pau-

lus bestimmt. Es ist wichtig, sich klarzumachen, dass es hier nicht um das Gegenüber von Körper und menschlichem Geist geht. In vielen dualistischen Weltanschauungen hat dies zu einer gefährlichen Geringschätzung des Körperlichen und einer unangemessenen Aufwertung des menschlichen Geistes geführt. Das ist bei Paulus nicht gemeint. Wie er den Gegensatz versteht, zeigt schon ein Wort des Propheten Jesaja. In seiner Polemik gegen die Bündnispolitik mit Ägypten und gegen das Vertrauen auf dessen Armee begründet er die Warnung vor dieser Haltung mit dem Satz:
Denn die Ägypter sind Menschen und nicht Gott,
und ihre Pferde sind Fleisch und nicht Geist! (Jes 31,3 ZB)
Fleisch sind die Pferde der Ägypter also nicht wegen der Beschaffenheit ihres Muskelgewebes, sondern weil sie das Vertrauen auf menschliche Macht und Stärke verkörpern. *Fleisch* in diesem Sinne weist also nicht nur auf geschöpfliche Grenzen und Schwächen, sondern auch auf vermeintliche Stärken und Trümpfe hin, auf die man sich verlässt (vgl. Phil 3,3f). *Geist* ist dagegen Gottes lebendige Gegenwart in dieser Welt, die gerade dort wirkt, wo Menschen mit ihren Möglichkeiten am Ende sind (vgl. Sach 4,6: »Es soll nicht durch Heer oder Kraft geschehen, sondern durch meinen Geist«).
Diejenigen, die ihr Leben nicht mehr nach dem *Fleisch* gestalten, sondern nach dem *Geist,* sind also Menschen, die ihr Leben und ihr Verhalten nicht mehr auf die eigenen Kräfte und Möglichkeiten bauen, sondern auf Gottes Kraft und die Perspektive, die er für ihr Leben hat. Das wird in den nächsten Versen durchdekliniert.
Leute, *die sich nach dem Fleisch ausrichten,* also Menschen, die sich ihr Leben um die eigenen Stärken, Defizite und Bedürfnisse herum einrichten, *die streben nach dem, was dem Fleisch entspricht.* Für diese Menschen ist nur das wichtig, was die eigene Ehre, das eigene Lebensglück oder die eigene Sicherheit garantiert (**5**). Umgekehrt gilt: Diejenigen, *die sich nach dem Geist ausrichten,* die ihr Leben an Gottes Wirken orientieren, die streben *nach dem, was dem Geist entspricht.* Für sie ist wichtig, was Gott mit ihrem Leben vorhat und was er durch sie für andere bewirken will.
Paulus begründet das mit einer grundsätzlichen Beobachtung (**6**): *Denn das Bestreben des Fleisches zielt auf den Tod* (wörtlich: *das Trachten des Fleisches ist Tod*). Das ist auf den ersten Blick eine verwunderliche Aussage. Denn all das, wofür das Stichwort *Fleisch* steht, will ja vor allem eines: Leben um jeden Preis. Der Wille zum Überleben, das sich Festklammern an jeder Lebenschance ist typisch für alles kreatürliche Existieren. Aber das ist ja das Paradox, auf das Paulus schon in Kap. 7 hingewiesen hat. Dieser Wille zum Leben, der nur auf Eigenes baut und sich um Eigenes sorgt, bewirkt nicht Leben, sondern Tod. Die Evangelien vermitteln diese

Erkenntnis in dem in vielen Varianten zitierten Wort Jesu: »Wer sein Leben retten will, der wird's verlieren; wer aber sein Leben riskiert, der wird es gewinnen« (frei nach Mk 8,35; Mt 10,39; Joh 12,25). Das aber ist das Wesen des Geistes. Sein *Bestreben* (sein *Trachten*) *zielt auf Leben und Frieden*. Wer ihm folgt, dem geht es nicht nur ums eigene Überleben, sondern ums Zusammenleben, um ein gedeihliches Miteinander, also um *Frieden*, der Leben schafft und fördert.

Aus dieser Einsicht heraus wird noch einmal das Wesen des *Fleisches* gekennzeichnet (**7**): Sein *Bestreben/Trachten* steht Gottes Willen diametral entgegen. Es ist geradezu *Feindschaft gegen Gott*, weil Gott Leben für alle will. Dem steht eine Existenz, die nur um den eigenen Vorteil kämpft, feindlich gegenüber. Daher kann sie sich auch Gottes Gesetz, das Leben für alle im Zusammenwirken aller ermöglichen will, nicht unterordnen. Und darum können die, die so leben, *Gott nicht gefallen* (**8**), nicht so leben, wie es vor ihm gerecht und gut ist.

Aber nun schwenkt Paulus wieder entschlossen zur positiven Aussage zurück und sagt zu den Christen in Rom: *Ihr aber seid nicht vom Fleisch bestimmt, sondern vom Geist* (**9**). Menschen, die zu Christus gehören, orientieren ihr Leben am Wirken des Geistes. Darum bestimmen Gottes Perspektive und sein Wille ihr Leben. Paulus begründet das mit einem Nachsatz, dessen Übersetzung aber umstritten ist. Die griechische Konjunktion hat nämlich zwei unterschiedliche Bedeutungen, die beide an unserer Stelle sinnvoll wären. Entweder heißt es: »*so gewiss* Gottes Geist in euch wohnt«, bestätigt also die grundsätzliche Aussage; oder: »*wenn anders* (bzw. *vorausgesetzt dass*) Gottes Geist in euch ist«, nennt also eine Bedingung, die erfüllt sein muss, damit die Aussage stimmt. Hier entscheidet also die Übersetzung einer unbedeutenden grammatikalischen Wendung über einen wichtigen Akzent der theologischen Aussage. Der Zusammenhang spricht für den vergewissernden Aspekt. Paulus nennt zwar in den folgenden Sätzen noch dreimal mit einem *wenn aber* Bedingungen für seine Folgerungen, aber es handelt sich dabei offensichtlich um *logische* Voraussetzungen, die er in Wirklichkeit als erfüllt betrachtet.

Paulus kann seinen Lesern und Leserinnen zusprechen, dass sie unter der Leitung des Geistes leben, weil für ihn gewiss ist, dass im Leben von Menschen, die zu Christus gehören, auch Gottes Geist wohnt. Und er unterstreicht dies, indem er gewissermaßen die Gegenprobe macht: *Wenn aber jemand Christi Geist nicht hat, der gehört nicht zu ihm*. Sollte jemand nicht vom Geist Christi erfüllt sein, würde er nicht zu Christus gehören. Man kann nicht nur dem Namen nach Christ sein. Wer wirklich zu Christus gehört, dessen

Leben wird auch von seinem Geist bestimmt und geleitet. Paulus setzt hier also Geist *Gottes* und Geist *Christi* gleich. Es geht um die *eine* Wirklichkeit der wirksamen Gegenwart Gottes in den Menschen. Dass Gottes bzw. Christi Geist in einem Menschen wohnt, schaltet dessen Verantwortung nicht aus. Der Mensch wird nicht umprogrammiert und läuft nun automatisch nach einem »Gottesprogramm«. Aber der Geist schenkt die innere Orientierung und die verlässliche Kraft, die Menschen befähigt, sich in Freiheit für Gottes Willen zu entscheiden und ihm entsprechend zu handeln. Paulus sagt den Christen in Rom zu, dass das bei Menschen, die zu Christus gehören, der Fall ist. Aber darin steckt auch ein Impuls, zur Selbstprüfung: Stimmt das auch für mich?
Unter dieser Voraussetzung formuliert Paulus nun zwei Basissätze christlichen Lebens und Hoffens (**10f**): *Wenn aber Christus in euch ist* – und davon geht Paulus nach dem Gesagten aus und setzt die Gegenwart des Geistes mit der Christi gleich (vgl. Gal 2,20) – *dann ist zwar der Leib wegen der Sünde tot, der Geist aber ist Leben wegen der Gerechtigkeit*. Der erste Teil dieser Folgerung stellt entweder realistisch fest: Auch die Christen sind dem Tod unterworfen, weil die tödlichen Folgen der Sünde in ihrer körperlichen Existenz (wir würden heute sagen: genetisch) eingeprägt sind. Oder Paulus will sagen: Unsere von der Sünde beherrschte körperliche Existenz, der Leib der Sünde und des Todes, ist tot, weil wir mit Christus in der Taufe gestorben sind. Die Entscheidung ist schwierig. Die erste Möglichkeit ist aber wahrscheinlicher, weil sie das *wegen der Sünde* besser erklärt, in V. 11b wieder aufgenommen wird und einen klaren Gegensatz zum zweiten Teil bildet, der besagt: Die Gegenwart des Geistes durch die Gemeinschaft mit Christus gibt uns Anteil am Leben, das den Tod besiegt, und zwar *wegen der Gerechtigkeit*, also wegen Gottes Ja, das er im Evangelium zu uns spricht und das neues Leben schafft und Leben neu gestaltet. Die Rechtfertigungsbotschaft bleibt für Paulus grundlegend; sie ist auch Grund für die Hoffnung der Christen.
Paulus erläutert das in seinem zweiten Basissatz, der zu den klarsten und eindrucksvollsten Formulierungen seiner Schriften gehört (**11**): *Wenn aber der Geist dessen, der Jesus von den Toten auferweckt hat, in euch wohnt* – Gottes Geist ist der Geist des Gottes, der in Christus den Tod überwunden hat. Das kennzeichnet auch das Wirken des Geistes. Und darum *wird der, der Christus von den Toten auferweckt hat, auch eure sterblichen Leiber lebendigmachen durch den Geist, der in euch wohnt*. Wenn Gottes Geist in denen wohnt, die zu Christus gehören, dann haben sie mit ihrer ganzen Existenz Anteil am Wirken dessen, der Christus von den Toten auferweckt hat. Das ist der Gott, an den sie glauben. Er wird

auch sie nicht im Tod lassen. Mit der Kraft göttlichen Lebens, das jetzt schon ihr Leben und Handeln bestimmt, wird er sie zu neuem Leben erwecken, und zwar mit ihrer ganzen Existenz, auch ihrem sterblichen Leib. Paulus greift damit ein Motiv auf, das ihm schon in 5,5 wichtig war: Die Hoffnung der Christen wächst von innen her, aus ihrer Begegnung mit dem Gott, der durch Christus neues Leben in ihnen wirkt. Der Rechtfertigungsglaube weckt die Auferstehungshoffnung.

»Du bist frei!« Das ist die Zusage des Evangeliums an die, die zu Christus gehören. Allerdings: Die Zusage der Freiheit ist keine Unabhängigkeitserklärung. Aus Fremdbestimmung wird nicht Selbstbestimmung, sondern Geistesleitung. Frei sind wir, wenn uns der Geist des Lebens zum wahren Leben an-leitet. Das ist für uns nicht leicht nachzuvollziehen. Uns fehlt in unserem Denken die Dimension der Mächte, die über unser Leben bestimmen. Das ändert nichts an deren Realität. Darum lautet die Botschaft des Paulus: Gottes Liebe hat in Tod und Auferweckung Jesu die Macht der Sünde und des Todes überwunden. Seine Liebe trägt und bestimmt auch das Leben derer, die durch Gottes Geist in das Kraftfeld dieser Liebe hineingestellt worden sind. Daraus gewinnen sie Orientierung für ihr Leben, daraus schöpfen sie Kraft für ihr Handeln und darin liegt ihre Hoffnung auf ein Leben, das immer zu Gott gehören wird.

8,12–17
Leben als Kinder Gottes

[12] Folglich, Brüder und Schwestern, sind wir nicht mehr dem Fleisch verpflichtet, unser Leben vom Fleisch bestimmen zu lassen, [13] denn wenn ihr nach dem Fleisch lebt, werdet ihr sterben; wenn ihr aber durch den Geist die Machenschaften des Leibes tötet, werdet ihr leben. [14] Denn alle, die von Gottes Geist getrieben werden, die sind Söhne und Töchter Gottes. [15] Denn ihr habt nicht den Geist der Sklaverei empfangen, der euch erneut in Furcht bringt, sondern ihr habt den Geist der Kindschaft empfangen, durch den wir rufen: Abba, Vater. [16] Der Geist selbst bezeugt (zusammen mit) unserem Geist, dass wir Kinder Gottes sind. [17] Wenn aber Kinder, dann auch Erben, Erben Gottes und Miterben Christi, so gewiss wir auch mit (ihm) leiden, damit wir auch mit (ihm) verherrlicht werden.

Dieser Abschnitt knüpft nahtlos an den vorigen an. Aber er bringt ein neues Thema. Welche Folgerungen sind daraus zu ziehen, dass unser Leben mit Christus durch die Leitung des Geistes Gottes bestimmt wird? Das erste, was es zu beachten gilt, ist: Wer hat in meinem Leben das Sagen? Welche Verpflichtungen im sozialen Leben haben Priorität? Wieder stehen sich *Fleisch* und *Geist* wie zwei Mächte gegenüber. Wichtig ist, sich klarzumachen: Wer Christus gehört, hat gegenüber dem Fleisch keinerlei Verpflichtungen zu erfüllen (**12**). Noch einmal sei betont: Es geht dabei nicht darum, seinen Körper zu vernachlässigen oder zu kasteien. Es geht auch nicht darum, alle familiären und gesellschaftlichen Bande zu Nichtchristen zu kappen. Es geht jedoch darum, sich nicht mehr unter den Zwang dessen pressen zu lassen, was *man* tut, um etwas zu gelten, um Einfluss und Macht zu gewinnen, um sich anderen gegenüber durchzusetzen, um nicht den Kürzeren zu ziehen, um auf der sicheren Seite zu sein, um sein Leben zu genießen oder um seine Probleme zu vergessen.

Dieser Zwang, durch den auch harmlose Wünsche und Bedürfnisse zur dominierenden Macht werden können, ist für Christen durchbrochen. Sie wissen, dass es dabei um Leben und Tod geht (**13**): *Wenn ihr nach dem Fleisch lebt, werdet ihr sterben.* Gerade das, was Leben in Fülle verspricht, was unserem Hunger und Durst nach Leben entgegenkommt, stellt sich als tödliche Gefahr heraus, weil es zu einem Leben ohne Gott verführt. Noch einmal sei an das Wort Jesu erinnert: »Wer sein Leben retten will, wird es verlieren!« Aber Christen wissen auch, wie sie sich dagegen wehren: *Wenn ihr aber durch den Geist die Machenschaften des Leibes tötet, werdet ihr leben.* Paulus schreibt den Christen hier eine erstaunlich aktive Rolle zu. Ein Leben im Geist erfordert mehr, als sich neu »programmieren« zu lassen.

Erschreckend radikal fordert Paulus dazu auf, *die Machenschaften des Leibes* zu töten. Ist also doch das Abtöten des Körpers gefordert? Aber Paulus spricht ja von den *Taten* des Leibes, zugespitzter übersetzt: von den *Machenschaften* des Leibes, und meint damit die eigenmächtigen Aktionen unserer irdischen Existenz. Damit rückt der Begriff *Leib* in die Nähe der Bedeutung von *Fleisch,* was auch parallele Formulierungen in Gal 5,19 (»Werke des Fleisches«; vgl. 5,24: »Die zu Christus gehören, haben das Fleisch samt den Leidenschaften und Begierden gekreuzigt.«) zeigen. Wieder verweist Paulus auf die Paradoxie: Wer die Praktiken, die nur auf das eigene Wohlergehen gerichtet sind und das eigene Überleben sichern sollen, *tötet,* d.h. sie unschädlich macht, der wird *leben* (also: »Wer sein Leben hingibt, der wird es gewinnen!«). In diesem Prozess der Selbstdisziplin sind die Christen aktiv engagiert. Aber sie sind dabei nicht auf die eigene Kraft und die eigene Urteilsbildung angewiesen. Das zeigen die folgenden Verse (**14–17**).

Wieder formuliert Paulus einige grundlegende Sätze, die begründen, warum Christen im Grunde gar nicht anders können, als ihr Leben vom Geist Gottes leiten und nicht mehr vom Fleisch bestimmen zu lassen. Der erste dieser Sätze lautet: *Denn alle, die von Gottes Geist getrieben werden, die sind Söhne und Töchter Gottes.* **(14)** Die Übersetzung des Nebensatzes ist jedoch umstritten. Viele Ausleger halten die zitierte wörtliche Übersetzung mit *die von Gottes Geist getrieben werden* aus theologischen Gründen für dringend geboten. Paulus benutze hier gerade die Vorstellung von der ekstatischen Macht des Geistes, welche die von ihr Ergriffenen mit innerer Gewalt vorwärts treibt (vgl. 1Kor 12,2), um die Radikalität der Kraft zu beschreiben, mit der Gottes Geist Menschen zu einem Leben mit Gott bewegt. Andere weisen darauf hin, dass es Paulus nicht um ekstatische Erfahrungen, sondern um richtiges Handeln geht, und übersetzen: *von Gottes Geist geführt werden*. Nimmt man aber ernst, dass V. 14 die Aufforderung von V. 13 begründet, dann ist auch die sprachlich mögliche Übersetzung *sich von Gottes Geist leiten lassen* zu erwägen. Auch in der parallelen Aussage in Gal 5,18 liegt die Bedeutung des Ausdrucks zwischen *vom Geist geführt werden* und *sich vom Geist leiten lassen*. Der Christ wird nicht zur Marionette des Geistes, der mit dieser macht, was er will. Er ist gefragt, sich für das Wirken des Geistes offenzuhalten. Zugleich zwingt der Nachsatz dazu, dem »Mitspielen« des Christen keinen eigenen Stellenwert beizumessen. Denn nicht *die* sind Söhne und Töchter Gottes, die sich bereit finden, den Geist Gottes in ihrem Leben wirken zu lassen, sondern *die*, die der Geist Gottes mit ihrem ganzen Leben *erfasst, treibt und bewegt*.

Auffallend bei den nächsten Sätzen ist, dass sie eine Reihe von wörtlichen Berührungen mit einer Passage in Gal 4 aufweisen. Paulus benutzt also grundsätzliche Einsichten, die er in der Korrespondenz mit den Galatern gewonnen hat, auch für sein Gespräch mit den Christen in Rom. Manche Ausleger nehmen an, dass diese Formulierungen schon gemeinsames Traditionsgut der jungen Christenheit war. Wir zeigen die Übereinstimmungen an einer knappen Gegenüberstellung der wichtigsten Aussagen:

Gal 4,5–7	Röm 8,14–17
[5]... damit wir die *Kindschaft* empfangen.	[14]Denn die vom *Geist Gottes* getrieben werden, das sind *Söhne* Gottes.
[6]Weil ihr aber *Söhne* seid,	[15]Ihr habt doch nicht einen Geist der *Sklaverei* empfangen ...
hat Gott den *Geist seines Sohnes* in unsere Herzen gesandt, den Geist, der da *ruft: Abba, Vater!*	ihr habt einen *Geist der Kindschaft* empfangen, in dem wir *rufen: Abba, Vater!*

⁷So bist du nun nicht mehr *Sklave*, sondern *Sohn*; bist du aber Sohn, dann auch *Erbe* – durch Gott.

¹⁶Eben dieser Geist bezeugt unserem Geist, dass wir Kinder Gottes sind. ¹⁷Sind wir aber *Kinder*, dann sind wir auch *Erben*: Erben Gottes, Miterben Christi ...

Zentrum der Aussage dieses Abschnittes ist das, was man die *Gotteskindschaft aller Gläubigen* nennen könnte. Auch Israel konnte von Gottes Volk als von Gottes *Sohn* sprechen (Ex 4,22; Jes 1,2; Jer 3,19; 31,9; Hos 11,1). In der Urchristenheit wird diese Aussage personalisiert: Alle sind Gottes Söhne – und da Frauen zweifellos eingeschlossen sind, haben wir mit Söhne *und Töchter* Gottes übersetzt. (Anders als in V. 16f wäre hier die Übersetzung *Kinder* weniger angemessen, weil es – wie Gal 4 zeigt – um erwachsene und mündige Kinder geht.) Wer von Gottes Geist ergriffen ist, gehört ganz zu Gott, wie ein Sohn oder eine Tochter zum Vater.

Paulus führt das weiter aus (**15**): Der Geist, den die Christen empfangen haben, ist nicht ein *Geist der Sklaverei*, sein Wirken ist also nicht durch Unterwerfung und Ausbeutung charakterisiert und darum nicht durch *Furcht* vor Gericht und Bestrafung bestimmt. Das wäre ein Rückfall in die Situation unter der Herrschaft des Gesetzes. Paulus unterscheidet also zwischen einer positiv bewerteten *Furcht Gottes*, die im Sinne der Ehrfurcht und des Respekts vor Gott Grundlage jeder angemessenen Beziehung zu Gott ist (2Kor 5,11; vgl. 1Kor 2,3; Phil 2,12; dazu Ps 111,10), und einer lähmenden *Furcht*, bei der die Angst vor Strafe jede positive Entwicklung der Beziehung zu Gott verhindert. Demgegenüber wirkt der *Geist der Kindschaft* ein vertrauensvolles Miteinander, das aufseiten der Söhne und Töchter durchaus auch durch Respekt, vor allem aber durch mündige Verantwortung gekennzeichnet ist. Das deutet auch der Begriff *Kindschaft* an, den wir eigentlich mit *Adoption* wiedergeben müssten. Nicht das Bild des hilflosen, ganz auf Fürsorge angewiesenen Kleinkindes steht also im Vordergrund, sondern die gnädige Annahme an Kindes Statt mit allen Rechten und Pflichten des (erwachsenen) Kindes.

Dass Paulus dieses Wort wählt, mag auch ein Hinweis darauf sein, dass für ihn nicht einfach alle Menschen, weil sie Geschöpfe Gottes sind, als Kinder Gottes gelten. (Analog zu Gal 4 würde er vielleicht sagen, dass es auch entfremdete Kinder gibt, die noch unter der Vormundschaft anderer Mächte leben.) Aber wirkliche Gotteskindschaft leben Menschen dort, wo Gottes Geist ihnen ihr Kindesrecht erschlossen und bewusst gemacht hat. Durch diesen Geist ermächtigt und ermutigt rufen die Christen: *Abba, Vater. Abba* ist ein aramäisches Wort, das ähnlich wie unser Wort *Papa* die kindliche Sprache der intimen Anrede des Vaters aufnimmt. Man hat offensichtlich auch in der griechisch sprechenden Gemeinde dieses aramäische Wort als Ruf zu Gott gebraucht, ihm aber dann das entsprechende griechische Wort für *Vater* beigesellt. In Mk 14,36 wird die Anrede *Abba* auch in Jesu Gebet in Gethsemane genannt und dort für die griechisch sprechenden Leser gleich übersetzt. Es spricht viel dafür, dass diese Anrede charakteristisch für das Beten Jesu war und für die Art, wie er seine Jünger in ein vertrauensvolles Beten einführte. Auch die lukanische Fassung des Vaterunsers beginnt mit der schlichten Anrede: Vater.

Auch wenn im Judentum die Anrede Gottes als *Unser Vater* in Gemeindegebeten nicht unbekannt war, so war dieser ganz persönliche Ton doch ungewöhnlich. Darum haben die ersten Christen diesen Ruf zu Gott in seiner aramäischen Urgestalt weiterüberliefert. Das Stichwort *wir rufen* markiert einen sehr intensiven Ton, fast *schreien*. Es geht um Rufe, die im Gottesdienst laut werden, wohl nicht nur in liturgischer, wohltemperierter Ordnung, sondern auch in begeisterten Zwischenrufen (man vgl. das *shouting* in afroamerikanischen Gottesdiensten). Nach Gal 4,5 ist es der Geist selbst, der ruft und so die Verbindung zu Gott schafft. Das Gewisswerden der Gotteskindschaft hat also durchaus etwas mit der Erfahrung christlicher Gemeinschaft zu tun, hat aber auch eine sehr persönliche Seite (**16**): *Der Geist selbst bezeugt (zusammen mit) unserem Geist, dass wir Kinder Gottes sind*. Unser Geist, das ist nicht einfach unser Denkvermögen. Es ist die Dimension unseres Wesens, die Gott für unsere Kommunikation mit ihm geöffnet hat, unser Bewusstsein, sofern es offen ist für Gottes Reden und Wirken. Das mag erklären, dass Paulus hier bei genauer Übersetzung sagt, dass Gottes Geist *zusammen mit unserem Geist* Zeugnis für die Gotteskindschaft ablegt. Es geht nicht darum, dass hier ein natürliches Gottesbewusstsein als zweiter, unabhängiger Zeuge auf den Plan gerufen wird. Gottes Geist wirkt von außen, durch das Wort der Verkündigung, das er inspiriert, und durch die Gemeinschaft der Gemeinde, in der er spricht. Aber er wirkt zugleich auch von innen, dadurch, dass er in unserem Bewusstsein die Gewissheit schafft: *Wir sind Gottes Kinder*. An dieser Stelle verwendet Paulus übrigens wirklich das griechische Wort für *Kinder*. Es ist das Signal von seiner Seite, dass niemand wegen seines Geschlechts oder seines Alter ausgeschlossen ist. Sachlich berührt sich diese Aussage wieder mit 5,5: Gottes Liebe ist ausgegossen in unsere Herzen durch den Heiligen Geist!

V. **17** schließt den Gedankengang ab und liefert zugleich das Stichwort für den nächsten Abschnitt: *Wenn aber Kinder, dann auch Erben*; das ist die erste Folgerung. Anders als im Galaterbrief, wo es im Zusammenhang um das Erbe Abrahams ging, kommt der

Gedanke hier überraschend. Er scheint auch völlig fehl am Platz, weil er ja den Tod des Erblassers voraussetzt. Aber genau diese Vorstellung fehlt im Judentum und im Urchristentum im Zusammenhang mit dem Begriff des Erbes. Es bezeichnet die Teilhabe am Familienbesitz (vgl. Lk 15,31, wo der Vater zu dem älteren Sohn sagt: »Was mein ist, ist auch dein«) und ist inhaltlich geprägt von der Rede vom Erbteil Israels.

Im Neuen Testament meint *Erbe* die Teilhabe am künftigen Heil. In diesem Sinn sind die Christen *Erben Gottes und Miterben Christi*, sie haben Anteil an dem, was Gott gehört, so gewiss sie Anteil an der Gemeinschaft mit Christus haben, und das bedeutet – um die zwei Eckpunkte zu nennen: *so gewiss wir auch mit (ihm) leiden, damit wir auch mit (ihm) verherrlicht werden*. Wir treffen hier wieder wie in V. 9 auf jenes doppeldeutige Wort, das auch heißen kann: *wenn anders* bzw. *vorausgesetzt dass* wir mitleiden. Viele Ausleger halten an dieser Stelle den Ton auf der Bedingung für wahrscheinlicher. Aber auch hier geht Paulus von einer Voraussetzung aus, die er für gegeben hält. Menschen, die in Gemeinschaft mit Christus leben, haben auch Anteil an seinem Leiden, darum aber auch an seiner künftigen Herrlichkeit. Paulus nennt damit die Themenstichworte für den Abschnitt 8,18–30, und auch dort geht er davon aus, dass gegenwärtiges Leiden zu den Kennzeichen des Christseins gehört. Das schließt natürlich nicht aus, dass Paulus damit zugleich an die Christen in Rom den Impuls aussendet, zu prüfen, ob das auch ihre Wirklichkeit kennzeichnet.

Wie sieht das Leben in der Freiheit, die Gottes Geist schenkt, aus? Die Antwort die Paulus gibt, ist klar: Es ist der Dienst derer, die wie mündige Kinder in der Gemeinschaft des Vaters leben und in tiefem Vertrauen und selbständiger Verantwortung vor ihm handeln. Ein doppelter Ton zeichnet diesen und den vorigen Abschnitt aus: Es ist zunächst der Ton tiefer Dankbarkeit und letzter Gewissheit, dass Gottes Geist unser Leben trägt und leitet. Dieser Ton klingt am schönsten in den Motetten wieder, die J.S. Bach über diese Texte geschrieben hat. Zugleich ist aber auch der begleitende Kontrapunkt zu hören, der die Verantwortung dafür anklingen lässt, auch im Wirkbereich des Geistes zu bleiben und zu handeln.

8,18–39
Die Gewissheit der Treue Gottes

Der zweite Hauptteil des Römerbriefs schließt mit einer ganz neuen Perspektive auf den Zusammenhang von solidarischem Leid und

Gewissheit der künftigen Errettung. Noch einmal verbindet Paulus den Blick auf die Bedeutung des Todes Jesu mit der Zusage der unverbrüchlichen Treue Gottes. Der Abschnitt gliedert sich in zwei Teile:

8,18–30
Solidarisches Leiden und Hoffnung auf Verherrlichung

[18]Ich bin überzeugt, dass die Leiden der gegenwärtigen Zeit in keinem Verhältnis stehen zu der Herrlichkeit, die an uns offenbart werden wird. [19]Denn die sehnsüchtige Erwartung der Schöpfung hält ungeduldig Ausschau nach der Offenbarung der Söhne und Töchter Gottes. [20]Denn die Schöpfung ist der Nichtigkeit unterworfen worden, (und zwar) nicht freiwillig sondern durch den, der sie unterworfen hat, auf Hoffnung hin. [21]Denn auch sie, die Schöpfung, wird von der Sklaverei des Verderbens zur Freiheit der Herrlichkeit der Kinder Gottes befreit werden. [22]Denn wir wissen, dass die ganze Schöpfung mit seufzt und bis jetzt mit in Geburtswehen stöhnt. [23]Aber nicht nur das, sondern auch wir, die wir die Erstlingsgabe des Geistes haben, auch wir selbst seufzen miteinander, weil wir die (Erfüllung der) Kindschaft sehnlichst erwarten, die Erlösung unseres Leibes. [24]Denn im Zeichen der Hoffnung sind wir gerettet worden. Hoffnung aber, die man (schon) sieht, ist keine Hoffnung. Denn wer hofft (noch) auf das, was er (schon) sieht? [25]Wenn wir aber auf das, was wir (noch) nicht sehen, hoffen, dann warten wir sehnlichst und mit Ausdauer darauf.
[26]In gleicher Weise aber steht auch der Geist uns in unserer Schwachheit bei. Denn wir wissen nicht, was wir beten sollen, wie es sein soll, aber der Geist selbst tritt mit unaussprechlichen Seufzern für uns ein. [27]Der aber, der die Herzen erforscht, der weiß, was das Anliegen des Geistes ist, denn er tritt nach Gottes Willen für die Heiligen ein.
[28]Wir wissen aber, dass für die, die Gott lieben, alles zum Guten zusammenwirkt, für die, die nach Gottes Ratschluss berufen sind. [29]Denn die, die er im Voraus ausersehen hat, die hat er auch vorherbestimmt, dem Bild seines Sohnes gleichgestaltet zu werden, damit er der Erstgeborene unter vielen Geschwistern sein würde. [30]Die aber, die er vorherbestimmt hat, die hat er auch berufen; und die er berufen hat, die hat er auch gerechtfertigt, die aber, die er gerechtfertigt hat, die hat er auch verherrlicht.

Die Stichworte für diesen Abschnitt hat Paulus in V. 17 gegeben: *mit Christus leiden* und *mit ihm verherrlicht werden*. Sie tauchen in leicht veränderter Form in der These wieder auf, die er mit V. **18** dem Abschnitt voranstellt. Paulus gibt ein sehr persönliches Urteil ab: *Ich bin überzeugt, dass die Leiden der gegenwärtigen Zeit in keinem Verhältnis stehen zu der Herrlichkeit, die an uns offenbart werden wird.* Paulus spricht sehr umfassend von den *Leiden der gegenwärtigen Zeit.* Dabei benutzt er für *Zeit* das griechische Wort *kairos,* das für den besonderen Zeitpunkt und für qualifizierte Zeit steht. Er sieht also die Christen in einer besonderen Herausforderung in einer Zeit der Unterdrückung und Verfolgung. Aber diese Leiden wiegen die künftige Herrlichkeit nicht auf. Paulus verwendet hier das Bild von der Waage. Die künftige Herrlichkeit wiegt schwerer als das jetzige Leiden. (Eine ähnliche Aussage macht Paulus auch in 2Kor 4,17.) Paulus sagt nicht, dass diese Leiden unerheblich sind. (Die übliche Übersetzung *fallen nicht ins Gewicht* ist deshalb wohl zu harmlos.) Aber sie stehen in keinem Verhältnis *zu der Herrlichkeit, die an uns offenbart werden wird.* Wieder spricht Paulus von der zukünftigen *Herrlichkeit,* als Ziel und Vollendung des Weges derer, die zu Christus gehören. Das Passiv *offenbart werden* steht für das Handeln Gottes. Gott wird seine Herrlichkeit nicht nur *für* die Christen sichtbar werden lassen, sondern wird sie auch *an* ihnen verwirklichen. So wie sich jetzt im Evangelium Gottes Gerechtigkeit offenbart und Gottes Ja für alle Wirklichkeit werden lässt, die es im Glauben annehmen (1,17), so wird Gott, wenn er sein Werk vollendet, die Seinen ans Ziel führen, nämlich zu ihrer Bestimmung, Träger und Teilhaber seiner Herrlichkeit zu sein (siehe zu 3,23). Paulus beschreibt das nicht näher. Aber er kommt immer wieder auf die Perspektive zurück, dass die Erlösung der Menschen dort zum Ziel kommt, wo Gott sie in seine Gemeinschaft aufnimmt und damit auch in die Fülle seines Gottseins hineinnimmt.

In V. **19** bekommt dieser Gedanke eine überraschende Wendung. Auch die *Schöpfung* – und Paulus denkt hier sicher an die ganze belebte Natur – wartet voll *sehnsüchtiger Erwartung auf die Offenbarung der Söhne und Töchter Gottes.* Dass Gottes Söhne und Töchter voll und ganz zu ihrer Bestimmung finden und dies für alle erfahrbar wird, das ist auch Hoffnung für die Schöpfung. Grundlage dieser Aussage ist die Auslegung der Schöpfungsgeschichte von Gen 1–3. Gottes Weg mit seiner Schöpfung ist noch nicht am Ziel, weil die Menschen ihren Auftrag, als seine Repräsentanten die Erde zu bebauen, nicht erfüllt haben. Durch ihren Ungehorsam ist Leid und Tod in die Schöpfung gekommen. Die Christen stehen als Kinder Gottes für eine neue Menschheit. Ihre Erlösung ist nicht nur ihre persönliche Errettung, sie bedeutet auch Heil für die Welt!

Paulus erläutert diese kühnen Gedanken im Folgenden (**20**): Die Aussage, dass *die Schöpfung der Nichtigkeit unterworfen worden ist*, fasst alles zusammen, was an sinnlosem Leiden und destruktiven Kräften in der Schöpfung zu beobachten ist. Leser der griechischen Bibel werden durch die Wortwahl des Paulus an den Beginn des Buches Prediger in der Septuaginta erinnert, wo es heißt: »Nichtigkeit der Nichtigkeiten, sprach der Prediger, Nichtigkeit der Nichtigkeiten, alles ist Nichtigkeit« (Pred 1,2 REB). Diese Unterwerfung unter immer wieder neue sinnlose Zerstörung geschah *nicht freiwillig*; sie ist für Paulus – anders als für heutige Sicht – auch nicht eine der Natur innewohnende Gesetzmäßigkeit. Sie geschah vielmehr *durch den, der sie unterworfen hat*. Das aber ist nicht Adam, wie das in der Auslegung immer wieder vorgeschlagen wurde, sondern Gott. Nach Gen 3,17–19 hat er als Konsequenz der Übertretung der ersten Menschen die Erde einem Fluch unterworfen, der sie aus einem Ort reiner Lebensfülle zum Kampfplatz ums Überleben gemacht hat. Was dort auf die Verschlechterung der Lebensbedingungen für die Menschen beschränkt scheint, bedeutet für Paulus die Unterwerfung der ganzen Schöpfung unter das Geschick der Vergänglichkeit.

Das aber geschah nicht ohne eine Perspektive der *Hoffnung*. Auch davon spricht die Genesiserzählung nicht. Aber Paulus nimmt die Schöpfung in die Hoffnungsperspektive des Christusgeschehens hinein: *Denn auch sie, die Schöpfung, wird von der Sklaverei des Verderbens zur Freiheit der Herrlichkeit der Kinder Gottes befreit werden* (**21**). Die Sklaverei unter der Macht des Verderbens, dem Kreislauf von Stirb und Werde, bei dem der Tod das letzte Wort zu haben scheint, wird auch für die Schöpfung dadurch beendet werden, dass Gott sie in die Freiheit führt. Die *herrliche Freiheit der Kinder Gottes* (wie Luther wunderschön, aber doch etwas ungenau übersetzt), zu der sie befreit werden, ist die Freiheit, die durch die Herrlichkeit Gottes, d.h. durch das Offenbarwerden der Souveränität Gottes, begründet und gestaltet ist. Daran werden zuerst die Kinder Gottes Anteil bekommen. Wenn sie dies Ziel erreicht haben, kann auch die Schöpfung ihre ursprüngliche Bestimmung erlangen, zum Zeugen für Gottes Ja zum Leben zu werden. Das Heil, das mit der Offenbarung der Gerechtigkeit Gottes im Evangelium beginnt und zur Rechtfertigung der Gottlosen führt, findet so seine Vollendung auch für eine gefallene und leidende Welt. Das Heil der Kinder Gottes ist nicht nur für sie da; es ist Heil für die ganze Schöpfung.

Paulus begründet das noch einmal mit einer weiteren Überlegung, in die er seine Adressaten miteinbezieht: *Denn wir wissen, dass die ganze Schöpfung mit seufzt und bis jetzt mit in Geburtswehen stöhnt* (**22**). Paulus verrät nicht, woher er die Gewissheit nimmt, dass die Christen in Rom diese für Menschen der Antike eher ungewöhnliche Einsicht teilen. Er geht davon aus, dass auch seine Mitchristen das Leiden ihrer Mitgeschöpfe wahrnehmen und in dem Schrei eines gequälten Esels, im Anblick von sterbenden Fischen in einem vergifteten Fluss und den klaffenden Wunden von nackten Erosionsrinnen an entwaldeten Abhängen das stumme oder auch herzzerreißend laute Stöhnen der Kreatur nach Erlösung vernehmen. Menschen in früheren Jahrhunderten waren noch nicht sensibel für ökologische Fragen und haben nur selten registriert, wie menschliches Handeln die Natur zerstörte. Deshalb haben die Ausleger früherer Zeiten in Frage gestellt, dass Paulus hier mit *Schöpfung* die außermenschliche Natur meint. »Haben Sie schon einmal einen Kohlkopf seufzen hören«, soll Schlatter Vertreter dieser Meinung gefragt haben. Doch ist durch die Bemerkung in V. 19, dieses Leiden sei *nicht freiwillig*, also ohne eigenes Zutun, über die Schöpfung gekommen, so gut wie sicher, dass Paulus die außermenschliche Schöpfung meint. (Möglich ist freilich, dass er in das betonte »die *ganze* Schöpfung« auch die unerlöste Menschheit mit einbezieht.)

Seit dann in den letzten Jahrzehnten des vorigen Jahrhunderts das ganze Ausmaß der durch den Menschen verschuldeter Zerstörung der Natur und des durch diesen Raubbau verursachten Artensterbens bewusst wurde, eröffnete dies einen ganz neuen Zugang zu den Aussagen des Paulus. Unabhängig davon, wie sehr er schon vergleichbare Probleme im Auge hatte – seine Worte sprechen unmittelbar in unsere Situation. Paulus setzt noch einen besonderen Akzent, der in den meisten Übersetzungen verlorengeht: Er sagt, dass die Schöpfung *mit* (oder auch *gemeinsam*) seufzt und *mit* (bzw. *gemeinsam*) in Geburtswehen stöhnt. Die wechselseitige Abhängigkeit und Verbundenheit im gemeinsamen Leiden wird damit eindrücklich unterstrichen. Das Bild von den *Geburtswehen* wird sonst von endzeitlichen Leiden gebraucht (vgl. Mk 13,8). Es deutet an, dass das Leiden ein Ende finden wird, auch wenn es *bis jetzt* andauert, und dass Hoffnung auf neues Leben besteht. Aber es verheißt nicht, dass die Schöpfung eine neue Schöpfung aus sich selbst heraus gebiert.

Die unerlöste Schöpfung ist mit ihrem Hoffen und Seufzen nicht allein. In einer ganz unerwarteten Wendung bezieht Paulus auch die Christen in diese Haltung mit ein (**23**): *Aber nicht nur das, sondern auch wir, die wir die Erstlingsgabe des Geistes haben, auch wir selbst seufzen miteinander ...* Auch die, in deren Herz Gottes Geist ausgegossen ist, der ihnen bezeugt, dass sie Gottes Kinder sind, sind noch nicht am Ziel. Paulus bezeichnet den Geist als *Erstlingsgabe*. Dieser Begriff kommt aus dem Alten Testament und bezeichnet dort die Opfer, die jeweils von der Erstgeburt eines Haustieres oder den ersten Früchten der Ernte dargebracht werden (vgl. Gen 4,4, Ex 13,2; Lev 2,12). Aber der Geist Gottes ist ja kein Opfer. Der Vergleichspunkt ist ein anderer: So wie die Erstlingsfrüchte darauf verweisen, dass die volle Ernte gewiss ist, so verweist die Gabe des Geistes auf die kommende Vollendung des Heilshandelns Gottes. In gleichem Sinne nennt Paulus an anderer Stelle den Geist das *Unterpfand*, die *Anzahlung* für die kommende Errettung (2Kor 1,22; 5,5). Die Gabe des Geistes ist also kein Besitz, kein Stück Himmel, das einem schon genügen könnte. Sie gibt einen Vorgeschmack auf Gottes Gegenwart, die nach mehr hungern und dürsten lässt und die Hoffnung auf die völlige Erfüllung am Lodern hält. Darum seufzen und sehnen sich auch die Geistbegabten *miteinander* (oder: *in ihrem Innern;* beide Übersetzungen sind möglich) nach der Vollendung von Gottes Heil.

Paulus begründet dies in einem Nachsatz: *weil wir die Kindschaft sehnlichst erwarten, die Erlösung unseres Leibes.* Nachdem, was Paulus in V. 15 gesagt hat, überrascht diese Formulierung. Dort hieß es: *Ihr habt den Geist der Kindschaft empfangen, der uns bezeugt, dass wir Gottes Kinder sind.* Hier spricht Paulus von der sehnlichen Erwartung der Kindschaft, d.h. der Annahme an Kindes Statt. Offensichtlich gibt es zwei Ebenen dieser Wirklichkeit: die gewisse Zusage im Wort des Evangeliums und dem Wirken des Geistes *und* die Erfüllung in der vollendeten Gemeinschaft mit dem Vater. Paulus sagt auch sogleich, was die Christen so sehnlich erwarten: *die Erlösung unseres Leibes.* Das Wort *Erlösung* hatte ursprünglich nicht den religiösen Klang, den wir heute in ihm hören. Es heißt *Loskauf* aus der Kriegsgefangenschaft bzw. der Sklaverei. Für Paulus ist eines der gravierendsten Probleme menschlicher Existenz, dass der Leib versklavt ist, versklavt durch die Sünde und den Tod (6,6; 7,24). Und obwohl diejenigen, die sich mit Christus in den Tod hineinnehmen ließen, von der Herrschaft der Sünde und grundsätzlich auch von der des Todes freigekauft sind, bleibt doch der Leib der Angriffspunkt für diese Mächte (vgl. 8,10). Paulus sehnt sich deshalb danach, dass der ganze Mensch, mit Leib und Leben, frei wird für Gott. Er erwartet nicht die Erlösung *vom Leib* – das war die Hoffnung des Sokrates und der Griechen. Er teilt auch nicht die resignative Einstellung der Worte, die man oft über Todesanzeigen sieht: »Wenn die Kraft zu Ende geht, ist Sterben Erlösung.« Der Mensch existiert als Leib, um zu kommunizieren und zu handeln. Und darum hofft Paulus auf die Erlösung *des* Leibes, seine Befreiung und Verwandlung zu einer Existenz, die ganz auf Gott ausgerichtet ist und ihm dient.

Die sehnsüchtige Erwartung darauf sieht Paulus in Analogie zur Sehnsucht einer unerlösten Schöpfung auf Befreiung und Heilung. Das schafft ein Bewusstsein der Solidarität. Paulus entwickelt daraus keine Weltverbesserungspläne. Aber die Solidarität in der Hoffnung sensibilisiert für das Leiden der anderen. Dass daraus auch hilfreiches Handeln und Eintreten füreinander erwachsen können, ist hier nicht Thema, aber eine zwingende Konsequenz.

Paulus muss aber zunächst noch begründen, warum er die Christen so konsequent einer auf ihre Erlösung harrende Schöpfung an die Seite stellt (**24**): *Denn im Zeichen der Hoffnung sind wir gerettet worden.* Dieser Satz beschreibt eine paradoxe Situation: Während Paulus an anderer Stelle die Rettung im Endgericht erst in der Zukunft erwartet (z.B. 5,10), sagt Paulus hier: Unsere Rettung ist schon geschehen. Durch Gottes Handeln in Jesus Christus, in das wir durch Glauben und Taufe hineingenommen wurden, ist unser Leben der Bedrohung durch Gericht und Tod entronnen (vgl. 8,1). *Aber*: Solange unser Leben noch nicht ganz in der Gemeinschaft mit Gott geborgen ist, ist auch die Wirklichkeit unserer Rettung nicht einfach greifbar und sichtbar, sondern erst in unserer Hoffnung gegenwärtig.

Paulus unterstreicht dies durch Hinweise auf die Natur jeder Hoffnung (**25**). Sie bezieht sich nicht auf Dinge, die man schon sieht oder zur Verfügung hat, sondern auf Dinge, die man noch erwartet. Weil aber die endgültige Rettung unseres Lebens noch nicht sichtbare Wirklichkeit ist, ist auch unser Leben – wie das der ganzen Schöpfung – von sehnlicher Erwartung bestimmt. Weil uns aber diese Hoffnung gewiss ist, warten wir *mit Ausdauer* darauf (auch hier wäre das Wort *Geduld* zu passiv für das, was Paulus an aktivem Leben auf die Erfüllung der Hoffnung zu beschreibt). Nach den Erfahrungen mit der Gemeinde in Korinth, wo viele Christen meinten, sie seien schon im Himmel, ist es Paulus wichtig, neben dem *schon jetzt* des Heils auch von dem *noch nicht* zu sprechen. Das erfordert nicht nur der nötige Realismus gegenüber dem eigenen Leben. Das ermöglicht auch eine tätige Solidarität mit denen, die noch nicht von dieser gewissen Hoffnung ergriffen und erfüllt sind und sich doch mit jeder Faser ihres Seins nach Befreiung und Erlösung sehnen.

Paulus verstärkt diesen Gedanken noch auf eine völlig überraschende Weise (**26f**): *In gleicher Weise aber steht auch der Geist uns in unserer Schwachheit bei.* Auch das Wirken des Geistes wird in die Solidarität des Hoffens mit einbezogen. *Schwachheit*, also die Situation, wo wir ans Ende unserer Kräfte kommen und die Dinge nicht aus eigener Kraft bewältigen können, ist für Paulus nicht nur ein Zustand beklagenswerten Unvermögens. Für ihn selbst wurde

solche Schwachheit zum Ort, wo er Gottes Nähe und Hilfe besonders intensiv erfahren hat. Er hat dies im 2. Korintherbrief in der Auseinandersetzung mit Leuten, die das Wirken des Geistes nur in der Demonstration besonderer Kräfte erkennen und anerkennen wollten, eindrucksvoll herausgearbeitet (vgl. 2Kor 11,16 – 12,11). Hier spricht Paulus von einer besonderen Form des Schwachseins: *Denn wir wissen nicht, was wir beten sollen, wie es sein soll.* Diese Aussage ist deshalb so erstaunlich, weil Paulus sonst nirgends von einer allgemeinen Ratlosigkeit der Christen im Blick auf das rechte Beten spricht. Paulus bleibt bei seinem Thema, der Hoffnung für die unerlöste Schöpfung. In ihrem Gebet für die leidende Kreatur und für Menschen, die nicht zu Gott gefunden haben, stoßen Christen an ihre Grenzen: Was sollen, was dürfen sie beten? Was entspricht Gottes Willen? (Das ist mit *wie es sein soll* gemeint.) Gerade in dieser Situation tritt Gottes Geist für uns ein und vertritt uns in unserem Gebet mit *unaussprechlichen* (oder auch *unausgesprochenen, wortlosen*) *Seufzern.* Der Geist Gottes selbst bringt sich in die Solidarität der nach Erlösung Seufzenden mit ein und nimmt als Fürsprecher und Fürbitter Teil an der merkwürdigen Gebetsgemeinschaft der unerlösten Schöpfung und der geretteten Kinder Gottes.
Immer wieder haben Ausleger vermutet, dass Paulus mit den *unaussprechlichen Seufzern* auf das Phänomen der Zungenrede bzw. des Sprachengebetes anspielt. Viele, die diese Gabe hatten, waren überzeugt, dass sie damit die Sprache des Himmels sprechen könnten, so wie Paulus davon spricht, er habe bei seiner Entrückung in die himmlische Welt »unsagbare Worte« gehört (2Kor 12,4). Paulus würde dann solchen Charismatikern sagen: Der Geist macht euch nicht zu Gebetsvirtuosen, die mit himmlischen Zungen reden; wenn der Geist auf diese besondere Weise durch euch redet, ist das ein Zeichen unseres Unvermögens, in dem uns der Geist beispringt, und zugleich die Demonstration seiner Solidarität mit dem Schrei nach Erlösung, der in der Schöpfung noch laut wird.
Diese Auslegung hat viel für sich. Es gibt allerdings auch Gegenargumente: Das griechische Wort für *unaussprechlich* kann auch mit *unausgesprochen* übersetzt werden. Dann sind also auch die stummen Seufzer in das Wirken des Geistes eingeschlossen. Es gibt im Römerbrief aber keine Andeutungen, dass das Phänomen der Zungenrede bei den dortigen Christen verbreitet war. Paulus schließt jedoch an unserer Stelle alle Christen in seine Argumentation ein: Alle leiden unter dem Unvermögen, nicht zu wissen: Was sollen wir nach Gottes Willen beten? Und für alle gilt, dass Gottes Geist gerade an dieser Stelle für sie eintritt und wirksam wird.

Das wird dann im nächsten Vers noch erläutert (**27**): *Der aber, der die Herzen erforscht*, ist ohne Zweifel Gott selbst, von dem es schon im Alten Testament heißt, dass er die Herzen kennt (1Sam 16,7; 1Kön 8,39; Ps 139,1.23). Er weiß deshalb, *was das Anliegen des Geistes ist, denn der tritt nach Gottes Willen für die Heiligen ein.* Das Anliegen des Geistes ist *Leben und Frieden*, hatte Paulus in 8,6 gesagt. Der Geist nimmt die unartikulierten und unausgesprochenen Bitten aus den Herzen der Betenden auf und übersetzt sie in die Anliegen, auf die sie Gottes Willen gemäß zielen, eben Leben und Frieden. Und so spricht im Geist Gott zu Gott: Gott, wie er im Geist in unseren Herzen gegenwärtig ist und besser weiß als wir selbst, was wir und die, für die wir beten, brauchen, er spricht zu Gott, in dessen Hand die Zukunft der ganzen Welt liegt. So tritt er für *die Heiligen* ein, die Gemeinschaft derer, die in Christus zu ihm gehören und die doch darauf angewiesen sind, dass er ihr Beten aufnimmt und annimmt und nach seinem Willen gestaltet.

Diese Aussagen sind sehr viel umfassender als ihr ursprünglicher Anlass, das Gebet für eine unerlöste Schöpfung. Paulus trägt hier eine Grundaussage seiner Botschaft in den Alltag der Christen hinein. Der Gott, dessen Geist für die eintritt, die nicht wissen, was sie beten sollen, ist der Gott, der die Gottlosen rechtfertigt und die Toten auferweckt. Auf seine schöpferische Kraft dürfen Christen auch dann hoffen, wenn ihre eigenen Worte und Überlegungen im Reden mit Gott am Ende sind. Das ist die seelsorgerliche Seite der Rechtfertigungsbotschaft!

Paulus greift von hier aus noch einmal zurück auf V. 18 und seine Einschätzung der Leiden, die auch Christen nicht erspart bleiben. Er wagt es jetzt, sogar von einer möglichen positiven Bedeutung solcher Leiden zu sprechen (**28**). Wieder deutet er an, dass dies eigentlich Allgemeingut christlicher Lebenserfahrung ist: *Wir wissen aber, dass für die, die Gott lieben, alles zum Guten zusammenwirkt.* Das ist ein großes Wort, und als erstes fällt auf, dass Paulus die Menschen, von denen er das sagt, als *die, die Gott lieben*, bezeichnet. Das geschieht bei Paulus selten. In 1,7 hat er die Christen in Rom *die von Gott Geliebten* genannt, und so spricht er in seinen Briefen immer wieder von Gottes Liebe zu uns. In zeitgenössischen jüdischen Schriften heißen die, die zu Gott gehören, nicht selten: »die Gott lieben«. Das sind diejenigen, die das Hauptgebot Israels: »Du sollst den Herrn, deinen Gott, lieben« befolgen. Es ist bezeichnend, dass die einzige Stelle, an der die Wendung bei Paulus sonst vorkommt, ein Zitat aus einer apokryphen jüdischen Schrift ist (1Kor 2,9). Hier wählt Paulus diese Wendung, weil sie die innere Einstellung charakterisiert, um die es ihm geht. Wessen Herz von Gottes Liebe erfüllt ist und wer darum Gott lieben kann

– aus ganzem Herzen, ohne das Misstrauen, Gott könne es vielleicht doch nicht gut mit uns meinen –, der wird erfahren, dass letztlich alles, auch leidvolle und schwierige Erfahrungen, in einem Leben zum Guten zusammenwirkt. Paulus denkt nicht an schnelle Lösungen und sagt nicht, dass für Christen immer alles sofort gut wird. Aber er ist überzeugt, dass in der Hand Gottes alles, was geschieht, in den Weg zum guten Ziel unseres Lebens integriert wird. Einige sehr alte Handschriften haben das dadurch unterstrichen, dass sie formulierten: *Gott wird alles zum Guten zusammenfügen.* Das hat Paulus in der Sache gemeint. Nicht der Allgemeinplatz: »Es wird doch alles gut werden« stützt seine Gewissheit, sondern sein Vertrauen auf Gott.
Damit aber nicht jemand ins Grübeln kommt, ob er oder sie denn Gott genügend liebe, um diese Erfahrung zu machen, schiebt Paulus noch eine weitere Bezeichnung derer nach, für die dies gilt. Es sind die, *die nach Gottes Ratschluss berufen sind.* Gottes Berufung begründet unsere Zugehörigkeit zu Gott und unsere Liebe zu ihm und nicht umgekehrt. Paulus ist diese Reihenfolge wichtig; auch in 1Kor 8,3 sagt er: »Wer Gott liebt, der ist von ihm erkannt worden.« Gottes Aktion geht unserer Reaktion voraus und darin liegt die Gewissheit, dass wir zu ihm gehören. Das gilt auch für die Christen in Rom als von Gott *berufene Heilige* (1,7).
Diesen Gedanken verfolgt Paulus mit großem Nachdruck in den nächsten beiden Versen (**29f**), die einen eindrucksvollen Kettenschluss bieten. Eine strukturierte Darstellung des Textes macht dies deutlich:

²⁹Die, die er im Voraus ausersehen hat, die hat er auch vorherbestimmt,
   dem Bild seines Sohnes gleichgestaltet zu werden,
      damit er der Erstgeborene unter vielen Geschwistern sein würde.
³⁰Die aber, die er vorherbestimmt hat, die hat er auch berufen;
die er berufen hat, die hat er auch gerechtfertigt;
die aber die er gerechtfertigt hat, die hat er auch verherrlicht.

Das »Zuvor« der Gnade ist für die Theologie des Paulus sehr wichtig. Schon in 5,8f hat Paulus betont, wie sehr Gottes Liebe unserer Liebe zuvorgekommen ist. Er hat uns geliebt, als wir noch Sünder bzw. Feinde waren. Auch in dem griechischen Wort für Ratschluss in V. 28 steckt dieses *Zuvor*: Es ist Gottes *Vor-Satz*, durch den wir berufen sind. Diese Aussage baut Paulus nun zu einer großartigen Darstellung des Weges Gottes mit den Seinen aus. Er beginnt damit, dass Gott sie *vorher erkennt* (so wörtlich) und sie schon im Voraus für sein Ziel mit ihnen bestimmt. Dieses Ziel zu benennen, ist Paulus so wichtig, dass er dafür die Kette der Schritte kurz unterbricht. Das Ziel ist, mit *dem Bild seines Sohnes gleichgestaltet zu werden*. Es ist klar, dass dahinter die ursprüngliche Bestimmung der Menschen steht, Gottes Ebenbild auf Erden zu sein. Wie die altorientalischen Könige als Ebenbild des Reichsgottes galten und ihn repräsentierten, so sollen nach der Vorstellung von Gen 1,27 alle Menschen Repräsentanten der schöpferischen Fürsorge Gottes sein. Auch wenn die Bibel nirgends sagt, dass die Menschen ihre Gottesebenbildlichkeit verloren haben, so gilt doch – und Paulus hat das in 1,18–32 ausgeführt –, dass sie diese Bestimmung ins Gegenteil verkehrt haben. Christus als der neue Mensch repräsentiert Gottes Ebenbild (2Kor 4,4; Kol 1,15). Ihm gleichgestaltet zu werden, bedeutet also zur wahren Menschlichkeit zu finden und gerade so Gottes Wesen an sich zu tragen. Es ist das Ziel Gottes mit Christus, dass er der Anfänger einer neuen Menschheit wird, der Erstgeborene unter vielen Geschwistern, die in der Gemeinschaft mit ihm Söhne und Töchter Gottes sind. Damit kehrt Paulus wieder zu seinem Kettenschluss zurück (**30**). Diejenigen, die Gott für die neue Menschheit *vorherbestimmt* hat, die hat er auch in die Gemeinschaft der Heiligen, die zu ihm gehören, *berufen*, und die, die er *berufen* hat und die seinem Ruf gefolgt sind, die hat er auch *gerechtfertigt*, von der Last ihrer Schuld und von der Herrschaft der Sünde befreit und in seine Gemeinschaft aufgenommen. Und die, die er *gerechtfertigt* hat, die hat er auch *verherrlicht*.

Paulus begeht hier eine der vielen bewussten Inkonsequenzen, die sich in Kap. 8 finden. Hatte er in 8,17f deutlich gemacht, dass die Verherrlichung erst in der Zukunft zu erwarten ist, so schreibt er hier, dass die Berufenen nicht nur gerechtfertigt, sondern auch verherrlicht worden sind. Das ist nicht nur der Formzwang einer Kette von Verben, die alle in der Vergangenheitsform (griechisch: Aorist) stehen. In 2Kor 3,18 schreibt Paulus in einem ähnlichen Zusammenhang: »Wir alle schauen mit aufgedecktem Gesicht die Herrlichkeit des Herrn wie in einem Spiegel und werden verwandelt in sein Bild, von Herrlichkeit zu Herrlichkeit ...«. In der Begegnung mit Christus liegt auch eine Begegnung mit der Herrlichkeit Gottes, einer Herrlichkeit »voller Gnade und Wahrheit«, wie das dann Joh 1,14 auslegt. Davon wird auch das Leben der Berufenen und Gerechtfertigten erfasst und umgestaltet, auch wenn die Vollendung dieser Herrlichkeit noch aussteht. Darum ist auch das, was in V. 29 als Bestimmung der Erwählten formuliert wird, nicht erst endzeitliches Geschehen. »Dass Christus in euch Gestalt gewinnt«, ist ein Ziel, an dem Paulus schon jetzt unter Schmerzen mit den Christen in Galatien arbeitet (Gal 4,19).

An unserer Stelle betont Paulus aber das Tun Gottes und die Folgerichtigkeit, mit der ein Schritt auf den anderen folgt. Ihm geht es um die Vergewisserung des Weges zur Vollendung. Die Betonung, dass Gott *im Voraus* erwählt und *vorher*bestimmt hat, soll gerade nicht zur Verunsicherung und zur Frage führen: Gehöre ich dazu? Sie soll gewiss machen: Wenn mich Gottes Ruf getroffen hat, ist das nicht meine Entscheidung und schon gar nicht mein Verdienst, sondern das Werk der souveränen Gnade Gottes. Wenn Paulus von Vorherbestimmung spricht, meint er nicht die doppelte Prädestination zum Heil oder zum Unheil, sondern die gnädige Bestimmung der Menschen zu einem neuen Menschsein in Christus.

Gerade die Gewissheit, dass Gott sie auch durchs Leiden hindurch ans Ziel führt, macht die Christen wach dafür, auch das Leiden anderer Geschöpfe Gottes wahrzunehmen. Auch sie wird Gott ans Ziel führen. Das führt zu einer Solidarität der Sehnsucht und des Hoffens auf Erlösung. Für die, die so hoffen und solidarisch mitleiden, bleibt Gott kein fernes Gegenüber. Im Wirken des Geistes nimmt er Teil an der Gebetsgemeinschaft der Kinder Gottes mit einer unerlösten Schöpfung.
Paulus spricht nicht von Aktionen zugunsten der bedrohten Schöpfung. Das war nicht im Horizont seiner Überlegungen, die ganz von der Erwartung baldiger Erlösung für die ganze Schöpfung bestimmt waren. Aber was er zur Solidarität mit der leidenden Schöpfung sagt, kann in heutiger Sicht nicht ohne Auswirkung auf ein verantwortliches Handeln zu deren Gunsten bleiben.

8,31–39
Gott ist für uns

³¹Was sollen wir dazu nun noch sagen? Wenn Gott für uns ist, wer kann dann gegen uns sein? ³²Der doch sogar seinen eigenen Sohn nicht verschont hat, sondern ihn für uns alle preisgegeben hat, wie sollte er mit ihm uns nicht alles schenken? ³³Wer kann gegen die Auserwählten Gottes Anklage erheben? Gott ist es, der freispricht. ³⁴Wer kann da verurteilen? Christus Jesus, der gestorben ist, ja mehr noch, der auferweckt wurde, und der zur Rechten Gottes sitzt, er ist es auch, der für uns eintritt. ³⁵Wer kann uns von der Liebe Christi trennen? Bedrängnis oder Angst oder Verfolgung oder Hunger oder Nacktheit oder Lebensgefahr oder Schwert? ³⁶Wie geschrieben ist: *Um deinetwillen werden wir den ganzen Tag dem Tod ausgeliefert, wir werden als Schlachtschafe angesehen* (Ps 44,23). ³⁷Aber in alledem erringen wir einen überwältigenden Sieg durch den, der uns seine Liebe geschenkt hat. ³⁸Denn ich bin gewiss, dass weder Tod noch Leben, weder Engel noch Gewalten, weder Gegenwärtiges noch Zukünftiges noch Mächte, ³⁹weder Höhe noch Tiefe noch

irgendein anderes geschaffenes Wesen uns jemals von der Liebe Gottes trennen können, die er uns in Christus Jesus, unserem Herrn, erwiesen hat.

Paulus fasst den Argumentationsgang der Kap. 5–8 zusammen. Die einleitende Frage: *Was sollen wir dazu sagen?* (**31**) zielt nicht wie in 6,1.14 auf einen Einwand oder ein Gegenargument. Sie stellt fest, dass das Wesentliche gesagt ist, und führt auf eine abschließende Frage hin, die endgültig Gewissheit über Gottes unverbrüchliche Treue verschaffen soll: *Wenn Gott für uns ist, wer kann dann gegen uns sein?* Dabei liegt in dem *Wenn* ein begründender Ton: *Da Gott für uns ist.* Denn dies *Gott für uns* fasst all das zusammen, was Paulus in den vorigen Kapiteln über Gottes Gerechtigkeit und Liebe gesagt hat. Gottes Ja zu den Menschen gilt. Natürlich schließt das nicht aus, dass andere Mächte und Altlasten aus der Vergangenheit uns ihr Nein entgegenstellen wollen. Aber wer hätte eine Chance, dieses Nein gegen Gottes Ja durchzusetzen? Paulus gibt nicht sogleich die zu erwartende Antwort: Niemand. Er führt die Argumentation durch eine Reihe von Fragen weiter, die die Eindeutigkeit der Antwort herausarbeiten sollen. Die erste greift noch einmal die zentrale Aussage von der Hingabe des Sohnes Gottes in den Tod auf (**32**): *Der doch sogar seinen eigenen Sohn nicht verschont hat, sondern ihn für uns alle hingegeben hat, wie sollte er mit ihm uns nicht alles schenken?* Mit dem ersten Teil der Frage spielt Paulus auf die Opferung Isaaks an. In der griechischen Übersetzung dieser Geschichte findet sich in Gen 22,12.16 genau die Formulierung: »du hast deinen geliebten Sohn nicht verschont«. Diese Anspielung gibt der Aussage ihren menschlichen Ton: Das Beispiel Abrahams macht deutlich, welche Überwindung es Gott gekostet hat, seinen Sohn hinzugeben, und deutet an, dass Gott in der Hingabe des Sohnes sich selbst hingegeben hat.

Welchen Sinn und welches Ziel dieses »Opfer« hat, das lässt sich aber nicht aus der Isaak-Geschichte entnehmen. Hier greift Paulus auf die traditionelle »Dahingabe-Formel« zurück, die im Anschluss an Jes 53,6 sagt, dass Gott Christus um unserer Sünde willen dem Tod preisgegeben hat. Die Verbindung beider Motive gibt uns wichtige Hinweise auf die Art, wie Paulus von der Heilsbedeutung des Todes Jesu spricht. Er nimmt die unterschiedlichen Traditionen vom Sühnopfer und der stellvertretenden Lebenshingabe als Deutungshilfen auf. Sie sollen anschaulich machen, was der Tod Jesu bewirkt hat. Aber er verschreibt sich nicht einer einzigen Deutungsmöglichkeit und versucht nicht durch eine Art »Kultmechanik« zu erklären, wie das Opfer Jesu zu unseren Gunsten »funktioniert«. Die verschiedenen Facetten des Geschehens und seiner

Deutung ergeben zusammen wie in einem Kaleidoskop eine eindrucksvolle Darstellung des *für uns*.
Das macht gerade Röm 8,31–39 in einzigartiger Weise deutlich. Dass Gott zuließ, dass die Menschen Jesus am Kreuz einen qualvollen Tod bereiteten, war für Paulus und die frühe Christenheit nur dadurch erklärbar, dass Gott selbst ihn preisgegeben hat, damit er *für uns* diesen Tod erleidet. Gott selbst nimmt die Schrecken des Todes auf sich, um sie für uns zu überwinden. Die kultische Deutung dieses Todes wird als Erklärung aufgenommen, aber zugleich hineingenommen in eine viel umfassendere Schau der Heilsbedeutung des Todes Jesu als Vollzug der Liebe Gottes und seines *Für-uns-Seins*. Beide Aspekte des *für uns*, das *zu unseren Gunsten* und das *an unserer Stelle*, sind untrennbar miteinander verbunden. Wichtig ist auch das betonte *für uns alle*. Obwohl Paulus hier zweifellos zu denen spricht, die durch Glaube und Taufe zu Christus gehören, haben seine Aussagen keinen exklusiven Charakter. Der universale Horizont, dass Christus für alle gestorben ist, bleibt erhalten.
Diese umfassende Konzeption zeigt sich auch im Schlussteil der Frage: *Wie sollte er mit ihm uns nicht alles schenken?* Das griechische Wort, das wir mit *schenken* übersetzt haben, kann auch *vergeben* bedeuten (so in 2Kor 2,7.10; 12,13). Der Zusammenhang legt aber nahe, die allgemeine Bedeutung *(gnädig) schenken* zu wählen. Der Universalität der Heilsbedeutung des Todes Jesu entspricht der umfassende Charakter der Heilsgabe. Dabei meint *alles* nicht: Jeder beliebige Wunsch wird erfüllt. Es bedeutet die Teilhabe an Gottes Herrschaft und Gottes Welt, wie sie Jesus den Armen und den Kindern verspricht (Mt 5,3; 19,14) und wie sie Paulus in dem »Alles ist euer« von 1Kor 3,21–23 schon jetzt der Gemeinde zusagt.
Aber Paulus gibt sich damit noch nicht zufrieden. Weitere rhetorische Fragen sollen seine Argumentation vertiefen. Mit den nächsten beiden Fragen nimmt er die Gerichtsthematik auf (**33f**). Er fragt: *Wer kann gegen die Auserwählten Gottes Anklage erheben?* Mit *die Auserwählten Gottes* nimmt er eine neue Bezeichnung für die Christen auf. Sie kommt häufig im Zusammenhang von Gerichtsaussagen in apokalyptischen Schriften vor (z.B. Äthiopischer Henoch), oft parallel zu »die Heiligen«. Paulus verwendet sie nur hier. Er greift damit auf seine Ausführungen zur Erwählung in V. 29 zurück und betont so die enge Verbindung Gottes zu den potenziellen Angeklagten. Immerhin: Es könnten ja Ankläger auftreten, die im letzten Gericht belastendes Material gegen die Christen vorbringen. Deshalb erfolgt hier erstmals eine Antwort, die die Aussichtslosigkeit solcher Anklagen klarmacht: *Gott ist es, der frei-*

spricht. Wörtlich heißt es: *der rechtfertigt.* Aber an dieser Stelle legt die Gerichtssituation die Bedeutung *freisprechen* nahe. Doch auch hier wird deutlich, dass Rechtfertigung nicht nur Freispruch wegen erwiesener, aber gesühnter Schuld bedeutet, sondern Freispruch zu einem neuen Leben. V. 35 wird das entfalten.

Doch zunächst bleibt Paulus bei der Gerichtsszene und fragt: *Wer kann da verurteilen?* Wenn der Richter freispricht, wer könnte dann noch einen Schuldspruch fällen? Auch hier begnügt sich Paulus nicht damit, dass sich die Frage von selbst beantwortet, sondern bringt die Rolle Christi ins Spiel: *Christus Jesus ... ist es, der für uns eintritt.* Das ist die Grundaussage des Satzes. Sie wird aber erweitert durch eine bekenntnisartige Erläuterung zum Geschick und zur Rolle Jesu Christi. Er ist der, *der gestorben ist, ja mehr noch, der auferweckt wurde, und der zur Rechten Gottes sitzt.* Noch einmal wird sein Tod erwähnt, dann aber auch die Auferweckung, durch die die Heilsbedeutung dieses Todes offenbar wurde (vgl. 4,25), und – als neues Element im Römerbrief – die Tatsache seiner Erhöhung zum »Mitregenten« Gottes.

Das Bild vom »Sitzen zur Rechten Gottes«, das diese Bedeutung hat, stammt aus Ps 110,1. Dieser Vers wurde von der frühen Christenheit auf Christus bezogen und ist die am häufigsten im Neuen Testament zitierte alttestamentliche Stelle. Paulus verwendet die Aussage hier, um die Autorität und die Wirkung des Eintretens Jesu für die Seinen zu charakterisieren. Dabei geht es aber nicht darum, durch die Fürsprache eines hochgestellten Gönners einen unentschlossenen oder unbarmherzigen Richter gnädig zu stimmen. Dass Christus für uns eintritt, macht gewiss, dass die Einsprüche der Ankläger gegen Gottes Freispruch ins Leere gehen werden. Das Eintreten Christi hat dabei eine andere Funktion als das Eintreten des Geistes: Bei Christi Eintreten für uns geht es grundsätzlich um den Einsatz seines Lebens uns zugut gegen alle mögliche Anklage; beim Eintreten des Geistes für uns geht es um Gottes Gegenwart in unserem Unvermögen, die unserem Gebet die richtige Richtung gibt und in Gottes guten Willen aufnimmt. Beides aber ist Ausdruck dafür, dass Gott *für uns* ist.

Das aber führt zur letzten und entscheidenden Frage (**35**): *Wer kann uns von der Liebe Christi trennen?* Die Gerichtsszene wird verlassen. Sie kommt auch nur an dieser Stelle im Zusammenhang mit Rechtfertigungsaussagen vor. Rechtfertigung bedeutet nicht nur Freispruch im Endgericht. Rechtfertigung bedeutet Aufnahme in die Gemeinschaft Gottes. Diese Gemeinschaft ist geprägt von der Liebe Gottes, wie er sie uns in Christus erwiesen hat. Oder knapper gesagt: Sie ist begründet in der Liebe Christi. Darum die entscheidende Frage: Wer oder was kann uns von dieser Liebe trennen? Hinter all diesen Fragen steht wie in 5,8–10 ein »Schluss vom Schwereren zum Leichteren«. Wenn Christus diesen grausamen Tod auf sich genommen hat, um Gottes Liebe auch in die tiefste Tiefe menschlichen Elends hineinzutragen, wer oder was kann dann die, die von dieser Liebe umfangen und erfüllt sind, von dieser Liebe trennen? Die Antwort kann nur sein: nichts und niemand.

Aber Paulus vertieft die Frage, indem er noch einmal auf das Problem des Leidens und bedrängender Erfahrungen zu sprechen kommt, von denen am Anfang dieses Briefteils (5,2f) und dieses Abschnittes (8,18) die Rede war. Er nennt eine ganze Reihe solcher Erfahrungen und schließt sie in seine Frage ein, was uns von der Liebe Christi trennen könnte: etwa *Bedrängnis*, wenn alles gegen uns zu stehen scheint, *oder Angst*, wenn es uns ganz eng in der Brust wird, *oder Verfolgung*, wenn unsere Person in Frage gestellt ist, *oder Hunger*, wenn uns das Nötigste zum Leben fehlt, *oder Nacktheit*, wenn wir uns bloßgestellt sehen, *oder Lebensgefahr*, wenn unser Leben auf dem Spiel steht, *oder Schwert*, wenn das Todesurteil droht? Die Antwort: »Nichts von alledem!« fällt nicht mehr ganz so leicht. Die Aufzählung liest sich fast wie eine systematische Zusammenfassung dessen, was Paulus in den Korintherbriefen über seine Erfahrungen als Apostel berichtet (vgl. 1Kor 4,9–13; 2Kor 4,7–12; 6,4–10; 11,23–27). Aber er sieht das nicht als einen Sonderfall an. Alle Christen können von solchen Erfahrungen betroffen werden.

Deshalb gibt Paulus auch nicht eine schnelle Antwort, sondern er zitiert einen Abschnitt aus einem Psalm, den er offensichtlich als Hinweis auf das Geschick derer, die zu Gott gehören, gelesen hat. Paulus zitiert den Text, wie er ihn in der griechischen Übersetzung von Ps 44,23 (LXX 43,23) liest. Dort ist der Vers Gipfelpunkt der Klage des Volkes, das sich unschuldigem Leiden ausgesetzt sieht und sich vorkommt wie Opfertiere, die Tag für Tag zur Schlachtbank geführt werden, um geopfert zu werden. Paulus aber liest in dem *um deinetwillen* einen Hinweis auf das Leiden der Christen um Christi willen. Nicht dass sie seinen Opfergang nachvollziehen müssten. Aber sie leiden *mit* ihm, wie 8,17 sagt, weil sie seine Proexistenz, sein Leben für andere, nachvollziehen und so auf den erbitterten Widerstand einer Welt treffen, die nach anderen Gesetzen lebt. Das aber verbindet die, die Christus nachfolgen, umso mehr mit seiner Liebe und macht sie gewiss, dass sie durch solches Leiden nicht von dieser Liebe getrennt werden, sondern ihr näherkommen.

Darum, und nur darum, kann Paulus mit großer Zuversicht sagen (**37**): *Aber in alledem erringen wir einen überwältigenden Sieg* *durch den, der uns seine Liebe geschenkt hat.* Das ist kein christlicher Triumphalismus, denn das Leiden, von dem Paulus in den Versen zuvor gesprochen hat, bleibt ja gegenwärtig. Aber es ist die Gewissheit dessen, der sich von Christus geliebt weiß und sich dieser Liebe in allem anvertraut.

Das ist die Grundlage dafür, dass Paulus am Schluss seiner Ausführungen eine klare Antwort auf die entscheidende Frage gibt, ob uns irgendetwas von der Liebe Christi trennen kann (**38f**). Die Antwort ist ein eindeutiges Nein. Aber er sagt nicht einfach: *Ich bin gewiss, dass uns* nichts *von der Liebe Gottes trennen kann.* (Paulus unterscheidet also nicht zwischen der Liebe *Christi* und der Liebe *Gottes!*) Sein Nein ist ein klares, aber differenziertes Nein. Noch einmal nennt er Größen und Kräfte, die möglicherweise doch die Christen von der Liebe Gottes trennen könnten. Auffallend ist, dass er jetzt nicht nur Leidenserfahrungen aufzählt, sondern ganz allgemein von Dimensionen des Lebens und von Mächten spricht, die sich zwischen uns und Gottes Liebe stellen könnten. Und er nennt dabei auch Dinge, die für sich betrachtet positiv gesehen werden könnten.

Die sorgfältig stilisierte Aufzählung nennt vier zusammengehörige Gegensatzpaare, wobei die letzten beiden jeweils um einen Begriff erweitert werden. Das erste Paar *weder Tod noch Leben* umfasst die ganze menschliche Existenz. Der *Tod* steht zuerst, weil Paulus an das Psalmzitat anknüpft. Der Tod scheint die entscheidende Bedrohung unserer Gemeinschaft mit Gott zu sein. »Im Tod gedenkt man deiner nicht«, heißt es in Ps 6,6. Der Tod des Sünders ist so schrecklich, weil er seine Gottestrennung verewigt. Dass Christus durch sein Sterben die Liebe Gottes in das Reich des Todes getragen hat, zerbricht diesen Bann. Wer im Glauben Gottes Liebe erfahren hat, den kann auch der Tod nicht von ihr trennen. Dass auch *Leben* eine Macht sein kann, die von Gott trennen kann, ist ein ungewöhnlicher Gedanke. Ist doch Gott der Geber des Lebens. Aber Tod und Leben beschreiben hier das Ganze der menschlichen Existenz. Und wo das biologisch-biographische Leben eines Menschen ohne Gott gelebt wird, kann es sich gerade in seiner Fülle und mit den Möglichkeiten, die es bietet, aber auch mit den ungelösten Fragen und als ungelebtes Leben zwischen Gott und Mensch schieben. Wo aber Leben als Geschenk der Liebe Gottes gelebt wird, da fällt alles Trennende weg.

Weder Engel noch Gewalten heißt das zweite Paar. Es geht um überirdische Mächte, um *Engel,* die nach jüdischer Überzeugung nicht nur Boten Gottes, sondern auch Widersacher Gottes sein können. Man muss aber nicht nur an gefallene Engel denken. Es gab im Umkreis des Paulus auch Strömungen, in denen die Verehrung von Engelmächten sich zwischen die Beziehung zu Gott und zu Christus schob (vgl. Kol 2,18f). Dagegen steht die Überzeugung des Paulus: Keine wie immer geartete himmlische Macht kann sich zwischen uns und Gottes Liebe drängen. Als Gegenbegriffe sind mit den *Gewalten* (oder auch: *Herrscher*) wohl irdische, vor allem auch politische Mächte gemeint. Tyrannen und Ideologien suchen nicht nur die Herrschaft über die Körper der Menschen, ihre Arbeitskraft und ihr Vermögen. Sie suchen oft auch die Herrschaft über die Herzen. Noch waren die Christen in Rom nicht mit einer so totalitären Herrschaft konfrontiert. Aber Paulus war es wichtig, deutlich zu machen: Keine Herrschaft hat die Macht, uns der Liebe Gottes zu entreißen.

Das nächste Paar heißt: *weder Gegenwärtiges noch Zukünftiges*. Auch das ist eine umfassende Beschreibung dessen, was das Leben der Christen betrifft und bedroht. *Gegenwärtiges*, das sind alle Gegebenheiten, Kräfte und Möglichkeiten, in denen wir jetzt leben. Das können schwierige Dinge, aber auch sehr schöne und erfreuliche Umstände sein. In beidem liegt das Potential, uns von Gott zu trennen. Das Gleiche gilt für das *Zukünftige*. Es ist sicher in manchem bedrohlicher, weil ungewisser, und manche Christen werden von der Frage umgetrieben: Werde ich an meinem Glauben festhalten, wenn sich die Verhältnisse ändern oder wenn ich krank werde oder wenn … Paulus verweist auf die Kraft der Liebe Gottes, die auch dann an uns festhält, wenn unsere Glaubensstärke schwindet. Es ist gut, sich bewusst zu machen, dass Paulus alle diese Phänomene nicht nur unter ihrem bedrohlichen, sondern auch unter einem positiven Aspekt sehen kann, wenn er in 1Kor 3,22 schreibt: »Alles gehört euch: … Es sei Welt oder Leben oder Tod, es sei Gegenwärtiges oder Zukünftiges.«

Das wirft ein Licht auf die Ergänzung, die Paulus bei diesem Gegensatzpaar einfügt: *noch Mächte*. Das Wort, das Paulus hier verwendet, kann eine sehr positive Bedeutung haben, nämlich (*Wunder-*)*Kräfte*. Es kann aber auch ganz allgemein auf die »Kräfte des Himmels« (Mk 13,25; vgl. 1Kor 15,24) verweisen. Keine Kraft der Welt ist stärker als die Liebe Gottes. (Viele spätere Handschriften hatten übrigens den Eindruck, dass dieses Wort besser nach *Gewalten* stehen würde und haben es dorthin gestellt. Dem folgte auch Luther und sogar noch die Revision der LÜ von 1984.)

Das letzte Gegensatzpaar ist: *weder Höhe noch Tiefe*. Damit sind ursprünglich wohl überirdische (vor allem Gestirns-) Mächte und Kräfte der Unterwelt gemeint, was immer man sich darunter vorgestellt hat. Die sprachliche Kraft des Wortpaares umreißt aber noch einmal die ganze Spannbreite menschlicher Erfahrung in dieser Welt, einschließlich dessen, was wir heute *Höhen und Tiefen* des Lebens nennen. Paulus ergänzt dies dann auch durch einen abschließenden Begriff: *noch irgendein anderes geschaffenes Wesen.* Damit ist ein Doppeltes ausgesprochen: Auch all die anderen Mächte und Größen, die genannt wurden, sind Teil der Schöpfung Gottes und unter seiner Herrschaft, selbst wenn sie sich ein beträchtliches eigenes Machtpotential angeeignet zu haben scheinen. Und das andere: Vieles von dem, was Gott gut geschaffen hat, kann sich zwischen ihn und den Menschen drängen. Die Gestalt der Götzen ist sehr vielfältig und erweiterungsfähig. Wer aber von Gottes Liebe erfasst ist, bleibt untrennbar mit ihm verbunden.

Und so schließt dieser ganze Abschnitt mit der tröstlichen Vergewisserung: Nichts von alldem kann uns von Gottes Liebe trennen, *die in Christus Jesus ist.* Noch einmal, wie in 5,5–11, wird Gottes Liebe *in Christus Jesus* begründet. Die Liebe Christi ist die Liebe Gottes, die Gott durch das Sterben und die Auferstehung Jesu ein für alle Mal erwiesen hat. Wer in Christus Jesus bleibt, bleibt in dieser Liebe geborgen – im Leben und im Tod.

Ein großer Bogen spannt sich von 5,1 (*... haben wir Frieden mit Gott*) bis 8,39 (*nichts kann uns von der Liebe Gottes trennen*). Anfang und Ende dieses zweiten Teils des Römerbriefs markieren die Eckpunkte eines Lebens, das Kraft und Gewissheit aus dem Ja Gottes schöpft, das er in Christus gesprochen hat. Dazwischen stellt Paulus die Zusicherung, dass Christen von der Macht des Gesetzes und der Sünde befreit sind (5,12–21), und daneben die Verpflichtung auf die Verantwortung, in die das führt (6). Der bewegende Rückblick auf den Zwiespalt eines Lebens unter dem Gesetz (7) steht neben der Vergewisserung eines neuen, befreiten Lebens im Geist (8,1–16) und der Hinweis auf die Solidarität mit dem Leiden der Schöpfung neben der Hoffnung auf eine neue Menschheit, die Christus begründet (8,18–30). Alles aber mündet in die gewisse Zusage, dass uns nichts, wirklich nichts von der Liebe Gottes trennen kann, die er uns in Christus erwiesen hat (8,31–39). Dass Gott *für uns* ist, dass sein Ja zu uns unverbrüchlich gilt, das ist die Gewissheit, die die Rechtfertigungsbotschaft schenkt. Dieser Aspekt der Botschaft hilft bis heute Menschen, mutig in der Nachfolge Christi zu leben und im Vertrauen auf ihn getrost zu sterben.

III

9,1 – 11,36
Gottes Ja zu Israel ist unwiderruflich

Paulus setzt sehr unvermutet und unvorbereitet mit einem neuen Thema ein. Wahrscheinlich sind es die Aussagen über Gottes Erwählen und Berufen in 8,28–30, die ihn dazu veranlassen, die Frage nach dem Weg Israels zu stellen. Vielleicht hat ihn auch der Gedanke am Schluss von Kap. 8, dass uns in Christus nichts von der Liebe Gottes trennen kann, dazu geführt, das Geschick Israels zur Sprache zu bringen. Wie sehr ihn diese Frage bewegt, zeigt sich daran, dass er das Thema drei Kapitel lang behandelt. Das deutet auch darauf hin, dass er dafür in Rom eine gesteigerte Aufmerksamkeit erwartet.
Paulus beginnt mit einer sehr persönlichen Stellungnahme.

9,1–5
Der Schmerz über Israel

¹Ich sage die Wahrheit in Jesus Christus, ich lüge nicht, und mein Gewissen bestätigt es mir im Heiligen Geist, dass ich großen Kummer und unablässigen Schmerz in meinem Herzen empfinde. ³Denn – wenn das möglich wäre – würde ich wünschen, durch einen Fluch von Christus getrennt zu sein zugunsten meiner Brüder und Schwestern, meinen irdischen Verwandten. ⁴Denn sie sind Israeliten, ihnen gehören die Kindschaft, die Herrlichkeit, die Bundesschlüsse, die Gesetzgebung, der Gottesdienst und die Verheißungen. ⁵Sie haben die Väter, und von ihnen stammt der Christus seiner irdischen Herkunft nach. – Gott, der über allem ist, sei gelobt in alle Ewigkeit. Amen.

Der neue Gedankengang setzt mit einer gewichtigen Beteuerungsformel ein (**1/2**). Paulus beruft sich auf sein Gewissen und das Zeugnis des Heiligen Geist, um seine Behauptung zu belegen, in dieser Frage die Wahrheit zu sagen, und zwar gerade als Christ (*in Christus*). Es geht offensichtlich um ein Thema, bei dem sich der Apostel von außen angegriffen und von innen angefochten fühlt. Ohne dieses Thema zu nennen, betont der Apostel, wie schmerzlich es ihn innerlich bewegt und quält.

Auch der nächste Satz deutet nur an, worum es geht (**3**): Paulus erwägt, den Fluch der Trennung von Christus, und damit auch von Gottes Heilshandeln, auf sich zu nehmen, wenn er damit für die eintreten könnte, zu denen er durch die gemeinsame Abstammung (wörtlich: Verwandte *nach dem Fleisch*) gehört. Allerdings macht die griechische Formulierung des Satzes deutlich, dass Paulus diesen Wunsch für unerfüllbar hält. Es ist darum müßig, darüber zu spekulieren, wie er sich eine Übernahme des Fluches vorgestellt hat.

Dass er wirklich bereit war, sein Leben für die bleibende Verbindung mit Israel einzusetzen, hat er mit seiner Reise nach Jerusalem zur Überbringung der Geldsammlung für die dortige Gemeinde unter Beweis gestellt. An unserer Stelle scheint er vorauszusetzen, dass die Christen in Rom wissen, worin das Problem besteht, das ihn so quält.

So beginnt er seine Charakterisierung der Situation nicht bei der Tragik, die er darin empfindet, dass die meisten Angehörigen seines Volkes den Weg weitergehen, den er selbst als Fehlweg erkannt hat, statt zum Glauben an Christus zu finden. Er beschreibt vielmehr, welche wichtigen Aussagen über ihre Beziehung zu Gott weiterhin gelten(**4f**):

Sie sind *Israeliten* – dieser Würdename ist ihnen nicht genommen. Ihnen bleibt auch die *Annahme an Sohnes statt*, anders übersetzt: die *Kindschaft* – ihr Verhältnis zu Gott kann weiter als das von Kindern zu ihrem Vater beschrieben werden. Paulus benutzt hier sehr bewusst das gleiche Wort, das er in 8,15 für die Christen verwendet hat. Auch die *Herrlichkeit* Gottes gehört ihnen, die machtvolle Gegenwart Gottes, die im Alten Testament mit dem hebräischen Wort *kabod* beschrieben wird und die das Volk bei seinem Zug aus Ägypten in die Freiheit begleitete (Ex 14,4; 16,7), die im Tempel wohnte (1Kön 8,11), sich aber in Zeiten des Gerichts von dort zurückzog (Ez 11,22f). Diese *Herrlichkeit* der Gegenwart Gottes ist nicht von Israel genommen. Auch die *Bundesschlüsse*, genauer gesagt, der von Gott immer wieder neu für Abraham, Isaak, Jakob, Mose und David gestiftete Bund, seine unverbrüchliche Selbstverpflichtung seinem Volk gegenüber, sind nicht gekündigt. Das gilt auch für die *Gesetzgebung*: Paulus sieht die Gabe des Gesetzes trotz seiner Instrumentalisierung durch die Sünde als bleibendes Heilsgut für Israel. Das betrifft auch den *Gottesdienst*: Dass es Israel gegeben ist, den wahren Gott auf die rechte Weise zu verehren, ist ein unvergängliches Geschenk. Paulus schließt den noch bestehenden Kult im Tempel in Jerusalem nicht von dieser Aussage aus. Und dann sind da noch die *Verheißungen* Gottes, die Zusagen, die er Israel durch die Propheten gab, dass er sich auch und gerade

in der Zukunft zu ihm bekennen werde. Sie sind noch nicht alle erfüllt, und Gott hat sie nicht widerrufen.
Nach dieser langen Aufzählung setzt Paulus noch einmal an und nennt die beiden entscheidenden Vorzüge, die Israel sein eigen nennen darf und die seine Geschichte gewissermaßen vom Anfang bis zum Ziel umspannen: Zu Israel gehören die *Väter*, jene Gruppe von Menschen, mit der Gott seine Geschichte mit Israel begann, eine Gruppe, zu der nicht nur Abraham, Isaak und Jakob, sondern auch ihre Frauen Sara, Rebekka, Lea und Rahel gehören. An ihrer Geschichte zeigt Gott exemplarisch, wie er sich den Menschen zuwendet, und so ist die Bezeichnung »Gott Abrahams, Isaaks und Jakobs« einer der »Namen« Gottes, der auch für Jesus das Wesen Gottes zutreffend charakterisiert (Mk 12,26).
Und das führt zum Zielpunkt der Geschichte Gottes mit seinem Volk: Aus ihm kommt nach seiner irdischen Herkunft (wörtlich: *nach dem Fleisch*) auch der Messias, der Gesalbte Gottes, oder wie das in latinisiertem Griechisch heißt: der *Christus*. Wer der Christus ist und was er im Auftrag Gottes tut, geht zwar in seinem Judesein nicht auf, denn es gibt in seinem Wesen und seiner Sendung noch eine andere Dimension. Sein Weg und seine Bestimmung sind jedoch nicht zu denken ohne seine Herkunft aus dem Volk Israel.
Allerdings entspricht die folgende Identifizierung des Christus mit Gott, wie sie z.B. in der Lutherübersetzung vorgenommen wird (*... der da ist Gott über alles*), wohl nicht der Absicht des Paulus. Zwar kann der griechische Urtext so gedeutet werden, dass sich der Lobpreis am Ende des Satzes auf Christus bezieht und ihn somit als »Gott über alles« rühmt. Aber diese Aussage wäre so außergewöhnlich für Paulus, dass sich viele Ausleger dafür entscheiden, den Lobpreis als unabhängigen Schlusssatz zu verstehen und auf Gott zu beziehen. Seine Treue ist Grund und Garant für all das, was Paulus gerade festgestellt hat.
Damit ist auch eine Deutung dieser Sätze ausgeschlossen, die früher nicht selten vertreten wurde: Paulus zähle hier auf, was ursprünglich Israel gehört, was es aber durch die Ablehnung Christi verspielt habe. Davon deutet der Text nichts an. Die Feststellungen, die Paulus hier macht, gelten gerade für seine *Stammverwandten nach dem Fleisch*, an die er *mit großem Kummer und in unablässigem Schmerz* denkt.

Das Signal, das Paulus an den Anfang dieses Abschnittes stellt, ist klar: Israel ist nicht enterbt. Auch wenn der Weg seines Volkes Paulus mit tiefem Schmerz erfüllt, die bleibende Beziehung zu Gott muss von Anfang an klar festgehalten werden.

9,6–33
Gottes freie Berufung

An den Anfang der inhaltlichen Auseinandersetzung über die Reaktion der Mehrzahl der jüdischen Menschen auf die Botschaft von Jesus Christus stellt Paulus keine Analyse des Verhaltens des Volkes. Er bedenkt vielmehr die Art und Weise, wie Gott Menschen beruft.
Wir gehen den Ausführungen des Paulus zu dieser Frage in drei Schritten nach. Ein erster Abschnitt (6–13) greift die Frage auf: *Wer ist wirklich Träger der Berufung?* Ein zweiter Abschnitt (14–29) spricht über *Gottes freies Erbarmen* und ein dritter (30–33) behandelt die Frage nach dem Grund für den *falschen Weg Israels*.

9,6–13
Wer ist wirklich Träger der Berufung?

⁶Aber es ist nicht so, dass das Wort Gottes versagt hätte. Denn nicht alle, die aus Israel stammen, sind wirklich Israel. ⁷Es sind auch nicht alle der Nachkommen Abrahams wirklich Kinder, sondern – wie es heißt: *In Isaak wird für dich Nachkommenschaft berufen werden* (Gen 21,12). ⁸Das heißt: Nicht die leiblichen Kinder sind Kinder Gottes, sondern die Kinder aufgrund der Verheißung, die werden als Nachkommen angesehen. ⁹Denn das ist das Wort der Verheißung: *Zu dieser Zeit werde ich kommen und Sara wird einen Sohn haben* (Gen 18,10.14).
¹⁰Aber das galt nicht nur in diesem Fall, sondern auch für Rebekka, die nur mit einem Mann Verkehr hatte, unserem Vater Isaak. ¹¹Denn noch bevor ihre Kinder geboren wurden und etwas Gutes oder Schlechtes getan hatten, wurde ihr – damit der erwählende Beschluss Gottes Bestand habe, ¹²und zwar nicht aufgrund von Werken, sondern kraft der Autorität des Berufenden – gesagt: *Der Größere wird dem Kleineren dienen* (Gen 25,23), ¹³wie geschrieben steht: *Jakob habe ich vorgezogen und Esau zurückgesetzt* (Mal 1,2f).

Wenn das nun alles so ist, wie Paulus in den ersten Sätzen dieses neuen Kapitels sagt, wie kommt es dann, dass all diese Gaben Gottes die Juden nicht zum Heil durch den Glauben an den Messias Jesus angeleitet haben? Das ist ja offenkundig die immer noch unausgesprochene Frage, die hinter den Überlegungen des Paulus steckt. Ist Gottes Zusage hinfällig oder ungültig geworden? Hat das Wort seiner Verheißung seine Kraft verloren und versagt? Davon kann nach Paulus keine Rede sein. Nein; vielmehr hat es schon immer für die, die ihrer Herkunft nach zu Israel gehören müssten, eine unterschiedliche Bestimmung gegeben (**6f**). Nicht alle leiblichen Nachkommen Abrahams zählen als erbberechtigte Kinder. Die Verheißungslinie führt nur über Isaak und seine Nachkommenschaft. Das gilt vor allem für ihre Beziehung zu Gott (**8f**). Nicht allein die leibliche Abstammung, also die Tatsache, dass sie *Kinder des Fleisches* sind, macht die Nachkommen Abrahams zu Kindern Gottes. Gottes Zusage gilt nur für die Kinder *aufgrund der Verheißung*, konkret also für Isaak, dessen Zeugung und Geburt Gottes wunderbares Geschenk ist – und nicht wie bei Ismael Ergebnis familienpolitischer Eigenregie.

Das gleiche Prinzip wird dann noch klarer an der nächsten Generation aufgewiesen (**10f**). Denn obwohl Esau und Jakob Zwillinge waren, aus derselben Beziehung, ja demselben Zeugungsakt entstanden, und bevor die beiden Kinder durch ihr Verhalten ihren Weg bestimmen konnten, war von Gott schon beschlossen, dass der Jüngere die Verheißungslinie fortsetzen sollte. Eine Begründung dafür wird ausdrücklich verweigert (**12f**). Jakob *vorzuziehen* und Esau *zurückzusetzen*, war die freie Entscheidung Gottes, wie an einem Zitat aus dem Propheten Maleachi deutlich wird. In den meisten Übersetzungen lesen wir hier sogar die sehr harten Worte: *Jakob habe ich geliebt, und Esau habe ich gehasst*. Wie Dtn 21,15–17 an einer vergleichbaren Konstellation zeigt, kann im Hebräischen der Gegensatz *lieben/hassen* auch *vorziehen/zurücksetzen* bedeuten, was an unserer Stelle (und an manch anderer Stelle im Neuen Testament) die richtige Übersetzung ist.

Das Beispiel von Jakob und Esau hat für Paulus eine doppelte Pointe. Es zeigt erstens: Nicht schon die leibliche Abstammung von den Vätern und Müttern Israels genügt, um die Zugehörigkeit zur Heilsgemeinschaft des Volkes Gottes zu garantieren. Das war im Blick auf die Edomiter als Nachkommen Esaus Konsens und auch sonst im Judentum kein völlig undenkbarer Gedanke, wie die Verkündigung Johannes des Täufers zeigt (vgl. Mt 3,9). Aber zweitens zeigt dieses Beispiel für Paulus auch, dass nicht das eigene Tun, die *Werke* des Menschen, über seine Bestimmung entscheidet, sondern allein Gottes Ruf.

Das steht freilich in einem gewissen Widerspruch zur Argumentation des Paulus in 2,14–16. Allerdings sind die Fragestellungen an beiden Stellen ganz unterschiedlich. In Röm 2 setzt sich Paulus mit der Gefährdung von Juden auseinander, ihre Berufung als Blankovollmacht für das Heil und als Beweis ihrer Überlegenheit über die Nichtjuden misszuverstehen. Gegen diese Haltung stellt er die Bedeutung des Tuns von Gottes Willen heraus. Hier aber geht es um die Begründung der Zugehörigkeit zu Gott. Sie beruht allein auf

Gottes Ruf, und der ist unabhängig vom Tun des Menschen. Paulus greift hier am Beispiel der Ursprungsgeschichte Israels das auf, was er schon an der Geschichte Abrahams in 4,17 aufgezeigt hat. Der Gott, der aus dem Nichts schafft und die Gottlosen rechtfertigt, ist der Gott, der die, die zu ihm gehören, in freier Entscheidung beruft. Paulus bestreitet deshalb auch an dieser Stelle die Bedeutung der *Werke des Gesetzes* für die Zugehörigkeit zu Gott. Durch die knappere Formulierung *nicht aus Werken* erweitert er die Tragweite dieser Einsicht auch für Bereiche, in denen die Tora (noch) nicht gilt: Grundsätzlich ist menschliches Tun nicht die Basis für die Gemeinschaft mit Gott. Dafür zählt nur seine Berufung.

Träger der Berufung sind also allein die, die Gott in seiner freien Entscheidung durch seinen Ruf und die Zusage der Verheißung dazu gemacht hat. Paulus formuliert dies, um die unumschränkte Geltung der freien Gnade Gottes herauszustellen. Ihrem Wirken verdanken auch die Christen in Rom ihr Leben in der Gemeinschaft mit Gott. Aber angesichts der Tatsache, dass mit Esau und seinen Nachkommen (und all den anderen, die nicht berufen zu sein scheinen) auch Menschen auf die Seite gestellt sind, bleibt doch die Frage: Ist eine solche Entscheidung Gottes nicht Willkür?

9,14–29
Gottes freies Erbarmen

[14]Was sollen wir davon halten? Herrscht bei Gott etwa Ungerechtigkeit und Willkür? Keinesfalls! [15]Denn zu Mose sagt er: *Ich werde mich über den erbarmen, über den ich mich erbarme, und dem Mitleid erweisen, mit dem ich Mitleid habe* **(Ex 33,19). [16]Es kommt also nicht auf den an, der seinen guten Willen zeigt, noch auf den, der sich wie ein guter Läufer anstrengt, sondern auf Gott und sein Erbarmen. [17]Denn die Schrift sagt zum Pharao:** *Eben dazu habe ich dich auftreten lassen, damit ich an dir meine Kraft zeige und damit mein Name auf der ganzen Welt verkündigt werde* **(Ex 9,16). [18]Das heißt: Wem er will, dem erweist er Barmherzigkeit, und bei wem er will, bei dem verhärtet er (das Herz). [19]Du wirst mir nun entgegenhalten: Was hat er dann noch auszusetzen? Wer kann sich denn seinem Vorhaben widersetzen? [20]O Mensch, wer bist du denn überhaupt, dass du mit Gott rechten willst? [21]Kann etwa das Kunstwerk zu seinem Schöpfer sagen: Warum hast du mich gerade so gemacht? Und hat nicht ein Töpfer gegenüber dem Ton die Freiheit, aus derselben Masse das eine Gefäß zu einem edlen Zweck und das andere zu einem unedlen Zweck zu formen?**

²²Wenn aber Gott, gerade weil er seinen Zorn zeigen und seine Macht bekannt machen wollte, Gefäße des Zornes, die zur Vernichtung geschaffen waren, geduldig ertragen hat, ²³so auch um den Reichtum seiner Herrlichkeit an den Gefäßen der Barmherzigkeit, die er vorher zur Herrlichkeit bereitet hat, bekannt zu machen. ²⁴Als solche hat er auch uns berufen, nicht allein aus den Juden, sondern auch aus den anderen Völkern, ²⁵wie es auch bei Hosea heißt (2,1.25): *Ich werde das »Nicht-mein-Volk« mein Volk nennen und die Nicht-Geliebte Geliebte,* ²⁶*und an dem Ort, an dem ihnen gesagt wurde: »Ihr seid nicht mein Volk«, dort werden sie Kinder des lebendigen Gottes genannt werden.* ²⁷Jesaja aber ruft im Blick auf Israel aus (10,22f): *Wenn auch die Zahl der Kinder Israels so viel wie Sand am Meer wäre, gerettet wird nur der Rest.* ²⁸*Denn der Herr wird kurz und bündig Abrechnung halten auf der Erde.* ²⁹Wie Jesaja vorhergesagt hat (1,9): *Wenn nicht der Herr Zebaoth uns Nachkommenschaft übrig gelassen hätte, wären wir wie Sodom geworden und Gomorra gleichgemacht worden.*

Paulus nimmt die Frage, die sich angesichts dessen, was er in V. 11f gesagt hat, jedem aufmerksamen Leser stellt, selbst auf. Trifft Gott einfach willkürliche und damit ungerechte Entscheidungen? (**14**)
Natürlich weist der Apostel diesen Vorwurf zurück. Allerdings versucht er nicht, zur Begründung dafür Gottes Entscheidungen einsichtig zu machen. Er verweist vielmehr auf die in der Schrift bezeugte Souveränität Gottes. Sein erstes Beispiel beleuchtet die positive Entscheidung Gottes für einen Menschen (**15**). Es stammt aus der Selbstvorstellung Gottes gegenüber Mose, als dieser Gottes Herrlichkeit, also sein wahres göttliches Wesen, sehen möchte. Das ist nicht möglich, weil dies kein Mensch aushalten kann. Aber Gott will seine Güte an ihm vorbeiziehen lassen und ihm seinen Namen kundtun. Und dieser Name lautet nach Ex 33,19: »*Ich werde mich über den erbarmen, über den ich mich erbarme, und dem Mitleid erweisen, mit dem ich Mitleid habe*«. Es ist bemerkenswert, dass *beide* parallele Sätze von Gottes Erbarmen sprechen und nicht etwa der erste von der Annahme und der zweite von der Ablehnung durch Gott. Nicht eine Theorie über die doppelte Prädestination ist die Pointe, sondern die absolute Souveränität des Erbarmens Gottes. Paulus versteht diese Aussage in der Perspektive seiner Rechtfertigungslehre (**16**). Nicht der gute Wille des Menschen entscheidet über sein Geschick vor Gott und auch nicht die Anstrengung, die er aufbringt und die Paulus wie häufig am Beispiel eines Läufers veranschaulicht (vgl. 1Kor 9,24; Phil 3,14), sondern allein das Erbarmen Gottes.

Aber Paulus klammert die negative Seite nicht aus und hat auch dafür ein Beispiel aus der Schrift, und zwar ebenfalls aus der Mosetradition (**17**). Nach Ex 9,16 muss Mose dem ägyptischen König sagen, sein Auftreten in der Geschichte habe nach Gottes Willen nur die Bedeutung, dass Gott an ihm vor aller Welt seine Kraft zeigen könne, mit der er auch den hartnäckigsten Widerstand überwindet. In der knappen Zusammenfassung des Gedankens (**18**) benennt Paulus nun beide Richtungen der souveränen Entscheidung Gottes: *Wem er will, dem erweist er Barmherzigkeit, und bei wem er will, bei dem verhärtet er das Herz.*

Die Formulierung spielt auf Ex 4,21 an, wo dieses Motiv, das dann die ganze Plagengeschichte durchzieht, zum ersten Mal vorkommt: Gott selbst verhindert ein Nachgeben des Pharao und *verhärtet* dessen Herz, um so seine Macht und sein Durchsetzungsvermögen zu demonstrieren. In der theologischen Übersetzungstradition heißt es meist, dass Gott den Pharao *verstockt* – ein Wort, das zwar die Wirkung des Handelns Gottes gut beschreibt, aber doch einen Unterton von moralischer Verurteilung gegenüber dem *verstockten* Pharao enthält, der in dem *verhärten* des Urtextes nicht unbedingt liegt.

Das allerdings entkräftet die Einwände des kritischen Gesprächspartners des Paulus noch nicht, und deshalb gibt ihm Paulus noch einmal das Wort (**19**). Wie kann Gott denn dann einen Menschen zur Verantwortung ziehen, wenn er doch alles bestimmt? Kann denn ein Mensch irgendetwas tun, was nicht Gottes Ratschluss entspräche?

Paulus antwortet auf diese Anfrage mit einer grundsätzlichen Gegenfrage (**20f**): Kann das Geschöpf das Werk seines Schöpfers in Frage stellen? Und er wählt – in Anlehnung an Jes 29,16 – als Illustration das Beispiel eines Künstlers oder eines Töpfers, die in freier Entscheidung bestimmen, wie ihr Werkstück gestaltet werden und wozu es dienen soll.

Ton in der Hand des Töpfers – das ist ein eindrucksvolles Bild für die Souveränität des Schöpfers, die wir als Geschöpfe nicht in Frage stellen können. Aber schließt es nun nicht gerade Verantwortung aufseiten der Geschöpfe aus?

Paulus versucht diese Frage zu beantworten, indem er sein Bild auf die gemeinte Sache anwendet. Er tut das allerdings in einem von uns nicht leicht zu durchschauenden Gedankengang, den er auch selbst nicht eindeutig zu Ende bringt (**22**). Der erste Teil des Satzes spielt wohl auf Gottes Verhalten gegenüber dem Pharao und ähnlichen Figuren an. Er war ein *Gefäß*, dessen Beschaffenheit auf Vernichtung zielte (Paulus vermeidet hier allerdings das Wort »vorherbestimmt«). Und doch hat ihn Gott eine ganze Zeit gewähren lassen, weil er an ihm sein Gericht (das ist die sachliche Bedeutung des Wortes *Zorn*) und seine Macht zeigen wollte. Und umgekehrt (**23**) hat Gott im Voraus Geschöpfe dazu vorbereitet, dass an ihnen sein *Erbarmen* sichtbar wird. Sie sollten Träger dieses Erbarmens sein, um damit die Größe der *Herrlichkeit* Gottes, seiner göttlichen Gegenwart unter den Menschen, zu erweisen.

Wen Paulus damit meint, macht er in den folgenden Versen klar. (**24**) *Als solche Gefäße der Barmherzigkeit* hat Gott auch *uns*, d.h. die Christen, berufen, und zwar sowohl aus Juden als auch aus den nichtjüdischen *Völkern*. Wieder setzt Paulus diesen besonderen Akzent, der den ganzen Römerbrief durchzieht. Gottes Heilshandeln gilt allen Menschen. Schon auf seinem Weg mit Israel hat er die anderen Völker im Blick, und auf dem Weg des Evangeliums zu den Völkern lässt er Israel nicht aus den Augen.

Für den ersten Teil dieser Aussage, um den es ihm hier vor allem geht, führt Paulus eine Reihe von Belegen aus den Schriften der Propheten an.

Der erste ist ein Mischzitat aus Hos 2,1 und 25 (**25f**). Dass das *Nicht-Volk* zum *Volk* (Gottes) wird, dass Ausgestoßene *Kinder des lebendigen Gottes* genannt werden und die *Nichtgeliebte* wieder *Geliebte* heißt, dies alles ist bei Hosea Ausdruck des Erbarmens Gottes über sein abtrünniges Volk. Für die christliche Gemeinde wird es aber zur Voraussage dafür, dass auch Menschen, die abstammungsmäßig nicht zu Israel gehören, in Gottes Volk aufgenommen werden. In diesem Sinne wird das Wort auch in 1Petr 2,10 zitiert.

Auch die Tatsache, dass nur ein Teil Israels in dieses neue Volk Gottes gerufen wird, wird durch ein Mischzitat aus Hos 2,1 und Jes 10,22f erklärt (**27f**): Nur ein Rest Israels wird übrig bleiben. Innerhalb der Prophetie des Jesaja war dies ursprünglich eine Abmilderung der Gerichtsaussage: Wenigstens ein Rest wird übrig bleiben. Für Paulus ist das eine Erklärung, warum aus der großen Zahl jüdischer Menschen sich nur ein so kleiner Teil der Verkündigung des Evangeliums öffnet und zum Glauben kommt. Offensichtlich soll nach Gottes Willen nur *ein Rest gerettet werden*. Das ist nicht das letzte Wort des Paulus in dieser Sache, aber für seine Argumentation an dieser Stelle wichtig.

Der Sinn des letzten Satzes aus diesem Zitat, den Paulus sehr verkürzt zitiert, ist nicht ganz klar. Entweder kann übersetzt werden: *Denn der Herr wird kurz und bündig Abrechnung halten auf der Erde.* Dann ist der Gerichtsaspekt betont. Oder es heißt: *Denn indem er das Wort vollendet und abkürzt, wird der Herr es auf Erden ausführen.* Das könnte bedeuten, dass Gott das Wort der Verheißung schnell und vollständig erfüllen wird. Das würde auch die

Perspektive des Heils, wenn auch durch das Gericht hindurch, offen lassen.

In diesem Sinne wird dann im letzten Zitat (**29**) aus Jes 1,9 das Übriglassen eines Restes an *Nachkommenschaft* (wörtlich: *Samen*) als gnädige Verschonung im Gericht interpretiert. Das Volk Gottes ist trotz seiner Verurteilung einem Geschick, wie Sodom und Gomorra es erlitten haben, die ja vom Erdboden verschwunden sind, entronnen. Das aber ist gnädige Bewahrung Gottes durchs Gericht hindurch.

Aber alle diese Zitate sprechen weniger von der Berufung oder Verwerfung durch Gott, sondern setzen Gottes Gericht über dem Volk aufgrund seiner Schuld voraus. Das führt nun doch auch zur Frage nach der Verantwortung Israels für sein Geschick hin. Ihr stellt sich Paulus im letzten Teil dieses Argumentationsganges.

Gott ist frei in seinem Erbarmen, aber auch darin, das Herz von Menschen zu verhärten, wenn er dadurch seine göttliche Souveränität erweisen kann. Er ist darüber niemand Rechenschaft schuldig. Und dennoch ist erkennbar, dass hinter Gottes Entscheidung nicht einfach Willkür steht, sondern eine Perspektive, die das Geschick des Einzelnen übergreift und dem Erweis der Herrlichkeit und der Barmherzigkeit Gottes dient. Dass Gott Israel auf die Seite stellt, öffnet den Weg seines Erbarmens zu den anderen Völkern und führt zur Berufung von Menschen aus Juden und Heiden in seine Gemeinschaft.

9,30–33
Der falsche Weg Israels

³⁰Was sollen wir nun sagen? Nichtjuden, die nicht die Gerechtigkeit suchten, haben die Gerechtigkeit ergriffen, und zwar die Gerechtigkeit aufgrund des Glaubens. ³¹Israel aber, das das Gesetz der Gerechtigkeit suchte, hat das Gesetz nicht erreicht. ³²Warum? Weil sie es nicht aufgrund des Glaubens suchten, sondern als ob es aufgrund von Werken möglich wäre. Sie haben sich am Stein des Anstoßes gestoßen, ³³wie geschrieben steht: *Siehe, ich lege in Zion einen Stein des Anstoßes und einen Fels, der zu Fall bringt, und wer an ihn glaubt, wird nicht scheitern* **(Jes 28,16; 8,14).**

Was aber hat das zu bedeuten? Was ist auf der menschlichen Ebene die Erklärung für dieses Geschick? Beruht es allein auf Gottes souveräner Entscheidung, oder ist auch das Verhalten Israels dafür verantwortlich, dass es den falschen Weg eingeschlagen hat. Paulus

stellt zunächst einfach fest, was er beobachtet (**30f**): Menschen aus den *Völkern*, sogenannte »Heiden«, d.h. *Nichtjuden, die in ihrem angestammten Lebensentwurf nicht die Gerechtigkeit suchten,* die also nicht nach dem rechten Verhältnis zu dem wahren Gott und nach dem Heil für ihr Leben fragten, diese Leute haben in das rechte Verhältnis zu Gott hineingefunden. Sie *haben die Gerechtigkeit ergriffen,* und zwar dadurch, dass sie ihr Verhältnis zu Gott auf den Glauben gründeten.
Umgekehrt hat Israel, *das die Gerechtigkeit,* wie sie das Gesetz zu gewährleisten scheint, zu verwirklichen *suchte,* in Wirklichkeit *das Gesetz nicht erreicht.* Die Wortwahl des Paulus ist ungewöhnlich. Man würde erwarten, dass Paulus parallel zur Aussage über die Nichtjuden davon spricht, dass Israel die *Gerechtigkeit* nicht erlangt hat. Aber er sagt: Sie haben auch das *Gesetz* in seiner wirklichen Zielsetzung nicht erreicht. Paulus hat also eine paradoxe Aussage im Sinn: Wer Heil und Leben durch das Gesetz sucht, verfehlt auch die Intention des Gesetzes, Anleitung für ein Leben zu bieten, das als Geschenk Gottes angenommen wird.
Paulus versucht das in V. **32** zu erklären: Warum ist es zu dieser Umkehrung der Verhältnisse gekommen? Weil Israel die Gerechtigkeit *nicht aufgrund des Glaubens* als Geschenk Gottes gesucht hat, sondern sich verhalten hat, als ob sie *aufgrund von Werken,* also durch menschliches Tun zu erhalten wäre. Also: Gerade weil die Nichtjuden nicht unter der Tora lebten und daher nicht dem Fehlschluss unterlagen, vorzeigbare *Werke des Gesetzes* und damit das Tun des Gesetzes als solches würden ins rechte Verhältnis zu Gott führen, deshalb »konnten sie begreifen, dass die Gerechtigkeit niemals durch eigenes Tun gewonnen, sondern nur im vertrauenden Glauben als Geschenk des barmherzigen Gottes empfangen werden kann« (E. Lohse 286).
Doch geht es hier nicht einfach um den Gegensatz von zwei menschlichen Haltungen, etwa des kindlichen Vertrauens auf der einen Seite und der eifernden Eigenleistung auf der anderen. Die Juden sind über den schon von Jesaja vorausgesagten Stolperstein, den *Stein des Anstoßes,* zu Fall gekommen. Paulus findet das in einer Zitatenkombination aus dem Buch Jesaja vorhergesagt (**33**), die sich auch in 1Petr 2,6–8 findet und mit der sich das frühe Christentum die Ablehnung Jesu durch die Mehrzahl seiner jüdischen Volksgenossen erklärte.
Das Zitat zieht zwei unterschiedliche Aussagen Jesajas zusammen. Jes 8,14 ist Teil eines Gerichtsworts, das die aufschrecken sollte, die ein oberflächliches Gottvertrauen propagierten, und ihnen deutlich machte, dass Gott selbst für das Volk zum *Stolperstein* und zum *Fels, der zu Fall bringt,* werden könne. Das verbindet die urchristli-

che Auslegung mit einer Gerichtsansage aus Jes 28,16, die isoliert betrachtet wie ein Heilswort klingt, aber ebenfalls eine schneidende Kritik an falschen Sicherheitsparolen in Jerusalem darstellt. Nicht der Tempel in Zion ist Garant für Frieden und Zukunft, sondern ein *Stein der Prüfung und Bewährung*, den Gott als neues Fundament für das Volk legt. *Wer auf den vertraut, wird nicht scheitern.*
Paulus und andere urchristliche Ausleger haben diese Aussagen auf Christus bezogen. In ihm hat Gott ein neues Fundament für sein Volk gelegt, wer an ihn glaubt und so sein Vertrauen auf Gott setzt, stellt sein Leben auf festen Grund. Aber an diesem Stein ist Israel zu Fall gekommen. Dabei meinen *Stein des Anstoßes* und *Fels des Ärgernis* (LÜ) nicht die subjektive Entrüstung über etwas aus moralischem oder ästhetischem Empfinden, wie das deutsche *Anstoß nehmen* oder *Ärgernis erregen* suggeriert. Es geht vielmehr um den objektiven Anlass, der einen zum Straucheln und zu Fall bringt.
Die Urchristenheit sah das in Jesus, dem Messias Israels, erfüllt. In ihm hat Gott ein neues tragfähiges Fundament für das Haus gelegt, indem er nicht nur mit Israel, sondern mit allen Menschen wohnen will. Aber dieser Grundstein wurde zum Stolperstein für Israel: Weil sie Jesus nicht als den Messias akzeptieren konnten, sind sie auf ihrem Weg mit Gott zu Fall gekommen und haben die Chance verpasst, sich im Vertrauen auf ihn in ein neues Verhältnis zu Gott führen zu lassen, das ganz von Gottes Gnade und nicht von den eigenen Anstrengungen bestimmt ist.

In drei Schritten nimmt Paulus in diesem ersten Argumentationsgang seine Gesprächspartner auf dem Weg seiner Überlegungen mit.
1. Die Berufung Israels zu Gottes Volk beruht nicht auf dessen Verdienst und Würdigkeit oder auf irgendwelchen Vorbedingungen und Vorleistungen, sondern auf der freien und souveränen Entscheidung Gottes. Damit spricht Paulus etwas aus, was zum Kernbestand des Glaubens Israels gehört. »Nicht hat euch der HERR angenommen und euch erwählt, weil ihr größer wäret als alle Völker ..., sondern weil er euch geliebt hat«, heißt es in Dtn 7,7. Das schließt ein, dass Gott in seiner Freiheit auch Menschen auf die Seite stellen oder – wie beim Pharao – ihren Widerstand provozieren kann, um zu zeigen, dass er sich auch gegen diesen Widerstand durchsetzen kann. Das hebt die persönliche Verantwortung der Betreffenden nicht auf. Aber es macht deutlich, dass Gott seine Entscheidung auf einer ganz anderen Ebene als der der menschlichen Entscheidungen trifft und dabei auch die Rebellion der Menschen schon einplant.

2. Paulus sieht schon bei den Propheten angesagt, dass Gott sein Ja auch zu anderen Völkern sprechen wird. Das bedeutet kein Nein zu Israel. Aber es gibt Hinweise dafür, dass Israel seinen Weg nicht dieser Berufung gemäß gegangen ist.
3. Israel hat den Weg zu Gottes Gerechtigkeit und Heil verfehlt, weil es der Überzeugung war, dieses Ziel durch die *Werke*, also das Tun des Gesetzes, zu erreichen. Nun verspricht das Gesetz zwar dem, der es tut, Leben (Lev 18,5), aber – wie Paulus in Röm 3,9–20 aufgezeigt hat – der Mensch scheitert daran, dieses Ziel zu erreichen. Der Weg zur Gerechtigkeit besteht darin, Gottes Berufung im Glauben anzunehmen. Im Weg Jesu hat Gott diesen Ruf zum Glauben in endgültiger Weise ausgesprochen. Sich Gottes bedingungslosem Ja, das er in Jesu Tod und Auferstehung für uns gelebt hat, anzuvertrauen, das ist das Fundament für die Gemeinschaft mit Gott. Israel hat sich diesem Ruf verweigert. Der Fels des Heils wurde ihm zum Stolperstein. Darin sieht Paulus das Scheitern Israels, wie es schon Jesaja vorausgesagt hat.
Aber die Frage bleibt: Wird Paulus mit dieser Analyse den jüdischen Menschen seiner Zeit gerecht?

10,1–13
Das Geheimnis der Gerechtigkeit aus Glauben

¹Brüder und Schwestern, mein Herzenswunsch und mein Gebet zu Gott für sie gelten ihrer Rettung. ²Denn ich bezeuge ihnen, dass sie Eifer für Gott haben, aber eben nicht von der rechten Erkenntnis geleitet. ³Weil sie die Gerechtigkeit Gottes nicht kannten und versuchten, ihre eigene Gerechtigkeit aufzurichten, haben sie sich nicht der Gerechtigkeit Gottes untergeordnet. ⁴Denn Ziel und Ende des Gesetzes ist Christus, und das führt zur Gerechtigkeit für jeden, der glaubt. ⁵Denn Mose schreibt in Bezug auf die Gerechtigkeit, die aufgrund des Gesetzes entsteht: *Der Mensch, der das tut, wird dadurch leben* (Lev 18,5). ⁶Die Gerechtigkeit aus dem Glauben aber spricht so (Dtn 30,12–14): *Sag nicht: Wer wird in den Himmel hinaufsteigen?* – nämlich um Christus herabzuholen, ⁷oder: *Wer wird in den Abgrund hinabsteigen?* – nämlich um Christus von den Toten heraufzuholen. ⁸Sondern was sagt sie: *Nahe ist dir das Wort in deinem Mund und in deinem Herzen* – nämlich das Wort des Glaubens, das wir verkündigen. ⁹Denn wenn du mit deinem Mund bekennst: »Herr ist Jesus« und in deinem Herzen glaubst, dass Gott ihn von den Toten erweckt hat, wirst du gerettet. ¹⁰Denn im Herzen glaubt man und wird gerecht, und mit dem Mund bekennt man und wird gerettet. ¹¹Denn die Schrift sagt: *Jeder, der sich glaubend auf*

glaubend auf ihn verlässt, wird nicht scheitern (Jes 28,16). **¹²Denn es gibt hier keinen Unterschied zwischen dem Juden und dem Griechen, denn derselbe ist Herr über alle, reich für alle, die ihn anrufen, ¹³denn** *jeder, der den Namen des Herrn anruft, wird gerettet werden* (Joel 3,5).

Paulus unterbricht seine Argumentation noch einmal mit einer ganz persönlichen Versicherung, in die er die Adressaten mit der persönlichen Anrede einbezieht. Nichts wünscht er sich so sehnlich und um nichts bittet er Gott so inständig wie für die *Rettung* und das Heil der Menschen seines eigenen Volkes (**1**). Es liegt ihm auch fern, ihre Frömmigkeit und ihren *Eifer* für Gott in Frage zu stellen (**2**). Aber – und dies ist seine tiefe Überzeugung – dieser Eifer ist fehlgeleitet, weil ihm die richtige *Erkenntnis* von Gottes Weg und Willen fehlt (**3**). Israel verkennt, dass *Gottes Gerechtigkeit* sein Geschenk ist, die schöpferische Kraft, mit der Gott selbst das Verhältnis der Menschen zu ihm gestaltet. Indem sie Gerechtigkeit aufgrund der *Werke des Gesetzes* suchen, also aufgrund des eigenen Tuns, versuchen sie letztlich, ihre *eigene Gerechtigkeit* aufzurichten und von der eigenen Rechtschaffenheit zu leben und *ordnen sich nicht der Gerechtigkeit Gottes unter*. Das ist eine merkwürdige Formulierung, die zeigt, wie sehr Paulus tatsächlich an manchen Stellen die Gerechtigkeit Gottes als die rettende und heilvolle Macht Gottes versteht, der man sich unterstellt, in die man sich hineinnehmen lässt und deren Werkzeug man mit Leib und Leben wird. Diese Einsicht zu verstellen, ist die Gefahr des Gesetzes mit seiner an und für sich richtigen Forderung nach dem Tun der Gerechtigkeit.

Paulus wendet hier offensichtlich seine eigene Erfahrung, wie er sie in Phil 3,5–9 schildert, auf Israel an: Er hatte in der Begegnung mit dem Auferstandenen erkannt, dass die Gerechtigkeit, wie sie vor dem Gesetz gilt, wertlos, ja schädlich ist. Für ihn galt nun: »Ich habe nicht meine eigene Gerechtigkeit, die aus dem Gesetz kommt, sondern jene Gerechtigkeit durch den Glauben an Christus, die aus Gott kommt aufgrund des Glaubens.« Diese Erkenntnis aber war bisher den meisten aus seinem Volk verschlossen geblieben. Aber was ihm widerfahren ist, gilt grundsätzlich: Christus ist das *Ende des Gesetzes und führt so zur Gerechtigkeit für jeden, der glaubt* (**4**).

Übersetzung und Auslegung dieses Verses sind allerdings umstritten, denn das griechische Wort *telos*, das am Anfang dieses Satzes steht, kann nicht nur *Ende* bedeuten, sondern auch *Ziel*. Aber es ist zu fragen, ob von griechisch sprechenden Lesern hier ein wirklicher Unterschied wahrgenommen wurde. Wenn das Gesetz in

Christus sein Ziel erreicht hat, dann ist es auch an sein Ende gekommen. Die Lebensverheißung, die Menschen im Gesetz gehört, aber in falscher Weise aufgenommen haben, ist in Christus erfüllt. Damit ist das Gesetz als Heilsweg am Ende. Der Weg ist frei zu der Gerechtigkeit, die Gott allen schenkt, die glauben.
Für Paulus bezeugt die Mose-Tora selbst, dass hier zwei Grundprinzipien gegeneinanderstehen. Er zitiert zunächst als Wort des Mose die grundlegende Lebensverheißung des Gesetzes nach Lev 18,5, die er in ähnlichem Zusammenhang auch in Gal 3,12 anführt: *Der Mensch, der das tut, wird dadurch leben* (**5**). Das ist das Prinzip der Gerechtigkeit, die aus dem Gesetz kommt. Paulus macht sich aber nun nicht die Mühe zu erläutern, warum diese Verheißung nicht zum Ziel führt. Es gibt dafür ja zwei mögliche Erklärungen: Entweder, weil kein Mensch das Gesetz als Ganzes erfüllt, oder, weil der Weg des Tuns grundsätzlich der falsche Weg ist, wenn es um das rechte Verhältnis zu Gott geht.
Obwohl Paulus in bestimmten Zusammenhängen eher die erste Begründung verwendet (vgl. 3,9–20), scheint er hier die zweite zu bevorzugen, denn er stellt neben das Zitat aus Leviticus ein Wort aus Dtn 30, das er als Stimme der Gerechtigkeit aus Glauben interpretiert (**6–8**). Sie spricht eine andere Sprache und wird fast wie eine Person Mose gegenübergestellt. Dass eine Schriftstelle einer anderen entgegengesetzt wird, ist ein typisches Verfahren rabbinischer Schriftauslegung. Für uns ist die Auslegung des Paulus an dieser Stelle allerdings nicht leicht nachzuvollziehen. In seinem ursprünglichen Zusammenhang sagt der Satz aus dem Deuteronomium, dass die Gebote des Gesetzes naheliegend und im Grunde leicht zu erfüllen sind. Paulus macht daraus mit Hilfe einer in der zeitgenössischen Bibelauslegung üblichen Methode einen Hinweis darauf, dass der Christus, der Messias Gottes, den Menschen ganz nahe gekommen ist und ihnen im Wort der Glaubensverkündigung nahe bleibt. So vernimmt er in dem, was die Gerechtigkeit Gottes sagt, die Stimme Christi.
Als Ausgangspunkt wählt Paulus eine Wendung aus Dtn 9,4: *Sprich nicht in deinem Herzen*, die dort mit der Aussage fortgeführt wird: *Um meiner Gerechtigkeit willen hat der HERR mich in dieses Land geführt* (vgl. auch 8,17). Damit ist für Paulus das inhaltliche Vorzeichen für seine weitere Auslegung gegeben: Nicht die eigene Gerechtigkeit bringt das Volk zum Ziel, sondern Gottes Treue. Dieses Vorzeichen gilt auch für die Auslegung von Dtn 30,12–14, ein Text, der im zeitgenössischen Judentum nicht selten methodisch in vergleichbarer Weise verwendet wurde.
Paulus zitiert immer eine Zeile des Textes und fügt dann seinen Kommentar dazu. Auch das entspricht rabbinischer Auslegungsme-

thode. *Sag nicht: Wer wird in den Himmel hinaufsteigen?* lautet das erste Zitat, und die Deutung des Paulus zu dem vergeblichen Ziel dieses unmöglichen Unternehmens lautet: *nämlich um Christus herabzuholen.* Das Bemühen, durch das Tun des Gesetzes das Kommen des Messias herbeizuzwingen, ist verfehlt. Dass solche Gedanken im Judentum nicht fern lagen, zeigt das Wort eines Rabbis, das in einer (allerdings relativ späten) Auslegungssammlung zitiert wird: »Wenn Israel nur einen Sabbat richtig einhalten würde, dann würde der Sohn Davids kommen«.

Den zweiten Teil des Zitates aus Dtn 30,13 wandelt Paulus mit Hilfe von Ps 107,26 etwas ab, um den Gegensatz Himmel/Unterwelt herauszuarbeiten: *Wer wird in den Abgrund hinabsteigen?* lautet seine Fassung und sein Kommentar: *nämlich um Christus von den Toten heraufzuholen* (**7**). Ob Paulus hier an vergleichbare Überlegungen gesetzestreuer Juden denkt, etwa das Beschleunigen des Wiederkommens Elias, oder ob er einfach parallel zu seinem ersten Kommentar formuliert, bleibt offen. Für die christliche Leser ist ja klar: Was Gott in der Auferweckung Jesu Christi getan hat, das kann und soll der Mensch nicht durch eigene Anstrengung bewirken wollen.

Das aber führt zur eigentlichen Zusage der *Gerechtigkeit aus Glauben*, die Paulus in Dtn 30,14 liest: *Nahe ist dir das Wort in deinem Mund und in deinem Herzen* (**8**). Dieses Wort aber kann für Paulus nicht das Wort des Gesetzes sein, sondern ist *das Wort des Glaubens, das wir verkündigen.* Die Verkündigung dessen, was Gott in Jesus Christus getan hat, und der Ruf, dies im Glauben für sich gelten zu lassen, das ist das Wort, das wirklich in die Herzen der Menschen dringt.

Wahrscheinlich waren es die Stichworte *Mund* und *Herz* in dem Zitat aus der Tora, die Paulus zu dieser Auslegung anregten. Denn er fand sie in einem katechismusartig formulierten Grundsatz urchristlicher Missionstheologie wieder: *Wenn du mit deinem Mund bekennst: »Herr ist Jesus« und in deinem Herzen glaubst, dass Gott ihn von den Toten erweckt hat, wirst du gerettet* (**9**). Dieser Satz klingt fast wie die vorformulierte Antwort auf die Frage, die der Gefängnisaufseher in Philippi stellte: »Was muss ich tun, damit ich gerettet werde?« (Apg 16,30) Denen, die so fragen, werden zwei Dimensionen der Hinwendung zu Christus genannt: Sie besteht einerseits im Bekenntnis zu Jesus als dem Herrn über die ganze Welt und über das eigene Leben. Auch wenn es mit dem Mund ausgesprochen wird, ist es doch mehr als ein Lippenbekenntnis, wie es in Mt 7,21 kritisiert wird. Es ist die rechtsverbindliche *Akklamation*, durch die sich ein Mensch der Herrschaft Jesu unterstellt.

Und darum gehört zu dieser Hinwendung zu Christus gewissermaßen als Innenseite auch das, was im Herzen geschieht. Das ist der *Glaube*, mit dem sich ein Mensch Gott anvertraut, und zwar dem Gott, *der Jesus aus den Toten erweckt hat* und damit die Wirklichkeit neuen Lebens in einer Welt des Todes begründet hat. Wer sich so Gott und seinem Handeln in Christus öffnet, wird gerettet, hineingenommen in die heilvolle Gemeinschaft mit Gott.
Auch wenn diese Sätze als Bedingungssätze formuliert sind, beschreiben sie dennoch keine von den Menschen zu erfüllenden Vorbedingungen für das Heil, sondern die sachgemäße Re-Aktion des Menschen auf Gottes Aktion in Jesus Christus. So ist der Glaube an die Auferweckung nicht die unter Aufopferung des eigenen Verstandes vollbrachte Leistung, ein eigentlich unglaubliches Ereignis für wahr zu halten. Es ist der Glaube an Gott, der sich in der Botschaft von der Auferweckung Jesu als der Herr über Leben und Tod erweist.
Paulus kommentiert diese Wegweisung zum Heil noch einmal mit eigenen Worten (**10**), indem er die Stichworte hervorhebt, die diese Aussage mit dem Zitat aus der Tora verbindet, und sie mit Grundworten seiner Rechtfertigungslehre verknüpft: *Im Herzen glaubt man*, und das führt *zur Gerechtigkeit*, und *mit dem Mund bekennt man*, und das führt *zur Rettung*. Sich Gott und seinem Ja ganz anzuvertrauen und sich ihm zu unterstellen, das macht dieses Ja zur befreienden und tragenden Wirklichkeit eines Lebens. Paulus kommt es in diesem Zusammenhang vor allem auf die Bedeutung des Glaubens an, und deshalb wiederholt er noch einmal das Zitat aus Jes 28,16: *Jeder, der sich glaubend auf ihn verlässt, wird nicht scheitern* (**11**). Das gilt für alle Menschen; es gibt in Fragen des Heils keinen Unterschied zwischen Juden und Griechen (**12**). Paulus nimmt noch einmal Formulierungen aus Kap. 1 und 3 auf. Er spricht nicht mehr von Israel, sondern von den Juden, ohne dass das bei ihm einen abschätzigen Ton hätte. Ebenso spricht er nicht mehr von den nichtjüdischen *Völkern*, den *Heiden*, sondern von den *Griechen*, d.h. von denen, die von der hellenistischen Kultur geprägt sind. Aber auch hier steht das Gegensatzpaar *Juden – Griechen* für die Menschheit als Ganze. Jesus ist Herr über alle und schenkt seinen Reichtum allen, die zu ihm rufen. Auch diese Aussage wird wieder durch ein Schriftzitat aus Joel 3,5 untermauert, das auch noch einmal die Aussage von V. 9 stützt: *Jeder, der den Namen des Herrn anruft, wird gerettet werden* (**13**).
Mit der Zitierung dieses Prophetenwortes nach der Fassung der griechischen Übersetzung des Alten Testaments geschieht etwas für die urchristliche Theologie außerordentlich Bedeutsames und zugleich für das Gespräch mit der jüdischen Theologie sehr Be-

schwerliches. Das Bekenntnis zum Namen des HERRN, d.h. das Bekenntnis zu JHWH, dem Gott Israels, dessen Name in der griechischen Übersetzung mit *kyrios* (d.h. *Herr*) umschrieben wird, dieses Bekenntnis wird von der urchristlichen Schriftauslegung (also nicht nur von Paulus) auf das Bekenntnis zu Jesus Christus als dem *Herrn* bezogen. Obwohl damit noch nicht wie in der späteren trinitarischen Theologie Jesus mit Gott gleichgesetzt wird, sondern *Gott* und *Herr* nebeneinandergestellt werden können (vgl. z.B. 1Kor 8,6), wird dadurch doch eine ganz enge Beziehung zwischen dem Handeln Gottes und dem Geschick Jesu geschaffen. Das gerade aber macht das Bekenntnis zu Jesus als dem Herrn zum »Stein des Anstoßes« für Israel. Und so werden eben die Aussagen, mit denen Paulus deutlich machen möchte, dass das Heil in Christus allen offen steht, zum Problem für das Verhältnis zu Israel.
Paulus wird in den nächsten Sätzen seines Briefs diese Frage noch einmal aufnehmen.

Zunächst aber eine kurze *Zwischenbilanz* von dem, was Paulus in 9,1 - 10,13 zum Thema Israel geschrieben hat.
1. Eine erste Beobachtung: Schritt für Schritt hat sich die Argumentation des Paulus verändert. Stand zunächst die Souveränität Gottes im Mittelpunkt - die nicht hinterfragbar - die einen erwählt und die anderen zurückstellt, so hat Paulus in den letzten Abschnitten immer stärker die Verantwortung Israels für seinen Weg mit Gott herausgestellt. Das Scheitern an dem Versuch, die eigene Gerechtigkeit zu etablieren, ist kein von Gott verhängtes Schicksal, sondern eigen-sinnige Weigerung, dem Weg zu folgen, den Gott in Jesus Christus eröffnet hat. Beide Linien gehören offensichtlich zusammen und beziehen sich dialektisch aufeinander.
2. Paulus sieht auch das Geschick Israels in der Perspektive seiner Rechtfertigungslehre. Seine Ausführungen dazu in Röm 9 und 10 sind für die derzeitige Diskussion um die richtige Auslegung der Rechtfertigungsbotschaft sehr wichtig. Man hat der klassischen Interpretation der Rechtfertigungslehre vorgeworfen, sie sei offen oder verborgen antijüdisch, weil in ihr die jüdische Position als reine Leistungsreligion verzeichnet und zum dunklen Hintergrund der paulinischen Rechtfertigungsbotschaft degradiert werde. Auch die jüdische »Gesetzesfrömmigkeit« wisse um die grundlegende und vorrangige Bedeutung der Gnade, wie sie durch die Bundeszusage Gottes an Israel vorgegeben sei.
Eingehende Untersuchungen haben ergeben, dass es tatsächlich sehr unterschiedliche Äußerungen jüdischer Theologen jener Zeit gibt. Man kann für beide Seiten Belege finden. Wie die Nähe der Aussagen in Phil 3,6-9 und Röm 10,3 zeigt, geht Paulus in seiner

Analyse der Situation des Judentums von seiner eigenen Erfahrung aus. Und so sieht er zumindest an diesen Stellen das Grundproblem nicht darin, dass niemand das Gesetz so erfüllt, dass es wirklich zum wahren Leben führt (das scheint eher die Argumentation in Röm 3 zu sein). Ursache der falschen Weichenstellung ist, dass der Weg des Gesetzes die Menschen dazu verführt, auf das eigene Tun, das Geschaffte, das »Werk« und nicht mehr wirklich auf Gott zu sehen, und deshalb – selbst in dem besten Leben – Gott und die Gemeinschaft mit ihm zu verfehlen. Darin liegt kein moralischer Vorwurf. Paulus bescheinigt seinen Volkgenossen ausdrücklich ihren Eifer für Gott. Aber für ihn bedeutet ihre Ablehnung Jesu als des Messias, dass sie gerade dort zu Fall kommen, wo Gott das Tor für alle Menschen zum Heil geöffnet hat. Darin liegt für Paulus eine tiefe Tragik, die er in den nächsten Abschnitten des Briefs weiter bedenken wird.

10,14–21
Der Unglaube Israels

¹⁴Wie sollen sie aber den anrufen, an den sie nicht glauben? Und wie sollen sie dem glauben, den sie nicht gehört haben? Wie aber sollen sie hören ohne jemand, der die Botschaft verkündet? ¹⁵Wie aber sollen sie die Botschaft verkünden, ohne gesandt zu sein? Wie geschrieben steht: *Wie schön sind die Füße derer, die gute Nachrichten verkündigen* (Jes 52,7)! ¹⁶Jedoch nur ganz wenige gehorchen dem Evangelium. Denn Jesaja sagt: *Herr, wer hat unserer Verkündigung Glauben geschenkt* (Jes 53,1)? ¹⁷Also kommt der Glaube aus der Verkündigung, die Verkündigung aber geschieht durch das Wort Christi. ¹⁸Jedoch frage ich: Haben sie etwa nicht gehört? Aber gewiss! *Über die ganze Erde ist ihr Schall ausgegangen und bis an die Enden der bewohnten Erde ihre Worte* (Ps 19,5). ¹⁹Wieder frage ich: Hat Israel etwa nicht verstanden? Als erster sagt schon Mose: *Ich werde euch neidisch machen auf ein Nicht-Volk, über ein unverständiges Volk lasse ich euch zornig werden* (Dtn 32,21). ²⁰Und Jesaja getraut sich sogar zu sagen: *Ich habe mich bei denen finden lassen, die mich nicht gesucht haben, ich bin für die sichtbar geworden, die nicht nach mir fragen* (Jes 65,1). *Über Israel aber sagt er: Den ganzen Tag habe ich meine Hände ausgestreckt zu einem Volk, das nicht gehorcht und widerspricht* (Jes 65,2).

Warum geht Israel nicht den richtigen Weg? Das ist das Rätsel, vor dem Paulus steht. Natürlich gibt es dafür Erklärungsmöglichkeiten. Paulus geht sie in V. **14f** wie in einer Art Checkliste durch: Die

Juden können Jesus nicht als Herrn anrufen, wenn sie nicht wirklich an ihn glauben. Und sie können nicht an ihn glauben, wenn sie nicht die Botschaft von ihm gehört haben. Und die Botschaft können sie nur hören, wenn es Leute gibt, die ihnen die Botschaft überbringen. Dazu aber muss es wiederum Menschen geben, die als Boten beauftragt und gesandt sind. Diesen Sachverhalt kann der Apostel wieder mit einem schönen Jesajazitat illustrieren, in dem deutlich gemacht wird, wie willkommen die Überbringer guter Nachrichten sind, wobei in der griechischen Übersetzung ein Anklang an das Wort *Evangelium* erscheint.

Allerdings findet Paulus in diesem Zusammenhang auch noch ein Wort des Propheten, das darauf hinweist, dass eben dennoch nicht alle der guten Botschaft des Evangeliums glauben, sondern schon ein Jesaja sagen muss: *Herr, wer hat unserer Verkündigung Glauben geschenkt* (**16**)? Dennoch gilt als Grundsatz, den Paulus hier festhalten will: *Der Glaube kommt aus der Verkündigung* (wörtlich: *aus dem Gehörten*) (**17**). Luther übersetzte hier *Predigt*, was sachlich richtig ist, aber heutige Leser zu sehr auf die meist von Pastoren oder Pastorinnen gehaltene Rede im Sonntagsgottesdienst fixiert, während Paulus an die Weitergabe des Evangeliums in ganz unterschiedlichen Formen denkt. Wichtig für ihn an dieser Aussage ist: Der Glaube ist nicht eine etwas andere Art der Eigenleistung. Er beschreibt nicht die Anstrengung unseres Vertrauens, das wir mit mutigem Entschluss wagen, also sozusagen den geistlichen Klimmzug, der uns auf Augenhöhe mit Gott bringt. Der Glaube wird durch die Botschaft, die wir vernehmen, angestoßen und begründet. Deshalb trifft auch die an und für sich schöne Übersetzung: *Der Glaube kommt aus dem Hören* nicht ganz die Pointe des Paulus, weil auch hier das *Hören* als unsere Anstrengung missverstanden werden könnte.

Der Glaube kommt aus dem *Gehörten*, dem, was uns zugesprochen und zugesagt wird. Die Verkündigung wiederum beruht auf dem *Wort Christi*, was entweder die Beauftragung *durch* Christus bezeichnen kann oder den Inhalt der Verkündigung als die Botschaft *von* Christus umschreibt, wobei das erste wahrscheinlicher ist. Paulus flicht hier also eine kleine Theologie der missionarischen Verkündigung ein. Glaube ist Geschöpf des Wortes, *creatura verbi* – und zwar nicht nur, wo dieses Wort in rhetorisch gekonnter und eindrucksvoller Evangelisationspredigt weitergegeben wird, sondern überall, wo Menschen im Auftrag Jesu die Botschaft mit anderen teilen.

Das aber führt zu der entscheidenden Frage (**18**): Haben die Menschen in Israel etwa keine Möglichkeit gehabt, diese Botschaft zu hören?

Die Antwort ist eindeutig: Aber ja! Und als Beweis dafür bringt Paulus nicht eine Aufzählung der missionarischen Aktivitäten der Apostel, sondern ein Zitat aus Ps 19,5. Für Paulus ist dieses Psalmwort wichtig, weil es den weltumspannenden Horizont der Verkündigung aufzeigt. Im griechischen Wortlaut des Psalms erscheint hier das Wort *Ökumene/oikumene* im Sinne von *bewohnter Welt*. Paulus wird in Kap. 15 die Christen in Rom mit seinen Plänen einer Spanienmission vertraut machen, die ihn und die Botschaft des Evangeliums bis an die westliche Grenze der bewohnten Welt, wie man sie damals kannte, führen sollte. Dass es im ursprünglichen Zusammenhang des Psalmzitats um die sprach- und wortlose Verkündigung durch die Schöpfung geht, stört Paulus nicht. Ihm geht es darum, dass die Botschaft des Evangeliums alle Welt erreicht. Und das – so ist die stillschweigende Folgerung – das können die Juden nicht überhört haben.

Aber – so lautet die nächste Zwischenfrage – vielleicht haben sie das Gehörte nicht verstanden (**19**)? Die Art und Weise, wie diese Frage im griechischen Text formuliert ist, erfordert eigentlich wie in V. 18 eine adversative Bejahung: Aber doch! Ganz sicher! Aber Paulus gibt keine eindeutige Antwort. Einmal mehr antwortet er mit einer Zitatenkombination aus dem Alten Testament, für deren Verständnis der heutige Leser auch ein wenig zwischen den Zeilen lesen muss.

Zuerst zitiert Paulus eine Aussage der Tora (Dtn 32,21), in der Gott durch Mose sagen lässt, weil Israel den Gehorsam verweigert, werde er an einem *Nicht-Volk* und an einem *unverständigen Volk* handeln. Das tue er aber gerade, um Israel zum Neid und zum Aufbegehren zu reizen, sodass es endlich zu verstehen beginnt, worum es Gott wirklich geht. Das Zitat setzt also offensichtlich voraus, dass das Volk das Verstehen verweigert und doch verstehen soll, was Gott vorhat. Vor allem aber wird hier erstmals angedeutet, dass *Neid und Eifersucht* auf andere, denen ganz unerwartet Gottes Gnade zuteil wurde, ein Anreiz zum Umdenken sein könnte. Uns liegt dieser Gedanke eher fern, aber für Paulus wird er in den weiteren Ausführungen noch wichtig werden. Wieder weist das Zitat auf das Ineinander von Verantwortung des Volkes für seinen Weg und souveränem Handeln Gottes an Israel.

Dann fügt Paulus ein prophetisches Wort an (**20**), und zwar erneut aus dem Buch Jesaja (65,1f), das er als besonders gewagte Aussage einführt: Gott wendet sich denen zu, die nicht nach ihm suchen und fragen, und lässt sich von ihnen finden, wird ihnen sichtbar und erfahrbar. Der angedeutete Hintergrund der Aussage ist: Israel hat nicht in der rechten Weise nach seinem Gott gesucht. Der biblische Gott ist nicht der Gott der Gottsucher, sondern der Gott, der sich selbst aufmacht, um die Menschen zu suchen, und so von ihnen gefunden wird.

Aber das bedeutet nicht, dass Gott Israel aufgegeben hat. Der zweite Teil des Zitats (**21**) wird ausdrücklich auf Israel bezogen: Wie eine Mutter nach ihrem Kind streckt Gott den ganzen Tag seine Arme nach diesem Volk aus, obwohl es nicht auf ihn hört und ihm dauernd widerspricht.

Gottes vergebliche Liebe wird mit eindrucksvollen Worten beschrieben. Was aber wird aus der verschmähten Liebe Gottes? Wie reagiert er auf die Ablehnung? Lässt er sein Volk fallen, oder bleibt er bei seinem Werben um seine erste Liebe?

Das ist das Thema des nächsten Abschnitts.

Paulus umkreist weiter das Rätsel, dass die Mehrzahl des jüdischen Volkes die Botschaft von Jesus Christus ablehnt. Er durchsucht die biblischen Schriften nach einer Erklärung. Er findet, dass die Aussagen der Schrift um zwei Brennpunkte kreisen. Einerseits findet sich im Gesetz und bei den Propheten immer wieder die Anklage, dass sich das Volk dem Ruf seines Gottes verweigert. Für Paulus erfüllt sich das in der Ablehnung des Evangeliums noch einmal auf neue Weise. Andererseits erkennt Paulus in den Schriften auch Hinweise darauf, dass Gott die Weigerung Israels nutzt, um sich den Völkern zuzuwenden. Die Botschaft der radikalen und bedingungslosen Gnade scheint die Tendenz zu haben, die auszuschließen, die sich selbst mühen. Sie gewinnt dadurch ihre Klarheit und Kraft. Und doch lässt Gottes Gnade auch die nicht los, die in Gefahr sind, sich selbst auszuschließen. Jesu Gleichnis von den beiden Söhnen, in dem der Vater *beiden* entgegengeht, ist die jesuanische Variante dieser Aussage (Lk 15,11–32).

11,1–10
Gott hat sein Volk nicht verstoßen

¹Ich frage also: Hat Gott etwa sein Volk verstoßen? Keineswegs. Denn auch ich bin ein Israelit, aus der Nachkommenschaft Abrahams, dem Stamm Benjamin. *²Gott hat sein Volk nicht verstoßen, das er im Voraus ausersehen hat.* **Oder wisst ihr nicht, was die Schrift in der Geschichte von Elia schreibt, als er sich bei Gott gegen Israel beklagt?** *³Herr, sie haben deine Propheten getötet, deine Altäre niedergerissen, und ich bin allein übrig geblieben, und nun trachten sie mir nach dem Leben* (1Kön 19,10.14). **⁴Aber was sagt ihm Gottes Spruch?** *Ich habe mir 7000 Männer übrig bleiben lassen, die ihre Knie nicht dem Baal gebeugt haben* (1Kön 19,18). **⁵So ist**

auch in der jetzigen Zeit ein Rest nach der Auswahl der Gnade geblieben. ⁶Wenn durch die Gnade, dann also nicht aufgrund von Werken, da sonst die Gnade nicht mehr Gnade wäre.
⁷Was also? Was Israel sucht, hat es nicht erreicht, die Auswahl hat es erreicht, die übrigen wurden verhärtet, ⁸*wie geschrieben steht* (Dtn 29,3; Jes 29,10): *Gott hat ihnen einen Geist der Betäubung gegeben, Augen, aber nicht zum Sehen, und Ohren, aber nicht zum Hören, bis auf diesen heutigen Tag.* ⁹Und David sagt (Ps 69,23f): *Ihr Tisch soll ihnen zur Schlinge und zur Falle werden, zum Fallstrick und zur Vergeltung,* ¹⁰*ihre Augen sollen verfinstert werden, dass sie nicht sehen – und krümme ihren Rücken ständig.*

Die entscheidende Frage steht am Anfang: Hat Gott sein Volk von sich gestoßen? Die Antwort darauf ist ein entschiedenes Nein. Es folgen aber unterschiedlich akzentuierte Begründungen.
Die erste greift noch einmal den Restgedanken auf (**1–5**). Es gibt ja durchaus Menschen aus Israel, die an Christus glauben. Paulus selbst ist ein Beispiel dafür und nennt deshalb noch einmal ausdrücklich seine Herkunft aus dem Stamm Benjamin (vgl. Phil 3,5). Weil es Judenchristen gibt, kann Paulus in Anlehnung an 1Sam 12, 22 und Ps 94,14 eine These formulieren, die für seine folgende Argumentation grundlegend ist (**2a**): *Gott hat sein Volk nicht verstoßen!* Es ist bemerkenswert, dass es an beiden Stellen, an denen diese Aussage im Alten Testament vorkommt, um das Schuldigwerden des Volkes geht. Aber auch angesichts des Gerichtes gilt, dass Gott das Volk nicht verstößt, das er erwählt hat, oder wie Paulus dann mit eigenen Worten formuliert: *das er im Voraus ausersehen hat.* Diese Wortwahl ist bemerkenswert, weil sie genau den Worten entspricht, mit denen Paulus in 8,29 von der Erwählung der Christen spricht. Paulus will die beiden Linien zusammenhalten!
Dass in bestimmten Entscheidungssituationen nur ein Teil Israels auf der Seite seines Gottes blieb und Gott gerade so seine Treue zeigte, davon zeugt die Geschichte des Elia (**2b–4**). Gott macht dem verzweifelten Propheten klar, dass er inmitten all des Abfalls und Ungehorsams doch einen nicht unbedeutenden Rest von Menschen übrig gelassen hat, die ihm treu geblieben sind.
Allerdings: Das war nicht das besondere Verdienst dieser Leute, sondern war Werk der Gnade Gottes. Das galt damals und gilt auch jetzt, in der Zeit des Paulus, in der in ähnlicher Weise *ein Rest nach der Auswahl der Gnade geblieben* ist (**5**). Wieder schiebt Paulus einen Hinweis auf die Rechtfertigungslehre ein, indem er deutlich macht: *Wenn durch die Gnade,* dann ist es *nicht aufgrund von Werken* geschehen, *da sonst die Gnade nicht mehr Gnade wäre* (**6**). Das heißt: Solche Treue ist nicht Folge der besonderen An-

strengung und inneren Festigkeit dieser Leute, sondern ist allein der voraussetzungslosen Gnade Gottes zu verdanken.
Freilich bedeutet das umgekehrt, dass das Verhalten der anderen nicht einfach Ausfluss ihrer Bosheit ist, sondern dass auch bei der Verhärtung ihres Herzens, der Blindheit ihrer Augen und der Taubheit ihrer Ohren Gott seine Hand im Spiel hat, wie Paulus wieder durch zwei Schriftzitate klarmacht (**7-10**).
Das erste ist eine Kombination von Jes 29,10 und Dtn 29,3 und beschreibt, wie Gott selbst veranlasst, dass Israel ihn nicht wirklich erkennt und versteht. So sieht Paulus auch die aktuelle Lage. Das gegenwärtige Israel ist in seiner Mehrzahl betäubt. So ist der Anknüpfungspunkt für das zweite Zitat aus Ps 69,23f sicher das Motiv der Verfinsterung der Augen. Allerdings stammt diese Aussage in seinem ursprünglichen Zusammenhang aus einer Verwünschung der Feinde des Psalmbeters (vgl. V. 10b). Paulus versteht dies als ein Gebet, das David über sein eigenes widerspenstiges Volk ausgesprochen hat. Für Paulus erfüllt es sich in der Blindheit des Volkes gegenüber Jesus und seiner Botschaft. Merkwürdig ist, dass Paulus auch V. 23 zitiert (und zwar in einer eigenen Fassung). Worauf deutet er den *Tisch*, der zur *Falle* wird? Denkt er an den *Opfertisch*, also den Altar im Tempel, und greift damit den Opferkult an, dessen Bestehen Israel in trügerischer Sicherheit wiegt und ihm dadurch zur »Falle« wird? Oder ist es allgemein ein Bild für die Gefahr der Verführung durch einen reich gedeckten Tisch? Oder sieht Paulus hier den Skandal und das Gefahrenpotential verweigerter Tischgemeinschaft zwischen Juden und Heiden vorhergesagt? Dafür könnte einiges sprechen.
Eindeutig aber ist, dass sich Paulus mit diesen Gedanken wieder stärker Gottes aktiver Rolle in diesem Geschehen zuwendet.

Es gilt: Gott verstößt das Volk, das er erwählt hat, nicht. Das zeigt sich daran, dass auch in schwierigen Situationen ein Rest die Treue gehalten hat. Und so wie die Treue der wenigen treu Gebliebenen ganz dem Wirken der Gnade Gottes zu verdanken ist, so hat auch der Unglaube der Übrigen letztlich seinen Grund im Wirken Gottes. Damit wird aus dem Rätsel des Unglaubens Israels das Rätsel des Handelns Gottes, der seinem Volk die Treue hält und es doch in die Verstockung und Verblendung gehen lässt.

11,11-16
Gottes Absicht bei der Zurückstellung Israels

¹¹Ich frage weiter: Sind sie etwa gestrauchelt, damit sie vollends zu Fall kommen? Keineswegs, sondern durch ihre Verfehlung kam das

Heil zu den Völkern, und zwar um wiederum sie selbst zur Eifersucht zu reizen. ¹²Wenn aber ihre Verfehlung Reichtum für die Welt bedeutet und ihr Mangel Reichtum für Völker, wie viel mehr wird es bedeuten, wenn sie in Fülle dastehen!
¹³Euch aber, den Leuten aus den Völkern, sage ich: Insofern ich also Apostel für die Völker bin, preise ich meinen Auftrag, ¹⁴und zwar gerade in der Hoffnung, dass ich durch ihn vielleicht meine Blutsverwandten zur Eifersucht reizen und einige von ihnen retten könne. ¹⁵Wenn also schon ihre Zurückweisung zur Versöhnung der Welt führt, was ist dann ihre Annahme, wenn nicht Leben aus den Toten? ¹⁶Wenn aber die Erstlingsgabe heilig ist, dann auch der ganze Teig, und wenn die Wurzel heilig ist, dann auch die Zweige.

Paulus stellt sich der nächsten Frage: Bedeutet das Stolpern Israels über den »Stein des Anstoßes« das endgültige Aus für Israel? Und wieder erfolgt ein entschiedenes Nein.

Das Versagen Israels hat nämlich auch eine positive Bedeutung. Dass Israel den Glauben verweigerte, bewirkte auf wunderbare Weise die Öffnung der Botschaft für die Nichtjuden (**11**). Das wird in den Geschichten der Apostelgeschichte anschaulich erzählt (vgl. 13,45f; 18,6) und ist auch, wenn man die Geschichte der urchristlichen Mission betrachtet, gut nachzuvollziehen. Es liegt in diesem Vorgang eine wirkliche Tragik. Denn tatsächlich war die Ablehnung der Botschaft durch die Juden ein wichtiger Faktor für die Ausdehnung und Intensivierung der missionarischen Arbeit unter den Nichtjuden.

Aber Paulus sieht noch ein weiteres Ziel Gottes. Seiner Überzeugung nach wird die Annahme der Christusbotschaft durch die Heiden die Juden zur Eifersucht und damit zum Umdenken führen. Sie werden die Wirkung der Botschaft des Evangeliums unter den nichtjüdischen Völkern, also den verachteten Heiden, bemerken, darüber staunen und sich fragen: Haben wir nicht doch etwas verpasst? Haben die Heiden etwas empfangen, was eigentlich uns Juden zusteht? So jedenfalls stellt sich Paulus das vor.

Das gibt ihm Anlass für einen ersten, grundsätzlichen Ausblick in Gottes Zukunft mit Israel und der Welt. Er formuliert ihn mit dem bei ihm so beliebten Schluss »vom Leichteren zum Schwereren« (oder besser vielleicht: vom »Schweren zum Leichteren«), der zu seiner rabbinischen Logik gehört (**12**). Paulus spricht dabei auch wieder von der *Verfehlung* Israels und damit von Verantwortung und Schuld. Dieser Aspekt ist nicht ausgeblendet. Aber darauf liegt nicht der Ton. Im Mittelpunkt steht das Staunen darüber, was Gott aus der Verweigerung der Juden für die Botschaft macht. Denn wenn schon ihr Versagen und das, was ihnen dadurch fehlt, für die

Welt und die übrigen Völker einen solchen Reichtum an Gottes Gnade bewirkt, wie viel Gutes und welchen Segen wird sich dann entfalten, wenn auch Israel in seiner Gesamtheit wieder in die Gemeinschaft mit Gott hineinfindet. Darauf aber hofft Paulus zuversichtlich.

Paulus will darum seinen nichtjüdischen Adressaten ganz offen sagen, dass auch sein Auftrag an ihnen ein doppeltes Ziel hat: Seine Mission unter den Nichtjuden geschieht auch in der stillen Hoffnung, dass ihr Glaube zumindest einige der Juden zum Nachdenken und zur Umkehr führen wird (**13f**). Seine enge und bleibende Beziehung zum Judentum zeigt sich darin, dass die Wendung, die wir mit *meine Blutsverwandten* übersetzt haben, wörtlich *mein Fleisch* heißt. Jüdische Menschen bleiben sein eigen Fleisch und Blut!

Und noch einmal bricht aus diesem Gedanken eine Vision universalen Heils hervor. In einer ähnlichen Logik wie in V. 12 denkt Paulus über die Perspektive nach, die Gottes Handeln mit Israel für sein Heilswerk an allen Menschen hat (**15**). Nun spricht Paulus von Gottes Tun. Nur sollte man nicht wie die meisten Übersetzungen von der *Verwerfung* Israels sprechen. Angesichts dessen, was Paulus in 11,2 grundsätzlich gesagt hat, klingt das viel zu endgültig. Wenn man aber die Genitivverbindung anders verstehen und wie in V. 12 von der *Ablehnung* bzw. *Verwerfung des Evangeliums* durch Israel sprechen möchte, würde man den Gedankenfortschritt verkennen. Es geht um die zeitweilige *Zurückweisung* oder *Zurückstellung* Israels durch Gott. Noch einmal wagt Paulus einen Schluss »vom Leichteren zum Schwereren«: Wenn schon die *Zurückweisung Israels* Gottes *Versöhnung* in die Welt hineingetragen hat, kann dann seine *Annahme* etwas anderes bewirken als *Leben aus den Toten*? Denn wenn alle, die Gott ruft, in die Gemeinschaft mit ihm finden, dann geschieht die entscheidende Wende zum Leben, die die Welt des Todes überwindet. Die Auferweckung der Toten, schon in Ez 37 Gleichnis für die Wiederherstellung Israels, ist die Vollendung von Gottes rettendem Handeln an der Welt.

Paulus versucht diesen Gedanken noch einmal mit zwei aus dem kultischen Denken stammenden Bildern deutlich zu machen (**16**). Das erste greift ein Beispiel aus dem Alltag Israels auf: Wenn von einem Teig ein kleines Stück abgesondert wird, um es Gott zu weihen (vgl. Num 15,20f), dann ist diese Handlung Ausdruck dafür, dass das Ganze Gott gehört. Das ist ein Grundgedanke, der für das Heiligkeitsdenken Israels insgesamt gilt: Was als »heilig«, d.h. als Gott gehörig, ausgesondert wird, weist darauf hin, dass das Ganze heilig ist. Dass Israel ein heiliges Volk sein soll, wird Ex 19,5f mit

der Aussage begründet: »denn die ganze Erde ist mein«. So bestimmt auch Israels Anfang mit Gott seine ganze Geschichte.
Das macht das zweite Beispiel deutlich, das über den Bereich des kultischen Alltags hinausführt. Das, was in der Wurzel eines Baumes angelegt ist, bestimmt auch die Zweige. Wenn also der Ursprung, aus dem Israel lebt, heilig ist – und das heißt: ganz Gott geweiht –, dann wird das auch die Zweige bestimmen, die aus dieser Wurzel wachsen. Dass dies im Falle Israels nicht ganz so organisch geschieht, wie es im Bild scheint, gibt Paulus Anlass zum weiteren Nachdenken über diesen Vergleich, aus dem dann auch eine wichtige Folgerung für die nichtjüdischen Christen erwächst.

Für Paulus liegt in diesen Gedanken der entscheidende Durchbruch in seinem Ringen in der Israelfrage. Ohne dass er die Verantwortung des Volkes für sein Verhalten leugnet, ist die befreiende Erkenntnis für ihn, dass Gott auch das Versagen Israels in sein Wirken zum Heil aller integriert und zu einem wunderbaren Ziel führt.
Das wird Paulus weiter ausführen. Zunächst aber folgt noch eine äußerst wichtige Zwischenüberlegung.

11,17–24
Eine Mahnung an die Heidenchristen

[17]Wenn aber einige der Zweige ausgebrochen wurden, du aber, obwohl du ein wilder Ölbaum bist, unter sie eingepfropft wurdest und Anteil an der fettspendenden Wurzel des Ölbaums bekommen hast, [18]dann erhebe dich nicht über sie. Aber solltest du dich doch großtun wollen, dann bedenke: Nicht du trägst die Wurzel, sondern die Wurzel trägt dich! [19]Du wirst nun sagen: Die Zweige sind ausgebrochen worden, damit ich eingepfropft werde. [20]Richtig: Wegen des Unglaubens sind sie ausgebrochen worden. Du aber hast deine Stellung durch den Glauben. Bilde dir nichts darauf ein, sondern lass dich zur Ehrfurcht leiten. [21]Denn wenn Gott die natürlichen Zweige nicht verschont hat, könnte es doch sein, dass er auch dich nicht verschont. [22]Sieh also die Güte und die Strenge Gottes: Strenge mit denen, die zu Fall kamen, Güte Gottes aber mit dir, wenn du bei seiner Güte bleibst; denn sonst wirst auch du abgehauen werden. [23]Jene aber, wenn sie nicht bei ihrem Unglauben verharren, werden eingepfropft werden. Denn Gott hat die Macht, sie wieder einzupfropfen. [24]Denn wenn du aus dem von Natur aus wilden Ölbaum abgehauen und wider die Natur in den edlen Ölbaum eingepfropft wirst, um wie viel mehr können diese natürlichen Zwei-

ge (wieder) in den Ölbaum, von dem sie stammen, eingepfropft werden!

Paulus führt das Bild von der heiligen Wurzel und ihren Zweigen weiter, jetzt aber nicht mehr im Rahmen kultischen Denkens, sondern anhand von Erfahrungen aus dem Bereich der Kultivierung von Ölbäumen (**17**). Es ist freilich umstritten, ob es üblich war, auf die Wurzel bzw. den Stamm einer Ölbaumsorte, die fettreiche Oliven bringen sollte, Wildlinge aufzupfropfen, um einen unfruchtbar gewordenen Baum zu besserem Ertrag anzuregen. Die Experten sagen, dass das gelegentlich vorkam. Paulus deutet aber selbst an, dass er von einem ungewöhnlichen Vorgang spricht. Er gestaltet das Bild von der gemeinten Sache her (**18f**).

Im Stil einer Fabel inszeniert Paulus ein Gespräch mit den eingepfropften Ölbaumzweigen, die drauf und dran sind, sich damit großzutun, es sei ihr Verdienst, dass der Ölbaum wieder Frucht trage, und verächtlich von den Zweigen zu sprechen, die ursprünglich zu dem edlen Ölbaum gehörten, aber wegen ihrer Unfruchtbarkeit ausgehauen wurden. Bei alldem handelt es sich um eine sehr eindringliche Mahnung an die Heidenchristen, nicht ihrerseits auf ihren Glauben stolz zu sein, als sei er eine eigene Leistung, und so auf die nicht glaubenden Juden herabzusehen. Paulus sieht in einer solchen Überheblichkeit offensichtlich eine große Gefahr, nicht nur für das Verhältnis von (Heiden-)Christen und Juden, sondern auch für die christliche Kirche als solche. In einem vergleichbaren Zusammenhang, nämlich bei der Auslegung des Gleichnisses Jesu vom Pharisäer und Zöllner (Lk 18,9–14), hat Helmut Thielicke davon gesprochen, dass es nicht nur die Gefährdung durch eine »Pharisäer-Selbstgerechtigkeit«, sondern auch durch eine Art »Zöllner-Selbstgerechtigkeit« gebe: »Herr ich danke dir, dass ich nicht so selbstgerecht bin wie jener Pharisäer da. Ich bin von Herzen demütig und ...«. Gerade Paulus, der unermüdliche Prediger der Rechtfertigung allein aus Glauben, schärft den Christen ein: Glaube ist kein Besitz, den man stolz gegen »Un-Gläubige« herausstreichen kann, und schon gar nicht gegen Israel. Glaube ist Geschenk, und aus dem Glauben zu leben bedeutet, sich immer bewusst zu machen, dass wir von Gottes Güte leben. Wenn Paulus in diesem Zusammenhang sagt: *sondern fürchte dich* (V. **20**, in unserer Übersetzung: *Lass dich zur Ehrfurcht leiten*), dann ist das nicht Angstmache, sondern heißt aus der biblischen Sprache ins heutige Deutsch übersetzt: Sei dir deiner Abhängigkeit von Gott bewusst! Dabei spricht Paulus im Blick auf die Christen wie auf die Juden auch von der Verantwortung für das eigene Handeln (V. **22f**: *wenn du bei seiner Güte bleibst ... wenn sie nicht bei ihrem Unglauben* *verharren*). Aber gerade die Christen sollen sich bewusst bleiben, dass sie alles Gott verdanken, der sie in das Erbe Israels eingefügt hat. Gottes Handeln an Israel ist die Wurzel, die auch ihr Christsein und ihr Leben trägt. Und Gott hat die Freiheit, die abgehauenen Zweige wieder einzupfropfen, wann immer er will (**24**). Das sollte jede Überheblichkeit und alles abschätzige Verhalten Juden gegenüber im Keim ersticken.

Paulus führt dieses Gespräch mit Heidenchristen in ähnlichem Stil und ähnlichen Worten wie die Diskussion mit den Juden in 2,1–11. Zu Gott zu gehören, ist kein Privileg, das man gegen andere ausspielt. Die richtigste Theologie wird falsch, wenn sie zur Waffe gegen andere oder zum Podest für das eigene Denkmal wird, von dem man auf andere herabsieht. Paulus hat offensichtlich die Gefahr gespürt, dass Christen sich verächtlich über das Judentum erheben könnten. In Eph 2 wird das Problem auf eine sehr konstruktive und unpolemische Weise aufgenommen. Doch meist haben sich auch die, die sich sonst gerne auf Paulus beriefen, über diese Warnung hinweggesetzt. Angesichts des Dramas, das sich aus diesem Versagen entwickelt hat, kann man die Bedeutung dieser Aussagen des Paulus gar nicht hoch genug einschätzen. Sie zeigen die seelsorgerliche Seite seiner Rechtfertigungslehre. Wenn die Christenheit diese Mahnung des Paulus nur ein wenig beachtet hätte, wäre dem Judentum viel Leid und den Christen viel Schuld erspart geblieben.

11,25–36
Heil auch für Israel

²⁵Denn ich will euch, liebe Brüder und Schwestern, dieses Geheimnis nicht vorenthalten, damit ihr nicht eure eigene Einsicht überschätzt: Die Verhärtung hat Israel nur zum Teil betroffen, und zwar bis die Fülle der Heiden hereingekommen sein wird, ²⁶und so wird ganz Israel gerettet werden, wie geschrieben steht: *Aus Zion wird der Erlöser kommen, er wird die Freveltaten von Jakob entfernen* (Jes 59,20). ²⁷*Und dies wird für sie der Bundesschluss sein, der von mir ausgeht, wenn ich ihre Sünden vergebe* (Jer 31,33; Jes 27,9).
²⁸Im Blick auf das Evangelium sind sie zwar Feinde, und das um euretwillen, im Blick auf die Erwählung aber sind sie Geliebte um der Väter willen, ²⁹denn unwiderruflich sind die Gnadengaben und die Berufung Gottes. ³⁰Denn so wie ihr einst Gott den Gehorsam verweigert, jetzt aber aufgrund ihres Ungehorsams Gottes Erbarmen erfahren habt, ³¹so verweigern auch sie jetzt den Gehorsam, weil sich Gott eurer erbarmen wollte, damit auch sie Gottes Erbarmen

erfahren. ³²Denn Gott hat sie alle in den Ungehorsam eingeschlossen, um sich aller zu erbarmen.
³³O Abgrund des Reichtums und der Weisheit und der Erkenntnis Gottes, wie unergründlich sind deine Entscheidungen und wie unerforschlich deine Wege. *³⁴Denn wer hat den Sinn des Herrn erkannt? Oder wer wäre sein Ratgeber gewesen (Jes 40,13)? ³⁵Oder wer hat ihm etwas im Voraus gegeben, und es müsste ihm zurückerstattet werden (Hiob 41,3)?* ³⁶Denn aus ihm und durch ihn und auf ihn hin ist alles, ihm sei Ehre bis in alle Ewigkeit, Amen.

Nochmals spricht Paulus die Adressaten sehr persönlich an. Für ihn ist Gottes Weg und Ziel mit Israel ein Geheimnis, ein Mysterium, das er den Christen in Rom mitteilen muss, damit sie nicht mit eigenen Spekulationen Theorien entwickeln oder zu Urteilen kommen, die überheblich und für das Verhältnis zu ihren jüdischen Mitmenschen unangemessen und schädlich sind (**25**).
Fast hat man den Eindruck, dieses Geheimnis habe sich Paulus erst im Lauf des Diktierens eröffnet. Es ist ein Geheimnis, das sich in zwei Schritten entfaltet. Über den ersten Schritt hat Paulus schon gesprochen: Nur ein Teil Israels ist von der von Gott gewollten Verhärtung des Herzens, die den Zugang zur Christusbotschaft verschließt, betroffen. Und auch das ist zeitlich befristet, bis die Fülle der Völker in Gottes Volk und Herrschaft aufgenommen sein wird. Mit dem Wort *Fülle* oder – anders übersetzt – *Vollzahl der Völker* ist keine abgezählte Zahl von Menschen gemeint, auch nicht einfach alle Menschen aus den nichtjüdischen Völkern, sondern eine große Menge, die das volle Maß der Völkerwelt repräsentiert. Wenn das geschehen ist, dann wird sich das eigentliche Geheimnis, von dem Paulus sprechen möchte, enthüllen: *So*, d.h. auf eine Weise, die die ganze Völkerwelt einschließt, wird *ganz Israel* gerettet werden (**26**).
Ganz Israel wird gerettet werden – das ist ein Grundsatz jüdischer Theologie. Auch im Talmud beginnt ein Abschnitt mit diesem Satz (Sanhedrin 10,1). Eigenartigerweise wird dort diese Aussage mit der Aufzählung einer ganzen Reihe von Ausnahmen fortgesetzt. Im jüdischen Sprachgebrauch bedeutet also *ganz Israel* nicht numerisch abgezählt alle Israeliten, sondern Israel in seiner Gesamtheit. Der gleiche Gedanke wird in Offb 7,4–8 durch die symbolische Zahl der zwölfmal 12000 Menschen aus allen Stämmen Israels ausgedrückt. Und darauf kommt es Paulus an: Nicht nur ein kleiner Rest aus dem Volk Israel wird gerettet werden, sondern Israel in seiner Gesamtheit.
Wie dies geschieht, beschreibt Paulus nicht in eigenen Worten, sondern einmal mehr mit einem Zitat aus dem Buch des Propheten

Jesaja. Allerdings übernimmt er das Zitat nicht unverändert. Wie oft hält er sich an die Fassung der Septuaginta, der griechischen Übersetzung, die an dieser Stelle eine wichtige Akzentverschiebung gegenüber dem hebräischen Original aufweist. Dort beginnt das Zitat Jes 59,20:
*Und der Erlöser wird nach Zion kommen
und zu denen in Jakob, die sich abwenden von den Vergehen in Jakob.*
Demgegenüber heißt es in der griechischen Übersetzung:
*Und der Erlöser wird wegen Zion kommen
und abwenden von Jakob die Gottlosigkeiten.*
Aus der bedingten Zusage, dass der Erlöser zu denen kommt, die sich von dem im Volk üblich gewordenen Fehlverhalten lösen, wird die Verheißung, dass Gott selbst sein Volk von allem gottwidrigen Verhalten befreien wird. Diese Fassung legt Paulus seinem Zitat zu Grunde, schreibt allerdings statt »*wegen* Zion« »*aus* Zion« wird der Erlöser kommen.
Was will Paulus damit sagen? Meint er mit Zion Jerusalem und seinen Tempel (was manche Christen zu der Überzeugung veranlasst, der Tempel in Jerusalem müsse noch einmal aufgebaut werden, damit der Erlöser Israels in ihm erscheinen könne)? Diese Bedeutung liegt aber weder bei Jesaja vor noch ist sie für Paulus anzunehmen. Oder meint Paulus das himmlische Jerusalem, aus dem der Erlöser kommt? Das wäre denkbar und wird von vielen Auslegern mit Verweis auf Gal 4,26 und Phil 3,20 vertreten. Wahrscheinlicher aber ist, dass Paulus, wie der ursprüngliche Jesajatext, mit Zion das Volk Israel selbst meint. Aus ihm kommt der Erlöser.
Wer aber ist das? Bei Jesaja ist es Gott selbst, der sein Volk aus seiner Schuldverhaftung herauslöst und es wieder zurechtbringt. Paulus aber sieht in dem kommenden Erlöser, der das Volk retten wird, Christus, wie das auch in 1Thess 1,10 deutlich wird. Der Christus, der *nach dem Fleisch,* d.h. nach seiner irdischen Herkunft, aus Israel stammt (9,5), wird seinem Volk aus dessen Mitte heraus als Erlöser, d.h. als der, der Gottes ureigenes Werk tut, begegnen. Was dann geschieht, wird ganz als Wirken Gottes geschildert. Will man von einer »Bekehrung« Israels sprechen, dann nicht in dem Sinne, dass sich Israel zu Gott bekehrt, sondern so, dass Gott sein Volk von seinem falschen Weg abwendet und zu sich »bekehrt«. Er öffnet die Tür zu einem neuen Bund, den er aufrichtet, in dem er alles Trennende und Gottwidrige von seinem Volk nimmt. Dass auch dieser besondere Weg der Rettung für Israel durch die Tür der Sündenvergebung führt, ist Paulus so wichtig, dass er das Zitat aus Jes 59 durch einen Satz aus Jes 27,9 ergänzt, der diese Aussage

unterstreicht (**27**). Auch die Rettung ganz Israels ist für Paulus Rechtfertigung der Sünder.
Paulus vermeidet offensichtlich sehr bewusst, diesen Vorgang mit eigenen Worten im Detail zu beschreiben oder chronologisch einzuordnen. Es ist ein Hoffnungsschimmer, der hier für Paulus am endzeitlichen Horizont der Geschichte aufscheint – zwar deutlich sichtbar, aber noch nicht in den Ereignissen diesseits des Horizonts zu verorten.
Umso wichtiger ist es dagegen für Paulus, noch einmal möglichst klar die göttliche Dialektik bei der Rettung der Völker und des Volkes Israel zu entfalten. Er tut das in zwei parallelen Aussagen. In den V. **28f** möchte er deutlich machen, dass die feindselige Haltung vieler Juden gegenüber dem Evangelium nur *ein* Aspekt ihres Verhältnisses zu Gott ist, der gerade auch in seiner positiven Auswirkung für die Nichtjuden, die dadurch Gelegenheit haben, der Botschaft zu begegnen, zu würdigen ist. Der andere Aspekt aber ist die bleibende Erwählung Israels, die unwiderruflichen Zusage Gottes an die Väter und Mütter Israels, aufgrund derer Gott in seiner Liebe diesem Volk die Treue hält. Was Gott schenkt und wozu er Menschen beruft, das nimmt er nicht zurück. Was hier über die Juden gesagt wird, entspricht dem, was Paulus in 5,10 von den Christen gesagt hat, die einst Feinde Gottes waren und als solche versöhnt und gerettet werden. So kann Paulus Juden wie Christen als *Geliebte Gottes* bezeichnen (vgl. 1,7).
In V. **30f** wird diese Dialektik in einem sehr sorgfältig aufgebauten Satz in ihrer ganzen Paradoxie und zugleich in ihrer tiefen Weisheit vorgeführt: Wie die nichtjüdischen Völker in ihrem Ungehorsam und ihrer Gottesverweigerung bei Gott Erbarmen gefunden haben, weil Israel ungehorsam war und sich Gottes Ruf verweigert hat, so wird auch Israel in seinem Ungehorsam, der zu Gottes Erbarmen für die Völker geführt hat, bei Gott Erbarmen finden. Und das führt zu einem letzten Paradox göttlichen Heilshandelns (**32**): *Denn Gott hat sie alle in den Ungehorsam eingeschlossen, um sich aller zu erbarmen.*
Auch menschliche Gottesverweigerung und Gottesfeindschaft setzen Gottes Erbarmen nicht außer Kraft, sondern sind in seine Strategie zur Rettung der Menschen eingeschlossen. Paulus eröffnet durch diese Bemerkung, die theologisch viele Fragen provoziert, einen neuen Hoffnungshorizont, nicht nur für ganz Israel, sondern für die gesamte Menschheit.
Aber bezeichnenderweise bricht Paulus gerade an dieser Stelle seinen argumentativen Gedankengang ab und schließt mit einem umfassenden Lobpreis der gnädigen Weisheit Gottes, die wir nicht nachrechnen, sondern nur dankbar staunend loben können (**33–36**).

Das angestrengte theologische Nachdenken und Argumentieren mündet im Staunen über die unerforschliche Tiefe göttlicher Weisheit. Das bedeutet nicht den Verzicht auf die Anstrengung des eigenen Gedankens, wohl aber das Wissen um seine Grenze. Gottes *Entscheidungen* (Luther: *Gerichte*) und die *Wege,* die er mit uns Menschen geht (**33**), müssen und können von uns nicht immer nachvollzogen werden. Dennoch bleiben sie richtig.
Auch hier flicht Paulus noch einmal passende Schriftzitate aus Jes 40,13 und Hiob 41,3 ein (**34**). Sie stellen drei (rhetorische) Fragen, die sich auf die Stichworte von V. 33a beziehen:
Die Frage: *Wer hat den Sinn des Herrn erkannt?* erinnert uns an die Grenze unserer Erkenntnis und daran, dass das Streben, »the mind of God« erkennen zu wollen (Stephen Hawking), eine gefährliche Grenzüberschreitung darstellt. In gleicher Weise unterstreicht die Frage: *Wer wäre sein Ratgeber gewesen?* Gottes Weisheit, der wir nicht dreinreden sollten. Und nicht zuletzt macht die Frage aus Hiob 41,13: *Wer hat ihm etwas im Voraus gegeben, und es müsste ihm zurück erstattet werden?* deutlich: Gottes Reichtum ist so unermesslich, dass er sich nicht auf das Prinzip *do ut des* (*Gib, damit dir gegeben wird*) einlassen muss, ein Prinzip, das sonst das Verhalten der Menschen zu seinen Göttern bestimmt. Gott macht keine Tauschgeschäfte, darum lassen sich ihm gegenüber auch keine Verdienste aufrechnen. Er gibt und nimmt in souveräner Freiheit, aber gerade deshalb ist er der Gott, der die Gottlosen rechtfertigt und sich über die Ungehorsamen erbarmt.
Die Antwort auf diese Fragen der Schrift ist nicht einfach ein resignatives »Niemand« und die Konsequenz nicht ein hilfloses Schweigen angesichts der Unerkennbarkeit und der Unergründlichkeit Gottes. »Wir haben den Sinn Christi«, wagt Paulus in 1Kor 2,16 auf die Frage von Jes 40,13 zu sagen. Der Gott, dessen Wirken unsere Erkenntnis und Weisheit übersteigt, ist für uns kein unbekannter Gott. Er hat in Christus seine Gerechtigkeit und seine Liebe und damit sein innerstes Wesen offenbart. Sein Ja zu uns gilt, und es gilt auch für Israel. Aus diesem Wissen und dieser Erkenntnis heraus staunt Paulus über die Wege Gottes.
Darum schließt er diesen Briefteil mit einer Doxologie (**36**), die Gott als Ursprung und Ziel allen Seins preist. *Denn aus ihm und durch ihn und auf ihn hin sind alle Dinge.* Das ist die Basis für das, was Paulus von Gottes Erbarmen über die Menschheit zu sagen hat.

Wir fassen die wichtigsten Beobachtungen zu Röm 9–11 noch einmal zusammen:
1. Erstaunlich ist die dialogische Struktur des ganzen Abschnitts. Wie selten sonst befindet sich Paulus im inneren Gespräch mit un-

terschiedlichen Gesprächspartnern und vermutlich auch mit sich selbst.
2. Grundlegend ist sodann die Arbeit mit der Bibel. Fast alle wichtigen Aussagen werden mit einem Schriftzitat begründet. Wir können Paulus nicht immer in seiner Auslegung folgen, aber doch an vielen Stellen nachvollziehen, wie Paulus die ursprünglichen Aussagen weiter entwickelt.
3. Paulus hat sich eine fast unlösbare Aufgabe gestellt. Nachdem er in Kap. 2 und 3 den jüdischen Anspruch auf Privilegien bestritten hat, will er jetzt für die unauslöschliche Berufung Israels eintreten. Möglich ist das nur, weil Paulus die Frage nicht von theologischen Prinzipien her angeht, sondern in die Begegnung mit dem lebendigen Gott stellt.
Wichtig ist deshalb in seiner Argumentation das Ineinander von souveränem Handeln Gottes und menschlicher Verantwortung. Dies sind zwei Aspekte, die sich immer wieder verschränken. Die Menschen sind weder ihres eigenen Glückes Schmid, noch sind sie einfach Marionetten in Gottes Hand. Diese Kapitel lehren nicht eine doppelte Prädestination, also eine göttliche Vorherbestimmung jedes einzelnen Menschen zum Heil oder zur Verdammnis, wie das in der Auslegungsgeschichte immer wieder gemeint wurde. Sie zeigen vielmehr, wie auch das Ja und das Nein der Menschen in Gottes Willen und Wirken hinein verwoben sind.
4. Nach Meinung des Paulus soll das Leben im Glauben, das die Christen aus den Völkern führen, die Menschen aus Israel zu heilsamer Eifersucht und einem zum Glauben anstiftenden Neid reizen. Diese Art der Argumentation ist uns fremd. Eifersucht und Neid können wir höchstens als nicht unproblematische sekundäre Motivation ansehen. Paulus empfindet hier aufgrund der Sprachwelt des Alten Testaments anders. Was er aber in der Sache meint, können wir durchaus verstehen: Er hofft, dass Christen ihr Leben mit Christus so attraktiv und so einladend leben, dass Juden, die nicht an Christus glauben, aufmerksam werden und sich fragen: Haben wir nicht vielleicht doch eine Lebenschance, die uns eröffnet war, an uns vorbeigehen lassen, und sollten wir sie nicht doch für uns beanspruchen? Das ist die einzige Art der »Judenmission«, die Paulus für die Heidenchristen sieht: überzeugend leben. Das aber ist so nicht geschehen, und das war – falls der Gedanke überhaupt realistisch war – jedenfalls nicht Schuld der Juden. Die Christen haben diesen Auftrag, ihr Christsein gerade auch für Juden einladend zu leben, wenn überhaupt immer nur ganz kurzfristig gesehen und dann allzu oft in eine aggressive Enttäuschung umschlagen lassen. (Die Haltung Luthers den Juden gegenüber ist dafür ein trauriges Beispiel.) Das führt zum nächsten Gedanken:

5. Angesichts dessen, was Paulus hier schreibt, können wir als heutige Christen nur mit tiefer Beschämung an die durch Jahrhunderte gepflegte Überheblichkeit der Kirche aus den Heidenvölkern über Judentum und jüdische Menschen denken. Die Überheblichkeit hat zu Missachtung geführt, Missachtung zu Unterdrückung, Unterdrückung zu Verfolgung und Verfolgung zur Vernichtung. Auch wenn das Geschehen der Schoa, der Judenvernichtung der Nazis, nicht unmittelbar Folge des christlichen Antijudaismus war, so speisten sich doch manche der Argumente aus der antijüdischen Einstellung vieler Christen. Mit an ihr lag es auch, dass dies Verbrechen überhaupt durchführbar war. Hätte man Röm 9-11 nur mit ein wenig Aufmerksamkeit gelesen, wäre das nicht möglich gewesen. Dies gilt übrigens nicht nur für das Verhältnis zum Judentum. Die Haltung der *ecclesia triumphans*, einer stolzen und über andere triumphierenden Kirche, hat der christlichen Kirche und ihrem Auftrag, für andere Menschen da zu sein, nie gutgetan.

6. Wie die Rettung *ganz Israels* sich vollziehen wird, lässt Paulus offen. Klar ist, dass dies auf eine andere Weise geschehen wird als in der Begegnung mit der missionarischen Evangeliumsverkündigung, die zum Glauben an Christus ruft. Israel wird seinem Erlöser auf eine besondere Weise begegnen. Dennoch ist dies grundsätzlich kein »Sonderweg«, der an Gottes Heilshandeln in Christus vorbeiführt. Israel wird durch Christus Gottes vergebendes und zurechtbringendes Handeln auf eine ihm angemessene Weise erfahren. Angesichts des Verlaufs der Geschichte kann man sich natürlich fragen, ob sich Paulus mit seinem »Geheimnis« nicht einfach geirrt hat und es nicht besser wäre – gerade auch für die Beziehung zu Israel –, diese Hoffnung aufzugeben. Paulus selbst nennt keine zeitliche Perspektive. Man kann allerdings annehmen, dass er auch dieses Mysterium im Rahmen seiner Naherwartung als relativ nahe gedacht hat. Aber darüber sagt er nichts. Diese Zukunftsschau ist für ihn ein Hoffnungshorizont, der wichtig und real ist, auch wenn er sich beim Darauf-zu-Gehen immer wieder zu entfernen scheint. Er bleibt wichtig, weil er dazu anstiftet, Israel und seine besondere Beziehung zu Gott nicht abzuschreiben. Zugleich ist dieser Horizont weit genug, um nicht der Gefahr zu verfallen, die Hoffnung für Israel zu einer schematischen Schablone werden zu lassen, die die Wahrnehmung des heutigen realen Judentums behindern oder gar unmöglich machen könnte. Darum haben die Aussagen des Paulus in Röm 9-11 bleibende Bedeutung für die Kirche.

7. Offen muss auch die Frage bleiben, wie Paulus die Aussage versteht, dass Gott sich letztlich *aller erbarme*. Damit wird ja noch einmal ein viel umfassenderer Hoffnungshorizont eröffnet. Wenn wir andere Aussagen des Paulus zu dieser Thematik mit bedenken,

dürfte klar sein, dass Paulus hier kein leichtfertiges »Wir kommen alle, alle in den Himmel« meint. Die Wirklichkeit der Verantwortung vor Gott in einem letzten Gericht wird von Paulus immer wieder betont. Aber, wie wir schon in Röm 5,19 sahen: Die letzte Perspektive des Paulus für Gottes Heilshandeln stellt nicht die Rettung der relativ wenigen Gläubigen dar, die wir wahrnehmen können, sondern eine neue, durch Christus erlöste Menschheit. Wie Gott dieses Ziel erreichen wird, lässt Paulus offen. Aber sein staunender Lobpreis am Ende des Abschnittes schließt wohl die Hoffnung darauf ein, dass Gott sein gerechtes Richten und sein gnädiges Erbarmen in einer Weise miteinander verbinden kann, über die wir nur staunen können.

IV

12,1 – 15,13
Ein Ja zu den anderen finden

Was aber bedeutet das alles für das tägliche Leben, z.B. für das Miteinander der Christen, für ihr Zusammenleben mit anderen Menschen und ihre Aufgaben in der Gesellschaft? Wie sieht ein Leben aus, das von Gottes Gerechtigkeit, seinem Ja zu uns, getragen und geleitet ist?
Darüber spricht Paulus mit seinen Lesern und Leserinnen in Rom im 4. Hauptteil seines Briefs. Er beginnt mit einer knappen grundsätzlichen Einleitung in diese Thematik (12,1f), spricht dann Fragen eines geordneten Zusammenlebens in der Gemeinde an (12,3–8) und erteilt sodann eine ganze Reihe knapper Ratschläge und Anweisungen für das Leben in der menschlichen Gemeinschaft (12,9 – 13,14), in die er auch Überlegungen für das Verhalten gegenüber staatlichen Autoritäten einschließt (13,1–7). Zuletzt nimmt er relativ ausführlich zu der Frage Stellung, wie Christen trotz unterschiedlicher Ansichten in bestimmten Fragen miteinander ihren Glauben leben können (14,1 – 15,13).

12,1-2
Grundlagen des neuen Lebens

¹Ich bitte euch also herzlich, liebe Brüder und Schwestern, kraft der vielfältigen Barmherzigkeit Gottes, dass ihr eure Leiber als lebendiges, heiliges Opfer, das Gott wohlgefällig ist, darbringt als euren wahren Gottesdienst, ²und lasst euch nicht dieser Weltzeit gleichschalten, sondern lasst euch neu gestalten durch die Erneuerung eures Sinnes, damit ihr prüfen könnt, was der Wille Gottes ist, das Gute und Wohlgefällige und Vollkommene.

Paulus beginnt den neuen Briefteil erneut mit der persönlichen Anrede an die Christen in Rom und einer dringenden Bitte. Das Wort, das die meisten Übersetzung mit *ermahnen* wiedergeben, hat im Griechischen eine sehr viel breitere Bedeutung, die im Deutschen schwer mit einem Wort wiederzugeben ist. *Ermahnen* ist zu negativ, klingt nach Tadel wegen eines Fehlverhaltens. *Ermutigen* käme in Frage, klingt hier aber fast zu harmlos. Die Grund-

bedeutung dürfte sein: *Ich rufe euch auf, zu ...* (sehr schön im Englischen: *I urge* you). Das Wort erscheint gerade in Briefen dann, wenn jemand nicht befehlen kann, aber doch einen dringenden Wunsch äußern möchte. Das ist auch bei Paulus der Fall, und so dürfte hier die Übersetzung: *Ich bitte euch dringend* oder, angesichts der folgenden Anrede an die Brüder und Schwestern, *ich bitte euch herzlich* angemessen sein.
Paulus zieht die Konsequenzen aus dem, was er bisher geschrieben hat. Er tut das aber nicht einfach in der Weise, wie das in einer knappen Darstellung des christlichen Glaubens zu erwarten wäre: Auf die Darlegung der Grundlagen des Heilshandelns Gottes, das wir im Glauben annehmen, folgt nun die Mahnung zu entsprechendem Handeln. In der Sprache der Theologen ausgedrückt hieße das: Auf den Indikativ der Heilszusage folgt nun der Imperativ für ein Leben, das dieser Zusage entspricht. Aber das wäre zu schematisch gedacht. Paulus scheibt im Römerbrief kein Handbüchlein des christlichen Glaubens, sondern einen Brief, der eine künftige missionarische Zusammenarbeit begründen soll. Für sie kommt es darauf an, dass es nicht nur eine Gemeinsamkeit im Verständnis des Evangeliums gibt, sondern auch im Blick auf die Folgerungen, die sich daraus für Verhalten und Handeln ergeben. Daher kleidet Paulus seine Ausführungen zu einem christlichen Lebensstil in die Form einer herzlichen und zugleich dringenden Bitte.
Dass die Begründung dessen, was er als Bitte formuliert, für ihn in Gottes gnädigem Handeln liegt, zeigt die Bekräftigung dieser Bitte durch die Formel: *kraft der vielfältigen Barmherzigkeit Gottes.* Paulus verwendet dabei das Wort *Barmherzigkeit* im Plural, was im Deutschen sehr ungewöhnlich wäre, im Griechischen aber auf die vielfältigen Erweisungen der Barmherzigkeit Gottes verweist, von denen in den vorhergehenden Abschnitten des Briefs die Rede war. Der Hinweis auf sie soll die Autorität der Bitte begründen und stützen.
Gerade auf dem Hintergrund der bisherigen Aufforderung klingt ihr Inhalt auf den ersten Blick unerwartet, ja befremdlich. Die Aufforderung, die eigenen *Leiber als lebendiges, heiliges Opfer, das Gott wohlgefällig ist, darzubringen,* scheint ja allem zu widersprechen, was Paulus bisher über die Wirkung des Opfertodes Jesu gesagt hat. Dort wurde nur noch nach dem Glauben, nicht aber nach neuen Opfern gefragt.
Wenn Paulus hier die Bildwelt des Opferkultes aufgreift, dann in einer Weise, die jedem antiken Menschen geläufig war. In ihm geht es nicht nur um sühnende Opfer, durch die die gestörte Gemeinschaft mit Gott wiederhergestellt wird. Opfer ist für den antiken Menschen selbstverständlicher Ausdruck der Gemeinschaft mit

Gott. In diesem Sinn wird berichtet, dass schon Kain und Abel ihre Opfer darbrachten oder Noah nach der Flut opferte. So verstand man auch das tägliche Abend- und Morgenopfer im Tempel in Jerusalem.
Darum sieht Paulus auch das Verhältnis der Christen zu Gott unter dem Gesichtspunkt des Opfers, gerade weil sie Gottes Barmherzigkeit auf eine ganz neue Weise erfahren haben. Opfer ist leibhaftiger Ausdruck des Dankens und der gelebten Gemeinschaft mit Gott.
Aber das Opfer, von dem Paulus spricht, unterscheidet sich grundlegend von den Opfern, die im Tempel in Jerusalem oder auch in anderen antiken Tempeln dargebracht wurden. Nicht irgendwelche Opfertiere, die auf dem Altar geschlachtet werden, sollen die Christen darbringen, sondern ihre eigenen *Leiber*. In heutigem Deutsch hieße das: Opfert euren *Körper*! Aber das würde den Eindruck erwecken, als ging es nur um Äußerliches, eben den Körper im Gegensatz zum Geist oder zur Seele. Besser wäre die Übersetzung: Bringt *euch selbst* dar. Denn darum geht es Paulus, dass wir unser Leben ganz Gott zur Verfügung stellen. Das betrifft gerade auch unseren *Leib*: Mit ihm handeln wir, kommunizieren mit anderen, und er hält unsere Identität fest. Mit Leib und Leben Gott zu gehören und für ihn da zu sein, dass ist es, was Paulus meint. Mit anderen Bildern hat er davon schon in 6,12–23 gesprochen.
Im Unterschied zu den blutigen Opfern toter Tiere in den zeitgenössischen Tempeln ist dieses Opfer ein *lebendiges Opfer*, das *heilig* ist, weil es ganz Gott entspricht, und darum auch *Gott wohlgefällig*. Diese Art und Weise, den Begriff des Opfers auf menschliches Verhalten anzuwenden, ist nicht neu. Schon in Ps 50,14f wird den blutigen Opfern ein »Dankopfer« gegenübergestellt und in Ps 51,18f ein »zerbrochener Geist« als wahres Opfer bezeichnet. In die gleiche Richtung geht Hos 6,6: »an Treue habe ich Gefallen und nicht an Schlachtopfern, und an Gotteserkenntnis mehr als an Brandopfern!« – ein Wort, das Jesus in Mt 9,13 und 12,7 zitiert. In Qumran sprach man vom »Lobopfer der Lippen« als Gott gefälligem Opfer, und auch im griechisch sprechenden Judentum war eine »Vergeistigung« des Opferbegriffs geläufig. Man spricht gerne von der »Spiritualisierung« des Opfergedankens. Aber gerade darum ging es Paulus nicht. Er will Verleiblichung als Verlebendigung. Dabei hat er aber nicht ein krampfhaftes Sich-Aufopfern (mit der Hoffnung auf entsprechende Belohnung) im Blick, sondern die selbstverständliche Lebensgemeinschaft mit Gott, die alles im Blick auf ihn tut und sich ihm ganz zur Verfügung stellt.
Paulus hat für diesen Lebensstil noch eine andere ungewöhnliche Bezeichnung: So zu leben ist *wahrer Gottesdienst*. Man könnte den

griechischen Urtext auch mit *vernünftiger* oder *geistiger* Gottesdienst übersetzen oder wie in 1Petr 2,2 mit *geistlicher* Gottesdienst. Aber alle diese Nuancen des Begriffs zielen auf die Aussage: So zu leben ist der *wahre* oder der *eigentliche Gottesdienst;* das ist die richtige Art und Weise mit Gott in Verbindung zu treten und zu bleiben. In ähnlicher Weise spricht Paulus von seinem Auftrag in 1,9 als Gottesdienst (mit etwas anderen Worten auch 15,16). Das ist keine Kritik an den Zusammenkünften der Gemeinde, die wir heute als Gottesdienst bezeichnen. Aber Paulus nennt sie nicht Gottesdienst. Gottesdienst ist das ganze Leben, das wir mit Gott und in seinem Auftrag leben!

Was dafür wichtig ist, beschreibt Paulus im zweiten Teil seiner Bitte (**2**). Er benutzt dafür Bilder aus dem gesellschaftlichen Leben: *Lasst euch nicht dieser Weltzeit gleichschalten, sondern lasst euch neu gestalten...!* Damit greift Paulus die Frage des Verhältnisses der Christen zu den ungeschriebenen Gesetzen der herrschenden Gesellschaftsordnung auf. Er verwendet bei seiner Aufforderung im Griechischen den Imperativ des Passivs, eine Redeweise, die das Deutsche gar nicht kennt. Einerseits wird damit deutlich gemacht: Hier geht es um den Einfluss von Machtverhältnissen, die die Entscheidung der Einzelnen übergreifen. Andererseits sind die Christen solchen Einflüssen nicht ohnmächtig ausgeliefert, sondern sind gefragt, welche Kräfte sie auf ihr Lebens wirken lassen. Im Deutschen lässt sich dies durch die Umschreibung: *Lasst euch (nicht) ...* darstellen. Manche Übersetzungen formulieren aktiver: *Fügt euch nicht ins Schema dieser Welt, sondern verwandelt euch ...!* (ZB)

Diese Übersetzung zeigt sehr schön, dass in der ersten Aufforderung *Lasst euch nicht gleichschalten* im Griechischen das Wort *Schema* steckt. Das *Schema* dieser Welt (vgl. 1Kor 7,31) hat eine prägende Kraft, der man sich nur schwer entziehen kann. Paulus spricht an unserer Stelle von der *Weltzeit*. Man könnte das in unsere Sprachwelt mit *Zeitgeist* übertragen und würde damit auch etwas von verführerischen Kraft und dem sozialen Druck dieses Phänomens erfassen. Denn für Paulus kennzeichnet das griechische Wort *Aion*, das wir mit *Weltzeit* wiedergeben, diese Zeit und die in ihr herrschenden Normen als eine *Macht*, die alle gleichschalten will. Demgegenüber müssen die Christen unangepasste Zeitgenossen, Nonkonformisten, sein. Die Gemeinde Jesu Christi ist, wie das Gerhard Lohfink formuliert hat, Kontrastgesellschaft, in der andere Verhaltensregeln gelten. Dabei geht es nicht sosehr um äußere Verhaltensmerkmale, obwohl die dann, wenn es praktisch wird, auch eine Rolle spielen können. Es geht vor allem darum, dass sich die Christen den Regeln des gesellschaftlichen Egoismus verweigern, dass sie nicht den Marktgesetzen gesellschaftlicher Wert-

schätzung folgen und nicht am zwischenmenschlichen Macht- und Konkurrenzkampf teilnehmen, der das *Schema* dieser Welt kennzeichnet. »So soll es bei euch nicht sein«, sagt Jesus angesichts der Unterdrückungs- und Beherrschungsstrategien in der menschlichen Gesellschaft und setzt den Maßstab gegenseitiger Hilfe dagegen (Mt 20,26; Mk 10,43).
Paulus sagt: Lasst euch nicht dem gleichschalten, was in dieser Welt gilt und was »man tut«, sondern *lasst euch neu gestalten durch die Erneuerung eures Sinnes*: Damit ist die positive Seite genannt: Veränderung durch Erneuerung des Lebens von innen her. Paulus nennt hier ganz bewusst den *Sinn* bzw. den *Verstand*, der schon in 7,23 als leitende Instanz des Menschen erschien. Von innen her muss sich der Mensch neu ausrichten lassen. Er kann sich nicht selbst verwandeln, aber kann sich durch den Geist der Liebe neu gestalten lassen, sodass er unabhängig von gesellschaftlichem Druck und erlernten Vorurteilen *prüfen* und entscheiden kann, *was der Wille Gottes ist* und welches Verhalten in einer bestimmten Situation ihm entspricht. Paulus benennt das, was er darunter versteht, nur durch drei knappe Begriffe: *das Gute*, das ist das, was dem Leben dient; *und das Wohlgefällige*, das, was vor Gott bestehen kann *und das Vollkommene*, das, was Gottes Barmherzigkeit entspricht, die alle einschließt (vgl. Mt 6,48: »Darum sollt ihr vollkommen sein, wie euer Vater im Himmel vollkommen ist«).
Was das im praktischen Leben von Christen und einer christlichen Gemeinschaft bedeutet, wird Paulus in seinen folgenden Überlegungen skizzieren.

»Gottesdienst im Alltag der Welt«, dazu ruft Paulus die Christen in Rom auf. Dieses von Ernst Käsemann geprägte Schlagwort fasst zusammen, was Paulus als These über den letzten Teil seines Briefs nach Rom stellt. Gottes Barmherzigkeit befähigt dazu, sich ihm ganz zur Verfügung zu stellen. So in der Gemeinschaft mit ihm zu leben ist Gottesdienst im täglichen Leben. Die Verbindung mit Gott befähigt auch dazu, dem Anpassungsdruck einer Gesellschaft zu widerstehen, die Egoismus und Konkurrenzkampf zum prägenden Modell des Menschseins macht. Es bedarf keines totalitären Systems um die Gefahr einer äußerlichen und innerlichen Gleichschaltung heraufzubeschwören. Auch die Werbeindustrie einer freiheitlichen Gesellschaft kann das ganz gut. Christen, die von Gottes Ja leben, sind resistent gegenüber diesem Konformitätszwang. Sie sind Nonkonformisten aus Liebe. Die Erneuerung ihres Denkens durch die Zugehörigkeit zu Christus hilft ihnen, ihr Leben immer wieder neu zu gestalten, wie es Gottes Wille und die Herausforderungen des Lebens nötig machen.

12,3–8
Das rechte Miteinander in der Gemeinde

³Denn ich sage kraft der Gnade, die mir gegeben ist, einem jedem, der unter euch ist, euch nicht zu überschätzen über das hinaus, was ihr von euch denken sollt, sondern daran zu denken, besonnen zu sein, wie Gott jedem das Maß des Glaubens zugemessen hat. ⁴Denn wie wir in einem Leib viele Glieder sind, die Glieder aber nicht alle die gleiche Tätigkeit haben, ⁵so sind wir, die wir viele sind, ein Leib in Christus und im Blick auf jeden einzelnen füreinander Glieder.
⁶Haben wir aber verschiedenartige Gnadengaben gemäß der Gnade, die uns gegeben ist, (dann gilt):
entweder (ist es) Prophetie, dann (geschehe sie) in Übereinstimmung mit dem Glauben,
⁷oder Dienst, dann im Dienen,
oder jemand, der lehrt, dann in der Lehre,
⁸oder jemand, der Zuspruch weitergibt, dann im Zuspruch;
wer Gaben austeilt, (der tue es) in Herzenseinfalt,
wer sich um andere kümmert, (der tue es) mit Eifer,
wer Barmherzigkeit übt, (tue es) mit Freude.

Paulus beginnt die Entfaltung seiner grundsätzlichen Bitte von V. 1f mit einer bemerkenswert kräftigen Mahnung (**3**). *Kraft der Gnade, die mir gegeben ist,* spricht er die folgende Aufforderung aus. Einerseits steht diese Wendung parallel zu der Bekräftigung seiner Bitte in V. 1: *kraft der vielfältigen Barmherzigkeit Gottes.* Es ist Gottes Gnade, die den Aufruf zu einem dieser Gnade angemessenen Verhalten motiviert und begründet. Aber andererseits steht die *Gnade, die mir gegeben ist,* bei Paulus für seine apostolische Aufgabe (1,5; 15,15). Paulus bringt hier also seine apostolische Autorität ins Spiel. Allerdings muss zugleich darauf hingewiesen werden, dass Paulus alle Aufgaben und Begabungen in der Gemeinde als *Gnade, die uns gegeben ist,* bezeichnet (V. 6). Aber für die Frage, wie diese Gaben am besten zusammenwirken, beansprucht Paulus doch für sein apostolisches Amt eine klare Autorität, mit der er jetzt sprechen will.
Auffallend ist weiter, wie sehr Paulus betont, dass das, was er sagt, *einem jedem, der unter euch ist,* gilt. Wenn es um das Zusammenwirken in der Gemeinde geht, sind wirklich alle gefragt. Die Dringlichkeit, mit der Paulus das vorbringt, lässt fragen, ob er hier in Rom ein besonderes Problem sah. Falls das zutrifft, hat er sein Anliegen wie ein seelsorgerlicher Prediger gut anonymisiert. Eine ähnliche Mahnung findet sich auch in Phil 2,3.

Den Inhalt seiner Mahnung formuliert Paulus in einem sehr schönen Wortspiel, das man im Deutschen nicht wirklich nachahmen kann. Wörtlich übersetzt heißt es: *nicht über das hinaus zu sinnen, was zu sinnen angemessen ist, sondern darauf zu sinnen, besonnen zu sein.* Er warnt vor einer Selbstüberschätzung, die das Maß gesunder und angemessener Selbsteinschätzung übersteigt, und wirbt für eine Besonnenheit, die ihre Kraft aus der Mäßigung und dem weisen Abwägen des eigenen Könnens gewinnt. Besonnenheit gehörte bei den Griechen zu den Kardinaltugenden. Paulus gibt aber keine philosophische Begründung, sondern verweist als Maßstab darauf, *wie Gott jedem das Maß des Glaubens zugemessen hat.*

Das *Maß des Glaubens* ist eine überraschende Wendung. Ganz sicher geht es nicht um ein unterschiedliches Maß des Glaubens an Jesus Christus, wohl auch nicht um das Maß an wunderwirkendem Glauben, von dem Paulus in 1Kor 12,9 spricht. Es geht um die Art der Beauftragung und das Maß an Kraft und Begabung, die jedem und jeder einzelnen aus dem persönlichen Glauben erwächst und von Gott anvertraut wird. Es ist also in gewisser Weise ein anderer Ausdruck für das, was Paulus in V. 6 als Charisma beschreibt, umfasst aber noch stärker das ganze Leben der Christen. In Kap. 14 werden wir noch einen anderen Aspekt der unterschiedlichen Ausprägung des persönlichen Glaubens kennenlernen.

Was Paulus dabei im Sinn hat, macht er mit einem Bild deutlich, das er schon im Briefwechsel mit den Korinthern ausführlich entwickelt hat (1Kor 12), nämlich das Bild von der Gemeinde als einem Leib. Er verwendet dieses Bild auch für die Christen in Rom, obwohl nach allem, was wir wissen (vgl. Kap. 16), es dort aufgrund der örtlichen Verhältnisse keine regelmäßige Gemeindeversammlung gegeben hat, bei der alle Christen an einem Ort zusammen kamen. Vielleicht fehlt deshalb auch der Begriff *Gemeinde* in der Anrede in 1,7. Aber dennoch sieht Paulus in den Christen an einem Ort ein organisches Ganzes; er richtet seinen Brief an sie und benutzt auch für ihre Gemeinschaft den Vergleich mit einem Organismus.

V. **4** zeichnet knapp die Situation auf der Bildebene. Unser Körper hat viele Glieder und Organe, aber obwohl sie zu dem *einen* Körper gehören, üben sie nicht die gleiche Tätigkeit aus, sondern nutzen dem Ganzen gerade durch die Verschiedenheit der Funktionen. Anders als in 1Kor 12 führt das Paulus nicht weiter aus, sondern wendet es in V. **5** gleich auf das Zusammenwirken der Gemeinschaft der Christen an: In gleicher Weise *sind wir, die wir viele sind, ein Leib in Christus.*

Drei Beobachtungen sind bei dieser Aussage wichtig. Paulus betont offensichtlich das Gegenüber von *viele* und *ein Leib.* Wie es zum Wesen eines Organismus gehört aus vielen verschiedenen Orga-

nen zusammengesetzt zu sein, so auch zum Wesen der christlichen Gemeinde, dass viele in einem Ganzen zusammenwirken. Die an und für sich mögliche Übersetzung *obwohl wir viele sind* würde also einen falschen Akzent setzen. Paulus will sagen: *Weil* wir viele verschiedene Leute sind, bilden wir *einen* Leib.
Weiter sagt Paulus: Wir sind ein Leib *in Christus*. Die Zugehörigkeit zu Christus begründet und prägt diese Gemeinschaft. Paulus spricht in Röm 12,4f anders als in 1Kor 12,27 nicht vom *Leib Christi*. Aber er meint dasselbe. Das unterscheidet seinen Vergleich einer Gemeinschaft mit einem Organismus von ähnlichen Aussagen antiker Politiker und Philosophen. Der Organismus der christlichen Gemeinschaft ist kein Zusammenschluss Gleichgesinnter, sondern wird gebildet und belebt von der Gegenwart Christi.
Und das dritte: Paulus sagt: *Wir* sind ein Leib in Christus. Er schließt sich mit den Christen in Rom zusammen. Wie sich gleich zeigen wird, hat er dabei durchaus das konkrete Miteinander der Christen in Rom im Blick. Aber er weitet damit auch den Blick für die Gemeinschaft aller Christen. Das ist offensichtlich für die christliche Gemeinschaft in der Metropole Rom wichtig zu erkennen: Wir gehören zusammen, wenn wir zu Christus gehören, woher immer wir kommen. (Im Epheserbrief wird dann das Bild vom Leib ausdrückliche auf die Kirche als Ganze angewandt werden.)
Darin liegt eine Platzanweisung auch für jeden einzelnen Christen. Wir sind *im Blick auf jeden einzelnen füreinander Glieder*. Jeder und jede ist wichtig, aber nicht für sich allein, sondern im Leben miteinander.
Paulus konkretisiert das nun an der Situation in den christlichen Gemeinden und Gruppen (**6-8**). Die Vielfalt eines organischen Miteinanders zeigt sich in den *verschiedenartigen Gnadengaben*, die wir als Christen verwalten, *gemäß der Gnade, die uns gegeben ist*. Paulus greift das Konzept der *Gnadengaben* oder – mit dem griechischen Fremdwort ausgedrückt – der *Charismen* auf, das er in der Diskussion mit der Gemeinde in Korinth entwickelt hat. Dort sprach man von *Geistesgaben* (griech.: *pneumatika*) und meinte damit besonders auffällige Wirkungen des Geistes wie prophetische Rede oder Zungenrede. Paulus bringt stattdessen den Begriff der *Gnadengaben* (griech.: *charismata*) ins Spiel. Das Wort, das Paulus vielleicht sogar selbst geprägt hat, beschreibt nach der Art seiner griechischen Wortbildung die konkrete einzelne Auswirkung der Gnade im Leben eines Christen. Das aber umfasst alles, was Gottes Geist an Begabungen zum Nutzen des Ganzen weckt und nutzt.
Paulus unterstreicht das dadurch, dass er nun auch für jeden einzelnen Christen die Formel verwendet, mit der er seinen apostolischen Auftrag gekennzeichnet hat. Die *Gnade, die uns gegeben ist,*

ist die Gabe und Aufgabe, zu der uns Gott beauftragt, die Ausprägung von Dienst und Leben, durch die sich Gottes Gnade in unserem Leben für die christliche Gemeinschaft und ihre Umgebung auswirkt. Nur in diesem Sinn kann gesagt werden, dass wir Gnadengaben *haben*. Sie sind nicht Besitz, sondern anvertrautes Gut.
Sieben verschiedene Gaben führt Paulus auf und versieht sie jeweils mit einer knappen Anmerkung. Diese Bemerkungen sind so kurz gehalten, dass wir nicht immer ihre genaue Bedeutung erkennen können. Die *erste* Gabe ist die *Prophetie* oder *prophetische Rede*. Diese Art des Redens war in den christlichen Gemeinden weit verbreitet. Man sah darin ein Zeichen des endzeitlichen Wirkens des Geistes, der das prophetische Wort wieder neu erweckt. Paulus schätzte diese Gabe sehr. In 1Kor 14 weist er ihr einen besonderen Rang unter den Charismen zu, und in 1Thess 5,20 mahnt er, prophetische Rede nicht zu verachten. Dabei meint *Prophetie* ein aktuelles Reden im Namen Gottes, das Weisung gibt, Trost zuspricht oder verborgene Zusammenhänge aufdeckt. Die Ankündigung zukünftiger Ereignisse kann vorkommen, steht jedoch nicht im Zentrum. In gewisser Hinsicht entspricht Prophetie heutiger Predigt als öffentlicher Seelsorge an der Gemeinschaft und als Bezeugung des Willens Gottes in die Gesellschaft hinein.
Von ihr sagt Paulus, dass sie *in Übereinstimmung mit dem Glauben* geschieht oder geschehen soll. Offen ist die Frage, was er damit meint. *In Übereinstimmung mit dem Glauben* könnte bedeuten: in Übereinstimmung mit dem *Maß des Glaubens*, von dem Paulus in V. 3 sprach. Dann ginge es um die Treue zu dem besonderen Auftrag, den Gott erteilt hat. Dies kann als Beschreibung verstanden werden: So geschieht Prophetie. Oder auch als Mahnung: Geh nicht über den Auftrag hinaus, den du empfangen hast. *Übereinstimmung mit dem Glauben* könnte aber auch die Übereinstimmung mit dem *Inhalt* des christlichen Glaubens meinen. Zwar gab es zur Zeit des Paulus noch kein allgemein verbindliches Glaubensbekenntnis, an dem man das hätte prüfen können. Aber es gab doch einen gewissen Konsens über Grundaussagen des Glaubens (und eines der Ziele des Römerbriefs ist, diesen Konsens zu stärken). Daran sollten die Aussagen der prophetischen Rede gemessen werden. Obwohl prophetisches Reden unmittelbar im Namen Gottes erging, konnte es doch von der Gemeinde geprüft werden (1Kor 14,29). Paulus scheint hier einen Maßstab dafür zu benennen. Wer im Namen Gottes redet, soll in Übereinstimmung mit der Glaubensbotschaft sprechen, die Grundlage christlicher Gemeinschaft ist.
Die *zweite* Gabe, die Paulus nennt ist der *Dienst* bzw. das *Dienen* (7). Das griechische Wort dafür, *diakonia*, das wir aus dem Fremdwort *Diakonie* kennen, hat eine ähnliche breite Bedeutung wie das

deutsche Wort *Dienst*. Sie reicht vom Servieren bei Tisch bis zur Erfüllung einer diplomatischen Mission. Nicht direkt damit angesprochen ist im Neuen Testament das, was wir heute als diakonische Tätigkeit auf dem Gebiet der Pflege und der Fürsorge bezeichnen. Diese Aufgabe taucht in der Liste unter zwei anderen Stichworten auf. Hier geht es offensichtlich um ganz verschiedene Dienstleistungen für die Gemeinde, wahrscheinlich auch die Sorge für die Organisation der gemeinsamen Mahlzeiten. An manchen Stellen hat sich dieser Aufgabenbereich auch schon zu einer festen Beauftragung verdichtet. Phöbe, die wohl den Brief nach Rom gebracht hat, ist Diakonin der Gemeinde in Kenchräa (16,1). Es gibt Diakone in Philippi (Phil 1,1) und schon als festes Amt in den Pastoralbriefen (1Tim 3,8).

An unserer Stelle aber steht noch ganz die *Aufgabe* der Dienstleistung in der Gemeinde im Vordergrund. Von ihr wird gesagt, dass sie *im Dienen* geschehen soll. Diese merkwürdige Doppelung findet sich auch bei den nächsten beiden Gaben. Paulus will offensichtlich dazu mahnen, die durch die Gnade geschenkte Gabe wirklich auch als übertragene Aufgabe zu leben, und zwar dort, wo sie nötig ist und gefragt wird.

Das Gleiche gilt für die *dritte* Gabe, die *Lehre*. Das *Lehren* ist eine der Grundfunktionen in der Gemeinschaft der Christen. Die *Lehrer* werden deshalb fast immer in den Listen von Beauftragten in den Gemeinden genannt (1Kor 12,28; Eph 4,11). Sie entfalten die Bedeutung der Aussagen des christlichen Bekenntnisses und waren wohl auch diejenigen, die die Schriften des Alten Testaments in christlicher Perspektive auslegten. Lehrhafte Verkündigung in Predigt und Bibelgespräch wäre das heutige Äquivalent. Wer die Gabe dazu hat, soll das in aller Treue zu diesem Auftrag *in der Lehre* tun und sich nicht in andere Aufgaben einmischen.

Auch der Hinweis auf die *vierte* Aufgabe ist in gleicher Weise formuliert. Es geht um den *Zuspruch* für andere, um Worte der Ermutigung oder auch der Ermahnung in konkreten Lebenslagen. Paulus benutzt das gleiche Wort wie am Anfang von V. 1; wie dort geht es um Ermutigung und Wegweisung für eine christliche Lebensgestaltung. Heute würden wir sagen: es geht um die *Seelsorge* aneinander. Für die, die diese Gabe haben, ist es besonders wichtig, sich konsequent an diese Aufgabe zu halten.

Die *fünfte* Gabe, *Gaben auszuteilen*, umfasst wohl beides: die Fähigkeit, den eigenen Besitz mit Bedürftigen zu teilen, und den Auftrag, Gaben, die in der Gemeinde gesammelt wurden, an Menschen weiterzugeben, die in Not sind. Das soll in *Herzenseinfalt* geschehen, also ohne Nebenabsichten, wie etwa, sich dadurch besonderes Ansehen zu erwerben.

Die genaue Übersetzung der *sechsten* Gabe ist umstritten. Die von der Wortbedeutung naheliegendste Bedeutung wäre: *Wer eine Leitungsaufgabe wahrnimmt.* Aber das lässt fragen, warum Paulus diese Aufgabe so spät einfügt, und dann zwischen zwei ausgesprochen karitativen Aufgaben. Es scheint sich also um eine Leitungsaufgabe mit diakonischem Schwerpunkt zu handeln, sodass sich die Übersetzung anbietet: *Wer Fürsorge übt* oder *Wer sich um andere kümmert,* eine Bedeutung, die auch an der Parallelstelle in 1Thess 5,12 Sinn macht. In jedem Fall gilt: Leitung in der Kirche ist *servant leadership (dienende Leitung)* und umgekehrt: Hilfe für andere braucht nicht nur Leute, die fröhlich und mit lauterem Herzen geben, sondern auch solche, die Hilfe organisieren, koordinieren und sich so um andere kümmern. Daher passt hier die Anmerkung, dass das *mit Eifer* geschehen soll. Eine christliche Gemeinde braucht Leute, die die Sorge für andere umtreibt und die in ihren Bemühungen nicht nachlassen, bis die Hilfe auf den Weg gebracht ist und diejenigen erreicht, die sie nötig haben.

Die *siebte* Gabe heißt: *wer Barmherzigkeit übt,* wörtlich: *wer sich erbarmt.* Leider lässt sich im Deutschen diese Verbindung zwischen innerster Bewegung zugunsten anderer und dem praktischen Tun, das dadurch erwächst, nicht so gut darstellen wie im Urtext. Denn – wie Jesus im Gleichnis vom Barmherzigen Samariter (Lk 10,30–37) klargestellt hat – es geht um beides: darum, dass das Bild eines Menschen in Not nicht nur unsere Netzhaut, sondern zugleich unser Herz erreicht, und darum, dass daraus praktisches Handeln wird. Dass solches handfeste Erbarmen *mit Freude* oder *mit fröhlichem Herzen* geschehen soll, ist ein Rat, der sich schon in der griechischen Übersetzung von Spr 22,8 findet und den Paulus auch in 2Kor 9,7 weitergibt. Selbst wenn die Not zu Tränen rührt, ist helfen zu können etwas, was froh macht.

Das erneuerte Denken und Handeln der Christen zeigt sich in ihrem Miteinander, und zwar besonders darin, dass es nicht von Prestige- und Konkurrenzdenken beherrscht wird. Eine nüchterne und zugleich dankbare Einschätzung der eigenen Begabung führt zu einem konstruktiven Zusammenwirken der Kräfte. Alle sind begabt, alle sind beauftragt, und gerade die Vielfalt und Verschiedenheit ermöglicht ein organisches Zusammenspiel der Gaben. Möglich wird das, weil dieses Miteinander durch die gemeinsame Zugehörigkeit zu Christus begründet ist. In ihm und durch ihn bilden alle zusammen *einen* Leib, sind ein Organismus, durch den Gottes Gnade wirksam wird.

Bei der Aufzählung der verschiedenen Gaben ist auffallend und wichtig:

1. Paulus übergeht so auffällige Erscheinungen wie Zungenrede oder Wunderheilungen, die in 1Kor 12–14 eine große Rolle gespielt haben. Er spricht aber auch noch nicht von festen Ämtern in der Gemeinde. Er nennt tragende *Funktionen* und Aufgaben, die für das Leben der Gemeinde und für ihr Wirken nach außen wichtig sind.
2. Entscheidend ist nicht, welche Gabe ich habe. Entscheidend ist, dass ich in Treue das tue, wozu ich berufen bin. Dass es dabei auch Verknüpfungen und gegenseitige Begleitung geben muss, gehört zum organischen Miteinander.
3. Gaben des Wortes und des Tuns, Aufgaben, die eher innerhalb der Gemeinde geschehen, und solche, die Menschen außerhalb erreichen, organisatorisches Wirken und praktisches Zupacken stehen gleichberechtigt nebeneinander. Alle sind wichtig.

12,9–21
Das Verhalten gegenüber allen Menschen

⁹Die Liebe soll ungeheuchelt sein:
Verabscheut das Böse, haltet euch an das Gute, ¹⁰seid einander in geschwisterlicher Liebe herzlich zugetan, kommt einander in der Ehrerbietung zuvor, ¹¹werdet im Eifer nicht träge, lasst euch vom Geist durchglühen, dient dem Herrn, ¹²freut euch voll Hoffnung, im Blick auf bedrängende Situationen zeigt Ausdauer, seid beharrlich im Beten, ¹³nehmt Anteil an den Nöten der Heiligen, sucht Gelegenheiten zur Gastfreundschaft.
¹⁴Segnet, die euch verfolgen, segnet, und flucht nicht. ¹⁵Freut euch mit denen, die sich freuen, weint mit denen, die weinen. ¹⁶Seid untereinander auf dasselbe bedacht und strebt nicht nach hohen Dingen, sondern lasst euch von den Niedrigen mitreißen. Haltet euch nicht selbst für klug. ¹⁷Vergeltet nicht Böses mit Bösem, seid im Urteil aller Menschen auf Gutes bedacht. ¹⁸Wenn es möglich ist, so viel an euch liegt, lebt mit allen Menschen in Frieden ¹⁹und holt euch nicht selbst euer Recht, Geliebte, sondern gebt (Gottes) Gericht Raum, denn es steht geschrieben: *Mir steht es zu, Recht zu schaffen, ich werde Vergeltung üben, spricht der Herr* (Dtn 32,35); ²⁰vielmehr: *Wenn dein Feind Hunger hat, gib ihm zu essen, wenn er Durst hat, gib ihm zu trinken. Denn wenn du das tust, wirst du glühende Kohlen auf seinem Kopf anhäufen* (Spr 25,21f). ²¹Lass dich nicht vom Bösen besiegen, sondern besiege durch das Gute das Böse.

Der Mahnung im Blick auf das rechte Miteinander in der Gemeinde folgen jetzt allgemeine Hinweise für das angemessene Verhal-

ten von Christen. Sie betreffen das persönliche Leben, das Zusammenleben mit anderen Christen und mit allen Menschen.
Der erste Satz ist eine Art Überschrift (**9**): *Die Liebe soll ungeheuchelt sein.* Alles was folgt, sind mehr oder weniger Ausführungsbestimmungen zum Liebesgebot. Darum ist es wichtig, dass die Liebe echt und nicht nur gespielt ist (in dem griechischen Wort für *ungeheuchelt* steckt das Wort *Schauspieler!*). Der griechische Text würde übrigens auch die Übersetzung erlauben: *Liebe ist ungeheuchelt.* Vorgetäuschte Liebe ist nicht wirklich Liebe! Aber darauf hinzuweisen, schließt einen mahnenden Ton mit ein.
Was folgt, ist eine lockere Aufzählung von zunächst zwölf Verhaltensweisen, die diese Überschrift entfalten. Stilistisch fällt der ganze Abschnitt stark aus dem Rahmen des sonstigen Briefs. Herrschen sonst längere Sätze mit begründenden oder erläuternden Nebensätzen vor, werden hier knappe Feststellungen nebeneinandergestellt. Fast hat man den Eindruck, Paulus diktiere hier einfach von seinem Notizzettel, weil er keine ausführlichen Erläuterungen für nötig hält. Er benutzt im Griechischen übrigens auch keine Imperative, die Verben sind beschreibende Partizipien, die aber einen mahnenden Unterton besitzen und deshalb in der Befehlsform übersetzt werden müssen.
Inhaltlich scheinen die Mahnungen recht unzusammenhängend zu sein. Beim näheren Hinsehen entdeckt man aber doch den roten Faden. Das gilt gerade für das erste Paar: *Verabscheut das Böse, haltet euch an das Gute.* Paulus benutzt ein ziemlich leidenschaftliches Vokabular. Gerade die Liebe zeigt tiefen Widerwillen gegen alles, was dem Leben feindlich ist, und klammert sich an das, was ihm dient. Liebe kann »Ja und Nein sagen ... und nicht nur Ja und Amen« (K. Haacker, 257). Die nächsten beiden Mahnungen betreffen das Verhältnis untereinander in der christlichen Gemeinschaft (**10**). Mit sehr gefühlsstarken Worten wird für die *geschwisterliche Liebe* geworben. Die Anrede »Brüder und Schwester« soll nicht nur eine Formalie sein, sondern herzliche Zuneigung bezeugen. Dazu gehört auch die gegenseitige Achtung, die die anderen nicht geringer einschätzt als sich selbst und sie das auch spüren lässt.
Die nächsten sechs Impulse betreffen das geistliche Leben der Christen. Auch hier wählt Paulus kräftige Worte (**11**). *Werdet im Eifer* (für die Sache Christi) *nicht träge,* macht nicht schlapp, ruft Paulus den Christen in Rom zu. Und er fügt gleich die positive Entsprechung dazu: *Lasst euch vom Geist durchglühen* (oder: *Haltet das Feuer des Geistes am Brennen*). Paulus hat keine Berührungsängste im Blick auf das feurige Wirken des Geistes. Schon die Christen in Thessalonich hatte er ermahnt: »Bringt den Geist nicht

zum Erlöschen!« (1Thess 5,19) Auch die schwierigen Erfahrungen, die er mit den »Pneumatikern« in Korinth gemacht hat, halten ihn nicht davon ab, die Begeisterung und das innere Feuer zu fördern, die dort herrschen, wo der Geist wirkt.
Allerdings zeigt das nächste Paar der Hinweise, welches die Rahmenbedingungen sind, unter denen das Feuer des Geistes Gutes wirkt: *Dient dem Herrn,* heißt die erste Mahnung. Sie erscheint an dieser Stelle überraschend allgemein. Aber sie zeigt die Richtung an. Die Kräfte und Gaben des Geistes sind nicht für eine selbstbezogene Darstellung der eigenen Spiritualität gegeben, sondern zum Einsatz für die Sache Jesu.

Allerdings soll nicht unerwähnt bleiben, dass einige wenige Handschriften an dieser Stelle lesen: *Dient der Zeit* (griechisch: *kairos*; also: *Dient dem Augenblick* oder: *Nützt den rechten Zeitpunkt*). Obwohl diese Variante nur schwach bezeugt ist und die Redewendung auch als opportunistische Anpassung an die Zeit verstanden werden könnte, hat sie immer wieder Unterstützung auch durch prominente Ausleger gefunden (Barth, Schlatter, Michel, Käsemann). Denn sie scheint die ungewöhnlichere und deshalb »schwierigere« Lesart zu sein, die an das sehr viel gängigere *Dient dem Herrn* (vgl. auch Kol 3,24) angepasst wurde. Sie scheint auch besser in den Zusammenhang zu passen: Eine Mahnung zur »Geistesgegenwart«, die den rechten Augenblick nutzt, würde gut zwischen das Feuer des Geistes und die Freude der Hoffnung passen. Aber gerade das spricht auch für eine nachträgliche Veränderung, wenn es sich nicht einfach um einen Lesefehler einiger Schreiber handelt.

Auch der Hinweis auf die Hoffnung macht klar, dass der Geist noch nicht in den Himmel hebt, sondern die Gewissheit der Vollendung schenkt (vgl. 5,1–5). Darum die Aufforderung (**12**): *Freut euch voll Hoffnung* (nicht: *über die Hoffnung*).
Ganz ähnlich wie in 5,2–5 kommt in den nächsten zwei Mahnungen der Umgang mit Schwierigkeiten zur Sprache: *Im Blick auf bedrängende Situationen zeigt Ausdauer,* heißt der erste Impuls. Auch hier darf die Mahnung zur *Geduld* (so die traditionelle Übersetzung) nicht zu passiv verstanden werden. Es geht darum, auch dem Widerstand und den Widrigkeiten, die ein Christenmensch erfährt, standzuhalten. Dazu hilft der andere Impuls: *Seid beharrlich im Beten.* Auch in schwierigen Situationen am Gebet dranzubleiben und festzuhalten ist die beste Hilfe, solche Situationen durchzustehen.
Das letzte Paar in der Reihe dieser Aufforderungen betrifft noch einmal das Zusammenleben mit anderen Christen (**13**). Sie sprechen von konkreten Aufgaben. Die erste heißt: *Nehmt Anteil an den Nöten der Heiligen. Anteil nehmen* ist im Deutschen ein ziem-

lich abgegriffenes Wort geworden. Gemeint ist jedoch, wie in der griechischen Vorlage, etwas sehr Praktisches: sich die Not des anderen *zu eigen machen*. Möglicherweise denkt Paulus hier auch an seine Hilfsaktion für die Gemeinde in Jerusalem, von der er in 15,26 berichten wird. Dort werden die Angehörigen der Urgemeinde ebenso betont *die Heiligen* genannt, und Paulus benutzt für die Bezeichnung dieser Sammlung den gleichen griechischen Wortstamm, den er auch hier verwendet (*Anteilnahme* für Jerusalem). Zunächst bleibt der Aufruf allerdings ganz allgemein. Alle Christen gehören zu den *Heiligen*. Paulus will ermutigen, nicht nur das mit anderen zu teilen, was man hat, sondern auch deren Nöte und Schwierigkeiten, und gemeinsam Wege aus der Not zu suchen.

Sehr viel klarer umrissen ist die andere Aufgabe. Aber sie war für das Leben in der Urchristenheit nicht weniger wichtig: *Sucht Gelegenheiten zur Gastfreundschaft*. Es gab in der Antike kein verlässlich funktionierendes und vertrauenswürdiges Beherbergungsgewerbe. Reisende Kaufleute waren auf das Unterkommen bei Geschäftspartnern angewiesen, Privatleute auf Adressen von Verwandten oder Gastfreunden. Darum war es für Christen, die unterwegs waren, wichtig, bei Gleichgesinnten unterzukommen. Die Mahnung zur Gastfreundschaft findet sich deshalb in vielen Schriften des Urchristentums (1Petr 4,9; Hebr 13,2; Didache 12). Paulus fordert sogar zu einem aktiven Zugehen auf die Fremden auf. So wie Lydia in Philippi Paulus und seine Begleiter »nötigte«, bei ihr Quartier zu nehmen (Apg 16,15), so sollen Christen Fremden zeigen, wie willkommen sie sind.

Wie die wörtliche Übersetzung des griechischen Wortes für Gastfreundschaft, *Fremdenliebe*, zeigt, hat Paulus sein Thema, praktizierte Nächstenliebe, nicht aus den Augen verloren. Es bestimmt auch die folgenden Mahnungen. Sie sind in einem anderen Stil gehalten. Die nächste knappe Aufforderung ist im Imperativ formuliert (**14**). Paulus zitiert hier ein Grundgebot christlichen Verhaltens, das aus der Jesusüberlieferung stammt. *Segnet, die euch verfolgen, segnet, und flucht nicht*, ist eine leicht veränderte Fassung des Wortes Jesu aus Lk 6,28: *Segnet, die euch verfluchen, bittet für die, die euch misshandeln*. Das ist aktive Feindesliebe. Die paulinische Fassung berücksichtigt stärker die Situation der jungen Gemeinden. Feindschaft wird hier vor allem als Verfolgung um des Glaubens willen erlebt (vgl. auch Mt 5,44: *Bittet für die, die euch verfolgen*). Die Reaktion darauf soll nicht der Fluch sein, die Verwünschung des Gegners, sondern der Segen. Dabei ist zu bedenken, dass für antike Menschen Segen und Fluch nicht nur bedeutete, freundliche Wünsche oder Beschimpfungen auszusprechen. Segen bedeutet wirksame Übermittlung von Lebenskraft, der Fluch eine Vorwegnahme des göttlichen Gerichts. Selbst diejenigen, die einem das Leben schwer machen, ja es bedrohen, sollen in die Fülle eines Lebens aus Gott hineingenommen werden.

Neben diese besondere Situation der Verfolgung setzt Paulus eine ganz allgemeine Regel für das Zusammenleben mit anderen (15). Auch im Stil ist das eine schlichte Maxime der Mitmenschlichkeit. Wörtlich heißt das: *sich freuen mit den sich Freuenden, weinen mit den Weinenden.* Wieder geht es ums Teilen, um die Anteilnahme an der Freude und am Schmerz der anderen. Die herrschende Philosophie jener Zeit, die Stoa, warnte davor, sich zu sehr auf die Freuden oder Leiden anderer einzulassen. Das gefährde das eigene seelische Gleichgewicht. Für Christen gilt: Wessen Leben von der Liebe Gottes gehalten ist, kann sein seelisches Gleichgewicht riskieren und sich ganz zu den anderen hinneigen. Die sprichwörtliche Weisheit: Geteilte Freude ist doppelte Freude, geteiltes Leid ist halbes Leid, ist auch eine Wahrheit praktizierter Nächstenliebe.

Die nächsten Verse kehren noch einmal zu Mahnungen für das Verhalten gegenüber anderen zurück. Sie sind ähnlich locker formuliert wie die in V. 9–13. V. **16** spricht wieder vom Verhalten innerhalb der Gemeinschaft der Christen. Paulus nimmt noch einmal das Thema von 12,3 auf und arbeitet mit einem ähnlichen Spiel mit dem griechischen Wort für *sinnen, trachten, bedacht sein,* das aber im Deutschen nicht nachzuahmen ist. Der erste Teil setzt einen neuen Akzent: *Seid untereinander auf dasselbe bedacht!* Für Paulus ist diese Mahnung wichtig; sie erscheint immer wieder in seinen Briefen (vgl. Röm 15,5; 2Kor 13,11; Phil 2,2). Sie bedeutet nicht: Seid in allem der gleichen Meinung! Dass man in bestimmten Dingen auch in einer christlichen Gemeinde unterschiedlicher Meinung sein kann, wird Paulus in Kap. 14,1 – 15,6 ausführlich erläutern. Was Paulus meint, ist: Richtet euch auf das gleiche Ziel aus. Man kann in einer Gemeinde in manchen Fragen unterschiedliche Überzeugungen haben und doch das gleiche Ziel verfolgen. Das aber ist wichtig.

Die größte Gefährdung dieser Gemeinsamkeit verrät die Warnung die Paulus anschließt: *Strebt nicht nach hohen Dingen.* Paulus lässt offen, was er unter diesen *hohen Dingen* versteht. Das kann das Streben nach einer gehobenen Stellung, besonderen Ehrungen oder bevorzugter Behandlung sein. Es könnte aber auch die Suche nach herausgehobenen Erfahrungen oder besonders »tiefen« Erkenntnissen sein. Das Wort, das wir mit *hohe Dinge* übersetzt haben, wird oft für Phänomene der himmlischen Welt verwendet. Beide Bestrebungen können die Ausrichtung einer Gemeinde auf dasselbe Ziel gefährden.

Paulus nennt zugleich die positive Alternative: *sondern lasst euch von den Niedrigen mitreißen*. Hier ist allerdings zunächst zu klären: Spricht Paulus von den niedrigen Dingen, im Gegensatz zu den hohen, die gerade erwähnt wurden? Oder von niedrigen oder geringen Menschen, die oft nicht beachtet werden? Vom Wortgebrauch her ist das Zweite wahrscheinlicher, obwohl das Erste nicht auszuschließen ist. Wenn es recht läuft, dann haben Christen einen Zug zu den Niedrigen und Geringen, weil Gott eine Vorliebe für Arme und Geringe hat (vgl. Jes 57,15; Mt 5,3.5). Paulus sagt auch nicht, wie manche Übersetzungen es ausdrücken: Beugt euch herunter zu den Niedrigen! Das ist viel zu herablassend. Paulus sagt: Lasst euch mitnehmen, ja mitreißen von den Niedrigen. Widersteht dem Sog, etwas Besseres sein zu wollen, mit den Großen gesehen zu werden oder mit tollen Erfahrungen aufzutrumpfen. Lasst euch mitreißen durch die Erfahrungen derer, die nichts gelten und nichts darstellen und denen Gott so nahe ist!

Paulus schließt dieses Thema mit einer Standardmahnung der Weisheitsliteratur ab: *Haltet euch nicht selbst für klug*, oder: *Seid nicht weise aus eigenen Gnaden* (vgl. Spr 3,7; 26,12; Jes 5,21). Paulus hat eine vergleichbare Warnung schon in 11,25 angedeutet.

Ab V. **17** kommt Paulus noch einmal ganz allgemein auf das rechte Verhalten gegenüber anderen Menschen zu sprechen. Er beginnt mit einer Mahnung, die zum Grundbestand jüdisch-christlicher Ethik gehört: *Vergeltet nicht Böses mit Bösem*. Schon Spr 20,22 heißt es: »Sprich nicht: Ich will Böses vergelten«, und in der jüdischen Schrift *Joseph und Aseneth* findet sich die paulinische Mahnung fast wörtlich wieder. Vor allem aber stimmt diese Forderung sachlich mit der Aussage Jesu in Mt 5,38 überein: »Leiste dem, der Böses tut, keinen Widerstand«. Bei Paulus steht die gleiche Mahnung in 1Thess 5,15; sie findet sich auch in 1Petr 3,9. Für die Urchristenheit war solches Verhalten der erste Schritt mit dem man versuchte, die immer wieder neu sich drehende Spirale von Gewalt und Gegengewalt zu durchbrechen. Das galt nicht nur für Leiden um des Glaubens willen, sondern ganz allgemein für alles erlittene Unrecht.

Paulus bleibt aber nicht in der Negativität des passiven Erleidens stehen. Er hat noch eine positive Anweisung: *Seid im Urteil aller Menschen auf Gutes bedacht*. Das ist keine leichte Aufgabe. Denn es geht Paulus nicht nur darum, allen Menschen gegenüber Gutes im Sinn zu haben, sondern auch den Versuch zu machen, dies so zu tun, dass die anderen – gerade auch die problematischen – das verstehen. (Eine andere Nuance bringt der Übersetzungsvorschlag: *Zieht in Betracht, was im Urteil aller Menschen gut ist*. Das würde noch stärker den Versuch betonen, mit allen Menschen eine gemeinsame Basis für das rechte Tun zu finden, ohne sich deshalb auf den kleinsten gemeinsamen Nenner festlegen zu lassen.) Jedenfalls: Der zweite Schritt in der Überwindung des Bösen ist der Versuch, nicht nur das Gute zu tun, sondern auch über diese Frage mit allen, auch den Kontrahenten, ins Gespräch zu kommen. (Die Frage des Umgangs mit dem Bösen bleibt ein Leitwort dieses Abschnitts bis zum Ende von Kap. 13).

Das positive Ergebnis visiert Paulus mit seiner nächsten Mahnung an (**18**): *Wenn es möglich ist, so viel an euch liegt, lebt mit allen Menschen in Frieden.* In *Frieden leben*, das bedeutet nach biblischem Verständnis nicht nur, dass kein offener Streit herrscht. *Frieden, Schalom*, das ist ein gedeihliches Miteinander, in dem Menschen füreinander eintreten und so zum gegenseitigen Wohl beitragen.

Solchen Frieden sollen Christen anstreben, wo immer sie leben, und zwar mit *allen* Menschen, also auch mit denen, die nicht nur friedliche Absichten zu haben scheinen. Allerdings macht Paulus im Blick auf die Realisierbarkeit eine doppelte Einschränkung: *Wenn es möglich ist, so viel an euch liegt.* Die Einsicht Schillers: »Es kann der Frömmste nicht in Frieden leben, wenn es dem bösen Nachbarn nicht gefällt« hat auch schon Paulus veranlasst, hier die Ziele nicht zu hoch zu stecken. Allerdings: Zur Ausrede soll der Hinweis auf den »bösen Nachbarn« nicht werden; was an uns liegt, soll versucht werden.

Dass Paulus hier vor allem an persönliche Auseinandersetzungen denkt, zeigt die Fortsetzung seiner Mahnung (**19**): *Holt euch nicht selbst euer Recht, Geliebte, sondern gebt (Gottes) Gericht Raum.* Unrecht leidend hinzunehmen, ist nicht einfach. Es verursacht innere Verletzungen, die nicht leicht heilen. Es ist auch die Frage, ob es recht ist, Unrecht so einfach zu schlucken. Unrecht ruft nach Wiedergutmachung oder Vergeltung. Das ist nicht nur die Reaktion einer verwundeten Seele oder eines rachsüchtigen Gemüts. Das ist ein Grundpfeiler der Rechtsordnung. Deshalb ist das Thema der Vergeltung oder – in traditionell biblischer Sprache – der *Rache* kein Relikt des Alten Orients, sondern eine bleibende Herausforderung.

Was aber meint Paulus mit der Aufforderung: *Holt euch nicht selbst euer Recht?* Geht es um den Verzicht auf Selbstjustiz, wie das die traditionelle Übersetzung: *Rächt euch nicht selbst* nahelegt? Oder heißt das: *Verschafft euch nicht selbst euer Recht* und verzichtet auch darauf, euch vor ordentlichen Gerichten euer Recht zu holen? Dass Paulus an einen solchen Rechtsverzicht von Christen denkt, zeigt 1Kor 6,1–8. Dort geht es allerdings vorrangig um Prozesse zwischen Christen.

Wahrscheinlich sieht Paulus zwischen beiden Varianten keinen allzu großen Unterschied. Auch sich sein Recht vor ordentlichen Gerichten erstreiten zu wollen, kann die Seele vergiften. Es geht deshalb um die innere Entscheidung: Ich muss mein Lebensrecht nicht dadurch sichern, dass ich gegen den Recht behalte, der mir Unrecht getan hat. Ein äußerer Rechtsverzicht ohne die innere Freiheit vom Verlangen nach Vergeltung und Rache brächte wenig. Paulus weiß, dass das kein leichter Weg ist. Das zeigt die Art, wie er gerade hier die sehr persönliche Anrede *Geliebte* einfügt. Er scheint zu spüren, dass dies Zumutungen sind, die manchen der Christen in Rom, mit denen er teilweise auch persönlich sehr verbunden ist, nicht leichtfallen werden.

Allerdings fügt Paulus noch einen zweiten Gedanken an: *sondern gebt (Gottes) Gericht Raum.* Er erwartet keinen totalen Rechtsverzicht. Er ermutigt dazu, die Sehnsucht nach Vergeltung an Gott abzugeben und seinem *Gericht* (wörtlich: *Zorn*) das Feld zu überlassen. Paulus unterstreicht dies durch ein Zitat aus Dtn 32,35, das er ausnahmsweise in einer Fassung zitiert, die dem hebräischen Urtext näher steht als der Septuaginta, weil er den betonten Anfang dieses Textes festhalten will: *Mir steht es zu, Recht zu schaffen, ich werde Vergeltung üben.* Es ist wichtig, sich diese Übersetzung des Textes einzuprägen, weil die traditionelle Fassung: *Mein ist die Rache* mit vielen irreführenden Nebentönen belastet ist. Richtig (und von großer Bedeutung) ist allerdings, dass der Gedanke der Vergeltung nicht einfach aufgegeben ist. Das ist kein Überbleibsel einer archaischen Gesinnung. Dass Recht doch Recht bleiben muss, ist ein Grundbedürfnis menschlichen Rechtsempfindens und eine Grundvoraussetzung gedeihlichen Zusammenlebens. Darum rufen die Seelen der Märtyrer unter dem Altar in der Vision von Offb 6,10: »Wie lange noch ... zögerst du zu richten und unser Blut zu rächen.« Dass Gott den Seinen Recht schafft, ist eine Grundüberzeugung der ganzen Bibel.

Wie er das allerdings tut, ist eine andere Frage. Seinem Gericht Raum zu geben bedeutet auch, diesen Vorgang nicht mit den eigenen Rachephantasien zu besetzen und zu bestimmen, sondern ihn ganz an Gott abzugeben. Die neutestamentlichen Schilderungen dieses Gerichts bieten deshalb auch wenig Anschauungsmaterial für solche Phantasien.

Paulus will also ein Doppeltes erreichen: Er möchte, dass die Herzen der Christen frei werden für ein positives Verhältnis auch Menschen gegenüber, die ihnen Unrecht getan haben. Und er ist überzeugt, dass dies möglich ist, auch wenn die Frage nach dem Recht noch offen ist. Sie kann an Gott abgegeben werden. Paulus sagt merkwürdigerweise nicht, man solle seinen Feinden vergeben.

Dazu ist manchmal die Zeit noch nicht reif, auch für einen Christen. Aber er darf Gott die Bearbeitung der Schuld der anderen überlassen.

Dass dies ein durch und durch biblischer Ansatz ist, macht Paulus an einem eindrücklichen Zitat aus Spr 25,21f deutlich (**20**): *Wenn dein Feind Hunger hat, gib ihm zu essen, wenn er Durst hat, gib ihm zu trinken.* Tätige Feindesliebe ist also durchaus auch schon im Alten Testament bekannt, und zwar nicht nur als Ausnahme, wie ein Blick in Ex 23,4f zeigt: »Wenn du dem Rind oder Esel deines Feindes begegnest, die sich verirrt haben, so sollst du sie ihm wieder zuführen. Wenn du den Esel deines Widersachers unter seiner Last liegen siehst, so lass ihn ja nicht im Stich, sondern hilf mit ihm zusammen dem Tiere auf.«

Allerdings gibt es bei dem Zitat aus den Sprüchen noch einen Nachsatz, der schon vielen nachdenklichen Bibellesern Kopfzerbrechen gemacht hat: *Denn wenn du das tust, wirst du glühende Kohlen auf seinem Kopf anhäufen.* Das klingt nicht ohne weiteres freundlich. Was bedeutet es? Zur Bedeutung im Buch der Sprüche nimmt man an, dass es ein Bild für eine große Beschämung ist, wie sie z.B. Saul durch die Großmut Davids erfährt (1Sam 24,17–19). Oder es steckt eine aus Ägypten bezogene Zeremonie dahinter, bei der ein Mensch ein Gefäß mit glühenden Kohlen als Zeichen seiner Bereitschaft zu Buße auf dem Kopf trägt.

Ob Paulus von diesem Brauch gewusst haben kann, ist zweifelhaft. Aber er muss das Bild in dieser Richtung verstanden haben, denn nur so wird die Verbindung zu dem abschließenden Satz hergestellt (**21**): *Lass dich nicht vom Bösen besiegen, sondern besiege durch das Gute das Böse.* Dass dies möglich ist, ist die zuversichtliche Überzeugung des Paulus. Es gibt auch Stimmen im Judentum und vereinzelt in der griechischen Literatur, die diese Überzeugung vertreten. Paulus aber gewinnt sie nicht aus der allgemeinen Lebenserfahrung. Diese spricht eher dagegen. Seine – hier nicht ausdrücklich ausgesprochene – Begründung liegt im Sieg der Gerechtigkeit Gottes über alle Ungerechtigkeit der Menschen.

Handlungsanweisungen für ungeheuchelte Liebe – gibt es das? Paulus ist überzeugt, dass es hilfreich für das Zusammenleben von Menschen ist, konkrete Ratschläge zu erhalten. Das Zentrum aller seiner Hinweise ist die Ermutigung zur Feindesliebe. Damit verbunden ist die Ermutigung zum Versuch einer gewaltlosen Überwindung des Bösen. Paulus nimmt damit zentrale Anliegen Jesu auf. Obwohl sie heute vielen wirklichkeitsfremd erscheinen mögen, haben sie doch immer wieder ihre Kraft bewiesen und Frieden bewirkt.

13,1–7
Umgang mit staatlichen Behörden

Überraschenderweise schiebt Paulus in seine Ausführungen zur praktischen Nächstenliebe einen Abschnitt über das Verhältnis zur Autorität des Staates und seinen Einrichtungen ein. Anlass dafür dürfte die Frage sein, ob eine menschliche Gemeinschaft Bestand haben kann, wenn Unrecht und das Tun des Bösen einfach hingenommen werden.

¹Jede Person soll sich den übergeordneten Autoritäten unterordnen. Denn es gibt keine (staatliche) Autorität außer von Gott; die bestehenden (Autoritäten) aber sind von Gott eingesetzt. ²Deshalb widersetzt sich derjenige, der sich gegen die (staatliche) Autorität auflehnt, der Anordnung Gottes; die Widersetzlichen aber werden sich selbst zum Schaden das Urteil hinnehmen müssen. ³Denn die Herrschenden sind kein Anlass zur Furcht für das Tun des Guten, sondern des Bösen. Willst du aber vermeiden, dich vor der (staatlichen) Autorität zu fürchten, dann tu das Gute, und du wirst von ihr gelobt werden. ⁴Denn sie ist Beauftragte Gottes für dich, um das Gute zu fördern. Wenn du aber das Böse tust, dann fürchte dich. Denn sie trägt nicht ohne Grund das Schwert. Denn sie ist Gottes Beauftrage, die Recht schafft im Vollzug des Gerichts an dem, der Böses tut. ⁵Deshalb ist es notwendig, sich unterzuordnen, und zwar nicht nur wegen des drohenden Gerichts, sondern auch aus Gewissensgründen. ⁶Aus diesem Grund zahlt ihr ja auch Steuern. Denn Amtsträger Gottes sind es ja, die damit befasst sind. ⁷Gebt allen, was ihr ihnen schuldig seid: Demjenigen, dem die Steuer zusteht, zahlt die Steuer, demjenigen, der den Zoll beansprucht, den Zoll, wem Ehrfurcht gebührt, dem erweist Ehrfurcht, und wer Respekt verdient, dem erweist Respekt.

Paulus beginnt seine Ausführungen zu dem neuen Thema auch in einem neuen Stil. An die Stelle locker aneinandergereihter Mahnungen treten sehr grundsätzliche Darlegungen mit ausführlichen Begründungen. Am Anfang steht die Grundthese, die im Folgenden erläutert wird (**1**): *Jede Person soll sich den übergeordneten Autoritäten unterordnen.* Schon die ersten Worte betonen die Allgemeingültigkeit: *Jede Person* (wörtlich: *jede Seele*) ist gemeint. Die *übergeordneten Autoritäten* sind die vielfältigen staatlichen Ämter und Behörden, mit denen sich die Menschen im Römischen Reich und besonders in Rom auseinanderzusetzen hatten. Das Leitwort des Abschnittes, das wir mit *Autoritäten/Autorität* übersetzen, ist die Entsprechung der lateinischen Begriffe *imperium* und

potestas, die im Plural die unterschiedlichsten Ämter und Behörden bezeichnen, im Singular aber das Ganze des Römischen Reiches bzw. das Wesen der staatlichen Gewalt benennen.
Zunächst spricht Paulus von den einzelnen staatlichen Institutionen, mit denen es die Bürger und sonstigen Einwohner Roms zu tun hatten. Ihnen sollen sie sich *unterordnen*. Dieses Wort wird im Neuen Testament vielfach benutzt, wenn es um die Einordnung in ein Autoritätsgefüge geht. So in Tit 3,1; 1Petr 2,13 im Blick auf die Autorität staatlicher Organe; aber auch in den sog. Haustafeln im Blick auf das Verhältnis von Ehefrauen zu ihren Männern (Kol 3,18; Eph 5,21; für das Verhältnis der Kinder zu den Eltern und der Sklaven zu den Herren wird dagegen *Gehorsam* gefordert). Selbst in der Gemeinde wirbt Paulus dafür, dass man sich der Autorität derer, die sich für die Gemeinde abmühen, *unterordnet* (1Kor 16,16; an der parallelen Stelle in 1Thess 5,12 bittet er darum, diese Autorität *anzuerkennen*). Damit zeigt sich ein deutlicher Unterschied des Profils dieser Aussage zu dem Eindruck, den die traditionelle Übersetzung *seid untertan* vermittelt. Es geht um die Einordnung in ein vorgegebenes Autoritätsgefälle, die aber eigenständiges Mitwirken nicht ausschließt.
Für diesen Grundsatz liefert Paulus eine Begründung, die uns in ihrer Pauschalität verwundert: *Denn es gibt keine (staatliche) Autorität außer von Gott.* Paulus spricht nun grundsätzlich von staatlicher Autorität etwa in dem Sinne, in dem das deutsche Grundgesetz in Art. 20,2 sagt: »Alle Staatsgewalt geht vom Volk aus.« Paulus formuliert sinngemäß: Es gibt keine Staatsgewalt, die nicht von Gott verliehen worden wäre. Und er unterstreicht das noch durch die Feststellung: *Die bestehenden (Autoritäten) aber sind von Gott eingesetzt.* Zwei Fragen sind hier nicht zu vermeiden: Wie konnte Paulus dies vom Römischen Reich, dem *Imperium Romanum*, sagen, unter dessen Willkürherrschaft Jesus zum Tod am Kreuz verurteilt worden war, Paulus selbst und viele andere Christen zu leiden hatten und in dessen Provinzen viel Unrecht und Unterdrückung geschah? Und die zweite Frage: Meint Paulus wirklich, dass alle, die – auf welche Weise auch immer – staatliche Gewalt beanspruchen, dazu von Gott bevollmächtigt sind?
Die zweite Frage ist leichter zu beantworten als die erste: Paulus schreibt hier keine Abhandlung über die christliche Staatslehre, die alle denkbaren Fälle staatlicher Herrschaft und ihres Missbrauchs einbezieht. Seine zahlreichen Konflikte mit den Behörden zeigen auch, dass er das *sich unterordnen* nicht als sklavischen Gehorsam verstand, sondern dass auch er im Zweifelsfall nach dem Grundsatz handelte: »Man muss Gott mehr gehorchen als den Menschen« (Apg 5,29).

Aber grundsätzlich billigt er dem staatlichen System des Römischen Reiches zu, dass es von Gott zur Ausübung seiner Autorität bevollmächtigt sei. Wie ist das möglich? Das römische Imperium hatte ein doppeltes Gesicht. Einerseits gab es im Einzelnen vor allem in den Provinzen Unrecht und Ausbeutung. Wer rebellierte, bekam zu spüren, dass der römische Friede, die *Pax Romana*, auf der militärischen Stärke der römischen Legionen beruhte. Andererseits war für viele Gebiete die Zeit seit dem Beginn der Alleinherrschaft des Augustus wirklich eine langersehnte Friedenszeit, von der viele auch wirtschaftlich profitierten. Die Ergebenheits- und Dankadressen, mit denen sich vor allem die kleinasiatischen Städte fast überschlugen, waren ernst gemeint. Für einen römischen Bürger wie Paulus hatte das Imperium auch durchaus rechtsstaatliche Züge. In Korinth, dem Ort, an dem er den Römerbrief schreibt, nahm ihn der römische Prokonsul Gallio gegen die jüdischen Anschuldigungen in Schutz. Und als er in Jerusalem ein Fehlurteil durch den zuständigen Statthalter Festus befürchten musste, konnte er Berufung beim Kaiser einlegen (Apg 25,10). So gewährleistete der römische Staat ein gewisses Maß an Rechtssicherheit und an Schutz gegen Verbrechen. Darauf aber kam es Paulus in diesem Zusammenhang offensichtlich an.
Bleibt eine letzte Frage: Warum geht Paulus gerade in diesem Brief auf diese Frage so ausführlich ein? Um darauf eine Antwort zu bekommen, müssen wir weiter auf ihn hören.
Zunächst nennt Paulus die Konsequenzen seiner grundsätzlichen Aussagen (**2**). Wenn die staatlichen Institutionen ihre Autorität von Gott haben, widersetzt sich jeder, der sich gegen sie auflehnt, Gott selbst und seiner Anordnung. Wenn er dafür verurteilt wird, hat er sich das selbst zuzuschreiben. Paulus hat hier offensichtlich nur Konflikte im Auge, die durch die Nichtbeachtung der Strafgesetzgebung und vergleichbarer administrativer Regelungen vorkommen, nicht aber Kollisionen mit der Staatsmacht, die sich wegen der Verkündigung des Evangeliums ereignen. Das zeigt die Fortsetzung (**3**): Nur wer das *Böse* tut, das, was andere und die Gemeinschaft schädigt, muss das Eingreifen staatlicher Autorität fürchten. Paulus geht also wie selbstverständlich davon aus, dass Gesetzwidrigkeiten nicht nur gegen geschriebene Paragraphen verstoßen, sondern auch ethisch *böse* sind und Schaden anrichten. Das auch Gesetze *böse* und gemeinschaftsschädlich sein könnten, zieht er nicht in Erwägung. Nicht unwichtig ist ihm das positive Gegenbild: Wer Gutes tut, wird von den staatlichen Stellen *gelobt* und geehrt. Paulus hat hier das römische System an Ehrungen für freigiebige Bürger im Auge, die durch ihre umfangreichen Stiftungen Kultur und Gemeinschaftsleben in den Städten ermöglichten. Und

sosehr er sonst betont, dass das *Lob*, das über unser Leben entscheidet, von Gott kommen muss (1Kor 4,5), sosehr findet er die Förderung und Unterstützung der Wohltätigkeit für das Gemeinwesen lobenswert. (Christen können also durchaus Verdienstorden annehmen, wenn sie daraus nicht die Rechtfertigung ihres Lebens ableiten.)

Der nächste Satz (**4**) unterstreicht das: Staatliche Gewalt hat einen doppelten Auftrag von Gott: Sie ist einerseits *Beauftragte Gottes*, um das Gute, also das, was dem Leben und dem Miteinander in der Gemeinschaft dient, zu fördern. Sie ist aber auch *Beauftragte Gottes*, um diejenigen, die Böses tun, in die Schranken zu weisen und durch ihre Bestrafung dem Recht zur Geltung zu helfen. Hier finden wir die stärkste Verknüpfung mit dem, was Paulus im vorigen Abschnitt gesagt hat. Wurde dort den Christen nahegelegt, darauf zu verzichten, sich selbst ihr Recht zu holen und das Strafgericht (*Zorn*) Gott zu überlassen, wird hier für den Bereich der menschlichen Gesellschaft gesagt, dass staatliche Gewalt den Auftrag hat, Recht zu schaffen und zwar durch die Bestrafung (auch hier wörtlich: *Zorn*) der Übeltäter. Was also für den persönlichen Bereich des Christen wünschbar ist, ist für die Gesellschaft nicht möglich. Hier bedarf es eines Systems der Abschreckung, das die fürchten sollen, die Böses tun. Deshalb *trägt* die Staatsgewalt *nicht ohne Grund das Schwert*. Paulus spielt damit auf das in der Antike allgemein verbreitete Recht des Staates an, die Todesstrafe zu verhängen. Er sieht in ihr die äußerste Form der Abschreckung von Verbrechern. Er hinterfragt ihre Berechtigung nicht, was nicht bedeutet, dass er diese Strafe für alle Zeit als Gottes Willen entsprechend festschreibt. Allerdings hat der Hinweis auf das Schwert auch eine grundsätzliche Bedeutung: Ohne irgendeine Form der Gewaltanwendung lässt sich Recht in der Gesellschaft nicht durchsetzen. Dass allein der Staat das Recht hat, solche Gewalt anzuwenden, gehört zu den Grundlagen eines Rechtsstaates. Kritisch angefragt werden kann (und muss) u.U. die Verhältnismäßigkeit der Gewaltanwendung.

Paulus berührt hier eine schwierige Frage, ohne sie direkt anzusprechen. Braucht die Befolgung des Prinzips der Gewaltlosigkeit im persönlichen Bereich den Schutzraum funktionierender staatlicher Gewalt? Es gibt geschichtliche Erfahrungen, die dafür zu sprechen scheinen. Als z.B. mennonitische Siedlungen in Südrussland in den nachrevolutionären Wirren wehrlos den Überfällen marodierender Banden ausgesetzt waren, entschlossen nach einer Serie von Raubzügen, Vergewaltigungen und anderer Übergriffe auch sie sich, in Zukunft Frauen und Kinder mit Waffengewalt zu verteidigen.

Unausgesprochen scheint Paulus in diese Richtung zu argumentieren. Den Versuch, Böses nicht mit Bösem zu vergelten (12,17), kann man nur wagen, wenn staatliche Gewalt dafür sorgt, dass das Böse nicht überhandnimmt. Ob diese beiden Handlungsbereiche völlig unverbunden nebeneinander stehen oder ob es zwischen ihnen doch eine Verbindung gibt, insbesondere wenn Christen Verantwortung im staatlichen Bereich übernehmen, darüber sagt Paulus nichts.

Er zieht die Folgerungen (**5**): Aus den genannten Gründen ist es zwingend *notwendig, sich* den staatlichen Autoritäten *unterzuordnen*, und zwar nicht nur, weil diese das durch entsprechende Strafmaßnahmen durchsetzen können, sondern aus Überzeugung. (Die Wendung *um des Gewissens willen* auf *Gewissensbisse* zu beziehen, die sich bei Nichtbeachtung der Ordnung einstellen würden, verfehlt die Logik des Gedankens.) Die Anerkennung der staatlichen Ordnung ist nicht nur Gebot der Klugheit, um drohende Strafen zu vermeiden, sondern auch Gebot grundsätzlicher Einsicht, und somit »nicht nur eine praktische, sondern eine sittliche Notwendigkeit« (Haacker, 267). Ein Ja zum Staat *aus Gewissensgründen* ist die Maxime, die Paulus gerade den Christen in Rom mitgibt.

Sie spricht er in den V. **6** und **7** direkt an. (Dagegen war das *du* in V. 3f ein rhetorisches Mittel zur Verlebendigung der Argumentation.) Aber welche Logik steckt in der Feststellung: *Aus diesem Grund zahlt ihr ja auch Steuern?* Das Wort für *Steuern* beschreibt alle direkten Abgaben, einschließlich der Tribute, die in den Provinzen gezahlt werden mussten. In Rom selbst waren römische Bürger von der Zahlung direkter Steuern befreit. Davon dürften nur wenige der Christen betroffen gewesen sein. Gerade in dieser Zeit gab es in Rom ziemliche Spannungen wegen der Praxis der Steuererhebung, die dann im Jahr 58 zu einer kleinen Steuerreform durch Nero führte. Angesichts dieser Probleme sehen manche Ausleger in dem Satz eine *Aufforderung*, Steuern zu zahlen. Von der grammatikalischen Form des Verbs wäre das möglich, nicht aber von der Satzstruktur. Sie weist auf eine *Feststellung*.

Erklärt wird der Satz dadurch, dass die Zahlung direkter Abgaben als Anerkennung der römischen Herrschaft gewertet wurde (daher die Brisanz der Frage an Jesus im Blick auf die Zahlung der Kaisersteuer; vgl. Mk 12,13–17), zugleich aber – zumindest in der Theorie – als Verpflichtung des Staates zur Rechtspflege und Aufrechterhaltung der inneren Ordnung. Darin liegt die Logik des Paulus. Er geht davon aus, dass die römischen Christen ihre Steuern bezahlen, einerseits, weil sie mussten, aber – so nimmt er an – doch auch in der Einsicht, dass damit eine hilfreiche Ordnung für das

Gemeinwesen aufrechterhalten werden kann. Das bekräftigt der Nachsatz: *Denn Amtsträger Gottes sind es ja, die damit befasst sind.* Paulus benutzt hier ein Wort der gehobenen Sprache, das auch für priesterliche Aufgaben verwendet wurde. Die Übersetzung *Diener Gottes* ist zu schwach; *Beamte* Gottes wäre besser, wenn es so etwas schon gegeben hätte. Dass er die Steuereinnehmer, also die »Zöllner« (Finanzbeamte gab es ja noch nicht) und ihre Tätigkeit so bezeichnet, wäre angesichts der Missstände im damaligen Steuerwesen ein gewagtes Wort. Vielleicht meint Paulus ganz allgemein die staatlichen Autoritäten und ihren Dienst als *Amtsträger Gottes, die mit der Einhaltung der Rechtordnung befasst sind.* Das dürfte manchen Kennern der Lage im Römischen Reich immer noch als zu positiv erscheinen (und auch damals schon erschienen sein). Aber als Darstellung des guten Willens mochte es hingehen.

Darauf baut die zusammenfassende Mahnung des Paulus auf (7): *Gebt allen, was ihr ihnen schuldig seid: Demjenigen, dem die Steuer zusteht, zahlt die Steuer, demjenigen, der den Zoll beansprucht, den Zoll, wem Ehrfurcht gebührt, dem erweist Ehrfurcht, und wer Respekt verdient, dem erweist Respekt.* Der erste Teil des Satzes ist klar: Hier werden noch einmal die finanziellen Verpflichtungen gegenüber dem Staat aufgezählt: direkte Abgaben (Steuern und Tribute) und indirekte Abgaben (Warensteuern und Zölle). Sie zu zahlen ist Loyalitätspflicht und setzt die staatlichen Behörden in die Lage, ihre Aufgaben zu erfüllen.

Wem aber gebühren *Ehrfurcht* und *Respekt* (im Sinne von *Ehrerbietung*)? Das gleiche griechische Wort, das wir hier mit *Ehrfurcht* übersetzen, kommt in der Bedeutung *Furcht* in den vorigen Versen vor. Das Wort beschreibt also die Haltung, die staatliche Autorität zu Recht aufgrund ihres Gewaltmonopols für sich beansprucht. *Respekt/Ehrerbietung* meint dagegen eher die freiwillig geleistete, anerkennende und dankbare Reverenz für die positiven Leistungen staatlicher Institutionen. Allerdings bezeichnen beide Begriffe in der biblischen Sprache auch die Haltung, die Gott gegenüber angemessen ist. 1Petr 2,17 unterscheidet hier ausdrücklich: »Fürchtet Gott, ehrt den König«. Zielt Paulus – allerdings verdeckt – auf eine ähnliche Unterscheidung, wenn er sagt: wem Ehrfurcht *gebührt*, dem erweist Ehrfurcht, und wer Respekt *verdient*, dem erweist Respekt? Hinter einer solchen Unterscheidung stünde dann doch wohl das ähnlich lautende Wort Jesu: »Gebt dem Kaiser, was dem Kaiser gehört, und Gott, was Gott gebührt« (Mk 12,17).

Aber Paulus hält die Frage, wem Ehrfurcht und Respekt gebühren, bewusst offen. Er gibt einen Denkanstoß sowohl im Blick auf das, was allein Gott gehören mag, als auch in Richtung auf die Überlegung, welche Art von Respekt und Ehrerbietung allen Menschen gegenüber angebracht ist. Hier wird der nächste Vers einhaken. Doch nimmt der offene Schluss seiner Aufforderung an die Christen in Rom, sich loyal den staatlichen Autoritäten gegenüber zu verhalten, nichts von seiner Klarheit.

Einige zusammenfassende und weiterführende Überlegungen am Schluss:
1. Menschliche Gemeinschaft braucht eine die einzelnen und ihre Clans übergreifende Ordnung, um Rechtssicherheit zu gewährleisten. Darum sieht Paulus staatliche Autorität und ihre Institutionen als Gottes Gabe. Dass Paulus hier nicht stärker differenziert, mag damit zusammenhängen, dass für seinen Blick das römische Imperium mit seiner (relativen!) Rechts- und Friedensordnung fast die ganze bewohnte Welt umfasste.
2. Rechts- und Gewaltverzicht der Christen, die für Paulus Konsequenz des Liebesgebotes und Ausdruck ihres Lebens als »Kontrastgesellschaft« sind, werden schwierig, wenn nicht eine übergreifende Ordnung ein gewisses Maß an Sicherheit vor gewalttätigen Übergriffen bietet. Das ist ein Grund, warum Paulus an dieser Stelle so ausführlich von der Rolle staatlicher Autorität spricht. Offen bleibt die Frage, wie sich diese beiden Bereiche zueinander verhalten. In der frühen Kirche war man der Meinung, es sei gut, dass der Kaiser kein Christ sei, weil er nur so mit der nötigen Gewaltanwendung für Recht, Ordnung und die Sicherheit der Grenzen sorgen könne. Paulus hat nicht darüber reflektiert, wie Christen sich verhalten, die Verantwortung im Staat übernehmen. Müssen sie als Amtsperson nach anderen Vorgaben handeln als in ihrem Leben als Privatperson? So hat das – grob gesprochen – die lutherische Zwei-Reiche-Lehre gesehen. Oder müssen die Christen dann neue Regeln entwickeln, durch die das, was im öffentlichen Bereich notwendig ist, im Geist dessen getan wird, was das Liebesgebot fordert? Die Antwort auf diese Frage ist immer noch offen.
3. Dass Paulus gerade bei den Christen in Rom um Loyalität zu den herrschenden staatlichen Autoritäten wirbt, dürfte auch im Blick auf seine weiteren Pläne zu verstehen sein. Zwar hatte die Gruppe, die noch von der Vertreibung durch das Edikt des Claudius betroffen worden war, belastende Erfahrungen mit dem römischen Staat gemacht. Aber für seine Mission nach Spanien, die ja nur durch die Infrastruktur des Reiches möglich war, suchte er Unterstützer, die – wo nötig – auch mit den Behörden der Hauptstadt zusammenarbeiten konnten. Das sollte aber nicht nur für diese besondere Aufgabe gelten. Dass die Gemeinde Jesu Christi notwendigerweise in Widerspruch zu herrschenden Normen der Gesellschaft

geraten musste und deshalb »Kontrastgesellschaft« war, bedeutete nicht, dass sie nur in den Katakomben existieren konnte. Der Gottesdienst im Alltag der Welt fand auch in einer nüchternen und realistischen Einstellung zum Staat statt.

4. Dass jede staatliche Gewalt ihre Autorität von Gott hat, ist zunächst eine grundsätzliche Aussage. Paulus verbindet damit keine Theorie darüber, wie die Repräsentanten der staatlichen Autorität nach Gottes Willen an die Macht kommen sollen. Ob er die Machtergreifung des jungen Nero mit Hilfe einer üblen Palastintrige als Werk Gottes angesehen hat, wissen wir nicht. Wahrscheinlich höchstens indirekt, im Sinne der biblischen Überzeugung, dass Gott grundsätzlich der Herr der Geschichte ist. Insofern sind die Ausführungen, dass staatliche Autorität von Gott gewollt ist, an keine besondere Staats- und Regierungsform gebunden. Eine erbliche Monarchie ist nicht mehr von »Gottes Gnaden« als eine Demokratie, die sagt: Alle Staatsgewalt geht vom Volke aus. Das bedeutet auch, dass es neue Formen der Loyalität gegenüber der staatlichen Gewalt geben muss. Sie kann auch in Form kritischer Mitarbeit geschehen, was zur Zeit des Paulus kaum möglich war, schon gar nicht durch Christen. Dennoch wird man mit Paulus sagen können, dass jede Ordnung einer größeren Gemeinschaft von den einzelnen eine gewisse »Unterordnung« fordert, wenn sie für alle hilfreich sein soll. Die Straßenverkehrsordnung ist ein einfaches, aber überzeugendes Beispiel dafür. Wer nur die Regeln befolgen würde, die er gerade selbst einsieht und für hilfreich befindet, würde ein Chaos auslösen.

5. Paulus nennt keine inhaltlichen Einschränkungen für den Anspruch, dass jede staatliche Gewalt von Gott bevollmächtigt ist. Das ist der problematischste Punkt seiner Ausführungen, und er hat zu einer verheerenden Wirkung dieser Aussagen in der Geschichte geführt. Auch ein verbrecherischer Staat, wie das von den Nazis beherrschte Deutschland, schien eine von Gott eingesetzte »Obrigkeit« zu sein und zu Recht Gehorsam zu beanspruchen. Allerdings gibt Paulus indirekt doch einen klaren Maßstab für die Rechtmäßigkeit einer staatlichen Ordnung. Sie ist dazu da, das Gute zu fördern und dem Bösen zu wehren. Und ohne dass Paulus das ausdrücklich sagt, bleibt klar: Der Staat hat nicht die Definitionsmacht über Gut und Böse. Gut ist nach Gottes Willen nicht das, was dem Staat oder dem Regime nützt, gut ist das, was dem Leben dient. Daran muss sich jede staatliche Autorität messen lassen. So gehört es auch zur Aufgabe der Christen, ein Ja zum Staat zu finden. Aber so uneingeschränkt sie das Ja zu jedem Menschen, auch dem schwierigsten, leben sollen, das Ja zum Staat bleibt an die Bedingung gebunden, dass er seine ihm von Gott übertragene Aufgabe erfüllt.

13,8–14
Leben in der Liebe

⁸Seid niemand etwas schuldig, außer dass ihr einander liebt. Denn wer den anderen liebt, hat das Gesetz erfüllt. ⁹Denn das *Du sollst nicht ehebrechen, du sollst nicht töten, du sollst nicht stehlen, du sollst nicht begehren* und was es sonst noch an Geboten gibt, wird in diesem (einen) Wort zusammengefasst: *Du sollst deinen Nächsten lieben wie dich selbst.* ¹⁰Die Liebe tut dem Nächsten nichts Böses. Also ist die Liebe die Erfüllung des Gesetzes.
¹¹Und das (gilt), weil wir wissen, in welcher Zeit wir leben: Die Stunde ist schon da, dass ihr aus dem Schlaf aufstehen müsst. Denn jetzt ist uns die Rettung näher als damals, als wir zum Glauben kamen. ¹²Die Nacht ist vorgerückt, der Tag ist (ganz) nahe. Lasst uns die Werke der Finsternis ablegen und dafür die Waffen des Lichts anlegen. ¹³Wir wollen ein Leben in Anstand führen, wie es dem Tag entspricht, nicht mit Gelagen und Saufereien, nicht mit Bettgeschichten und Ausschweifungen, ohne Streit und Eifersucht. ¹⁴Vielmehr zieht den Herrn Jesus Christus an und sorgt nicht so für das Fleisch, dass es zu Begierden führt.

Noch einmal kommt Paulus auf das Thema der Liebe zurück, das er in 12,9 angeschlagen hat. Er tut das mit einer sehr eleganten Überleitung von V. 7. An die Mahnung: *Gebt allen, was ihr ihnen schuldig seid* knüpft er mit der Aufforderung an: *Seid niemand etwas schuldig, außer dass ihr einander liebt* (8). Ob der erste Teil des Satzes wirklich eine eigenständige Mahnung ist, keine Schulden zu machen, oder nur der Überleitung dient, mag offenbleiben. Die gängige deutsche Übersetzung: *Bleibt* niemand etwas schuldig ist gegenüber dem Original relativ frei und geht davon aus, dass man bestehende Schulden möglichst zurückzahlen soll. Ob das zum Alltag der Gemeindeglieder gehörte, ist fraglich. Schulden zu machen, war in der Antike ein hohes Risiko. Es wurden hohe Zinsen verlangt, und Außenstände wurden mit rigorosen Maßnahmen eingetrieben. Wahrscheinlich wird diese Übersetzung deswegen oft gewählt, weil der logische Übergang zum zweiten Teil etwas glatter ist. Und auf dessen Aussage kommt es an. Schulden kann und soll man vollständig zurückzahlen. Liebe aber ist eine »Bringschuld«, mit der man nie zu Ende ist. Das ist auch die Pointe der Erzählung vom Barmherzigen Samariter (Lk 10,25–37). Der Gesetzeslehrer fragt »Wer ist den mein Nächster?«, um dem Gebot der Nächstenliebe einen überschaubaren Vollzugsrahmen zu geben. Jesus zeigt ihm mit seinem Beispiel, dass Nächstenliebe durch die Not des anderen definiert wird und nicht durch das, was ich als mein Soll ansehe.

Das führt allerdings zur Frage: Wer ist hier gemeint, wenn es heißt: *einander* lieben? Nur die anderen Christen oder gar nur die Schwestern und Brüder der eigenen Hausgemeinde? Das ist durch das, was Paulus in 12,9–21 gesagt hat und gleich noch in V. 9 ausführen wird, ausgeschlossen. Gleich der nächste Satz macht das klar. Er führt einen für die Urchristenheit äußerst wichtigen Gedanken ein: *Denn wer den anderen liebt, hat das Gesetz erfüllt.* Den *anderen* lieben – das ist ganz bewusst offengehalten. Es ist der andere Mensch, der meine Liebe braucht: der Nächste, der blutend am Wegrand liegt oder mit mir im Büro sitzt und mir seine Not erzählt, aber auch die Schwester oder der Bruder, die einer ganz anderen Glaubensrichtung angehören.

Wer das tut, hat das Gesetz erfüllt! Das ist eine große Aussage, die Paulus gleich noch begründen wird. Hier sei nur erwähnt, dass es auch den Vorschlag gibt, zu übersetzen: *Wer liebt, erfüllt das andere Gesetz.* Mit dem *anderen* Gesetz wäre dann die sog. »zweite Tafel« der Zehn Gebote gemeint. Aber das ist sprachlich unwahrscheinlich und würde die paulinische Pointe verfehlen. An der parallelen Stelle in Gal 5,14, wo Paulus diesen Gedanken schon einmal ausgesprochen hat, heißt es ausdrücklich: »Das *ganze* Gesetz wird in dem *einen* Wort erfüllt, nämlich in dem: *Du sollst deinen Nächsten lieben wie dich selbst.*«

Genau diese Aussage erläutert Paulus in V. **9**. Er zählt zunächst die zentralen Gebote der »zweiten Tafel« der Zehn Gebote auf, die von Vergehen gegen die Mitmenschen handeln: *Du sollst nicht ehebrechen, du sollst nicht töten, du sollst nicht stehlen* (manche spätere Handschriften ergänzen der Vollständigkeit halber: *du sollst keine falsche Zeugenaussage machen*) und schließlich das für Paulus so wichtige: *Du sollst nicht begehren.* (Die andere Reihenfolge der beiden erstgenannten Gebote scheint einer anderen Textüberlieferung der Zehn Gebote zu entstammen.) Dann fügt er noch an: *und was es sonst noch an Geboten gibt* (wörtlich: *wenn es sonst noch irgendein Gebot gibt*). Welche Gebote er damit meint, lässt er offen, aber es klingt so, als seien diese Gebote für den Zusammenhang nicht besonders wichtig. Sie würden die entscheidende These nicht berühren. Die aber lautet: Alle diese Gebote werden *in diesem (einen) Wort zusammengefasst: Du sollst deinen Nächsten lieben wie dich selbst* (Lev 19,18). Wie in Gal 5,14 spricht Paulus nicht von einem einzelnen *Gebot*, das die anderen Gebote zusammenfasst, sondern von einem *Wort* der Schrift, das alle Gebote in der Zu-Mutung der Nächstenliebe bündelt. Die Begründung für diese Behauptung liefert der nächste Gedanke (**10**): *Die Liebe tut dem Nächsten nichts Böses.* Wer sich in andere einfühlt und spürt, was sie brauchen, weil man für sie *wie für sich selbst* da ist, wird

nichts tun, was ihnen schadet. Schaden zu verhindern, ist aber die Aufgabe des Gesetzes. Daraus folgt: *Also ist die Liebe die Erfüllung des Gesetzes.*
In dieser Aussage steckt eine doppelte Akzentsetzung: Ganz wörtlich übersetzt hieße der Satz: Die Liebe ist die *Fülle* des Gesetzes. Das heißt: All das, was das Gesetz fordert, sein ganzer Inhalt wird durch das Liebesgebot aufgenommen. Aber das entsprechende Wort kann auch die aktive Bedeutung *Erfüllung* haben. So wird es von den meisten Übersetzungen verwendet und nimmt damit die Aussage von V. 8 auf: Gelebte Liebe erfüllt das Gesetz; sie tut das, was das Gesetz verlangt. Damit hat Paulus, ohne darauf besonders hinzuweisen, auch die Frage beantwortet, ob denn ein Leben, das nicht mehr vom Buchstaben des Gesetzes regiert werde, nicht der moralischen Beliebigkeit verfalle. Diese Frage war besonders im Galaterbrief wichtig und wurde von Paulus dort noch ausführlicher behandelt (Gal 5,13f).

Die zentrale Bedeutung dieser These machen einige weiterführende Überlegungen nötig:
1. Den Willen Gottes und damit auch den Inhalt des Gesetzes im Liebesgebot zusammenzufassen, scheint für die ganze Jesusbewegung typisch gewesen zu sein. Zwar gibt es gelegentliche Äußerungen von Rabbinen, die in die gleiche Richtung weisen, aber sie ändern nichts an dem Grundsatz, dass das *ganze* Gesetz mit seinen 613 Geboten und Verboten zu befolgen ist. Im griechisch sprechenden Judentum war man eher geneigt, von einer Zusammenfassung des Gesetzes in einem übergreifenden Prinzip zu sprechen. Entscheidend für das Urchristentum war aber zweifellos die Art, wie Jesus das Gesetz im Doppelgebot der Liebe zusammengefasst sah (Mk 12,28-35; Mt 22,35-40; Lk 10,25-28). Vermutlich ist auch Jesus dabei von den Zehn Geboten als der Summe der Tora ausgegangen. Deren »erste Tafel« wurde im Gebot der Gottesliebe zusammengefasst, die »zweite Tafel« im Gebot der Nächstenliebe. Das prägte die ganze christliche Überlieferung.
2. Eigentümlicherweise fehlt bei Paulus der Hinweis auf das Gebot der Gottesliebe. Das Liebesgebot ist das Gebot der Nächstenliebe. Das gilt interessanterweise auch für Jakobus, wo er von der Erfüllung des Gesetzes im »königlichen« Liebesgebot spricht (Jak 2,8). und im Grunde auch für Johannes, bei dem das »neue Gebot« Jesu das Gebot ist, einander zu lieben (Joh 13,34). Für die Beweisführung, dass das ganze Gesetz im Gebot der Nächstenliebe erfüllt ist, ergeben sich daraus natürlich Schwierigkeiten. Denn eine so zentrale Weisung wie das erste Gebot oder das Gebot, den Sabbat zu halten, ließen sich u.U. im Gebot der Gottesliebe zusammenfassen,

aber nicht im Gebot der Nächstenliebe. Stattdessen gibt es bei Paulus und im Urchristentum eine deutliche Asymmetrie zugunsten der Nächstenliebe.

Bei Paulus gibt es dafür eine Erklärung. Theologisch verhandelt er diese Frage nicht mehr unter dem Thema des Gesetzes. Wird nach dessen Zusammenfassung gefragt, geht es nicht darum, möglichst alle Inhalte unter ein oder zwei Grundsatzforderungen zu erfassen und diese dann zu befolgen. Das Verhältnis zu Gott war durch Gott selbst begründet. Die Liebe zu ihm ist nicht mehr Thema eines Gebotes, sondern seine Liebe wird durch den Geist zum Inhalt des Lebens (5,5). Von Gott erkannt zu sein, das ist Grund der Liebe zu Gott (1Kor 8,3).

Selbst das »Gebot« der Nächstenliebe wird nicht mehr als Teil des gebietenden Gesetzes behandelt, sondern als *Wort* der Schrift, das der geistgewirkten Liebe den Weg weist und ihr zur Selbstkontrolle dient. Das wird in Gal 5,13–25 sehr viel ausführlicher dargestellt. Paulus geht aber im Römerbrief von den gleichen Voraussetzungen aus. Da es um das Verhältnis zu den Mitmenschen geht, für deren Schutz das Gesetz eintritt, ist es aber wichtig, deutlich zu machen, dass die Liebe das Gesetz erfüllt.

3. Die Feststellung: *Die Liebe tut dem Nächsten nichts Böses* erinnert an den berühmten Ausspruch Augustins: »Liebe, und tu, was du willst.« Das heißt: Was immer du tust – wenn es von Liebe geleitet ist, wird es den anderen nichts Böses zufügen, sondern immer auf das Gute aus sein. Dennoch vertritt Paulus dieses Prinzip nicht. Wie seine Ratschläge und Mahnungen ab 12,9 zeigen, braucht auch die Liebe Beratung, Wegweisung und Warnung. Das ist auch der Grund, warum der Zusammenhang mit den Geboten des Dekalogs aufgezeigt werden muss; er dient zur Selbstprüfung der Liebe (vgl. auch dazu Gal 5,13–23). Das befähigt diejenigen, die aus der Liebe leben, sich nicht vom Bösen überwinden zu lassen, sondern das Böse mit dem Guten zu überwinden. Das Thema der Überwindung des Bösen durch die Liebe, aber auch seiner Bekämpfung durch staatliche Autorität, ist die verborgene Klammer, von der die so unterschiedlichen Teile von 12,9 – 13,10 zusammengehalten werden. Und ohne dass das Stichwort selbst noch einmal auftaucht, bestimmt die Sache auch den Schlussteil in 13,11–14!

4. Es gibt Menschen, die niemand lieben können *wie sich selbst*, weil sie sich selbst nicht gut sind. Nach außen kann ihr Verhalten durchaus egoistisch erscheinen. Grund dafür ist aber oft gerade, dass sie mit sich selbst im Krieg stehen. Wer selbst nie Liebe empfangen hat, tut sich nicht nur schwer, andere zu lieben, sondern schafft es auch oft nicht, das eigene Leben wert zu achten und ein gutes Gefühl für die eigenen Bedürfnisse zu entwickeln. Im bibli-

schen Liebesgebot steckt zwar kein Gebot zur Selbstliebe, wie das gelegentlich gesagt wird. Aber es geht von der Voraussetzung aus, dass die, die Gottes Liebe erfahren haben, ihr eigenes Leben wertschätzen können. Sie werden frei von einer falschen Sorge um sich selbst und offen für das Leben anderer. Wer Gottes Ja zum eigenen Leben erfahren hat, kann auch ein Ja zu anderen finden.

Paulus gibt diesen Gedanken noch eine überraschende Wendung (**11**): *Und das (gilt), weil wir wissen, in welcher Zeit wir leben.* Bisher hatte Paulus mit Überlegungen argumentiert, die im Grunde allgemein gültig waren. Jetzt schiebt er einen Hinweis ein, der spezifisch für die Christen gilt. Sie wissen, in welcher besonderen und herausfordernden Zeit sie leben. Wieder verwendet Paulus das griechische Wort *kairos*, das einen besonders qualifizierten, schicksalsträchtigen Augenblick bezeichnet. Frei übersetzt: *Wir wissen, was die Stunde geschlagen hat.* Was kennzeichnet diesen besonderen Augenblick? Paulus verwendet dafür ein Bild, das in der Urchristenheit geläufig war: *Die Stunde ist schon da, dass ihr aus dem Schlaf aufstehen müsst.* Schon einige Gleichnisse Jesu vergleichen das Warten auf das Kommen des Menschensohnes bzw. das Hereinbrechen des Gottesreiches mit einer langen Nacht, in die hinein ein plötzlicher Weckruf die Ankunft des Erwarteten verkündet (Mt 24,42 – 25,13). Nach Eph 5,14 wird den Christen (vielleicht bei der Taufe) zugerufen: »Wach auf, der du schläfst, und steh auf von den Toten, so wird Christus dein Licht sein.«
Angesichts des näher rückenden Tags des Heils ist solche Wachsamkeit nötiger denn je: *Denn jetzt ist uns die Rettung näher als damals, als wir zum Glauben kamen.* Paulus hat also durchaus eine chronologische, mit den Maßstäben der Verlaufszeit zu messende Vorstellung von der Nähe der endzeitlichen Ereignisse. Er blickt auf den Zeitpunkt zurück, an dem er und die Christen in Rom zum Glauben gekommen sind – zu ganz unterschiedlichen Zeiten, aber im Prinzip doch datierbar. Seither ist Zeit verstrichen, und so sind die Christen dem Zeitpunkt ihrer endgültigen Rettung näher gekommen. Möglicherweise war Paulus auch noch, als er den Römerbrief schrieb, überzeugt, dass Christus zu seinen Lebzeiten wiederkommen würde (vgl. 1Thess 4,17; 1Kor 15,52). Aber das ist nicht der Punkt, auf den es ihm hier ankommt. Entscheidend ist, dass der Tag der Rettung und Vollendung näher gerückt ist und dass dies zu gesteigerter Wachsamkeit mahnt.
Paulus unterstreicht das noch einmal durch das Bild vom kommenden Tag (**12**): *Die Nacht ist vorgerückt, der Tag ist (ganz) nahe.* Dabei benutzt Paulus für die Aussage *(ganz) nahe* das gleiche griechische Wort, das in Mk 1,15 für Jesu Ansage der unmittelba-

ren Nähe der Gottesherrschaft verwendet wird. Aber diese Naherwartung führt Paulus nun gerade nicht zu spekulativen Berechnungen des möglichen Zeitpunktes des Endes. Im Gegenteil, sie führt ihn dazu, Konsequenzen für eine Lebensführung zu beschreiben, die dem »anbrechenden Tag« entspricht. Er spielt dabei mit der Bedeutung des Wortes *Tag* im Gegensatz zu Nacht und Finsternis, wie er das schon in 1Thess 5,1–10 getan hat. Einerseits steht *Tag* für das Licht des Tages, das von denen gemieden wird, die Schädigendes und Unanständiges im Sinn haben. Solches Verhalten ist typisch für das Dunkel der Nacht. Andrerseits ist der *Tag* Sinnbild für das hereinbrechende Licht der kommenden Herrschaft Gottes, die alles Böse überwinden und Heil für die bringen wird, die sich ihm glaubend geöffnet haben. Die Finsternis der Nacht steht für die Macht, die das Böse will und wirkt.

Deshalb gilt für die Christen, die schon das Licht des kommenden Tages erkennen: *Lasst uns die Werke der Finsternis ablegen und dafür die Waffen des Lichts anlegen.* Grundsätzlich ist dieser existentielle »Kleiderwechsel« schon geschehen. Aber wie Paulus das in Kap. 6 deutlich gemacht hat: Es ist wichtig, das, was schon grundsätzlich für ein Leben in der Gemeinschaft mit Gott gilt, auch immer wieder neu zu vollziehen. *Werke der Finsternis* sind inhaltlich identisch mit den Werken *des Fleisches,* die Paulus in Gal 5,19 beschreibt. Doch betont der Gegensatz *Finsternis – Licht* noch stärker, dass hinter solchen Machenschaft die Macht der Finsternis und des Bösen steht (vgl. 2Kor 6,14). Weil aber Christen grundsätzlich dieser Macht entkommen sind, können sie auch eingefahrene Verhaltensweisen, die zu solchem Tun führen, ablegen und sich dafür mit den *Waffen des Lichts* bekleiden. Paulus verwendet hier das gleiche Wort wie in 6,13, das wir dort mit *Werkzeuge* übersetzt haben. Der Zusammenhang und der Vergleich mit 1Thes 5,8; Eph 6, 11–17 legt nahe, es hier mit *Waffen* oder sogar mit *Rüstung* zu übersetzen. Die Christen sollen für den Kampf, den es gerade in dieser letzten Zeit im täglichen Leben auszufechten gilt, gewappnet und gerüstet sein.

Für unser heutiges Gefühl ist das Bild vom Wechseln der Kleider als Vergleich für eine Veränderung des Wesens und des Verhaltens eher problematisch. Wir verbinden damit, den Eindruck einer nur oberflächlichen Veränderung. Das Schlagwort »Kleider machen Leute« wird von uns eher ironisch und mit Skepsis zitiert. Antikes Denken und die biblische Überlieferung sehen dieses Bild positiver: Ein neues Kleid kann Sinnbild einer neuen Existenz sein. In Ps 132, 9 heißt es: »Deine Priester sollen sich in Gerechtigkeit kleiden«; Hiob sagt von sich: »Gerechtigkeit zog ich an als mein Kleid« (29, 14) und in Jes 52,1 wird Zion aufgerufen: »Zieh an deine Stärke ..., kleide dich mit den Kleidern deiner Herrlichkeit.« Das zeigt sehr schön die Bedeutung unserer Stelle: Was schon zum Wesen derer gehört, die in Gottes Gemeinschaft leben, soll nun auch ihr Tun und Verhalten nach außen bestimmen.

In V. **13** nimmt Paulus die andere Seite seines Vergleichs auf: Christen leben so, wie es im hellen Licht des Tages angemessen ist. Paulus spricht hier wieder vom *Wandel* der Christen, also von der konkreten *Lebensführung*, von dem, was Schritt für Schritt geschieht (vgl. Röm 6,4). Die Form des Verbs, die er im griechischen benutzt, macht zudem deutlich, dass es immer wieder einen neuen Entschluss braucht, so zu leben. Paulus scheut sich auch nicht, das ziemlich konventionelle und bürgerliche Wort *anständig* zur Kennzeichnung dieses Lebensstils zu benutzen. Sosehr sich die Begründung dieser Lebensführung von bloßer bürgerlicher Moral unterschied, war sich die frühe Christenheit darin einig, dass sich die äußere Gestalt christlichen Lebens auch dadurch auszeichnet, dass es *mit Anstand* gelebt wird.

Was das bedeutet, zeigt Paulus allerdings typischerweise am Gegenbild, an dem, was Menschen im Deckmantel der Nacht zu tun pflegen, also den *Werken der Finsternis*. Ähnlich wie in 1,29–31 malt er ein ziemlich plakatives, um nicht zu sagen: schrilles Bild von der antiken Gesellschaft bei Nacht. Schilderungen römischer Schriftsteller zeigen allerdings, dass er dabei durchaus typische Verhaltensweisen in der römischen Gesellschaft aufzeigt.

Zur Problemanzeige gehören unmäßiges Essen und Trinken (*nicht mit Gelagen und Saufereien*), ein ungezügeltes Sexualleben (*nicht mit Bettgeschichten und Ausschweifungen*), aber auch politische Intrigen und soziales Mobbing (*ohne Streit und Eifersucht*), die im Schutz der Nacht betrieben werden. Blickt man etwas tiefer, dann ist dieses *Nachtleben* der Menschen, das in Metropolen wie Rom bis heute besonders krass und anschaulich sein Unwesen treibt, nur die Außenseite des eigentlichen Problems. Es gibt eine *Nachtseite* des Menschseins, in der dessen Maßlosigkeit in Formen der Sucht, unbewältigter Sexualität und aggressivem Konkurrenzkampf ihre zerstörerische Wirkung entfaltet.

Dem stellt Paulus den alternativen Lebensstil der Christen gegenüber (**14**), aber nun nicht mit einer Fülle anschaulicher Einzelbeispiele für solches Kontrastverhalten, sondern mit zwei grundsätzlichen Weisungen, die das Problem auf ganz unterschiedlicher Ebene angehen.

Da ist zunächst die Ebene der Beziehung zu Christus: *Zieht den Herrn Jesus Christus an*. Das Bild vom Anziehen eines neuen Kleides, das auf das Geschenk eines neuen Lebens verweist, wird hier auf Christus selbst und die Wirklichkeit seiner Gegenwart für unser Leben bezogen. In Gal 3,27 hatte Paulus das gleiche Bild in anderer Weise verwendet: »Ihr alle, die ihr auf Christus getauft seid, habt Christus angezogen«. Ähnlich wie das Bild vom Mitsterben und Mitauferstehen mit Christus in der Taufe in Röm 6,3f besagt das Bild vom Anziehen des Christus: Durch die Taufe ist euer Leben ganz von Christus und dem, was Gott in ihm für euch getan hat, bestimmt. Gottes Ja zu euch ist euch zur neuen Natur geworden.

Das ist die *eine* Seite der Aussage, die Paulus hier stillschweigend voraussetzt. Aber so wie in Röm 6 auf die Beschreibung dessen, was in der Taufe grundsätzlich geschehen ist, die Aufforderung folgt, das nun täglich zu leben, so hat auch das Bild vom Anziehen Christi diese *andere* Seite in der Aufforderung: *Zieht den Herrn Jesus Christus an.* Was in der Taufe geschehen ist, gilt es immer wieder neu als Wirklichkeit des eigenen Lebens anzunehmen, im Bild: *anzulegen,* und damit den täglichen Herausforderungen, Aufgaben und Verführungen zu begegnen. Wer sich immer neu das Maß der Liebe vergegenwärtigt, das wir in Christus von Gott erfahren, und mit diesem »maßgeschneiderten« Lebenskleid lebt, ist gegen alle Maßlosigkeit auf der Nachtseite des Lebens gewappnet.

Daraus entwickelt Paulus die zweite grundsätzliche Weisung auf der Ebene des praktischen Lebensvollzugs: *und sorgt nicht so für das Fleisch, dass es zu Begierden führt.* Vorsorge und Fürsorge für unser leibliches Leben sind nötig. Unser Körper hat Bedürfnisse, die gestillt werden müssen, wenn wir überleben wollen. Das akzeptiert Paulus ohne Einschränkung. Aber hier liegt eben auch ein Schwachpunkt unserer Existenz. Das ist der Grund, warum er hier den Begriff *Fleisch* wählt, wenn er von der körperlichen Dimension des Lebens spricht. Die Bedürftigkeit, Begrenztheit und Schwäche unserer geschöpflichen Existenz führt zu Überreaktionen: Mehr haben wollen, als wir eigentlich brauchen, auch auf Kosten anderer, oder mehr Sicherheit zu beanspruchen, als nötig wäre, auch wenn es den Lebensraum anderer beschneidet, all das sind die Maßlosigkeiten, die Paulus mit dem Stichwort *Begierde* kennzeichnet. Wer aber sein Leben in Christus geborgen weiß, wer von seiner Liebe umgeben ist, der kann für sich selbst, für seinen Leib und seine Seele Sorge tragen, ohne dass das in die Begierde führt.

Damit schließt sich zunächst der Kreis der Hinweise, mit denen Paulus zeigen wollte, wie die Neugestaltung eines Lebens durch die Erneuerung der inneren Ausrichtung (12,2) praktisch aussieht. Paulus hat das Miteinander in der Gemeinde ebenso angesprochen wie das Verhalten zu staatlichen Autoritäten, den Umgang mit den eigenen Bedürfnissen ebenso wie die Reaktion auf erlittenes Un-

recht und auf die Not anderer Menschen. Dabei hat er in ganz unterschiedlicher Weise immer wieder die Menschen in den Blick genommen, denen der Christ begegnet. Ein Ja zu ihnen zu finden und ihnen in ihren ganz unterschiedlichen Situationen gerecht zu werden, das sehen Menschen, die selbst von Gottes Ja und seiner Gerechtigkeit leben, als ihre bleibende Aufgabe, den eigentlichen Gottesdienst ihres Lebens.

14,1 – 15,13
Gelebte Liebe angesichts von Meinungsverschiedenheiten

Paulus fügt an diese allgemeinen Mahnungen noch einen längeren Abschnitt an, der sich mit einem Problem beschäftigt, das unter den Christen in Rom erhebliche Spannungen erzeugte. Paulus sagt dies zwar nirgends direkt, aber die Art, wie er die Frage behandelt, macht das wahrscheinlich. Anknüpfungspunkt an das Vorhergehende ist die Herausforderung, auch bei Schwierigkeiten in der Gemeinde die gegenseitige Liebe so zu leben, dass sie dem anderen nichts Böses zufügt (vgl. 13,10 mit 14,15). Auch die Mahnung, sich miteinander auf das gleiche Ziel auszurichten (vgl. 12,16), wird als Gebetswunsch wiederholt (15,5).
Paulus bedenkt die Frage, um die es geht, unter verschiedenen Gesichtspunkten. Demgemäß lassen sich seine Ausführungen in vier Abschnitte gliedern:
14,1–12:   Auch Andersdenkende in die Gemeinschaft aufnehmen
14,13–23: Nicht auf Kosten anderer Recht behalten
15,1–6:   Dem Vorbild Christi folgen
15,7–13:   Christus – Diener der Juden und Hoffnung der Heiden
Die Erklärung muss jedoch den ganzen Zusammenhang im Auge behalten.

14,1–12
Auch Andersdenkende in die Gemeinschaft aufnehmen

¹Den aber, der »im Glauben schwach« ist, nehmt (in eurer Mitte) auf, aber nicht, um über (unterschiedliche) Meinungen zu streiten! ²Der eine glaubt, alles essen zu dürfen, aber wer schwach ist, isst (nur) Gemüse. ³Wer (alles) isst, soll den nicht verachten, der nicht (alles) isst, und wer nicht (alles) isst, soll den nicht verurteilen, der (alles) isst. Denn Gott hat ihn (bei sich) aufgenommen. ⁴Wer bist denn du, dass du den Bediensteten eines anderen verurteilst? Er steht oder fällt für seinen eigenen Herrn. Er wird aber aufrecht ste-

hen bleiben, denn der Herr hat die Macht, ihn fest auf die Füße zu stellen.
⁵Der eine urteilt, ein bestimmter Tag sei wichtiger als andere Tage, ein anderer aber beurteilt alle Tage gleich. Jeder aber mag von seiner eigenen Meinung voll überzeugt sein. ⁶Wer auf einen bestimmten Tag achtet, tut das zu Ehren des Herrn. Und wer (alles) isst, isst zu Ehren des Herrn, denn er dankt dabei Gott. Und wer nicht (alles) isst, tut auch das zu Ehren des Herrn und dankt dabei Gott. ⁷Denn niemand von uns lebt für sich selbst und niemand von uns stirbt für sich selbst. ⁸Denn wenn wir leben, leben wir für den Herrn, wenn wir sterben, sterben wir für den Herrn. Ob wir nun leben oder ob wir sterben: Wir gehören dem Herrn! ⁹Denn dazu ist Christus gestorben und wieder lebendig geworden, dass er sowohl über die Toten als auch über die Lebenden Herr sei.
¹⁰Du aber, was verurteilst du deinen Bruder oder deine Schwester? Oder du, was verachtest du deinen Bruder oder deine Schwester? Denn wir alle werden vor den Richtstuhl Gottes treten müssen, ¹¹denn es steht geschrieben: *So wahr ich lebe, spricht der HERR, mir wird sich jedes Knie beugen, und jede Zunge wird Gott die Ehre geben* (Jes 49,18; 45,23). ¹²Also wird jeder von uns für sich selbst Gott Rechenschaft geben (müssen).

Paulus beginnt sehr direkt mit einer Mahnung, die einige Kenntnisse von der Situation in Rom voraussetzt. Offensichtlich weiß man in Rom, wer gemeint ist, wenn er sagt: *Den aber, der »im Glauben schwach« ist, nehmt (in eurer Mitte) auf* (**1**). »Schwache im Glauben«, das war ein Schlagwort, mit dem bestimmte Leute etwas herablassend gekennzeichnet wurden. Sie haben diese Bezeichnung sicher nicht selbst geprägt. Wer sind diese Leute? Was wir über sie sagen können, lässt sich erst nach und nach aus den Ausführungen des Paulus erschließen. Das wollen wir nicht vorwegnehmen. Nur eines scheint klar zu sein: Mit *Glauben* ist hier nicht der Glaube an Jesus Christus gemeint. Würde es um Leute gehen, die diesen Glauben nur ein wenig teilen können, würde Paulus anders argumentieren. Paulus spricht von Christen, die Konsequenzen aus ihrem Glauben ziehen, die andere als Schwäche beurteilen. Er plädiert dafür, sie freundlich *aufzunehmen*. Aus den traditionellen Bibelübersetzungen ist uns die Formulierung *annehmen* geläufig. Sie ist nicht falsch. Denn zweifellos geht es darum, Christen, die eine andere Überzeugung haben, zu respektieren und zu akzeptieren. Aber das griechische Wort, das Paulus verwendet, hat eine noch konkretere Bedeutung. Es steht auch in Phlm 17, wo Paulus im Blick auf den entlaufenen Sklaven Onesimus an dessen Besitzer Philemon schreibt: »Wenn du mich für dei-

nen Partner hältst, so nimm ihn auf, wie du mich aufnehmen würdest.« Gemeint ist also, andere *anzunehmen*, indem man sie in die eigene Gemeinschaft *aufnimmt*. Im Englischen lässt sich das sehr schön mit der Übersetzung ausdrücken: *Welcome the one who is weak!* Ein ganz ähnliches Wort wird in Lk 15,2 benutzt, wo es von Jesus heißt: »Dieser nimmt die Sünder auf und isst mit ihnen«. Auch hier ist diese Übersetzung plastischer als die traditionelle: »Dieser nimmt die Sünder an.«
Allerdings veranlasst dies Paulus dazu, noch einen Nachsatz anzuhängen: *aber nicht um über (unterschiedliche) Meinungen zu streiten!* Es wäre nichts gewonnen, wenn Leute in die gemeinsamen Treffen aufgenommen würden, um dann mit ihnen in endlose Diskussionen zu geraten, welche Überzeugungen richtig sind. (Manche übersetzen: *damit es nicht zu Streitigkeiten ... kommt.* Das gibt Sinn, wenn man bei der Übersetzung *annehmen* bleibt. Wirkliches Akzeptieren der anderen und ihrer Überzeugung verhindert den Streit darüber.)
Zwei Beobachtungen zu diesem ersten Satz sind wichtig:
Paulus spricht sehr betont im Singular von dem, der im Glauben schwach ist. Vieles deutet daraufhin, dass es in der Gemeinschaft der Christen in Rom unterschiedliche Gruppen gab, zu denen auch die *Schwachen* und die später noch genannten *Starken* gehörten. Aber Paulus möchte nicht die Gruppen, sondern den einzelnen Christenmenschen und seine Gewissensentscheidung in den Blick nehmen. Dem entspricht die zweite Beobachtung: Paulus spricht die Christen in Rom als Verantwortungsgemeinschaft an. Obwohl wir aus Kap. 16 entnehmen können, dass sie sich aus verschiedenen Hausgemeinden zusammensetzte, spricht Paulus zu dieser Gemeinschaft wie zu einer Gemeinde. Wir wissen nicht, ob es nicht doch gelegentlich so etwas wie »Vollversammlungen« dieser Gemeinde gab. In jedem Fall aber gilt die Mahnung: *nehmt sie in eurer Mitte auf* nicht nur der einen oder anderen Gruppe, sondern der ganzen Gemeinschaft.
In V. 2–4 und 5–12 greift Paulus in zwei parallelen Ausführungen Fragen auf, die für das Verhältnis zu den *Schwachen* von Bedeutung sind. Die erste Frage dreht sich um Speisegewohnheiten (**2**): *Der eine glaubt, alles essen zu dürfen, aber wer schwach ist, isst (nur) Gemüse.* Natürlich sind die Aussagen auf beiden Seiten etwas überzeichnet. So wie jemand, der zu seiner Gastgeberin sagt: »Ich esse alles«, nicht unbedingt Hunde, Heuschrecken oder Schwalbennester meint, sondern deutlich macht, das er keinen diätischen Einschränkungen unterliegt, so bezieht auch hier die Meinung, *alles essen zu dürfen*, auf all das, was auf römischen Märkten an Nahrungsmitteln angeboten wurde. Umgekehrt: Dass die Schwachen

nur *Gemüse* essen, dürfte eine etwas saloppe Bezeichnung für eine vegetarische Diät sein. Wieder taucht das Stichwort *glauben* auf. Es bezeichnet hier die Überzeugung, die man in einer umstrittenen Frage gewinnt, wohl auch den Mut, bestimmte Entscheidungen zu treffen. Man könnte auch übersetzen: *Der eine traut sich, alles zu essen.* Die Meinung derer, die das Schlagwort »schwach im Glauben« prägten, war also: Den anderen fehlt der Glaubensmut, sich über Einschränkungen im Lebensstil hinwegzusetzen, die in Christus überwunden sind. Paulus scheint grundsätzlich geneigt zu sein, diese Ansicht zu teilen. Aber er wehrt sich dagegen, diese Geschwister deswegen zu diskriminieren.

Bevor wir diese Argumentation weiterverfolgen, fragen wir, woher diese unterschiedlichen Überzeugungen kamen. Paulus drückt sich ja hier und im Folgenden recht vorsichtig aus, sodass es nicht leicht ist, den Hintergrund der Haltung der »Schwachen« zu identifizieren. Dabei gibt es verschiedene Indizien.

Eine Spur führt nach Korinth. Dort hatte es Paulus mit einer ähnlichen Frage zu tun. Es ging um das Essen von Fleisch von Opfertieren, das nach der Darbringung eines symbolischen Anteils auf dem Altar eines Gottes auf dem Fleischmarkt verkauft wurde. Christen in Korinth hatten Skrupel, davon zu essen, weil sie einen Rückfall in den überwundenen »Götzendienst« befürchteten. Auch sie wurden »Schwache« genannt, allerdings nicht im Blick auf ihren Glauben, sondern auf ihr Gewissen. Aber, so viele Berührungspunkte es auch geben mag, in Rom spielt das Problem des »Götzenopferfleisches« keine erkennbare Rolle.

Eine weitere Spur deutet auf jüdischen Einfluss. Zwar gab es im Judentum kein Verbot, Fleisch zu essen, aber es war nur geschächtetes Fleisch erlaubt. Die Situation nach der Vertreibung vieler Juden aus Rom mochte es schwierig machen, koscheres Fleisch zu kaufen. Es gibt Beispiele dafür, dass Juden in solchen Situationen auf einen strikten Vegetarismus auswichen. Das bekannteste ist das Daniels und seiner Gefährten, die vermieden, die Speisen und den Wein vom Tisch des Königs zu sich zu nehmen, weil sie das unrein machen würde. Stattdessen baten sie darum, dass man ihnen nur »Gemüse zu essen und Wasser zu trinken gebe« (Dan 1,12).

Weil erzählt wurde, dass diese jungen Leute besser gediehen als alle anderen, wurde im griechisch sprechenden Judentum diese Form der Enthaltsamkeit und Askese nicht nur unter dem Aspekt der Treue zu den Reinheitsgeboten des Gesetzes gesehen, sondern auch als eine Lebensart gepriesen, die der spirituellen Natur des Menschen angemessener und deshalb naturgemäßer sei.

Das aber verweist auf eine dritte Spur: Es gibt viele Stimmen aus dem griechisch-römischen Kulturkreis, die eine vegetarische Lebensweise empfehlen. Bekannt dafür waren vor allen Dingen die Pythagoreer, deren asketische Lebensweise bewundert wurde. Gerade aus Rom gibt es auch Zeugnisse dafür, dass Elemente jüdischer Überzeugungen von Menschen mit religiösem Sensorium übernommen wurden. Horaz berichtet von dem Gespräch mit einem Bekannten, der sich einer Verabredung entziehen will, weil Sabbat sei. Als Horaz sagt, religiöse Skrupel kümmerten ihn nicht, entgegnet sein Gesprächspartner: »Aber mich, ich bin ein wenig schwächer, einer von vielen« (Sat I,9,65–74). Das ist teilweise selbstironisch. Und doch bezeichnet sich hier ein Römer, der vorgibt, einem jüdischen Brauch anzuhängen, selbst als *schwach*. Der Streit zwischen »Schwachen« und »Starken« in der römischen Gemeinde ist also nicht einfach eine Auseinandersetzung zwischen Judenchristen und Heidenchristen. Es spricht viel dafür, dass es Judenchristen gab, die wie Paulus die Überzeugung der »Starken« teilten. Umgekehrt gab es wohl auch Christen anderer Herkunft, für die solche Lebensregeln wichtig waren. Das dürfte der Grund sein, dass Paulus den jüdischen Hintergrund der Problematik nur andeutet, aber z.B. nie von Vorschriften des Gesetzes spricht.

In seinen Mahnungen versucht Paulus möglichst ausgewogen nach beiden Seiten zu sprechen. Die Art, wie er sie formuliert, zeigt aber sehr klar, wie er die Macht- und Spannungsverhältnisse in der Gemeinde sieht. Diejenigen, die keine Einschränkungen im Blick auf Speisen akzeptierten, waren in Gefahr, auf die anderen herabzuschauen. Sie werden ermahnt, *den nicht zu verachten, der nicht (alles) isst*. Paulus befürchtet, dass sie das Überlegenheitsgefühl, das sich ja auch in der Bezeichnung der anderen als »Schwache« zeigt, zu einer lieblosen Haltung gegen diese verführen könnte. Aber auch in der umgekehrten Richtung gibt es eine Gefährdung. Die Schwachen, die sich in der Defensive befinden, stehen in Gefahr, über die anderen zu Gericht zu sitzen. Sie werden aufgefordert: *Wer nicht (alles) isst, soll den nicht verurteilen, der (alles) isst.* Dass solches *Richten* durchaus verurteilenden Charakter annehmen konnte, zeigt die Begründung: *denn Gott hat ihn (bei sich) aufgenommen.* Es bestand offensichtlich die Tendenz, infrage zu stellen, ob diejenigen, die sich zu viele Freiheiten herausnahmen, wirklich zur Gemeinschaft mit Gott gehören. Darum erinnert Paulus daran: Auch solche Brüder und Schwestern sind von Gott um Christi willen angenommen und in seine Gemeinschaft aufgenommen.

Paulus unterstreicht dies durch eine rhetorisch gemeinte, persönliche Anrede, wie sie dem Stil lebendiger Lehrvorträge entspricht (**4**): *Wer bist denn du, dass du den Bediensteten eines anderen verurteilst?* Paulus scheint immer noch die »Schwachen« im Blick zu haben, während er in dem parallelen V. 10 betont beide Seiten einschließt. Christen sind nicht befugt, ein Urteil über andere Christen zu fällen. Paulus macht dies an einem Vergleich deutlich. Dabei meint das Wort, das wir mit *Bediensteten* übersetzt haben, eigentlich den *Haussklaven*. Das waren Sklaven, die zum Haushalt gehörten und direkt dem Haushaltsvorstand verantwortlich waren. (Bezeichnenderweise steht das gleiche Wort in der lukanischen Fassung des Wortes Jesu: »Kein Diener kann zwei Herren dienen« [Lk 16,13]. Bei normalen Sklaven wäre dies durchaus möglich.) Christen arbeiten gemeinsam im Haushalt ihres Herrn. Aber sie sollen sich nicht als Vorgesetzte der anderen aufspielen. Jeder Einzelne *steht oder fällt für seinen eigenen Herrn*. Stehen oder *fallen* ist ein Bild für Bewährung oder Versagen, das Paulus oft verwendet (vgl. 11,11.22; 1Kor 10,12). Offensichtlich hatten die »Schwachen« die Sorge, dass ihre Mitchristen mit ihrem freieren Lebensstil straucheln und zu Fall kommen könnten und sprachen darüber offen und deutlich. Auch Paulus kann warnen: »Wer zu stehen meint, sehe zu, dass er nicht falle« (1Kor 10,12). Aber bei den Christen in Rom sieht er die Gefahr, dass ihre Warnungen überängstlich und voreilig sind. Darum macht er Mut zum Vertrauen, dass auch Christen, die anders leben, *aufrecht stehen bleiben* werden. Und selbst wenn einer straucheln sollte, gilt: *Der Herr hat die Macht, ihn fest auf die Füße zu stellen*. Ganz so gelassen im Blick auf die Fehltritte seiner Mitchristen ist auch Paulus nicht immer (vgl. 1Kor 5). Offensichtlich schätzt er die Gefährdung der »Starken« eher gering ein.

In einem zweiten, parallelen Gedankengang weist Paulus auf eine weitere Streitfrage hin, die zwischen den Christen in Rom umstritten war (**5**): *Der eine urteilt, ein bestimmter Tag sei wichtiger als andere Tage, ein anderer aber beurteilt alle Tage gleich*. Wieder drückt sich Paulus relativ unbestimmt aus. Der nächstliegende Gedanke ist, dass es um den Sabbat und wichtige jüdische Feste geht. Aber dagegen wird eingewandt, dass Paulus die Bedeutung des Sabbatgebotes nicht so herunterspielen könne, wie er das hier tut. Es gab in Rom auch viele andere Feiertage, die gemeint sein könnten. Allerdings kann Paulus auch im Galaterbrief, wo die Beachtung bestimmter Tage und Festzeiten aus Gehorsam gegenüber der Tora gefordert wird, also sicher der Sabbat gemeint ist, so unbestimmt reden. Er vergleicht das sogar mit der Beachtung heidnischer Glücks- und Unglückstage (Gal 4,9f). In Rom galt das Einhalten des Sabbats als typisches Kennzeichen für Juden, über das viel gespottet wurde, das andererseits aber auch attraktiv war, wie das zitierte Beispiel zeigt. Wenn das die religiöse »Gemengelage« in Rom war, so hat die Frage nach besonderen Tagen nicht nur Judenchristen, sondern auch Christen anderer Herkunft bewegt. Für die einen war jeder Tag ein Gott geheiligter Tag, für andere wurde das durch die Feier bestimmter Tage, z.B. des Sabbats, festgehalten. Anders als in Galatien war damit aber nicht die Forderung verbunden, sich beschneiden zu lassen und das Gesetz zu halten. Und so kann Paulus gelassen reagieren: *Jeder mag von seiner eigenen Meinung voll überzeugt sein* und bleiben.

Paulus geht davon aus, dass auch diejenigen, für die die Beachtung bestimmter Tage wichtig ist, mit ihrem Verhalten ihren Herrn ehren wollen (**6**): *Wer auf einen bestimmten Tag achtet, tut das zu Ehren des Herrn.* Dieses Kriterium lässt sich auch für die unterschiedlichen Speisegewohnheiten anwenden: *Wer (alles) isst, isst zu Ehren des Herrn.* Dass das so ist, dafür gibt es ein sicheres Kennzeichen: *denn er dankt dabei Gott.* Das Dankgebet vor dem Essen haben die Christen aus dem Judentum übernommen. Wer bei einer Mahlzeit das Dankgebet spricht, macht deutlich, dass er alle Speisen als Gabe Gottes genießen kann. In 1Tim 4,4 wird dieser Gedanke zu einer Art »Faustregel« gemacht: »Denn alles, was Gott geschaffen hat, ist gut, und nichts ist verwerflich, wenn es mit Danksagung empfangen wird; denn es wird geheiligt durch das Wort Gottes und Gebet.« Das gilt aber auch für diejenigen, die sich Einschränkungen im Blick auf ihren Speisezettel auferlegt haben: *Und wer nicht (alles) isst, tut auch das zu Ehren des Herrn und dankt dabei Gott.*

Das dies so ist, hat seinen Grund: Auch wenn Christen in bestimmten Fragen unterschiedlicher Überzeugung sind, so ist doch ihr ganzes Leben auf ihren Herrn ausgerichtet (**7-9**). Paulus lässt den mahnenden Ton fallen und beschreibt die Wirklichkeit, die er für das Leben aller Christen als grundlegend ansieht. Er tut dies in einer Form, die fast an ein Gedicht erinnert:

⁷Niemand von uns lebt für sich selbst
und niemand von uns stirbt für sich selbst.
⁸Denn wenn wir leben, leben wir für den Herrn,
wenn wir sterben, sterben wir für den Herrn.
Ob wir nun leben oder ob wir sterben:
Wir gehören dem Herrn!
⁹Denn dazu ist Christus gestorben und wieder lebendig geworden,
dass er über Tote und über Lebende Herr sei.

Paulus greift eine Aussage auf, die in der antiken Welt nicht selten formuliert wurde. Zwar gab es genügend Stimmen, die empfahlen, nur »für sich selbst zu leben« (z.B. Horaz, Ep I,18,108; Ovid, Trist III,4). Dagegen sagt Publilius Syrus (Q37), ein Dichter des 1. Jh. v.Chr.: »Wer nur für sich selbst lebt, ist für die anderen tot«. Seneca, in Rom lebender Zeitgenosse des Paulus, formuliert gar: »Du musst für einen anderen leben, wenn du für dich selbst leben willst« (Ep 48,2). Beliebt war die Aussage auch im politischen Bereich. Als ihn ein Freund nach einer verlorenen Schlacht zum Selbstmord aufforderte, soll der Spartanerkönig Kleomenes geantwortet haben: »Schimpflich ist es, sowohl zu leben für sich allein als auch zu sterben« (Plutarch, Cleom 52,9f). Er wolle sich weiter fürs Vaterland einsetzen. Und von dem jüngeren Cato wird erzählt, er habe einem meuternden Soldaten zugerufen: »nur für dich und nicht die Führer willst du leben und sterben!?« (Lukan, Bell 9,259) Womit die entscheidende Frage berührt ist: Für wen können und sollen wir leben und sterben?

Paulus macht zwei fast bekenntnisartige Aussagen: *Niemand von uns*, also keiner der Christen, *lebt oder stirbt für sich selbst* (**7**). Und er begründet das sogleich: Denn *wenn wir leben, leben wir für den Herrn, wenn wir sterben, sterben wir für den Herrn* (**8**). Wie V. 9 zeigt, bezieht sich *Herr* auf Jesus Christus, aber *Herr* und *Gott* stehen im Zusammenhang untrennbar beieinander (vgl. V. 6 und 10). Sinn und Ziel für Leben und Sterben bieten keine politischen Führer, auch nicht das Vaterland, sondern der Herr, dem unser Leben gehört. Das sagt der nächste Satz: *Ob wir nun leben oder sterben: Wir sind des Herrn* (so die wörtliche Übersetzung), und das bedeutet: *Wir gehören dem Herrn*. Er bestimmt über unser Leben, und ihm sind wir verantwortlich! Es bedeutet aber auch: In ihm sind wir geborgen, auch im Tod. Paulus begründet das noch einmal in einem Nachsatz (**9**): *Denn dazu ist Christus gestorben und wieder lebendig geworden, dass er über Tote und über Lebende Herr sei*. Das ist eine weitere Erklärung für die Bedeutung von Tod und Auferstehung Jesu: Christus hat das Sterben der Menschen auf sich genommen und den Tod überwunden, damit sie auch im Tod mit ihm und Gottes Liebe verbunden bleiben. »Ihr Sterben ist kein Absturz in die Beziehungslosigkeit« (K. Haacker, 284 nach E. Jüngel), sondern ein Fallen in Gottes Hand. Paulus hat einen ähnlichen Gedanken schon in 8,37–39 formuliert. Das bedeutet aber zugleich, dass das Leben der Lebenden nicht mehr »Sein zum Tode« (M. Heidegger) ist, sondern ein Leben für den, der das Leben will und der dem Leben dient. Ganz ähnlich schrieb Paulus in 2Kor 5,15: Christus »ist darum für alle gestorben, damit die Lebenden nicht mehr sich selbst leben, sondern dem, der für sie gestorben und auferweckt worden ist.«

Paulus formuliert hier sein Evangelium im »Senfkornformat«. Christi Lebenshingabe ist nicht nur »unser einziger Trost im Leben und im Sterben«, sondern auch Grund für Inhalt, Sinn und Ziel eines gelingenden Lebens. Wie manches Mal sagt Paulus viel mehr, als er zur Begründung seines aktuellen Anliegens sagen müsste.

Und so sind diese Worte, die eigentlich »nur« die Mahnung begründen sollen, nicht über andere Christen ein Urteil zu fällen, für unzählige Christen Trost und Ermutigung gewesen, oft gerade auch angesichts des Todes. Aber Paulus beweist hier keineswegs »zu viel«. Es kommt ihm gerade darauf an zu zeigen, dass Gottes Ja zu unserem Leben uns hilft, auch ein Ja zu anderen zu finden und alle Bedenken, die wir angesichts ihres Lebensentwurfs haben, seinem Ja zu ihnen zu überlassen.

So kommt Paulus zurück zu seinem Thema, und ganz ähnlich wie in V. 4 spricht er in lebhafter Rhetorik die Adressaten mit einem persönlichen *Du* an (**10**): *Du aber, was verurteilst du deinen Bruder oder deine Schwester?* Und diesmal nimmt er sich auch ausdrücklich die andere Seite vor: *Oder du, was verachtest du deinen Bruder oder deine Schwester?* Wer sich bewusst macht, dass jeder Christ seinem Herrn gehört und lebt, der kann die anderen weder verurteilen noch verachten. Paulus verlässt daher auch das Bild der Haussklaven. Die anderen sind ja nicht nur Mit-Bedienstete, sondern *Brüder und Schwestern*. Aber gerade deshalb muss Paulus darauf hinweisen, dass wir uns alle vor Gott verantworten müssen: *Denn wir alle werden vor den Richtstuhl Gottes treten müssen.*

Das ist auf den ersten Blick ein überraschender Gedanke. Haben die Christen das Gericht nicht schon hinter sich? Gilt nicht, dass es für die, die in Christus Jesus sind, kein Verdammungsurteil geben wird (8,2)? Das gilt, und die gewisse Hoffnung, dass Christus die Seinen aus dem vernichtenden »Zorngericht« erretten wird, durchzieht die ganze Korrespondenz des Apostels. Aber das bedeutet nicht, dass die Christen der Verantwortung vor Gott entzogen sind. »Gerade weil die Botschaft aus reiner Gnade und allein auf den Glauben hin zwischen Person und Werke unterscheidet, gerade darum ist Raum für Wertungen der Werke, für Gottes Ja oder Nein zu unseren konkreten Werken« (K. Haacker, 285). Sehr betont sagt Paulus, dass *alle*, ohne Ausnahme, sich vor Gott verantworten müssen. Paulus spricht sehr viel häufiger vom Gericht über die Christen als von dem über Nichtchristen. So auch an der parallelen Stelle in 2Kor 5,10: »Denn wir alle müssen vor dem Richterstuhl Christi offenbar werden, damit jeder seinen Lohn empfängt für das Gute oder Böse, das er im irdischen Leben getan hat.« Dabei kann Paulus in gleicher Weise von Gott als dem Richter sprechen wie von Christus. Auch in dieser Funktion tut Christus das Werk Gottes. Das Motiv vom *Richtstuhl* weist das Gericht als ordentliches und öffentliches Verfahren aus.

Der Gedanke daran ist aber für Paulus keineswegs angstbesetzt. Obwohl er davon spricht, dass manche Werke im Feuer des Gerichts nicht bestehen können (1Kor 3,13–15), rechnet er doch auch damit, dass erfreuliche Dinge ans Licht kommen. In ganz ähnlichem Zusammenhang schreibt Paulus: »Darum urteilt nicht vor der Zeit, bevor der Herr kommt! Er wird auch, was im Dunkeln verborgen ist, ans Licht bringen und wird Sinnen und Trachten der Herzen offenbar machen. Und dann wird einem jeden sein Lob zuteil werden von Gott« (1Kor 4,5). Gerade im Ringen um die Frage: Was ist recht? ist der Hinweis auf das endgültige Urteil entlastend. Und so ist auch das Wort aus Jes 45,23, das mit einer Schwurformel aus Jes 49,18 eingeleitet wird, eine Aussage, die die positive Seite von Gottes Gericht hervorhebt: *So wahr ich lebe, spricht der* HERR, *mir wird sich jedes Knie beugen, und jede Zunge wird Gott die Ehre geben.* Paulus zitiert dieses Wort auch in Phil 2,10f, um die Erhöhung Jesu Christi zum Herrn der Welt zu beschreiben. Hier hat er es wohl gewählt, weil im alttestamentlichen Sprachgebrauch *Gott die Ehre geben* auch bedeuten kann »seine Verfehlungen bekennen« (vgl. Jos 7,19), eine Bedeutung, die auch das entsprechende griechische Wort hat. Vor allem aber ist Paulus wichtig, dass *alle* Gottes Autorität und Urteil anerkennen werden. Darum ist jedes Urteil, das Christen über Christen fällen, unsinnig. Vielmehr gilt: *Jeder von uns wird für sich selbst Gott Rechenschaft geben (müssen).* Nur für uns selbst können und müssen wir vor Gott die Verantwortung übernehmen. Das ist entlastend und entkrampfend zugleich. Es hebt nicht jede Verantwortung für andere auf; mit ihnen Freude und Leid zu teilen und zu versuchen, zusammen mit ihnen Notsituationen zu überwinden, bleibt uns aufgegeben. Aber die Entscheidungen über ihr Leben treffen sie in eigener Verantwortung vor Gott.

Seit den Anfängen gibt es in christlichen Gemeinden und Kirchen unterschiedliche Meinungen zu Fragen des Glaubens und des Lebens, die das Miteinander belasten oder behindern. Dabei tauchen immer wieder ähnliche Verhaltensmuster auf, wie sie Paulus hier beschreibt: Diejenigen, die sich durch neu gewonnene Erkenntnisse ihres Glaubens von herkömmlichen Vorstellungen oder Vorschriften frei machen, haben die Neigung, mit einer Mischung von Mitleid und Verachtung auf die herabzublicken, die sich noch an traditionelle Formen und Inhalte gebunden fühlen. Umgekehrt stehen diejenigen, die sich in ihrer konservativeren Haltung durch bestimmte Aussagen der Schrift und der Tradition bestätigt wissen, in Gefahr ihre »liberaleren« Gesprächspartner zu verurteilen und zu verketzern. Paulus ruft in einer solchen Situation die Christen in Rom auf, sich trotz dieser Meinungsunterschiede gegenseitig als Menschen, die zu Christus gehören, anzunehmen, mehr noch: einander voll in die Gemeinschaft der Gemeinde aufzunehmen.

Paulus warnt in diesem Abschnitt besonders davor, aus der kritischen Beurteilung des Verhaltens anderer eine Verurteilung werden zu lassen. Uns steht gar kein Urteil über die zu, die Christus gegenüber verantwortlich sind. Paulus hat sich selbst nicht immer an diesen Rat gehalten. In 1Kor 5,3–5 fällt er ein sehr hartes Urteil über ein Gemeindeglied, dessen Verhalten nach seiner Meinung eklatant dem Recht Gottes und der Ordnung menschlichen Zusammenlebens widerspricht. Paulus nimmt hier bewusst einen Aspekt des Urteils Gottes vorweg, um den Betreffenden vor der Verurteilung im Jüngsten Gericht zu bewahren. Ob dies vom Evangelium her sachgemäß ist, muss dort diskutiert werden. Jedenfalls gibt es auch für Paulus Grenzen für das, was unter Christen möglich ist. Er definiert diese Grenzen aber nicht. Das würde auch nur in eine neue Kasuistik führen. An unserer Stelle mahnt er zu fast grenzenloser Bereitschaft, andere Überzeugungen zu akzeptieren, wenn sie von den Betreffenden in der Verantwortung vor Gott gewonnen wurden.

John Wesley, der Begründer des Methodismus, hat zu dieser Frage gesagt: Im Blick auf »Meinungen« (opinions), die nicht an die Wurzel des christlichen Glaubens rühren, solle gelten: »Denken und denken lassen«. Die Wurzel unseres Christseins beschreibt Paulus gerade in diesem Abschnitt als die Gemeinschaft mit Christus, die in seinem Tod und seiner Auferstehung gründet. Gottes Ja zu uns, das allen gilt, die sich ihm im Glauben anvertrauen, lässt uns auch ein Ja zueinander finden.

Es gibt Grund, darüber nachzudenken, ob dieser Grundsatz nicht nur ein im Blick auf Meinungsverschiedenheiten innerhalb einzelner Gemeinden und Kirchen hilfreich ist, sondern auch für das Verhältnis von Kirchen untereinander. Sie sind durch unterschiedliche Auffassungen in Fragen der Lehre und des Handelns getrennt, die von der Tradition geprägten Glaubensüberzeugungen entspringen. Und doch sind sie durch ihre Zugehörigkeit zu Christus eng verbunden und darum aufgefordert, einander in ihre Gemeinschaft aufzunehmen!

14,13–23
Nicht auf Kosten anderer Recht behalten

¹³Lasst uns also nicht mehr übereinander zu Gericht sitzen. Kommt lieber zu dem Urteil, dem Bruder oder der Schwester keinen Stolperstein oder Fallstrick in den Weg zu legen. ¹⁴Ich weiß und bin in dem Herrn Jesus fest davon überzeugt: Nichts ist an und für sich unrein; aber für den, der etwas für unrein hält, für den ist es unrein.

¹⁵Wenn nämlich dein Bruder oder deine Schwester durch dein (Essen einer) Speise verletzt wird, dann handelst du nicht mehr der Liebe gemäß. Richte den, für den Christus gestorben ist, nicht durch das, was du isst, zugrunde. ¹⁶Es soll doch nicht das in Verruf kommen, was für euch gut ist. ¹⁷Denn das Reich Gottes besteht nicht in Essen und Trinken, sondern in Gerechtigkeit und Frieden und Freude im Heiligen Geist. ¹⁸Denn wer in ihm Christus dient, ist Gott wohlfällig und anerkannt bei den Menschen.
¹⁹Also setzen wir uns für das ein, was dem Frieden dient, und für das, was uns gegenseitig aufbaut. ²⁰Zerstöre niemals Gottes Werk wegen einer Essensfrage! Es ist zwar alles rein, aber schlecht wird es für den, der es isst, obwohl es für ihn etwas ist, was ihn zu Fall bringt. ²¹Es ist besser, auch einmal kein Fleisch zu essen oder keinen Wein zu trinken oder sonst etwas nicht zu tun, woran dein Bruder oder deine Schwester zu Fall kommt. ²²Behalte deinen Glauben, den du hast, für dich selbst vor Gott. Selig ist der, der bei seinen Entscheidungen nicht mit sich selbst ins Gericht gehen muss. ²³Wer aber in seinem Urteil unsicher ist, wenn er (bestimmte Dinge) isst, der hat sich schon das Urteil gesprochen, denn er handelt nicht aus Glauben(süberzeugung). Alles aber, was nicht aus dem Glauben heraus getan wird, das ist Sünde.

Paulus bleibt bei seinem Thema. Zunächst fasst er noch einmal seine bisherigen Mahnungen zusammen (**13**): *Lasst uns also nicht mehr übereinander zu Gericht sitzen.* Das griechische Wort für *richten/urteilen* bleibt wie seit V. 3 das Leitwort seiner Ausführungen, aber er verwendet es im Folgenden in ganz unterschiedlichen Bedeutungen. Er wendet sich damit auch von der Gruppe der *Schwachen,* die er bisher stärker angesprochen hat, ab und der anderen Gruppe zu, die er in 15,1 die *Starken* nennen wird: *Kommt lieber zu dem Urteil, dem Bruder oder der Schwester keinen Stolperstein oder Fallstrick in den Weg zu legen.* Damit sind offensichtlich diejenigen angesprochen, die eher zu einer freieren Lebensweise neigten und dadurch unter Umständen ihre Mitchristen gefährdeten, die solchem Verhalten gegenüber Skrupel hatten. Allerdings verdecken die herkömmlichen Übersetzungen, wie z.B. *dass niemand seinem Bruder Anstoß oder Ärgernis bereite* (LÜ), das Problem, um das es Paulus hier geht. *Anstoß oder Ärgernis* erregt jemand, der durch sein Verhalten die sittlichen Gefühle oder ästhetischen Empfindungen seiner Zeitgenossen verletzt. Aber es handelt sich dabei doch eher um Anlässe zur moralischen Entrüstung als um eine ernsthafte Gefährdung derer, die Anstoß nehmen oder sich ärgern. Bei Paulus – und überall, wo sie in der Bibel vorkommen – bedeutet das Wort für *Anstoß* ein Hindernis, durch das man wirklich zu Fall kommt, also einen *Stolperstein*, und das Wort für *Ärgernis* (griechisch *skandalon*) etwas, wodurch man zu Fall kommt, also *Falle* oder *Fallstrick* (vgl. 1Kor 1,22; Mk 9,42ff). Paulus ist also nicht darüber besorgt, dass einige Christen am Verhalten anderer Anstoß nehmen. Er befürchtet, dass sie durch das Verhalten der anderen so irritiert werden, dass ihr Glaube in Gefahr gerät. Was dazu führen könnte, wird Paulus gleich deutlich machen. Zunächst aber wendet er sich einer grundsätzlichen Klärung der anstehenden Frage zu.

Der Apostel bekennt sich im Blick auf eine der verhandelten Fragen zu seiner persönlichen Überzeugung (**14**): *Nichts ist an und für sich unrein*. Das Wort, das wir mit *unrein* übersetzen, heißt eigentlich *allgemein, gewöhnlich*. Für antikes religiöses Denken war das zunächst das *Profane* (aus dem lateinischen *pro fano*: vor dem Tempel), also alles, was nicht besonders heilig und Gott geweiht war. Im jüdisch-griechischen Sprachgebrauch wird das Wort zum Begriff für *Unreines*, also für Speisen und andere Gegenstände, die Juden meiden sollten. Dahinter stehen die Auseinandersetzungen der Makkabäerzeit, als versucht wurde, jüdische Sitte an die der anderen Völker anzugleichen. Dagegen erstarkte im Judentum das Bewusstsein, ein heiliges Volk zu sein, für das alles Gewöhnliche *profan* im Sinne von *unrein* ist. Wir finden diesen Sprachgebrauch auch in Mk 7 und Apg 10,14f: »Was Gott für rein erklärt hat, das nenne du nicht unrein!« Wenn Paulus also erklärt, dass *nichts an und für sich*, also aufgrund bestimmter materieller Eigenschaften, *unrein sei*, dann ist das für jüdisches Empfinden ein Tabubruch. Denn die in den Reinheitsgesetzen der Tora wurden viele Dinge und Zustände für unrein erklärt, allerdings auch dort nicht mit einer rationalen Begründung, sondern als Setzung Gottes.

Es ist daher verständlich, dass Paulus diese Aussage sehr betont mit dem Hinweis einleitet: *Ich ... bin in dem Herrn Jesus fest davon überzeugt*. Vieles spricht dafür, dass er sich damit auf ein Wort der Jesusüberlieferung beruft. Es liegt nahe, dabei an Mk 7,1–23 zu denken, wo Jesus sich mit den überlieferten Reinheitsvorschriften auseinandersetzt. Jesus sagt dort u.a.: »Merkt ihr nicht, dass alles, was von außen in den Menschen hineingeht, ihn nicht unrein machen kann?« und Markus kommentiert dies mit den Worten: »Damit erklärte er alle Speisen für rein« (Mk 7,15. 18f). Obwohl Paulus kein Wort Jesu zitiert, scheint er sich doch mit der Einleitung zu seiner These in dieser heiklen Frage auf dessen Haltung zu berufen.

Aber damit ist die Frage für Paulus nicht erledigt. In einem Nachsatz sagt er: *aber für den, der etwas für unrein hält, für den ist es unrein*. Paulus erklärt damit nicht einfach die Unterscheidung von rein und unrein zu einer subjektiven Projektion. Für diejenigen, deren Gewissen durch bestimmte Vorgaben gebunden ist, ist diese Unterscheidung real und muss von ihnen beachtet werden. Paulus hebt also einerseits grundsätzlich jede natürliche oder übernatürliche Begründung der Unterscheidung zwischen heilig und profan, wie sie für die ganze Antike grundlegend war, auf. Andrerseits aber verpflichtet er zum Respekt vor der Gewissensentscheidung derer, die sich an diese Unterscheidung gebunden wissen.

Das führt zu praktischen Konsequenzen, die sich ganz an die Adresse der »Starken« richtet und die Erklärung für V. 13b bietet (**15**): *Wenn nämlich dein Bruder oder deine Schwester durch dein (Essen einer) Speise verletzt wird, dann handelst du nicht mehr der Liebe gemäß.*

Das Liebesgebot ist verletzt, wenn jemand, der sich nicht an die Speisegebote gebunden hält, in Gegenwart eines anderen, für den diese wichtig sind, *unreine* Speisen isst und dadurch den anderen kränkt und *verletzt*. Auch hier geht es Paulus nicht nur darum, dass der andere nicht in seinen Gefühlen verletzt wird. Es geht vielmehr um die Traumatisierung, also die innere Verwundung, die dadurch entsteht, dass jemand in seiner Gegenwart eine Regel durchbricht, die für sein Leben wichtig ist. Gefährdend ist dabei nicht sosehr die Empörung über den Tabubruch, sondern die persönliche Verunsicherung durch das Verhalten des anderen.

Wie ernst Paulus das nimmt, zeigt sein Nachsatz: *Richte den, für den Christus gestorben ist, nicht durch das zugrunde, was du isst.* Er sieht die Gefahr, dass wer so traumatisiert wird, in seiner Existenz als Christ zutiefst beschädigt wird, z.B. dadurch, dass er sich zu einem Verhalten veranlasst sieht, das er gewissensmäßig gar nicht verkraftet. Ähnlich hat Paulus schon in der Frage des Essens von Götzenopferfleisch in Korinth argumentiert (1Kor 8,9–13). Und wie dort unterstreicht er seine Warnung durch den Hinweis darauf, dass Christus für den Bruder (und die Schwester) gestorben ist und darum deren Leben äußerst kostbar ist.

Paulus fügt dazu eine Erläuterung an, die nicht leicht zu verstehen ist. Wörtlich heißt das (**16**): *Es soll doch euer Gutes nicht verlästert werden.* Offen ist, worauf sich *euer Gutes* bezieht. Es gibt zwei Möglichkeiten. Entweder sind weiter die »Starken« gemeint: Was in ihren Augen gut ist, nämlich die Freiheit, die sie auch in Fragen des Essens haben, das soll nicht dadurch *in Verruf kommen*, dass andere daran in ihrem Glauben irre werden und scheitern. Denn dass diese Einstellung prinzipiell richtig und gut ist, daran möchte Paulus festhalten (ähnlich in 1Kor 10,30). Oder *euer Gutes* bezieht sich auf alle Christen, »Schwache« und »Starke«, und meint das gemeinsame Gut des Heils. Das soll nicht (durch Außenstehende)

verächtlich gemacht werden, weil die Christen sich über Fragen von Speisevorschriften entzweien und einander Schaden zufügen. Beide Deutungen sind möglich, die erste im Zusammenhang wahrscheinlicher.
Die entscheidende Begründung aber folgt mit dem nächsten Satz. Wieder ist es ein geprägter Merksatz, dessen Bedeutung deutlich über den direkten Zusammenhang der Debatte hinausweist (**17**): *Denn das Reich Gottes besteht nicht in Essen und Trinken, sondern in Gerechtigkeit und Frieden und Freude im Heiligen Geist.* Während die Ankündigung des *Reiches Gottes* für die Verkündigung Jesu zentral war, verwendet Paulus diesen Begriff selten. Paulus zitiert gelegentlich katechismusartige Aufzählungen, die sagen, wer keinen Anteil am Reich Gottes haben wird (1Kor 6,9f; Gal 5,21; Eph 5,5). In 1Kor 4,20 prägt er eine Formulierung, die die gleiche Struktur hat wie unsere Stelle: »Das Reich Gottes besteht nicht im Wort(emachen), sondern in (der) Kraft (des Handelns)«. Es wird zuerst gesagt, was Gottes Reich nicht bedeutet, und dann benannt, was sein Wesen kennzeichnet. Beiden Stellen ist auch gemeinsam, dass – wie auch bei Jesus – *Reich* Gottes weniger ein Herrschaftsgebiet bezeichnet, sondern die Dynamik der *Herrschaft* Gottes selbst. Röm 14,17 deutet darüber hinaus auch an, dass sich etwas von dieser Herrschaft schon jetzt im Leben der Gemeinde verwirklicht. Die christliche Gemeinde ist nicht das Reich Gottes. Aber sie wird davon bestimmt, dass sie sich schon unter Gottes Herrschaft weiß.
Zunächst weist Paulus die Meinung zurück, das Reich Gottes *bestehe in* (wörtlich: *sei*) *Essen und Trinken*. Das wird kaum jemand so behauptet haben. Wahrscheinlich ist es eine polemische Formulierung, die schon für eine andere Situation geprägt worden ist, bevor Paulus sie hier verwendet. Am ehesten könnte man sich vorstellen, dass manche Christen das, was Jesus vom zukünftigen himmlischen Festmahl erzählte, in ihren gemeinsamen Mahlzeiten schon allzu üppig vorweggenommen haben und ihnen gesagt werden musste: Das Reich Gottes ist nicht Essen und Trinken. Paulus jedenfalls wendet nun dieses Wort auf die Situation in Rom an. Dort ging es weniger um die Frage ausschweifender Festmähler, wohl aber um das Problem: Was darf ein Christ essen, was darf er trinken? Und es bestand die Gefahr, dass plötzlich diese Frage zur Hauptfrage christlicher Existenz wurde. In dieser Gefahr standen beide Gruppen: Diejenigen, die sich für Enthaltsamkeit im Blick auf bestimmte Speisen und Getränke einsetzten, *und* (vielleicht fast noch mehr) diejenigen, für die ihre Freiheit, alles zu essen und zu trinken, zum Markenzeichen eines Lebens im Zeichen des kommenden Reiches wurde. Darum kann es aber in einer

Gemeinschaft, die auf Gottes Herrschaft ausgerichtet ist, nicht gehen.
Paulus zitiert die Formel: *Das Reich Gottes besteht nicht in Essen und Trinken* in diesem Zusammenhang umso lieber, als ihre Fortsetzung hervorragend beschreibt, worum es eigentlich geht: *sondern in Gerechtigkeit und Frieden und Freude im Heiligen Geist.* Das sind die Kennzeichen der Herrschaft Gottes, und zwar schon jetzt im Zusammenleben in einer christlichen Gemeinde. *Gerechtigkeit und Frieden* sind Kennzeichen der Herrschaft Gottes im gesamten Alten Testament. Der von Gott eingesetzte König hat die Aufgabe, Gerechtigkeit zu üben und so Frieden zu schaffen (Ps 72). Aus dem Zerbruch dieser Erwartung erwächst die Hoffnung, dass der endzeitliche König, der Messias, in Gerechtigkeit und Frieden wirkt. Vom künftigen Reich der Gerechtigkeit heißt es in Jes 32,17: »Die Frucht der Gerechtigkeit wird Friede sein«. Wo Gottes Hilfe nahe ist und seine Herrlichkeit wohnt, da »küssen sich Gerechtigkeit und Friede« (Ps 85,11). So ist Gottes Reich gekennzeichnet durch eine Ordnung, die dem Leben dient (*Gerechtigkeit*), und eine Gemeinschaft, in der Menschen nicht gegeneinander, sondern füreinander leben (*Frieden*). In dieser Perspektive leben Christen, die sich Gottes Herrschaft unterstellen. Paulus stellt ein drittes Kennzeichen dazu: *Freude.* Die drei Begriffe bilden keine Dreiergruppe, die auch sonst vorkommt. Aber das Motiv der Freude war das überraschende Merkmal des anbrechenden Gottesreiches, das die Verkündigung Jesu so außergewöhnlich machte.
Alle drei Kennzeichen des Reiches Gottes sind Geschenk Gottes: Seine Gerechtigkeit, die sich im Evangelium offenbart (Röm 1,17), der Friede, der sich den Gerechtfertigten eröffnet (5,1), und die Freude, die Gottes Geist schenkt (1Thess 1,6). Gerade deshalb beschreiben diese drei Merkmale auch die Lebenswirklichkeit der Christen. Vielleicht bezieht sich die Wendung *im Heiligen Geist* nicht nur auf die Freude, sondern auf alle drei Begriffe: Gottes Geist vergegenwärtigt schon etwas von der künftigen Herrschaft Gottes im Leben der Christen. Was ihre menschlichen Möglichkeiten übersteigt, wird durch den Geist Wirklichkeit ihres Lebens.
Das führt Paulus zu der Folgerung (**18**): *Denn wer in ihm [dem Geist] Christus dient, ist Gott wohlfällig und anerkannt bei den Menschen. Christus dienen,* damit fasst Paulus ein Leben in Gerechtigkeit, Frieden und Freude zusammen. Dass das *Gott wohlgefällig* ist, scheint fast selbstverständlich. Dass es auch Anerkennung bei den Menschen findet, überrascht zunächst. Aber es »ist im Gegensatz zur Lästerung [V. 16] jene Anerkennung ..., in welcher das dem Glauben gemäße Handeln respektiert wird« (Käsemann, 365). Grundsätzlich geht Paulus davon aus, dass ein Verhal-

ten, das Gottes Menschenliebe widerspiegelt, auch in der Allgemeinheit Zustimmung findet, selbst wenn die erlebte Wirklichkeit oft anderes aussieht.
Diesen Grundsatz wendet Paulus nun auf das vorliegende Problem an. Dabei geht er die Argumente von V. 13–15 noch einmal in umgekehrter Reihenfolge durch. Zunächst aber knüpft er an den Grundsatz von V. 17 an und sagt (**19**): *Also setzen wir uns für das ein, was dem Frieden dient* (so die besten Handschriften statt: *Wir wollen uns ... einsetzen*, ZB; ähnlich LÜ, EÜ). Nach dem Gesagten ist klar, dass Paulus nicht nur ein schiedlich-friedliches Nebeneinander der unterschiedlichen Fraktionen meint, sondern ein wirkliches Miteinander und Füreinander in allen Belangen menschlichen und geistlichen Zusammenlebens. Paulus erläutert dies durch den zweiten Halbsatz: *... und für das, was uns gegenseitig aufbaut*. Leider ist die traditionelle Übersetzung: *zur gegenseitigen Erbauung* nicht mehr möglich, weil die Wörter *Erbauung, erbaulich* fast nur noch im Sinne einer auf die Innerlichkeit begrenzten seelischen Befriedigung benutzt werden. Gemeint ist aber, sich ganz konkret für das einzusetzen, was den anderen in seinem Wohl und Heil fördert, ihn stärkt und stützt und so sein Lebenshaus aufbaut. Dabei darf natürlich auch Aufbauarbeit für Seele und Geist geleistet werden. Doch sollte nicht nur das geistliche Wohlfühlklima wichtig sein.
Das Gegenteil von Aufbauen ist Niederreißen, und deshalb folgt der positiven Aufforderung die Warnung (**20**): *Zerstöre niemals Gottes Werk wegen einer Essensfrage!* Das erneuert die Mahnung von V. 15b: *Richte den, für den Christus gestorben ist, nicht durch das, was du isst, zugrunde*. Paulus schärft noch einmal ein: Der andere, der durch mein Verhalten in einer Frage religiöser Diät Schaden erleiden könnte, ist *Gottes Werk*, Geschöpf seiner Gnade. Es darf nicht zerstört werden, indem ich es unter Druck setze, etwas zu tun, was ihm nicht entspricht.
Worin diese Gefahr besteht, erklärt Paulus im nächsten Satz: *Es ist zwar alles rein* – damit formuliert Paulus positiv, was er in 14a sagte: *Nichts ist an und für sich unrein*. Dann aber macht er deutlich, warum es Menschen gibt, für die es schädlich wäre, diesen Grundsatz einfach zu übernehmen: *... aber schlecht wird es für den, der es isst, obwohl das für ihn etwas ist, was ihn zu Fall bringt*. Man kann zwar Menschen durch sozialen Druck dazu bringen, sich dem freizügigen Verhalten anderer anzuschließen. Wenn das aber nicht zu ihrer inneren, vom Glauben getragenen Überzeugung wird, kann das ihr geistliches Leben zerstören. Und deswegen muss für die »Starken« gelten (**21**): *Es ist besser, auch einmal kein Fleisch zu essen oder keinen Wein zu trinken oder sonst etwas nicht zu tun, woran dein Bruder oder deine Schwester zu Fall kommt*. Die Form der

Verben im Griechischen lässt erkennen, dass Paulus von den »Starken« keine dauerhafte Abstinenz erwartet. Damit würden sie ja ihre Überzeugung verraten. Es geht um Rücksichtnahme im Einzelfall, z.B. dann, wenn sich verschiedene Gruppen zu gemeinsamen Mahlzeiten, den sogenannten *Agapen* oder Liebesmahlen, trafen. (Merkwürdigerweise wird eine gemeinsame Feier des Herrnmahls nirgends erwähnt.) Hier wird auch das Trinken von Wein als ein Kontroverspunkt genannt. Das kann unterschiedliche Gründe haben. Einerseits sah man im Judentum, wie die Geschichte Daniels zeigt, den Wein von Nichtjuden als Quelle der Verunreinigung an, da beim Anbrechen einer Amphore ein Schluck ausgeschüttet wurde, um ihn den Göttern zu opfern. Andererseits galt im Judentum wie im Hellenismus die Enthaltsamkeit von berauschenden Getränken als Weihe an Gott und Quelle der Kraft (vgl. Ri 13,7).

Niemand soll sich gezwungen fühlen, seine Überzeugung in umstrittenen Fragen, die er aus dem Glauben heraus gewonnen hat, zu verleugnen oder aufzugeben. Aber sie muss deswegen noch lange nicht demonstrativ gegen andere Meinungen vorgeführt werden. Paulus empfiehlt vielmehr (**22**): *Behalte deinen Glauben, den du hast, für dich selbst vor Gott*. Es gilt eine seelsorgerliche Unterscheidung zu treffen zwischen dem, was in der Gemeindeöffentlichkeit angemessen ist, und dem, was der persönlichen Begegnung mit Gott vorbehalten bleiben kann und soll. Damit das nicht zu Heuchelei und doppelter Moral ausartet, ist es allerdings wichtig, dass die Entscheidungen über das Verhalten in der jeweiligen Situation guten Gewissens getroffen werden. Dann kann man vor sich und anderen dazu stehen. Paulus drückt das so auch: *Selig ist der, der bei seinen Entscheidungen nicht mit sich selbst ins Gericht gehen muss*. Gerade der ist glücklich zu preisen, der zu seiner Freiheit steht, sie aber in der Liebe lebt. Der muss sich nicht wegen seiner vermeintlichen Inkonsequenz verurteilen. Er hat die Freiheit für andere konsequent gelebt.

Als Gegenbeispiel zeigt Paulus noch einmal die Gefährdung der »Schwachen« auf (**23**). Er warnt ausdrücklich davor, diese dazu zu überreden, sich einen freieren Lebensstil anzueignen. Das wäre äußerst gefährlich für sie. Denn Paulus ist überzeugt: *Wer in seinem Urteil unsicher ist, wenn er (bestimmte Dinge) isst, der hat sich schon das Urteil gesprochen*. Die Härte dieser Aussage mag teilweise daher rühren, dass Paulus noch einmal ein Wortspiel mit dem Wort für *urteilen, richten* benutzt. Aber grundsätzlich gilt in bestimmten Glaubensfragen: Wer an der getroffenen Entscheidung *zweifelt* (so Luther), d.h. *in seinem Urteil unsicher bleibt*, der hat für sich im Grunde schon *das Urteil gesprochen*, dass die Entscheidung falsch ist. Paulus begründet das auch sogleich: *denn er han-*

delt nicht aus Glauben(süberzeugung). Es gibt Entscheidungen über das Leben als Christ, die nur richtig sind, wenn sie für uns persönlich mit dem übereinstimmen, was uns im Glauben trägt. Nicht die religiöse Sozialisation, aus der wir sie ableiten, nicht die Tradition der Kirche oder der Gemeinschaft, die sie uns nahelegt, aber auch nicht die Faszination des Neuen und die Attraktion des Revolutionären rechtfertigt in bestimmten Fragen unser Tun, sondern allein die Überzeugung, dass dies mit dem Lebensentwurf unseres Glaubens übereinstimmt. Das mag sehr subjektiv klingen, und es ließe sich auch zeigen, dass es für Paulus hier Grenzen gibt, innerhalb derer solche Entscheidungen gefällt werden können. Hier aber ist ihm dieser Grundsatz wichtig, und er verstärkt ihn noch durch eine Art »Merksatz«, dessen Bedeutung über die hier verhandelte Situation hinausreicht:
Alles, was nicht aus dem Glauben heraus getan wird, das ist Sünde. Zunächst erschreckt dieser Satz in seiner Radikalität. Aber im Grunde sagt hier Paulus über die Sünde das Gleiche wie bisher, nur aus einer anderen Perspektive. Bisher hat er die Sünde als das Verhalten der Menschen dargestellt, das sich von Gott trennt und gegen seinen Willen handelt; das wird an der Übertretung des Gesetzes sichtbar. Hier bezeichnet er Sünde als das Verhalten, das nicht von der inneren Verbindung mit Gott getragen und bestimmt wird. »Mit anderen Worten: Alles Tun, was aus Hochmut, Selbstüberhebung, Stolz, aber auch aus Angst, Verzweiflung und Selbstverschlossenheit kommt, das ist ›Sünde‹ und führt von Gott weg. Was aber aus Glauben, d.h. auf dem Grund eines rückhaltlosen Vertrauens auf den Gott Jesu Christi geschieht, das ist seinem Willen gemäß« (M. Theobald II, 175). Dieser Maßstab soll die Christen in Rom gerade nicht zur Uniformität ihres Handelns führen, sondern zum gegenseitigen Respekt für die Glaubensüberzeugungen anderer anleiten.

Wahre christliche Freiheit zeigt sich darin, um andrer willen auch auf persönliche Freiheiten verzichten zu können. Paulus hat dies schon einmal bei einer ähnlichen Problemlage in Korinth in 1Kor 8-10 dargelegt.
Es gab aber auch Situationen, in denen sich Paulus gezwungen sah, sich vehement für die Freiheit, zu der Christus befreit hat (Gal 5,1), einzusetzen. Als sich die Judenchristen in Antiochien unter Führung des Petrus und Barnabas von den gemeinsamen Mahlzeiten mit den Heidenchristen zurückzogen, um nach den Vorschriften der jüdischen Reinheitsgebote leben zu können, da stimmte Paulus keiner freundschaftlichen Trennung um des Gewissens willen zu, sondern griff dieses Vorhaben scharf an (Gal 2,11-14). Und als Teile

der galatischen Gemeinden geneigt waren, der Argumentation judenchristlicher Lehrer zu folgen, die sagten, auch als Christ müsse man sich beschneiden lassen und Grundgebote des Gesetzes befolgen, widersprach er dem vehement. Worin lag der Unterschied?

1. Petrus und die Judenchristen in Antiochien suchten nicht nach Wegen, durch die die Gemeinschaft zwischen den beiden Gruppen hätte aufrechterhalten werden können. Sie sahen nur in der Trennung eine Lösung. Ihre Gründe dafür waren ehrenwert, denn sie sahen sich vor die Alternative gestellt, entweder die Gemeinschaft mit den Heidenchristen oder den Juden aufzugeben. Paulus plädiert dagegen leidenschaftlich für die Einheit der Christen.

2. Bei den Auseinandersetzungen in Galatien ging es nicht darum, Judenchristen und ihren Sympathisanten Raum für die ihnen angemessen scheinende Lebensweise zu gewähren, sondern darum, für alle Christen die Beschneidung und die Einhaltung des Gesetzes verbindlich zu machen. Dadurch sah Paulus die Grundlagen des Evangeliums und der Freiheit, die es schenkt, gefährdet.

3. In Antiochien waren diejenigen, die sich trennten, in einer Machtposition. Wahrscheinlich stellten sie die Mehrheit. In jedem Fall spürte Paulus in ihrem Handeln einen fast unausweichlichen Zwang auf die Heidenchristen, um der Gemeinschaft willen ihre Glaubensüberzeugung aufzugeben und dadurch in ihrem Glauben an Christus irre zu werden. Die Konstellation war also gerade umgekehrt wie in Rom.

Paulus unterscheidet sehr klar zwischen Situationen, in denen er empfiehlt, auf die Ausübung der eigenen Freiheit zu verzichten, weil andere gefährdet sind, und solchen, in denen er vehement für die Freiheit in Christus eintritt, weil die Freiheit gefährdet ist.

Martin Luther hat beide Seiten dieser Aussage in den beiden Thesen seiner Schrift »Von der Freiheit eines Christenmenschen« zusammengefasst: »Ein Christenmensch ist ein freier Herr aller Dinge und niemand untertan. – Ein Christenmensch ist ein dienstbarer Knecht aller Dinge und jedermann untertan.«

15,1–6
Dem Vorbild Christi folgen

¹Wir aber, die »Starken«, sind verpflichtet, die Schwächen derer zu tragen, denen es an Stärke fehlt, und nicht uns selbst zu Gefallen zu leben. ²Jeder von uns soll den Nächsten zu Gefallen leben, ihr Wohl im Auge, und um (sie) aufzubauen. ³Denn auch der Christus hat nicht sich selbst zu Gefallen gelebt, sondern, wie geschrieben steht: *Die Schmähungen derer, die dich schmähen, haben mich getroffen*

(Ps 69,10). ⁴Denn was immer (in der Schrift) im Voraus niedergeschrieben worden ist, das ist zu unserer Belehrung aufgeschrieben worden, damit wir mit Beharrlichkeit und von den (heiligen) Schriften ermutigt an der Hoffnung festhalten. ⁵Gott aber, der Beharrlichkeit und Ermutigung schenkt, der gebe euch auch, dass ihr euch auf dasselbe (Ziel) ausrichtet, wie es Christus Jesus gemäß ist, ⁶damit ihr einmütig und mit einem Mund den Gott und Vater unseres Herrn Jesus Christus loben könnt.

Paulus fasst seine Überlegungen zusammen, zunächst mit einer nochmaligen Mahnung an die »*Starken*« (**1**). Er identifiziert sich mit einem *Wir* jetzt offen mit ihnen: *Wir aber, die »Starken«, sind verpflichtet, die Schwächen derer zu tragen, denen es an Stärke fehlt.* Paulus nennt hier zum ersten Mal das Schlagwort *Starke*. Es bezeichnet Christen, die mehr Kräfte, Ressourcen und Möglichkeiten besitzen als andere. Möglicherweise ist nicht nur die *Glaubensstärke* gemeint, von der bisher die Rede war, sondern sind auch soziale Rang- und Bildungsunterschiede angesprochen. Was immer dazu gehört, all das ist Gottes Geschenk, das *verpflichtet*, es mit anderen zu teilen.
Konsequenterweise verwendet Paulus für die *Schwachen* nicht mehr das gleiche Wort wie bisher, sondern eines, das sie als *Nicht-Starke* bezeichnet, also als Menschen, denen bestimmte Möglichkeiten fehlen. In der neueren Auslegung des Römerbriefs wird vermutet, dass es bei den Spannungen in Rom auch um soziale Unterschiede ging und Menschen aus ärmeren Gesellschaftsschichten dazu neigten, sich in ihrem Leben als Christen an möglichst strikte Regeln zu halten. Doch bleibt das Vermutung. Paulus mahnt jedenfalls die *Starken*, die *Schwächen* der anderen *zu tragen*. Paulus formuliert hier einseitig aus der Sicht der *Starken*. Was sie als Defizit und Schwäche ansahen, mag manchen Betroffenen eher als Stärke und Reichtum erschienen sein.
In Gal 6,2 hat Paulus eine ähnliche Mahnung sehr viel wechselseitiger formuliert: »Einer trage des anderen Last!« Das bleibt auf Augenhöhe. Aber es geht Paulus zunächst einmal darum, dass diejenigen, die entsprechende geistliche, geistige und vielleicht auch ökonomische Stärken haben, sie konsequent für andere einsetzen. Sie haben die Kraft und die innere Weite, auch die Enge und Ängstlichkeit der anderen zu verstehen und mitzutragen. Paulus führt damit ein Stück über die aktuellen Probleme in Rom hinaus. Im Gegensatz zu dem, was in der menschlichen Gesellschaft oft gilt, dass nämlich die Schwachen die Starken zu unterstützen haben, ist es in der christlichen Gemeinde umgekehrt. Darum die »einseitige« Mahnung.

Sie wird durch einen Nachsatz gestützt, der vor einer möglichen Gefahr warnt: Gerade die *Starken*, die geistlich (und vielleicht auch allgemein menschlich) Begabten, sollen nicht sich *selbst zu Gefallen zu leben*. Es ist manches Mal gerade die Gefahr derer, die in geistlichen Dingen einen gewissen »Durchblick« haben und in manchen Fragen weiter und klarer sehen als andere, selbstgefällig die eigene Erkenntnis zu feiern und auf andere herabzuschauen. Wer aber Lasten und Schwächen anderer mitträgt, kann das nicht von oben herab tun. Gemeinsam tragen bringt unausweichlich auf Augenhöhe!

Darum ist die anschließende Mahnung des Paulus gleichermaßen an alle gewandt (**2**): *Jeder von uns soll dem Nächsten zu Gefallen leben*. Das gilt allen. Denen, die sich als »Starke« bezeichnen, und denen, die man die »Schwachen« nennt. Man kann auch mit seinen Schwächen kokettieren und sie als Druckmittel benutzen. Nein, jeder kann und soll dem Nächsten zu Gefallen leben. In einem ganz ähnlichen Zusammenhang formuliert Paulus das so: »Niemand suche das Seine, sondern was dem anderen dient« (1Kor 10,24; vgl. Phil 2,4).

Damit wird deutlich, dass *zu Gefallen leben* nicht oberflächliche Gefälligkeiten meint oder eine Anpassung an alle möglichen Wünsche der anderen. Paulus präzisiert daher, wie das geschehen soll, nämlich *zum Guten* (so wörtlich), also *ihr Wohl im Auge*, und *um aufzubauen*. Wie in 14,19 geht es um ein Verhalten, das die anderen fördert und die Gemeinschaft aufbaut und stärkt. Paulus denkt vielleicht auch an eine kreative Aufarbeitung der Meinungsverschiedenheiten. Aber eben nicht in der Konfrontation unterschiedlicher Überzeugungen, sondern im Versuch, die Meinung der anderen in ihrer lebensgeschichtlichen Prägung und ihrer Bedeutung für sie zu verstehen. Aufbauarbeit wird aber vor allem dort geleistet, wo man sich über Meinungsverschiedenheiten hinweg auf das gemeinsame Fundament in Christus besinnt und miteinander Aufgaben anpackt.

Wie so oft begründet Paulus deshalb seine Mahnung mit einem Hinweis auf das Verhalten Jesu (**3**). *Denn auch der Christus hat nicht sich selbst zu Gefallen gelebt*. Auffallend bei dieser Aussage ist, dass Paulus sehr betont *der* Christus sagt. Er spricht von Jesus als dem *Messias*. Sein Leben als von Gott Gesalbter und Gesandter war dadurch bestimmt, dass er nicht für sich selbst lebte, sondern für andere. Paulus beschreibt dies in seinem Christuslied in Phil 2,6–8. Im Römerbrief will er das durch ein Wort der Schrift belegen. An und für sich hätte sich dafür Jes 53,4 angeboten: »Er trug unsere Schwachheit« (vgl. Mt 8,17). Aber Paulus wählt ein anderes, dessen Pointe sich uns nicht gleich erschließt: *Die Schmä-*

hungen derer, die dich schmähen, haben mich getroffen. Das Wort stammt aus Ps 69,10, dem Gebet eines Menschen, der vor Gott sein Leiden und seine Klage darüber ausbreitet, dass er um Gottes willen Schmach und Schande erdulden muss. Die junge Christenheit hat diesen Psalm als Leidenspsalm des Messias gelesen. Es ist der Christus, der zu Gott ruft und bekennt, dass er mit den Schmähungen. die Gott treffen sollen, die Schande und Schmach der Gottesfeindschaft der Menschen auf sich genommen hat. Erfüllt hat sich das in der Passion Jesu (vgl. Mk 15,16–19; 1Petr 2,23).
Christi Vorbild muss nicht wiederholt werden. Aber sein Geschick begründet und ermöglicht ein Verhalten, das sich unabhängig von gesellschaftlichem Ehrgeiz und Streben nach Ansehen dem verpflichtet, was anderen hilft – selbst wenn das dem eigenen Ansehen schadet. Dass Paulus den Hauptteil seines Briefs mit dem Satz beginnen konnte: *Ich schäme mich nicht des Evangeliums*, hängt damit zusammen, dass die Botschaft von der rechtfertigenden Gnade die herkömmlichen Maßstäbe von Ehre und Schande neu geeicht hat.
Paulus fügt dem alttestamentlichen Zitat eine kurze Erläuterung seiner Auslegung alttestamentlicher Stellen an (**4**). Wie viele jüdische Schriftausleger seiner Zeit, z.B. auch die Leute von Qumran, war Paulus davon überzeugt, dass in den biblischen Schriften nicht nur das festgehalten ist, was die Schreiber zur Zeit der Abfassung bewegt hat, sondern auch eine Botschaft für die jetzige Zeit: *Denn was immer (in der Schrift) im Voraus niedergeschrieben worden ist, das ist zu unserer Belehrung aufgeschrieben worden.* Ähnliche Aussagen finden sich auch in 4,24; 1Kor 9,10; 10,11. Für Paulus liegt also in den Aussagen der Schrift eine direkte Lehre für die Situation der Christen. Er fragt deshalb nicht wie wir heute zuerst nach dem ursprünglichen Sinn der Texte, sondern nach dem, was sie heute zu sagen haben. Das war die Methode seiner Zeit, und es lässt sich zeigen, dass damit nicht einfach willkürlich umgegangen wurde. Das Psalmwort wird zum Hinweis darauf, die Passion Christi positiv zu verstehen: In ihr hat Christus die Haltung bewährt, sich nicht selbst zu Gefallen zu leben.
Wir wenden heute andere Auslegungsmethoden an. Aber auch sie sind darauf angelegt, die alten Texte heute zum Sprechen zu bringen, *damit wir mit Beharrlichkeit und von den (heiligen) Schriften ermutigt an der Hoffnung festhalten.* Die traditionelle Übersetzung: *durch Geduld und den Trost der Schrift* (LÜ) ist nicht falsch. Ihr Akzent ist aber etwas passiv-erduldender, als der Urtext das signalisiert. Der *Trost der Schrift* liegt in der *Ermutigung*, an Gott und seinem Wort *beharrlich* dranzubleiben und so auch die *Hoffnung,* die es zuspricht, *festzuhalten.*

Dieser Hinweis mündet in einen Segenswunsch, der deutlich macht, dass eine solche Haltung letztlich das Geschenk Gottes ist. Darum erbittet Paulus für die Gemeinde in Rom (**5**): *Gott aber, der Beharrlichkeit und Ermutigung schenkt, der gebe euch auch, dass ihr euch auf dasselbe (Ziel) ausrichtet, wie es Christus Jesus gemäß ist.* Was wir von der Heiligen Schrift erwarten, ist Gottes Gabe. Er ist *der Gott der Geduld und des Trostes* (LÜ) oder, etwas pointierter in unserer Übersetzung: Er ist es, *der Beharrlichkeit und Ermutigung schenkt*. Er ist es deshalb auch, der die innere Einheit und Einmütigkeit schenken muss, auf die es Paulus in dem ganzen Abschnitt ankommt.

Noch einmal kommt Paulus auf seinen Wunsch von 12,16 zurück: *Seid untereinander auf dasselbe bedacht.* Nach allem, was er in den letzten Abschnitten geschrieben hat, kann er damit nicht meinen, dass alle der gleichen Meinung sein sollen. Es geht darum, dass sich alle – auch bei unterschiedlichen Meinungen im Detail – *auf das gleiche Ziel ausrichten*, so wie das *Christus gemäß* ist, also dem entspricht, was er in seiner Person und seinem Leben verkörpert. Das macht gemeinsames Handeln möglich, auch dort, wo man sich nicht in allen Fragen einig ist.

Eine solche Arbeitsgemeinschaft hat auch ein inneres Ziel (**6**). Sie macht möglich, was das Wesen christlicher Gemeinschaft ausmacht. Paulus nennt dieses Ziel: damit *ihr einmütig und mit einem Mund Gott und den Vater unseres Herrn Jesus Christus loben könnt.* Das gemeinsame Gotteslob mit »Herzen, Mund und Händen« ist die Erfüllung jeder Gemeinschaft vor Gott. Es gilt dem Gott, den Jesus Christus als seinen und unseren Vater offenbart hat. Deshalb ist es *einmütig* (ein Lieblingswort der Apostelgeschichte, wo es zehn Mal vorkommt; vgl. 1,14). Paulus benutzt ein Bild aus der musikalischen Welt: Das Gewirr der vielen unterschiedlichen Stimmen der Christen in Rom findet zusammen zu einem großen Chor, der wie *aus einem Mund* Gottes Lob singt. Wo die Gemeinde so zu gemeinsamem Lob zusammenfindet, findet sie auch die Basis für das gemeinsame Tun.

Stärke verpflichtet: Paulus kommt zu einer ersten praktischen Zusammenfassung, in der er besonders diejenigen, die – aus welchen Gründen auch immer – in der stärkeren Position sind, zu besonderer Rücksichtnahme und Achtsamkeit verpflichtet. Aber im Grunde gilt es für alle Beteiligten, nicht selbstgefällig die eigene theologische Position zu umkreisen, sondern darauf zu achten, was andere an Hilfe brauchen und was die Gemeinschaft aufbaut.

Paulus führt mit seinen Formulierungen schon über die aktuelle Situation in Rom hinaus. Die Herausforderungen können sich ange-

sichts anderer Themen wiederholen. In heutigen Gemeinden ist die Frage reiner oder unreiner Speisen in der Regel kein Streitpunkt mehr. Was heute das Miteinander in die Zerreißprobe führt, ist z.B. das Schriftverständnis. Da gibt es die, die sich durch Tradition und eigene Erkenntnis an ein »wörtliches« Verständnis gebunden wissen, und da gibt es andere, die durch wissenschaftliche Erforschung und die eigene Glaubensentwicklung dazu geführt wurden, zwischen historischem Wortlaut und heutiger Bedeutung zu unterscheiden. Beide Positionen gibt es in vielen Varianten, und man wird besser darauf verzichten zu entscheiden, wer die »Starken« und wer die »Schwachen« sind. Das Gefährdungsmuster ist freilich geblieben. Die einen sind in Gefahr, die anderen als zurückgebliebene Fundamentalisten zu verachten, und die anderen sind schnell dabei, ihre Gegner als Zerstörer des Glaubens zu verurteilen. Können die Ratschläge des Paulus helfen, einander anzunehmen? In vielen Fällen hat sich gezeigt, dass man sich dort, wo man zunächst einmal den Streit um Prinzipien auf die Seite legt und versucht, die Position der anderen zu verstehen, bald ein Stück näher kommt. Oft ist es erstaunlich, wie stark die Lebensgeschichte prägend am Werden einer bestimmten Position beteiligt ist. Das zu sehen, hilft auch verstehen, warum eine Überzeugung für die anderen wichtig und nicht leicht verzichtbar ist. Umgekehrt hilft es auch zu erkennen, dass die eigene Meinung nicht die absolute Wahrheit, sondern mir zugewachsen ist. Sie zu relativieren, muss ihr nicht die Gewissheit nehmen, die ich für mich selbst brauche.
Wenn gegenseitige Annahme auf dieser Basis geschieht, dann ist auch gesichert, dass aus der Forderung nach Rücksichtnahme kein neues, verdecktes Machtspiel wird, das in einer Tyrannei der Schwachen endet. Es ist freilich auch denkbar, dass sich im Versuch des Verstehens herauszustellen scheint, dass eine bestimmte Position das Evangelium gefährdet, und sich jemand durch sein Gewissen dazu gedrängt sieht, deren Vertreter »ins Angesicht hinein zu widerstehen«, wie das Paulus in Antiochien Petrus gegenüber tat (Gal 2,11–14). Dass auch das mit dem Ziel geschieht, eins in Christus zu bleiben, dazu hilft das Vorbild Christi und der Gebetswunsch, dass Gott selbst die Einmütigkeit und Gemeinsamkeit schenkt, die zum gemeinsamen Lob Gottes nötig sind.

15,7–13
Christus – Diener der Juden und Hoffnung der Völker

⁷Deshalb nehmt einander auf, wie euch auch der Christus aufgenommen hat, zur Ehre Gottes. ⁸Denn ich sage: Christus ist ein Die-

ner der Beschneidung geworden um Gottes Treue willen, um die Verheißungen für die Väter zu bekräftigen, ⁹die Völker aber verherrlichen Gott um der Barmherzigkeit willen, wie geschrieben steht: *Deshalb preise ich dich unter den Völkern und singe deinem Namen* (Ps 18,50). ¹⁰Und weiter heißt es: *Freut euch, Völker, mit seinem Volk* (Dtn 32,43). ¹¹Und weiter: *Lobt den Herrn, alle Völker, und alle Nationen sollen sein Lob singen* (Ps 117,1). ¹²Und weiter sagt Jesaja: *Es wird der (Spross aus dem) Wurzelstrunk Isais kommen, nämlich der, der sich erhebt, um über die Völker zu herrschen, auf ihn werden die Völker hoffen* (Jes 11,10).
¹³**Der Gott aber der Hoffnung erfülle euch ganz mit Freude und Frieden in eurem Glauben, damit ihr von Hoffnung überfließt in der Kraft des Heiligen Geistes.**

Noch einmal fasst Paulus das zusammen, was ihm aus der langen Erörterung am Wichtigsten ist (7): *Nehmt einander* (in eure Gemeinschaft) *auf, wie euch auch der Christus* (in seine Gemeinschaft) *aufgenommen hat*. Die traditionelle Übersetzung *Nehmt einander an, wie Christus euch angenommen hat*, arbeitet einen wichtigen Aspekt dessen heraus, worum es Paulus geht: Mitchristen auch mit ihren ganz unterschiedlichen Meinungen zu akzeptieren und als Schwestern und Brüder anzunehmen, für die Christus gestorben ist. Aber diese Übersetzung verdeckt etwas den ganz praktischen Ton: Nehmt die anderen wirklich in eure Gemeinschaft auf, auch in den Kreis der verschiedenen Hausgemeinden und Gruppen, ladet sie zu euren Mahlzeiten und Mahlfeiern ein, auch wenn das eine gewisse Rücksichtnahme erfordert. Es ist schade, dass wir nicht wie die Englischsprachigen übersetzen können: *Welcome one another as Christ has welcomed you*.
Die gleiche Konkretion ergibt sich ja auch für den Hinweis auf das Verhalten Christi. Er nimmt die Sünder *an*, akzeptiert sie als Menschen, denen Gottes Liebe gilt. Aber mehr noch: Er nimmt die Sünder *auf* und isst mit ihnen, nimmt sie hinein in seine heilende Gemeinschaft. Wie der Vater in Jesu Gleichnis zu beiden Söhnen hinausgeht und sie zu sich hereinholen will (Lk 15,11–32), so ist Jesu Leben und Wirken der Vollzug der Einladung Gottes an alle, in seine Gemeinschaft zu kommen. Und so sah Paulus im Tod Jesu und der Hingabe seines Lebens das große Entgegen-Kommen Gottes: Dass er in den Herrschaftsbereich von Sünde und Tod kam, zeigt allen, wer immer sie sind: Ihr seid in Christus angenommen. Vertraut euch ihm an, er nimmt euch auf in die Gemeinschaft mit Gott!
Wieder schreibt Paulus sehr betont: *der* Christus, um zu unterstreichen: So hat der Messias Israels gehandelt. Und wenn er die-

sen Hinweis in die Formulierung kleidet: *wie der Christus euch aufgenommen hat,* so trägt das einen doppelten Akzent. Das Verhalten Jesu ist Vorbild, das *zeigt,* wie nach seinem Beispiel Gemeinschaft gelebt wird. Aber was Christus tat, *begründet und ermöglicht* zugleich das Verhalten, das von seinen Nachfolgern erwartet wird. Wir dürfen die Bedeutung mithören: Nehmt einander auf, *weil* Christus euch aufgenommen hat. Offensichtlich schreibt Paulus auch sehr bewusst: wie Christus *euch* aufgenommen hat, obwohl eine Reihe von Handschriften das in *uns* ändern. Ohne dass Paulus sich ausschließen möchte, will er alle in Rom ganz persönlich anreden. Er will sie daran erinnern: Dass sie zu Christus gehören, verdanken sie allein dem Wunder, dass Christus sie in seine Gemeinschaft aufgenommen hat. Gleich, woher sie kamen, aus einem Judentum, das sich Gott ganz nahe glaubt, oder aus heidnischen Religionen bzw. aus religiöser Gleichgültigkeit, wo man dem wahren Gott sehr fern zu sein scheint, entscheidend ist für jeden: Christus hat mich aufgenommen. Darum bin ich hier. Das ist Grund genug, jeden und jede, die zu ihm gehören, auch in unsere Gemeinschaft aufzunehmen und willkommen zu heißen. Das zu tun ist nicht nur ein Gebot der Mitmenschlichkeit oder christlichen Geschwisterlichkeit, es geschieht *zur Ehre Gottes.* Wo Christen menschlich miteinander umgehen, da wird Gott verherrlicht!

Sein Grundanliegen, dass Christen ganz unterschiedlicher Herkunft durch Christus in die Gemeinschaft mit Gott aufgenommen wurden, muss Paulus noch einmal unterstreichen. Er tut das mit einem feierlichen Schlusswort (**8f**), dessen Einleitung man fast übersetzen müsste: *Ich sage aber mit großem Nachdruck.* Es folgen zwei Aussagen: Die eine bezieht sich auf *die Beschneidung,* also die Menschen, die zum Judentum gehören, die zweite auf die *Völker,* also diejenigen, die in der Sicht der Juden *Heiden* waren, Leute, die den wahren Gott nicht kennen.

Wieder spricht Paulus von dem, was Christus getan hat und was er für die Menschen war. Zunächst beschreibt er die eine Seite (**8**): *Christus ist ein Diener der Beschneidung geworden um Gottes Treue willen.* Das ist eine ganz ungewöhnliche Aussage für Paulus. Paulus benutzt hier für *Diener* nicht das griechische Wort für *Sklave,* sondern ein anderes, das dem Begriff *Diakon* zugrunde liegt und das er nicht selten für seinen apostolischen Dienst verwendet (vgl. 1Kor 3,5; 2Kor 3,6). Der Genitiv: *der Beschneidung* bezeichnet diejenigen, für die der Dienst Christi geschieht. Christus ist Gottes Diener und Beauftragter für die Menschen der Beschneidung geworden. Was Paulus damit meint, zeigt sich in Gal 4,4, wo von dem als Mensch geborenen Sohn Gottes gesagt wird, dass er »unter das Gesetz gestellt« wurde. Als Jude ist er beschnitten worden, und Paulus betont immer wieder Jesu Verwurzelung im Judentum (Röm 1,3; 9,5). Die Aussage erinnert aber auch an das Wort Jesu aus Mk 10,45: »Der Menschensohn ist nicht gekommen, um sich dienen zu lassen, sondern um zu dienen und sein Leben als Lösegeld für viel hinzugeben.« Indem er als Messias Israels die Verfehlungen des Volks (und aller Menschen) auf sich nimmt, bestätigt Christus Gottes *Treue* und *Verlässlichkeit* (wie in 3,4 muss das griechische Wort für *Wahrheit* hier so übersetzt werden). Das aber geschieht, *um die Verheißungen für die Väter zu bekräftigen.* Man könnte das Wort *bekräftigen* fast noch stärker wiedergeben: *in Kraft zu setzen.* In Christus hat Gott die Verheißungen für sein Volk nicht nur bestätigt, sondern in Geltung gesetzt und damit – zumindest im Grundsatz – auch erfüllt. Das aber gilt gerade auch für den Vorgang, den viele Juden ablehnten: dass die Botschaft von Christus an die Heidenvölker verkündigt wurde und dort Glauben fand. Damit beginnt sich für Paulus die Verheißung an Abraham zu erfüllen, dass durch ihn alle Völker gesegnet werden und er zum großen Volk werden würde.

Davon handelt der zweite Teil des feierlichen Schlusswortes (**9**): *Die Völker aber verherrlichen Gott um der Barmherzigkeit willen.* Der grammatikalische Anschluss dieses zweiten Satzteils an den ersten ist schwierig und umstritten. Man erwartet, dass Paulus in irgendeiner Form parallel zum ersten Teil sagt, dass Christus auch ein Diener der Unbeschnittenen geworden ist, und manche Ausleger versuchen das durch entsprechende Satzkonstruktionen sicherzustellen. Aber auch wenn Paulus die Aussage über die Heidenvölker nur locker neben die über die Juden stellt, hat er zweifellos diesen Zusammenhang im Auge. Weil der Christus seinen Weg im Judentum bis zum bitteren Ende gegangen ist, hat er auch seinen Auftrag für die ganze Menschheit erfüllt und allen Gottes Liebe nahegebracht. Deswegen verherrlichen jetzt Menschen aus den nichtjüdischen Völkern Gott und preisen seine *Barmherzigkeit*.

Das Begriffspaar *Treue* und *Barmherzigkeit* (bzw. *Wahrheit* und *Gnade*), das Paulus in seiner Aussage über Juden und »Völker« zusammenstellt, gilt gesamtbiblisch als Wesensbeschreibung Gottes (vgl. Joh 1,14.17; Ex 34,6; Ps 25,10). In Christi Weg im Judentum und in dem, was er für die Völker bewirkt hat, zeigt sich Gottes Wesen. Darum *verherrlichen* gerade Menschen aus den Völkern den Gott, der sich in den heiligen Schriften der Juden geoffenbart hat! Sie geben ihm die Ehre und bekennen: Er ist wirklich Gott. Das Thema der Herrlichkeit und Ehre Gottes erweist sich im Römerbrief immer wieder als wichtiger Kontrapunkt zum Cantus firmus der Rechtfertigungsbotschaft.

Paulus findet die Bestätigung seiner Überzeugung in der Schrift und schließt seine Ausführungen zum Thema mit einer ganzen Kette von Zitaten. Im ersten Zitat aus Ps 18,50 (= 2Sam 22,50) sieht Paulus seine eigene Aufgabe unter den heidnischen Völkern (vgl. 1,5) vorhergesagt: *Deshalb preise ich dich unter den Völkern und singe deinem Namen.* Das Wort für *preisen* könnten wir auch mit *bekennen* übersetzen (Phil 2,11; vgl. Röm 14,11). Das missionarische Bekenntnis und das absichtslose Singen zu Gottes Lob gehören durchaus zusammen. Darum tritt dazu die Aufforderung aus Dtn 32,43: *Freut euch, Völker, mit seinem Volk* (**10**). Es ist ein Zitat aus dem »Lied des Mose«, aus dem Paulus gerne zitiert (vgl. 9,14; 10,19; 12,19). Er verwendet dazu die griechische Übersetzung der Septuaginta, weil sie den ihm wichtigen Punkt herausstellt, dass sich die Völker zusammen mit Israel, Gottes Volk, freuen werden. Dass es dabei um die Freude an der Vergeltung Gottes an den Feinden Israels geht, blendet Paulus allerdings aus. In Christus haben Gottes Volk und die Heidenvölker zu einer anderen Gemeinschaft des Lobes Gottes zusammengefunden.
Sie wird auch durch das nächste Zitat (**11**), wieder aus einem Psalm, betont: *Lobt den Herrn, alle Völker, und alle Nationen sollen sein Lob singen* (Ps 117,1). In die Nationen ist auch Gottes Volk mit eingeschlossen. Selbst wenn er sie nicht zitiert, hat Paulus auch die Fortsetzung in V. 2 im Sinn: »Denn seine *Gnade und Wahrheit* (oder: *Barmherzigkeit und Treue*) walten über uns in Ewigkeit.« Als letzte Begründung fügt Paulus noch ein Wort aus den Propheten an, natürlich aus dem von ihm so geliebten Buch des Jesaja (**12**). Noch einmal greift er die messianische Hoffnung auf: *Es wird der (Spross aus dem) Wurzelstrunk Isais kommen, nämlich der, der sich erhebt, um über die Völker zu herrschen* (Jes 11,10). Aus dem Wurzelstock des abgehauenen Stammes Isais, des Vaters Davids, wird ein neuer Schössling aufsprießen. In Röm 1,3 hatte Paulus ausdrücklich auf die Abstammung Jesu von David Bezug genommen, und auch das Motiv der Auferstehung von 1,4 findet Paulus im griechischen Text der Aussage wieder: *der sich erhebt, um über die Völker zu herrschen.* Die Herrschaft des messianischen Königs über die Völker, das war die große Hoffnung Israels. Dass sie sich anders erfüllen würde, als man sich das vorstellte, findet Paulus gerade in diesem Wort Jesajas vorhergesagt: *auf ihn werden die Völker hoffen.* Jesus Christus, die Hoffnung der Völker – darin sieht Paulus die messianische Verheißung der Schrift erfüllt!
Und da die meisten der römischen Christen zu den Heidenvölkern gehörten (1,7) und sich die Hoffnung Israels auch dadurch erfüllt, dass sie Grund zur Hoffnung haben, schließt Paulus mit einem entsprechenden Segenswort (**13**): *Der Gott aber der Hoffnung er-*

fülle euch ganz mit Freude und Frieden in eurem Glauben, damit ihr von Hoffnung überfließt in der Kraft des Heiligen Geistes. Wie Paulus sonst in Segenswünschen vom Gott des *Friedens* spricht (vgl. 15,33; 16,20; 2Kor 13,11; Phil 4,9; 1Thess 5,23), so hier vom Gott der *Hoffnung.* Damit knüpft er unmittelbar an den letzten Satz an, nimmt aber auch noch einmal das Segenswort von 15,5 auf, das von Beharrlichkeit und Ermutigung sprach.
Gott ist ein Gott, der Hoffnung schenkt und Hoffnung erfüllt. In Röm 5,1–5 hat Paulus das Leben der Christen unter das Vorzeichen der Hoffnung gestellt. Hier ist der Horizont noch erweitert. Es geht nicht nur um die persönliche Hoffnung der Einzelnen. Im Blick ist auch die Hoffnung der Völkerwelt auf die Befreiung aus der Sklaverei der Sünde und des Todes. Stellvertretend für die vielen, die davon (noch) nichts wissen (wollen), tragen die Christen diese Hoffnung im Herzen. Dass der Gott, der diese Hoffnung in ihnen begründet und geschaffen hat, sie *ganz mit Freude und Frieden erfülle*, das ist der Segenswunsch, den der Apostel den Christen in Rom zuspricht. Er tut das, wie in 15,5, mit feierlichen Worten in der altehrwürdigen Wunschform der griechischen Sprache (Optativ). Freude und Friede sollen das Leben der Christen erfüllen und bestimmen, auch wenn die äußeren Umstände anders aussehen mögen. Aber ihr Leben ist getragen von ihrem *Glauben*, der sich an Gottes Verheißung hält. Und darum sind sie erfüllt von der Freude an Gottes Liebe und dem Frieden, den Gottes Versöhnung denen schenkt, die sie im Glauben empfangen. Ziel des Segnens Gottes ist, dass die Christen soviel Hoffnung empfangen, dass ihr Leben davon überfließt und dadurch auch Hoffnungslose für sich Hoffnung schöpfen. Das geschieht nicht aus der Kraft des positiven Denkens, sondern *in der Kraft des Heiligen Geistes.* So, wie der Geist Gottes Liebe in die Herzen der Glaubenden ausgießt (5,5), so erfüllt er sie auch mit so viel Hoffnung, dass sie selbst davon leben und anderen Anteil daran geben können.

Paulus schließt mit diesem Abschnitt nicht nur die Diskussion über die Gemeinschaftsprobleme in Rom ab (14,1 – 15,13), sondern auch den 4. Hauptteil des Briefs, den wir überschrieben haben: *Ein Ja zu den anderen finden* (12,1 – 15,13). Damit ist auch die thematische Entfaltung der Grundthese von 1,16f an ihr Ziel gelangt.
Paulus tut das in außerordentlich bemerkenswerter Weise:
1. Die Überwindung der Spannungen in Rom zwischen Leuten mit unterschiedlichen Überzeugungen zu bestimmten Fragen der Lebensführung wird in den Horizont der in Christus grundsätzlich schon geschehenen Überwindung der Trennung zwischen dem jüdischen Volk und den heidnischen Völkern gestellt. Das lässt einer-

seits vermuten, dass hinter den Spannungen in Rom zu einem beträchtlichen Teil Unterschiede zwischen judenchristlichen und heidenchristlichen Entwürfen eines christlichen Lebensstils standen. Andererseits aber regt Paulus damit an, die Überwindung innerkirchlicher Spannungen grundsätzlich in der Perspektive des missionarischen Auftrags der Christen zu sehen. Die Brückenschläge, die in Gemeinde und Kirche nötig sind, um Gegensätze zu versöhnen, stehen in Verbindung mit dem Brückenschlag zu anderen Kulturen und Milieus, den Christus in seinem Handeln schon vollzogen hat. Unter diesem Aspekt dürfte eine kritische Überprüfung vieler Differenzen zwischen den Kirchen, die als kirchentrennend angesehen werden, angezeigt sein.
2. Paulus schließt seinen 4. Hauptteil, der mit dem Ruf zur Neugestaltung des Lebens der Christen durch einen menschenfreundlichen Nonkonformismus begann (12,1f), mit der Aufforderung: *Nehmt einander auf, wie auch Christus euch aufgenommen hat.* Gottes Ja zu uns in Jesus Christus ist die Grundlage dafür, dass auch wir ein Ja zu den anderen finden: sei es in der Gemeinde im Blick auf die unterschiedlichen Gaben oder angesichts unterschiedlicher Überzeugungen in Fragen der Lebensführung, sei es im täglichen Miteinander mit freundlichen und feindlichen Zeitgenossen.
3. In beeindruckender Weise führt Paulus mit diesem Abschluss zurück zu seiner Anfangsthese in 1,16f. Der Grundsatz: *Die Juden zuerst, dann aber auch die nichtjüdischen Völker,* der den ganzen Brief durchzieht, ist noch einmal an Beispielen aus der Schrift selbst belegt. Das *Offenbarwerden der Gerechtigkeit Gottes* im Evangelium von Jesus Christus findet seine Entsprechung in der Verwirklichung der Treue und Barmherzigkeit Gottes im Handeln Christi für Juden und Heiden. Wer Gott ist und wie er handelt, das zeigt sich in Jesus Christus und der frohen Botschaft von ihm. Hatten die Kap. 1–8 dies stärker im Blick auf die Erfahrung der einzelnen Menschen entfaltet, so die Kap. 9–15 im Blick auf den Weg Israels und der christlichen Gemeinde. Die letzten Verse von 15,7–13 eröffnen die weltweite Perspektive der Christusmission, für die Paulus die römische Gemeinde in den folgenden Versen gewinnen will.

15,14–33
Abschließende Mitteilungen

Paulus kommt zum Schluss seines Briefs. Inhaltlich nimmt er wieder den Faden der Einleitung in 1,8–15 auf. Dort hatte er den Christen in Rom seine Absicht mitgeteilt, bald nach Rom zu kommen und zusammen mit ihnen das Evangelium zu verkünden. Er hatte dies in einem recht vorsichtigen Ton getan. Einerseits schien er deutlich machen zu wollen, dass er in keiner Weise ihr Christsein in Frage stellen wolle, andererseits deutete er an, dass er den Christen in Rom mit seiner Sicht des Evangeliums etwas geben könne, insbesondere wenn es um die missionarische Ausrichtung der Botschaft gehe. Dazu nennt er in 1,16f in einer These die Grundlage seiner Verkündigung als Apostel, die er dann in vier großen Themenkreisen entfaltet.

In 15,14–33 kommt er auf seine Reisepläne zurück. Er erläutert zunächst noch einmal, worin er seinen Auftrag sieht und wie der Stand seiner Arbeit ist (14–21). Ein Bericht über seine Pläne und seine Erwartungen an seinen Besuch in Rom schließt sich unmittelbar daran an (22–33).

15,14–21
Der Auftrag des Apostels

[14]Was mich betrifft, meine Brüder und Schwestern, und meine Meinung über euch, so bin ich fest davon überzeugt, dass ihr selbst von guter Gesinnung durchdrungen und mit aller Erkenntnis erfüllt seid und euch gegenseitig ermahnen könnt. [15]Dennoch habe ich euch teilweise reichlich kühn geschrieben, doch nur um euch wieder (an Bekanntes) zu erinnern kraft der Gnade, die mir von Gott gegeben ist, [16]ein Beauftragter Jesu Christi für die (nichtjüdischen) Völker zu sein, der das Evangelium Gottes priesterlich ausrichtet, damit die Heidenvölker als eine (Gott) wohlgefällige, im Heiligen Geist geheiligte Opfergabe dargebracht werden. [17]Insofern habe ich in Jesus Christus (Grund zum) Ruhm vor Gott. [18]Denn ich würde nicht wagen, von Dingen zu reden, die nicht Christus durch mich bewirkt hat, um Heidenvölker zum Gehorsam zu führen, und zwar durch Wort und Tat, [19]in der Kraft von Zeichen und Wundern, in der Kraft des Geistes Gottes. So habe ich von Jerusalem an und dann in einem großen Bogen bis Illyrien das Evangelium von Jesus Christus zur Vollendung bringen können [20]und war dabei eifrig bemüht, nicht dort das Evangelium zu verkündigen, wo Christus schon bekannt war, damit ich nicht auf dem Fundament eines anderen baue. [21]Sondern (es ist geschehen,) wie geschrieben steht: *Denen nichts von ihm verkündigt wurde, die sollen sehen, und die nichts gehört haben, sollen verstehen* (Jes 52,15).

Fast scheint Paulus darüber zu erschrecken, wie viel und wie intensiv er an die Christen in Rom geschrieben hat. So beeilt er sich, ihnen zu versichern, dass er nicht denkt, sie hätten es nötig, ganz besonders eindringlich belehrt zu werden (**14**). Mit wohlgesetzten Worten sagt er ihnen, wie hoch er von ihnen denkt. Für uns klingt das fast wie Schmeichelei, aber verglichen mit anderen antiken Briefen ist dies übliche Höflichkeit in christlichem Gewand. Kern seiner Aussage sind zwei Dinge: 1. Menschen, die zu Christus gehören, sind erfüllt mit *guter Gesinnung*, Rechtschaffenheit und Güte. Darin unterscheiden sie sich von dem Bild, das Paulus in 1,29ff vom menschlichen Verhalten zeichnen musste. 2. In einer Gemeinschaft von Christen ist genügend *Erkenntnis*, also Einsicht in Gottes Willen und in die Herzen der Menschen, vorhanden, dass diese sich, wenn nötig, gegenseitig belehren und ermahnen können. Der Respekt vor abweichenden Überzeugungen, den Paulus gerade gefordert hat, schließt ja nicht aus, dass man sich umeinander kümmert und in der Absicht zu helfen auch einmal das Verhalten anderer in Frage stellt. Dabei gibt es für Paulus kein Autoritätsgefälle in der Gemeinde. Es geht um wechselseitige Korrektur und Hilfestellung.

Aber nun muss Paulus doch andeuten, warum er diesen umfangreichen Brief geschrieben hat, und zwar *teilweise reichlich kühn*, wie er zugibt (**15**). Ob er damit seine kritischen Ausführungen zum Gesetz meint oder seine Einmischung in innerrömische Angelegenheiten, lässt er offen. Er spielt die Sache zunächst herunter: Er wollte die Christen in Rom nur an manches *erinnern*. Das dürfte doch eine ziemliche Untertreibung sein. Denn sosehr Paulus sich bemüht, immer wieder an gemeinsame christliche Überzeugungen anzuknüpfen (vgl. 1,3f; 3,25; 4,25) und dabei häufig die Heilige Schrift zitiert, sosehr muss ihm bewusst gewesen sein, dass vieles, was er schrieb, nicht zum Allgemeingut des Glaubens in urchristlichen Gemeinden gehörte.

Indirekt begründet er das auch mit seinen nächsten Worten. Was er geschrieben hat, hat er *kraft der Gnade, die mir von Gott gegeben ist*, weitergegeben. Damit lässt er seine Überzeugung durchblicken, dass Gott ihm einen bestimmten Auftrag und dafür auch eine gewisse geistliche und theologische Autorität anvertraut hat (vgl. 1,5; 12,3). In diesem Auftrag und in dieser Autorität hat er auch zu den Christen in Rom gesprochen.

Paulus führt das im nächsten Satz näher aus. Dabei wählt er Worte, die für ihn ganz außergewöhnlich sind (**16**). Inhalt und Ziel der Gnade, die ihm Gott gegeben hat, ist es, *ein Beauftragter Jesu Christi für die (nichtjüdischen) Völker zu sein*. Das griechische Wort, das wir mit *Beauftragter* wiedergegeben haben, wird meist mit *Diener* übersetzt. Es bezeichnet aber in griechischen und römischen Städten sehr hochgestellte *Diener* des Gemeinwesens, eher ehrenamtliche Beamte, die – meist auf eigene Kosten – wichtige

Aufgaben übernehmen, z.B. bei Gesandtschaften oder auch bei Feiern und kultischen Begehungen (vgl. auch zu 13,6). Hier reiht sich Paulus ein als Beauftragter Christi und sein Gesandter (vgl. 2Kor 5,20) zu den nichtjüdischen Völkern. Paulus führt die Beschreibung seines Auftrags in einer ganz neuen Perspektive weiter: Er ist jemand, *der das Evangelium Gottes priesterlich ausrichtet* bzw. ihm *priesterlich* dient. Dass sein Leben für das Evangelium eine priesterliche Aufgabe ist, das sagt Paulus ganz selten. Allerdings hat das Wort für *dienen*, das Paulus in 1,9 benutzt hat, eine ähnliche Bedeutung – ein weiterer Berührungspunkt zwischen Einleitung und Schluss. Aber wie versteht Paulus das? Der priesterliche Dienst im Tempel war darauf ausgerichtet, Gemeinschaft zwischen Gott und Mensch zu vermitteln. Diese Gemeinschaft wird seit Tod und Auferweckung Jesu Christi durch das Evangelium begründet. Darum ist für Paulus die Verkündigung des Evangeliums, die Menschen zum Glauben ruft, durch den sie sich in die Gemeinschaft mit Gott hineinnehmen lassen, eine Form von priesterlichem Dienst.

Er selbst sieht sich dabei in einer doppelten Aufgabe: 1. Er ist beauftragt, in besonderer Weise das Evangelium zu den Menschen in den nichtjüdischen *Völkern*, also zu den *Heiden*, zu bringen. Darum ist für ihn auch seine Theologie der »Völker-Mission«, wie er sie im Römerbrief entwickelt, priesterliches Handeln. 2. Dieser Auftrag geschieht aber auch, *damit die Heidenvölker als eine (Gott) wohlgefällige, im Heiligen Geist geheiligte Opfergabe dargebracht werden.* Noch einmal gibt Paulus der Beschreibung seines Auftrags eine überraschende Wendung: Es geht nicht nur darum, den Menschen die frohe Botschaft von ihrem Heil zu bringen. Es geht auch darum, die Menschen zu Gott zu bringen, da sie ihm schon immer gehören. Paulus beschreibt das mit dem Bild des *Darbringens von Opfergaben.* Das *Opfer der Völker* (so wörtlich) sind also nicht Opfergaben, die die Heidenvölker überbringen. Es ist die Opfergabe, die aus diesen Menschen besteht. Ähnlich, wenn auch mit etwas anderen Worten, hat Paulus schon in 12,1f vom Leben aller Christen als einem lebendigen Opfer gesprochen. Im Hintergrund unserer Stelle steht wohl Jes 66,20. Dort wird allerdings davon gesprochen, dass die Völker die jüdischen Menschen, die unter ihnen verstreut wohnen, als Opfergabe zum heiligen Berg in Jerusalem zurückbringen. Paulus sieht das darin erfüllt, dass er als Jude Menschen aus den Völkern Gott als Opfergabe bringen kann. Bisher waren die Nichtjuden durch strikte Barrieren vom Gottesdienst Israels ausgeschlossen. Sie galten als unrein und unheilig. Durch ihre Aufnahme in die Gemeinschaft mit Gott durch den Glauben ans Evangelium werden sie zu einer Gabe, die Gott *wohlgefällig* ist,

weil die Menschen durch die Wirkung des Heiligen Geistes geheiligt und gereinigt sind. Einmal mehr zeigt sich hier, dass für Paulus Rechtfertigung und Heiligung, Annahme und Neugestaltung des Lebens zwei Dimensionen des gleichen Vorgangs sind.
Nachdem Paulus relativ vollmundig von seinem Auftrag gesprochen hat, ist ihm ein erläuternder Hinweis wichtig. Auch wenn aus seinen Worten ein kräftiges Selbstbewusstsein, ja ein gewisser Stolz spricht, muss klar bleiben: Wenn er Grund hat, sich zu *rühmen*, dann nur *in Christus* (**17**). Auch für den Apostel gilt, was er in 1Kor 1,31 zitiert: »Wer sich rühmt, der rühme sich des Herrn.« Es gibt durchaus Dinge in seinem Dienst, auf die Paulus stolz ist und von denen er hofft, dass sie einst auch von seinem Herrn anerkannt werden (vgl. 1Kor 9,15f; 2Kor 1,14; Phil 2,16). Zugleich lehnt er es ab, sich durch die Aufzählung von Ruhmestiteln vor Menschen oder gar vor Gott zu rechtfertigen (vgl. 2Kor 12,1–10; Röm 3,27). Diese Balance versucht er auch in seinen folgenden Ausführungen zu halten (**18**). Er möchte von allem, was er nun auch Positives über seinen Dienst berichten wird, nur unter der Voraussetzung reden, dass dies *Christus durch mich bewirkt hat*.
Paulus greift noch einmal auf die Beschreibung seines Auftrages zurück, wie sie schon im Briefkopf stand: Er hat von Christus *den Auftrag empfangen, zum Gehorsam des Glaubens für seinen Namen unter allen (nichtjüdischen) Völkern zu rufen* (1,5). Das kürzt er hier ab. Christus hat durch ihn gewirkt, *um Heidenvölker zum Gehorsam zu führen*. Dass sog. Heiden, also Menschen, die den wahren Gott gar nicht kannten, zum Glauben gefunden und ihr Leben Gott übergeben haben, dass sie Werkzeug seiner Gerechtigkeit wurden und mit ihrem ganzen Leben Gott priesen, das ist der *Gehorsam der Völker*, den Christus durch den Dienst des Apostels gewirkt hat.
Dass hier Christus gehandelt hat, zeigt sich an der Art, wie es geschah: *durch Wort und Tat*. Er überrascht damit manchen Protestanten, der darauf geeicht ist, dass *allein das Wort* zum Glauben führt. Aber Paulus hat kein Problem, beide Aspekte des Wirkens des Evangeliums nebeneinander zu nennen. Er musste sich eher dagegen wehren, dass man ihm in Korinth zwar eine gewisse Vollmacht im (geschriebenen) *Wort* zubilligte, aber nicht, wenn es auf die *Tat* vor Ort ankam (2Kor 10,11). Damit hat man wohl kaum kritisiert, dass Paulus sich vor einem tatkräftigen Zugreifen bei der Essensausgabe für die Armen drücke. Mit *Tat* ist das sichtbare, die Not kranker und leidender Menschen wendende Wirken des Evangeliums gemeint. Dass davon auch seine Verkündigung geprägt war, betont Paulus in V. **19**: Sie geschieht *in der Kraft von Zeichen und Wundern*. Die Formel *Zeichen und Wunder* ist schon vom Al-

ten Testament her geprägt. Sie beschreibt die wunderbaren Begleiterscheinungen, mit denen Gott die Befreiung seines Volkes aus Ägypten erzwungen hat (Ex 7,3; Dtn 7,19), aber auch Zeichenhandlungen und wunderbare Ereignisse, die die Botschaft eines Propheten legitimieren sollen (Jes 20,3; Dtn 13,1f, wo freilich ausdrücklich erklärt wird, dass nur der Inhalt der Botschaft den Propheten Autorität verleiht). Eine scharfe Unterscheidung der beiden Begriffe gibt es nicht: *Zeichen* verweist auf den Hinweischarakter eines solchen Geschehens, *Wunder* darauf, dass sein außergewöhnlicher Charakter zum Staunen führt.

Offensichtlich galten auch in der Urchristenheit die *Zeichen des Apostels* als Ausweis seiner Vollmacht. Gegen die Angriffe seiner Gegner in Korinth besteht Paulus darauf, dass gerade dort *die Zeichen des Apostels* geschehen sind »mit Zeichen und mit Wundern und mit Machttaten« (2Kor 12,12; vgl. Gal 3,5). Die Apostelgeschichte berichtet auch eine Reihe von Heilungswundern, die Paulus getan hat (14,3.8–10; 15,12; 16,18), nur Paulus selbst ist sehr zurückhaltend, über die grundsätzliche Aussage hinaus einzelne Ereignisse zu erzählen. Gerade in seiner Auseinandersetzung mit den Korinthern weist er auf das entscheidende Wunder hin, dass die Verkündigung eines verfolgten und geschlagenen Apostels Glauben gefunden hat. Darauf verweist auch die letzte Wendung, die die Verkündigung des Paulus beschreibt: *in der Kraft des Geistes Gottes*. Dieses Motiv erscheint immer wieder, wenn Paulus von der Wirkung seiner Verkündigung spricht. So schreibt er an die Thessalonicher über seine missionarische Arbeit dort: »Unsere Evangeliumsverkündigung geschah für euch *nicht nur im Wort, sondern auch in Kraft und im Heiligen Geist* und in voller Gewissheit« (1Thess 1,5). Ähnlich beschreibt er den Beginn seiner Tätigkeit in Korinth: »Ich bin zu euch in Schwachheit und in Furcht und mit großem Zittern gekommen, und mein Wort und meine Verkündigung sind nicht in überredenden Worten menschlicher Weisheit geschehen, sondern durch den Erweis *des Geistes und der Kraft,* damit euer Glaube nicht auf menschlicher Weisheit beruhe, sondern auf der Kraft Gottes« (1Kor 2,3f). Paulus verweist also nicht auf spektakuläre Begleitumstände seiner Verkündigung – die wurden ja gerade vermisst –, sondern auf das Wunder, dass Menschen seine Worte als Wort Gottes aufnahmen (1Thess 2,13) und seine Verkündigung sie so zum Glauben führte.

Jetzt aber ist für Paulus der Auftrag zur grundlegenden Evangeliumsverkündigung im ganzen Nordosten des Römischen Reiches erfüllt. Er nennt als geographische Eckpunkte seiner Tätigkeit Jerusalem und Illyrien (das Gebiet der östlichen Adriaküste und ihres Hinterlandes). Er hat wohl an beiden Stellen nicht missioniert.

Aber zwischen diesen beiden Punkten spannte sich seine Wirksamkeit in großem Bogen von Damaskus und dem nabatäischen Arabien über Antiochien, Zilizien, Cypern, die wichtigsten Orte Kleinasiens, bis nach Mazedonien und Griechenland. Wäre er von dort über die *Via egnatia* nach Rom weitergereist, hätte er mit Dyrrachion (Durazzo, Albanien) Illyrien berührt. In diesem Bereich hat Paulus seine Aufgabe der Evangeliumsverkündigung erfüllt (so ist wohl *das Evangelium von Jesus Christus zur Vollendung bringen* zu verstehen). Das ist eine kühne Behauptung. Aber Paulus meint damit nicht, dass dieser ganze Bereich als genügend evangelisiert gelten könne. Er sah seine eigene Aufgabe vor allem darin, in den großen Städten einer Region das Evangelium zu verkünden und Gemeinden zu gründen, von denen sich dann die frohe Botschaft weiter in den Städten und umliegenden Dörfern ausbreiten würde. Darauf weist auch seine nächste Bemerkung hin (**20**), dass er eifrig bemüht war, nicht dort das Evangelium zu verkünden, wo Christus schon bekannt war (wörtlich: wo der Name Christi schon genannt wurde). Paulus sieht seine Aufgabe in der grundlegenden Verkündigung an Orten, an denen es noch keine christliche Gemeinde gab, wie er es 1Kor 3,10 beschreibt: »Als kundiger Baumeister habe ich das Fundament gelegt«. Umgekehrt versucht er es zu vermeiden, dort zu wirken, wo christliche Mission schon begonnen hat, *damit ich nicht auf dem Fundament eines anderen baue.* Dieser Grundsatz bringt Paulus in die Schwierigkeit, wie er seinen Besuch in Rom und eine etwaige Wirksamkeit dort erklären soll. Das war in 1,9–14 deutlich zu spüren, und Paulus wird gleich in den nächsten Sätzen darauf eingehen. Zunächst aber kann er sein missionarisches Prinzip noch einmal mit einem sehr schönen Zitat aus dem Buch Jesaja (52,15) begründen (**21**). Seine Verkündigung soll denen gelten, die der Botschaft am fernsten scheinen. Dies ist die missionarische Konsequenz der Botschaft von der Rechtfertigung des Gottlosen!

15,22–33
Die Reisepläne des Paulus

²²Deshalb bin ich immer wieder daran gehindert worden, zu euch zu kommen. ²³Jetzt aber, da mein Platz nicht mehr in diesem Gebiet ist, ich aber seit vielen Jahren mich danach sehne, zu euch zu kommen, ²⁴sobald ich nach Spanien reise – denn ich hoffe, euch auf meiner Durchreise zu sehen und von euch dorthin Geleit zu erhalten, aber erst, wenn ich für eine Weile eure Gemeinschaft genossen habe.

²⁵Jetzt aber reise ich (zuerst) nach Jerusalem, um den Heiligen einen Dienst zu erweisen. ²⁶Mazedonien und Achaia haben nämlich beschlossen, eine Solidaritätsaktion für die Armen unter den Heiligen, die in Jerusalem sind, durchzuführen. ²⁷Sie haben es (aus eigenem Antrieb) beschlossen und sind ja doch auch ihre Schuldner! Denn wenn die Nichtjuden an ihren geistlichen Gaben Anteil bekommen haben, dann sind sie auch verpflichtet, ihnen mit materiellen Dingen Unterstützung zu leisten. ²⁸Wenn ich also dies erledigt habe und für sie diesen Ertrag sicher überbracht habe, dann werde ich von dort auf dem Weg über euch nach Spanien reisen. ²⁹Ich weiß aber, wenn ich zu euch komme, werde ich in der Fülle des Segens Christi kommen.
³⁰Ich bitte euch aber dringend, Brüder und Schwestern, bei unserem Herrn Jesus Christus und der Liebe des Geistes, mir in euren Gebeten, (die ihr) für mich vor Gott (bringt), im Kampf beizustehen, ³¹damit ich vor den Ungehorsamen in Judäa gerettet werde und mein Dienst für Jerusalem den Heiligen willkommen ist, ³²damit ich dann nach Gottes Willen mit Freude zu euch kommen und bei euch etwas Ruhe finden kann.
³³Der Gott des Friedens sei mit euch allen.

Paulus knüpft unmittelbar an das bisher Gesagte an (**22**): Weil er seine Aufgabe zunächst im östlichen Mittelmeergebiet sah und auch eine gewisse Festigung der von ihm gegründeten Gemeinden erreichen wollte, damit sie die missionarische Arbeit fortsetzen konnten, war sein Plan, nach Rom zu kommen, bisher nicht zu verwirklichen. Jetzt aber sieht er seine Aufgabe in diesem Gebiet als erfüllt an (**23**). Wörtlich übersetzt schreibt Paulus: *Weil ich keinen Raum mehr habe in diesem Gebiet!* Für ihn ist seine Wirkungsmöglichkeit im Osten erschöpft. Das ist erstaunlich! Hat er den Eindruck, dass es zu viel Widerstand gegen seine Art der Mission gibt? Oder hat er eine so weitausgreifende Vision von seiner missionarischen Aufgabe, dass ein weiteres Wirken in diesem Gebiet nicht mehr in Frage kommt, weil sein Auftrag ihn weiterweist? Jedenfalls ist Paulus überzeugt, dass sein Platz nicht mehr dort ist.
Das aber gibt ihm die Gelegenheit, den langgehegten Wunsch wieder aufzugreifen, nach Rom zu kommen. Das aber soll geschehen, *sobald ich nach Spanien reise* (**24**). Damit nennt Paulus einen völlig neuen Gesichtspunkt seiner Reisepläne. Man wundert sich, warum er darüber nicht schon in der Einleitung des Briefs gesprochen hat. Wahrscheinlich wollte er den Christen in Rom zuerst die missionarische Perspektive seines Evangeliums darlegen, bevor er sie in diese Pläne einbezog.

Mit einer Mission in Spanien würde Paulus energisch an der Erfüllung der Aufgabe arbeiten, Christus »bis an die Enden der Erde« zu bezeugen, wie das in Apg 1,8 formuliert ist. Denn man sah in Spanien das westliche Ende der »bewohnten Welt« (*oikumene*). Eine Straßenkarte des Römischen Reiches, die *Tabula Peutingeriana*, deren Vorläufer vielleicht bis in die Zeit des Paulus zurückreichen, zeigt Spanien als äußerstes Gebiet im Westen und veranschaulicht den großen Bogen, den Paulus von Judäa und Arabien im Osten bis nach Spanien vor Augen hat. Von Bedeutung war für Paulus wohl auch, dass in Jes 66,19 Tarschisch, d.h. Tartessos in Spanien, nahe der Straße von Gibraltar, als einer der Orte genannt wird, zu denen Gott Boten für die Völker senden würde, um auch die zu erreichen, »die keine Kunde von mir gehört und meine Herrlichkeit nicht gesehen haben, und sie werden meine Herrlichkeit kundtun bei den Völker.« Spanien war ein rein heidnisches Land, ohne jüdische Siedlungen, und aus griechischer Sicht Barbarenland, weil dort kein Griechisch gesprochen wurde. Eine Reise dorthin würde also kein einfaches Unternehmen sein.

An dieser Stelle bricht der begonnenen Satz ab. Das kommt bei Paulus immer wieder vor (vgl. 5,12f) und verweist darauf, dass er sich schwer tut, seine Gedanken so zu formulieren, wie er es für angemessen hält. Paulus setzt noch einmal neu an: *denn ich hoffe, euch auf meiner Durchreise zu sehen*. Damit stellt er klar, dass er nur vorübergehend nach Rom kommen werde und nicht etwa vorhabe, dort sein Hauptquartier zu errichten. Er fügt aber sofort einen weiteren Punkt im Blick auf seine Erwartung an die Christen in Rom an. Er hofft auch, *von euch dorthin* [d.h. nach Spanien] *Geleit zu erhalten*. In diesem Wunsch steckt mehr, als der deutsche Wortlaut auf den ersten Blick verrät. Das entsprechende griechische Wort kann zwar gelegentlich einfach bedeuten: *zum Abschied feierlich (ein Stück Wegs) begleiten* (so Apg 20,38: 21,5). Oft aber hat es die Bedeutung: *für eine Reise ausrüsten* (so 1Kor 16,6; 2Kor 1,16; Tit 3,13). Paulus lässt offen, woran er denkt. Die Christen in Rom sollten frei sein zu entscheiden, was sie tun wollten. Aber dass es dabei um Hilfe beim Finden einer geeigneten Schiffspassage, Vermittlung von Kontakten oder Empfehlungsbriefe an Gastfreunde bis hin zur Gestellung eines des Lateinischen kundigen Reisebegleiters gehen konnte, war doch angedeutet. Man würde Zeit haben, sich kennenzulernen und diese Dinge zu besprechen. Denn allzu kurz sollte der Aufenthalt in Rom nicht werden. Paulus möchte erst weiterreisen, *wenn ich für eine Weile eure Gemeinschaft genossen habe*. Wörtlich sagt Paulus: *wenn ich mich an euch gesättigt habe*. Das könnte im Deutschen negativ verstanden werden (*bis ich euch satt habe*). Gemeint ist aber: wenn wir genügend Zeit füreinander und viel Freude aneinander gehabt haben. Paulus gibt ein doppeltes Signal: Er wird die Gastfreundschaft der römischen Christen nicht als Dauergast strapazieren, aber er wird genügend Zeit für eine echte Begegnung und ein vertieftes Kennenlernen mitbringen.

Allerdings muss Paulus gleich noch die Information nachschieben, dass er vor der Reise nach Spanien noch nach Jerusalem reisen muss, *um den Heiligen einen Dienst zu erweisen* (**25**). Während sonst bei Paulus *die Heiligen* alle Christen meint, greift er hier einen Sprachgebrauch auf, in dem dieser Begriff speziell die Urgemeinde in Jerusalem bezeichnet. Paulus benutzt hier wieder das griechische Wort für *dienen*, das er gerne verwendet, wenn es um die Erfüllung eines *Auftrags* geht. Diesen Auftrag beschreibt er in den nächsten Versen (**26f**). In den paulinischen Missionsgemeinden hat eine größere Sammelaktion für die Christen in Jerusalem stattgefunden. Dass dies geschieht, war schon Teil der Vereinbarung, die getroffen wurden, als die Jerusalemer Apostel bei einer Zusammenkunft in Jerusalem die Missionsarbeit des Paulus anerkannten. In Gal 2,10 wird als einzige Bedingung dafür genannt: »Allein an die Armen sollten wir denken; eben das zu tun, habe ich mich auch eifrig bemüht.« Tatsächlich begleitet die Organisation dieser Sammlung die weitere Arbeit des Paulus. In 1Kor 16,1–4 berichtet er, dass er sie in den Gemeinden in Galatien organisiert habe, und gibt Anweisungen, wie sie in Korinth gehandhabt werden soll. Er deutet auch an, dass er bei einem entsprechenden Ergebnis selbst zur Übergabe nach Jerusalem reisen werde. In 2Kor 8 und 9 widmet er zwei ganze Kapitel diesem Thema, wobei neben die organisatorischen Fragen auch die geistliche Begründung der Aktion tritt.

Man hat vermutet, dass mit der Jerusalemer Vereinbarung und der Durchführung der Sammlung auch eine Anerkennung der Oberhoheit der Urgemeinde über die heidenchristlichen Missionsgemeinden verbunden gewesen sei. Auch wenn die Analogie zur jüdischen Tempelsteuer, die jährlich bezahlt werden musste, nicht greift, so ist doch nicht auszuschließen, dass man das in der Urgemeinde so sah. Das Gewicht, das Paulus der Angelegenheit beimisst, weist auch in diese Richtung. Dennoch ist ihm wichtig zu betonen, dass es sich um eine freiwillige Aktion der Gemeinden in Mazedonien (z.B. Philippi, Thessalonich) und Achaia (Korinth und Umgebung) handelt. Sie haben *beschlossen*, eine *Solidaritätsaktion* durchzuführen. Das griechische Wort, das wir so wiedergeben, wird meist mit *Kollekte* (ZB), *Sammlung* (EÜ) oder *gemeinsame Gabe* (LÜ) übersetzt. Die entsprechende Wendung bedeutet aber sonst eher *Gemeinschaft begründen, teilhaben lassen*. Paulus betont auch

in 2Kor 8, dass es um mehr geht, als etwas Geld für Notleidende zu sammeln. Es geht um wirkliches Teilen von Gaben und von Not, in heutigen Worten: um echte Solidarität.
Als Adressaten dieser Aktion nennt Paulus *die Armen unter den Heiligen, die in Jerusalem sind.* Unsere Übersetzung folgt einer der möglichen Deutungen der entsprechenden Wendung. Es geht um Christen in Jerusalem, die in Not geraten sind. Aber im Judentum der damaligen Zeit war *Arme* auch zu einer Art Ehrenbezeichnung für Menschen geworden, die sich ganz auf Gott verlassen wollten. In den Schriften von Qumran gibt es dafür Beispiele (1QM 11,8f). Die Formulierung in Gal 2,10 (»an die Armen denken«) deutet an, dass dies auch in der Urgemeinde der Fall war. Aber an unserer Stelle hebt Paulus hervor, dass es um Hilfe in aktueller Not geht. Ob die Verarmung relativ vieler Gemeindeglieder in Jerusalem auf einige Dürrejahre, die es in dieser Zeit in Judäa gab, zurückzuführen ist oder darauf, dass sie nach Apg 4,32–35 ihren Besitz verkauft und das Kapital verbraucht hatten, wissen wir nicht.
Noch einmal betont Paulus, dass die Aktion von den Gemeinden selbst beschlossen wurde (was eine Anregung seinerseits ja nicht ausschließt) (**27**). Zugleich hebt er hervor, dass sie auch *Schuldner* ihrer jüdischen Brüder und Schwestern sind: Als Nichtjuden (wörtlich: *Völker/Heiden*) haben sie *Anteil an den geistlichen Gaben* der Juden *bekommen*. Sie sind in Abrahams Verheißung und seinen Segen hineingenommen worden (Paulus benutzt auch hier den griechischen Wortstamm für *(An)teil haben/geben.* Daraus entsteht die Verpflichtung, nun die Christen aus dem Judentum mit *materiellen* (wörtlich: *fleischlichen*) *Dingen zu unterstützen.* Hier stehen ausnahmsweise *Geistliches* und *Fleischliches/Materielles* ohne jede Wertung nebeneinander und bezeichnen unterschiedliche Dimensionen menschlicher Existenz, die beide wichtig sind.
Diesen Auftrag muss Paulus noch erledigen (**28**). Warum das nötig ist, deutet er mit einer Wendung aus der Kaufmannssprache an, die wörtlich übersetzt heißt: *wenn ich ihnen diese Frucht versiegelt habe.* Diese Wendung findet sich oft bei der Versendung von Gütern: Die Säcke mit Weizen oder die Kästen mit Früchten werden versiegelt, um sie gegen Verlust zu sichern. Paulus möchte also sichergehen, dass der Ertrag der Solidaritätsaktion unversehrt nach Jerusalem kommt. Dass das geschehen wird, versichert er auch den Spendern in Korinth (vgl. 2Kor 8,21f). Wenn diese Aktion abgeschlossen sein wird, dann wird er direkt von Jerusalem abreisen und nach Spanien aufbrechen und auf dieser Reise in Rom vorbeischauen. Noch einmal unterstreicht Paulus: Das eigentliche Ziel seiner Reise ist Spanien.

Doch sollen deswegen die Christen in Rom nicht zu kurz kommen
(**29**). Paulus *weiß* (und man dürfte hier auch übersetzen: *ist sich
gewiss*), dass er, wenn er kommt, *in der Fülle des Segens Christi
kommen wird*. Das ist nicht einfach überschwängliche Redeweise
eines Orientalen. Diese Gewissheit speist sich aus zwei Quellen:
Paulus könnte hier einerseits noch einmal auf die Grundaussage
seines missionarischen Auftrags zu den nichtjüdischen Menschen
anspielen, dass in Christus Jesus der Segen Abrahams zu den
»Heidenvölkern« kommt (vgl. Gal 3,14). Wenn er von Jerusalem
nach Rom, ins Zentrum der Völkerwelt, kommt, findet das seinen
greifbaren Ausdruck. Paulus könnte aber andererseits auch darauf
anspielen, dass die Sammlung für Jerusalem eine Segensgabe ist:
Die heidenchristlichen Gemeinden geben den Segen, den sie von
Judenchristen empfangen haben, in anderer Weise an sie zurück,
und wenn diese ihn dankbar aufnehmen, dann entsteht ein Kreislauf überfließender Gnade und der Fülle des Segens (vgl. 2Kor
9,11–15).
Aber es gibt auch ernste Sorgen im Blick auf den Besuch in Jerusalem. Darum *bittet* Paulus *dringend* um Unterstützung durch die
Gebete der römischen Christen (**30**). Er unterstreicht die Dringlichkeit des Anliegens durch die persönliche Anrede *Brüder und
Schwestern* und durch die Berufung auf die Autorität des *Herrn Jesus Christus* und auf *die Liebe, die der Geist* in den Herzen der
Christen *wirkt*. Paulus sieht sich in einen *Kampf* verwickelt, und er
bittet die Geschwister in Rom, ihm darin durch die Gebete, die sie
für ihn vor Gott bringen, *beizustehen*.
Für zwei Anliegen benötigt Paulus die Fürbitte der Christen in
Rom (**31**):
1. *damit ich vor den Ungehorsamen in Judäa gerettet werde;*
Paulus befürchtet offensichtlich, dass die Juden in Jerusalem und
Umgebung (*Judäa*), die die Botschaft von Christus ablehnen (sie
sind die *Ungehorsamen;* vgl. 10,3.21; 11,30f), ihm nach den Leben
trachten. Man muss bedenken, dass er für sie ein Abtrünniger war,
der vom eifrigen Mitstreiter zum glühenden Anhänger der bekämpften Sache wurde. Dass er nun mit einer symbolträchtigen
Gabe heidnischen Ursprungs nach Jerusalem kommen wollte, war
eine ungeheure Provokation. Die Apostelgeschichte berichtet, dass
Paulus sich vor Aufbruch zu dieser Reise drei Monate in Griechenland (d.h. Korinth) aufhielt, aber seine Reiseroute änderte, weil er
von einem geplanten Anschlag von Juden auf ihn erfuhr (20,3).
Das war offensichtlich die Situation, in der der Römerbrief geschrieben wurde und die ihn zu der dringenden Bitte bewegte.
2. Daran schließt sich die andere Sorge an, die ihn bitten lässt,
darum zu beten, dass *mein Dienst für Jerusalem den Heiligen will-*

kommen ist. Paulus war sich nicht ganz sicher, ob die Verantwortlichen der Urgemeinde das Geld der Sammlung auch annehmen würden. Denn diese Gabe war nicht nur Ausdruck der Solidarität der heidenchristlichen Gemeinden mit der »Muttergemeinde« in Jerusalem. Sie anzunehmen, bedeutete auch, diese Gemeinden anzuerkennen und sich mit ihnen solidarisch zu erklären. Das war aber trotz der Vereinbarung in Jerusalem, von der Gal 2,1–10 berichtet, nicht selbstverständlich. In der Zwischenzeit war es zu dem Zusammenstoß mit Petrus in Antiochien gekommen (Gal 2,11–14) und der Konflikt mit judenchristlichen Lehrern in den Gemeinden Galatiens ausgebrochen, den Paulus in großer Schärfe geführt hatte (Gal 1,7f; 5,7–12; 6,12f). In Jerusalem selbst hatte nicht mehr Petrus die Führung, sondern Jakobus, dessen Leute den Zwischenfall in Antiochien veranlasst hatten. Paulus hatte seine Verpflichtung aus dem Jerusalemer Abkommen erfüllt; die Frage, ob man dort noch zu den Vereinbarungen stehen würde, war offen. Seltsamerweise erzählt Lukas in der Apostelgeschichte zwar sehr ausführlich von der letzten Reise des Paulus nach Jerusalem, spricht aber nirgends von der Überbringung oder einer feierlichen Übergabe der sog. Kollekte. Viele nehmen deshalb an, dass die Urgemeinde zumindest offiziell die Gabe nicht entgegengenommen hat. Manche sehen in der merkwürdigen Geschichte von der Übernahme der Kosten für die Ablösung eines Gelübdes von vier Männern so etwas wie religiöse Geldwäsche (Apg 21,23–26). Ob sich Paulus wirklich darauf eingelassen hat, ist eine offene Frage.
Zuletzt aber nennt er das eigentliche Ziel für die Fürbitte in Rom (**32**): Sie wird erbeten, *damit ich dann nach Gottes Willen mit Freude zu euch kommen und bei euch etwas Ruhe finden kann.* Das ist der große Wunsch des Paulus, dass er in der Freude über die wiedergewonnene und neu bestätigte Einheit der Christen nach Rom kommen könne. Er weiß, dass dies nur geschehen wird, wenn es Gottes Willen entspricht. Aber die Formulierung, die er hier wählt (wörtlich: *durch* Gottes Willen), wirkt zuversichtlicher als die in 1,10! Dass Paulus bei den Christen in Rom *etwas Ruhe finden will,* klingt eigenartig, obwohl man verstehen könnte, dass auch ein Apostel nach soviel Streit und Stress einmal ausspannen möchte. Genau genommen müsste man übersetzen: *zusammen mit euch Ruhe finden* oder *erquickt werden.* Paulus hofft auf eine Zeit zum Atemholen in einer Atmosphäre gegenseitigen Verstehens und Unterstützens.
Darum stellt Paulus ans Ende dieses Abschnittes sehr betont das Segenswort (**33**): *Der Gott des Friedens sei mit euch allen.* Paulus liebt es, vom *Gott des Friedens* zu sprechen (vgl. 16,20; 2Kor 13,11; Phil 4,9; 1Thess 5,23). Angesichts der Spannungen in der jungen

Christenheit und der feindlichen Situation im Blick auf manche jüdische Menschen ist es ihm besonders wichtig, den Christen in Rom die Gegenwart des Gottes zuzusprechen, der Frieden will und Frieden schenkt.

Paulus hat einen besonderen Auftrag. Er sieht in seinem Dienst die Verkörperung der weltweiten Bedeutung des Evangeliums. Dem entsprechen seine Verkündigung und seine Theologie. Das bleibt nicht ohne Widerstand vonseiten anderer, die klarere Grenzziehungen erwarten. Paulus sucht deshalb nach Partnern, die seinen Dienst unterstützen – durch ihr Gebet und durch tatkräftige Hilfe. Auch ein Paulus will nicht im Alleingang missionieren. Auch wenn manche Boten des Evangeliums in schwierigen Situationen einsam bleiben – grundsätzlich ist die Weitergabe des Evangeliums nicht Sache von Einzelgängern, sondern Aufgabe der ganzen Kirche Jesu Christi.

16,1–23
Grüße und letzte Hinweise

Paulus schließt seinen Brief mit einer Empfehlung für Phöbe, eine Christin aus Kenchreä, dann wie üblich mit Grüßen an einzelne Personen und fügt daran Grüße von Personen an, die bei der Abfassung des Briefs bei ihm sind. Ganz ungewöhnlich aber ist die große Zahl von Personen, die er in Rom kennt und grüßen lässt. Auffällig ist auch, dass Paulus Priska und Aquila erwähnt, die er zunächst in Korinth getroffen hat und die mit ihm nach Ephesus gereist waren (Apg 18,18f). Manche Ausleger haben deswegen angenommen, dieses Kapitel sei ursprünglich ein Empfehlungsbrief für Phöbe nach Ephesus gewesen. Diese These wird aber inzwischen kaum noch vertreten. *Erstens* findet sich Röm 16,1–23 in allen Handschriften des Römerbriefs, außer einem ganz späten Manuskript. In dem frühen Papyrus 46 hat sich zwar der Lobpreis von 16,25–27 zwischen 15,33 und 16,1 geschoben. Wir werden aber sehen, dass es dafür eine Erklärung gibt. *Zweitens* hat sich die Überzeugung durchgesetzt, dass die Art der Grüße viel eher in einen Brief an eine Gemeinde passt, die Paulus nicht kennt, als an eine, die er gegründet hat. In Briefen an seine »eigenen« Gemeinden grüßt Paulus nur wenige leitende Personen und ansonsten die ganze Gemeinde. Anderenfalls müsste er ja alle Angehörigen der Gemeinde nennen. In dem Brief nach Rom dagegen war es sinnvoll, möglichst alle zu nennen, die er irgendwie kannte, um damit den Eindruck zu stärken, dass er den Christen dort nicht fremd war.

Dass er nicht die Gemeinde als Ganze grüßt, wäre in einem Brief an eine von ihm gegründete Gemeinde undenkbar. Im Blick auf Rom entspricht es durchaus der Situation der dortigen christlichen Gemeinschaft. In einem Brief nach Ephesus wären in einer längeren Grußliste auch noch mehr Anspielungen auf gemeinsame Erfahrungen zu erwarten. Darum ist es so gut wie sicher, dass auch Kap. 16 zum Brief nach Rom gehörte. Seine Angaben liefern uns wertvolle Informationen über die Situation der dortigen Christenheit. Dass Paulus dann seine Grüße noch einmal unterbricht, um einige letzte Mahnungen weiterzugeben (16,17–20), ist ungewöhnlich. Wir werden sehen müssen, welche Erklärung es dafür gibt. Doch wenden wir uns zunächst den Grüßen nach Rom zu.

16,1-16
Empfehlung der Phöbe und Grüße nach Rom

¹Ich empfehle euch aber unsere Schwester Phöbe, die auch Diakonin der Gemeinde in Kenchreä ist: ²Nehmt sie auf im Herrn, wie es für die Heiligen angemessen ist, und unterstützt sie in jeder Angelegenheit, in der sie eure Hilfe braucht. Auch sie selbst war Beistand für viele und auch für mich selbst.
³Grüßt Priska und Aquila, meine Mitarbeiter in Christus Jesus, ⁴die für mein Leben den Hals hingehalten haben und denen nicht nur ich dankbar bin, sondern auch alle heidenchristlichen Gemeinden, ⁵und ihre Hausgemeinde. Grüßt meinen geliebten Epainetus, die Erstlingsfrucht für Christus in der Provinz Asia. ⁶Grüßt Maria, die sich in vielem für euch abgemüht hat. ⁷Grüßt Andronikus und Junia, meine Landsleute und Mitgefangenen, die herausragen unter den Aposteln und schon vor mir zu Christus gehörten. ⁸Grüßt meinen im Herrn geliebten Ampliatus. ⁹Grüßt Urbanus, unseren Mitarbeiter in Christus, und meinen geliebten Stachys. ¹⁰Grüßt Apelles, der sich in Christus bewährt hat. Grüßt die (Schwestern und Brüder) von den Leuten des Aristobul. ¹¹Grüßt meinen Landsmann Herodion. Grüßt diejenigen von den Leuten des Narcissus, die zum Herrn gehören. ¹²Grüßt Tryphaina und Tryphosa, die sich im (Dienst des) Herrn abmühen. Grüßt die geliebte Persis, die sich viel im (Dienst des) Herrn abgemüht hat. ¹³Grüßt Rufus, den im Herrn Auserwählten, und seine Mutter, die auch die meine ist. ¹⁴Grüßt Asynkritus, Phlegon, Hermes, Patrobas, Hermas und die Geschwister, die zu ihnen gehören. ¹⁵Grüßt Philologus und Julia, Nereus und seine Schwester und Olympas und alle Heiligen, die zu ihnen gehören. ¹⁶Grüßt einander mit dem heiligen Kuss. Es grüßen euch alle Gemeinden Christi.

Paulus beginnt den eigentlichen Schlussteil seines Briefs mit einer Empfehlung für Phöbe, eine Mitarbeiterin der Gemeinde Kenchreä (**1f**). Ihr Name, der aus der griechischen Mythologie stammt, weist sie als Nichtjüdin, die Bezeichnung *Schwester* als engagierte Christin aus. Kenchreä ist die östliche Hafenvorstadt von Korinth. Da es den Kanal von Korinth durch den Isthmus noch nicht gab, fuhren von hier die Schiffe in den Osten des Mittelmeerraumes ab. Offensichtlich gab es dort eine christliche Gemeinde. Paulus bezeichnet Phöbe als *Diakonin* der Gemeinde. Er benutzt das gleiche Wort wie für die (männlichen) *Diakone* (meint also nicht *Diakonisse*). Es ist aber eine offene Frage, ob es zu dieser Zeit schon ein klar umschriebenes Amt mit dieser Bezeichnung in den Gemeinden gegeben hat oder ob man allgemeiner übersetzen sollte: *im Dienst der Gemeinde* (vgl. dazu 12,7, aber auch Phil 1,1, wo es offensichtlich um ein festes Amt geht). Man kann vermuten, dass eine Diakonin vor allem organisatorische Fragen für die Gemeinde und ihre Versammlung übernahm, also durchaus Leitungsaufgaben wahrnahm. Dies ist gerade bei Phöbe naheliegend, weil sie in V. 2 als *Beistand für viele* gerühmt wird. Das griechische Wort für *Beistand* bedeutet auch *Patronin*, eine Funktion, die in der antiken Gesellschaft von hoher Bedeutung war. Sie schloss vor allem den rechtlichen Beistand für die Schutzbefohlenen ein, aber auch andere Hilfestellungen aller Art.

Phöbe dürfte also eine selbständige Geschäftsfrau gewesen sein, die auch über gewisse finanzielle Mittel verfügte. Man kann annehmen, dass sie der Gemeinde ihr Haus zur Verfügung gestellt und sie in rechtlichen Fragen beraten hat. Auch Paulus hat ihre Unterstützung genossen.

Phöbe reist wohl in geschäftlichen Angelegenheiten nach Rom, und es gilt fast als sicher, dass sie den Brief des Paulus mitgenommen und den Christen in Rom überbracht hat. Es gab ja in der Antike keine Postbeförderung für Privatpersonen; man war darauf angewiesen, Sendungen Reisenden mitzugeben. Paulus bittet die Christen in Rom, Phoebe als Christin aufzunehmen, wie das unter Christen üblich und angemessen ist (hier hat der Begriff *Heilige* fast die Bedeutung *Christen* angenommen, allerdings weiterhin mit einem feierlichen Unterton). Das bedeutet, dass ihr Gastfreundschaft und Unterkunft gewährt werden sollte, schließt aber auch ein, sie zu unterstützen, wo sie Hilfe brauchte. Das dürfte sich auf ihre geschäftlichen Angelegenheiten beziehen; ohne ortskundige Hilfe hatte man es in einer Stadt wie Rom schwer. Manche Ausleger vermuten aber auch, dass Phöbe vor allem die Spanienmission vorbereiten sollte und dafür Unterstützung brauchte. Aber das hätte Paulus wohl klarer ausgedrückt.

Am Anfang der langen Grußliste stehen *Priska und Aquila* (**3f**), ein Ehepaar, das Paulus schon lange kennt und das ein Zeltmachergeschäft betreibt, ein Handwerk, das auch Paulus ausübte. Aquila war Jude und stammte aus Pontus am Schwarzen Meer. Die meisten Ausleger nehmen an, dass das auch für seine Frau gilt; manche aber schließen aufgrund ihres Namens, dass sie aus einer vornehmen römischen Familie stammte. Jedenfalls waren beide in Rom ansässig gewesen, wo sie wohl mit der christlichen Botschaft in Berührung kamen. Sie wurden (wahrscheinlich im Jahr 49 n.Chr.) durch einen Erlass des Kaisers Claudius aus Rom ausgewiesen, weil es unter den Juden zu Streitigkeiten um die Christusverkündigung gekommen war. Sie gingen zunächst nach Korinth, wo sie Paulus zum ersten Mal traf (Apg 18,2f). Paulus findet bei ihnen Quartier und Arbeit, da er das gleiche Handwerk erlernt hat. Aber die berufliche Situation war wohl nicht sehr befriedigend, denn das Ehepaar zieht mit Paulus weiter nach Ephesus (Apg 18,26). Als Paulus dort den 1. Korintherbrief schreibt, sind sie bei ihm und lassen zusammen mit ihrer Hausgemeinde grüßen (1Kor 16,19). Vielleicht spielt Paulus auf die turbulenten Ereignissen in Ephesus an, bei denen er in Lebensgefahr geriet (2Kor 1,8–11), wenn er sagt, dass sie *für mein Leben den Hals hingehalten haben,* d.h. ihn unter Einsatz des eigenen Lebens gerettet haben. Dafür ist nicht nur Paulus dankbar, sondern *alle heidenchristlichen Gemeinden* (wörtlich: *Gemeinden der Völker*). Nach der Vereinbarung von Gal 2,9 zählt Paulus alle diese Gemeinden zu seiner »Einflusssphäre«. Vielleicht waren es auch die genannten Ereignisse, die Priska und Aquila bewogen oder gezwungen haben, möglichst bald nach dem Tod des Claudius wieder nach Rom zurückzukehren. Zeltmacher fanden dort durch den großen Bedarf an Sonnensegeln in Theatern usw. einen Markt für ihre Produkte.

Paulus bezeichnet sie als seine *Mitarbeiter*, was nicht bedeutet, dass er sich für ihren Chef hält. Der Begriff ist typisch für Paulus und verweist auf partnerschaftliche Zusammenarbeit auf gleicher Ebene in der Verbreitung des Evangeliums. Nicht unwichtig ist die Beobachtung, dass *Priska* (in der Apg *Priscilla*) als Frau gegen antike Gewohnheit meist als erste genannt wird. Sie scheint also im Blick auf die Mitarbeit die führende Rolle gehabt zu haben. Vielleicht verweist das auch auf ihren höheren Status aufgrund ihrer familiären Herkunft.

Im Haus der beiden trifft sich auch in Rom eine Gemeinde, die Paulus gleichfalls grüßen lässt (**5**). Möglicherweise gehören auch der oder die Nächstgenannte(n) zu dieser Gemeinde, denn *Epainetus* wird als *Erstlingsfrucht für Christus in der Provinz Asia* gegrüßt; er hat als erster in Ephesus zum Glauben gefunden, was mit dem feierlichen Ausdruck für die Gott gehörenden ersten Früchte der Ernte beschrieben wird (vgl. Dtn 18,4; 1Kor 16,15). Vielleicht sind er und einige der im Folgenden Genannten mit Priska und Aquila nach Rom gekommen und Mitglied in ihrer Hausgemeinde.

Maria (oder nach manchen Handschriften *Miriam*) (**6**) war wohl Jüdin, obwohl der Name Maria in Rom auch als weibliche Form von Marius belegt ist. Sie hat sich für die Christen in Rom *abgemüht*: Paulus verwendet hier ein Wort, das eigentlich nur für anstrengende Arbeit, wie sie Sklaven zu tun hatten, benutzt wurde. Er bezeichnet damit aber gerne seine eigene missionarische Arbeit (1Kor 4,12; 15,10; Gal 4,11; Phil 2,16) und gebraucht es auch für die Mühe von Leuten, die leitende Funktionen in der Gemeinde ausüben und um deren Anerkennung er wirbt (1Kor 16,16; 1Thess 5,12). Maria hat also schwierige Aufgaben in der missionarischen Arbeit oder der Gemeindeleitung auf sich genommen.

Bei den Nächstgenannten) (**7**) handelt es sich vermutlich um ein Ehepaar, denn in den letzten Jahren hat sich in der Auslegung die Erkenntnis durchgesetzt, dass die zweite Person kein Mann mit Namen *Junias* (so die älteren Übersetzungen), sondern eine Frau namens *Junia* ist. Paulus kann über die beiden einiges sagen: Sie sind *Landsleute* bzw. *Stammverwandte*, also *Juden*, und waren mit ihm im Gefängnis (vielleicht ebenfalls in Ephesus, vgl. aber 2Kor 11,23, wo Paulus darauf hinweist, dass er mehrere Male im Gefängnis war). Sie gehören (beide!) zum Kreis der Apostel, in dem sie eine herausragende Stellung einnehmen, und sie sind schon vor Paulus Christen geworden. Das verweist auf einen größeren Kreis von Aposteln aus dem Umfeld der Urgemeinde (vgl. 1Kor 15,7; Gal 1,19), die über die Zwölf hinaus als von Christus Gesandte (*Apostel*) missionarisch tätig sind. (Zu übersetzen, die beiden seien *bei den Aposteln angesehen*, wäre möglich, ist aber sprachlich und vom Sinn her unwahrscheinlich.) Auch diese beiden haben sich inzwischen in Rom angesiedelt.

Über die nächsten Leute, die er grüßen lässt, sagt Paulus weniger (**8f**). Aber für jeden, dessen Name er nennt, findet er ein freundliches Wort. *Ampliatus* und *Stachys* stehen ihm nahe, er nennt sie *(im Herrn) Geliebte*; *Urbanus* gehörte zu seinem *Mitarbeiter*kreis. Von *Apelles* lässt sich sagen, dass er sich als Christ (*in Christus*) *bewährt* hat (**10**). In der nächsten Gruppe kennt Paulus keine Namen. Unter den Sklaven im Haushalt eines gewissen *Aristobul*, der vielleicht ein Enkel des Herodes und selbst nicht Christ war, gibt es eine ganze Anzahl von Schwestern und Brüder, vielleicht sogar eine kleine christliche Versammlung. Sie dürften in der Mehrzahl jüdischer Herkunft sein und sollen ebenso gegrüßt wer-

den wie *Herodion*, auch er ein *Landsmann* des Paulus, also *Jude*, und Freigelassener der herodianischen Familie. Gegrüßt werden auch die Christen im Haushalt des Narcissus, möglicherweise ein auch sonst bekannter reicher Freigelassener des kaiserlichen Hauses. Sie sind wohl Heidenchristen (**11**).
In V. **12** lässt Paulus drei Frauen grüßen, die sich – wie Maria in V. 6 – besonders *abmühen* bzw. (im Fall der *Persis*) das in der Vergangenheit getan haben. Alle drei sind wohl Sklavinnen oder Freigelassene, die erstgenannten wahrscheinlich Schwestern. Es fällt auf, dass Paulus besonders Frauen für ihre mühsame und engagierte missionarische Arbeit lobt. Warum gerade *Rufus*) (**13**) ein *Auserwählter im Herrn* genannt wird, wissen wir ebenso wenig, wie wir den Hintergrund für die Bemerkung kennen, dass Paulus die Mutter des Rufus auch als seine Mutter ansieht. Es muss hier also enge persönliche Beziehungen gegeben haben. Vielleicht ist Rufus der in Mk 15,21 genannte Sohn des Simon von Kyrene, der jetzt in Rom lebt. Zuletzt) (**14f**) grüßt Paulus noch einmal zwei Gruppen, wobei er jeweils fünf Leute persönlich nennt und die übrigen durch die Worte *Geschwister* bzw. *Heilige* als Christen kennzeichnet. Auch hier weisen die Namen auf eine Herkunft aus Milieus mit niederem sozialen Status.
Nachdem er all diese Namen genannt hat und die vielen Menschen hat grüßen lassen, schließt er mit der Aufforderung, sich *gegenseitig mit dem heiligen Kuss zu grüßen*) (**16a**). Diese Sitte herzlicher Begrüßung war in der Antike weit verbreitet (Lk 7,45) und ist ja auch heute in vielen Ländern üblich. In den christlichen Gemeinden war sie ein wichtiges Kennzeichen gegenseitiger Annahme und Wertschätzung. Sie war Zeichen für das Miteinander von Brüdern und Schwestern über die Schranken familiärer Zugehörigkeit, sozialer Stellung oder Geschlechtertrennung hinweg. Im Unterschied zur rein gesellschaftlichen Konvention (und vielleicht auch zur Abwehr erotischer Gefühle) sprach man vom *heiligen* Kuss. Paulus fordert am Ende der meisten seiner Briefe dazu auf (1Kor 16,22; 2Kor 13,12; 1Thess 5,26; vgl. auch 1Petr 5,14). Den römischen Christen gegenüber tut er das mit besonderem Nachdruck, um sie zu einer intensiveren Gemeinschaft quer durch die Gruppen hindurch anzuregen. Es ist ja auch bemerkenswert, dass Paulus nicht einfach sagt: *Ich grüße ...*, sondern: *Grüßt ...!* Er möchte die römischen Christen als Gemeinschaft ansprechen, die miteinander kommuniziert!
Mit dem nächsten Satz (**16b**) beginnt Paulus die Reihe der Grüße, die er weitergibt. Der erste ist freilich ziemlich anspruchsvoll: *Es grüßen euch alle Gemeinden Christi*. Ob Paulus wirklich die Vollmacht hat, im Namen aller christlichen Gemeinden zu grüßen? In-

teressanterweise finden wir in 2Kor 13,12 im Anschluss an die Einladung zum *heiligen Kuss* eine ähnliche Formulierung: »Es grüßen euch alle Heiligen«. Dort würde man das zunächst auf die Christen am Ort beziehen. Aber offensichtlich sieht Paulus seine Aufgabe als Apostel gerade auch darin, einzelne Gemeinden mit dem Ganzen der christlichen Bewegung zu verbinden. Daher nimmt er sich das Recht, im Namen aller zu grüßen, um den Christen in Rom ins Bewusstsein zu rufen, dass sie mit allen Gemeinden in Verbindung stehen.
Paulus setzt allerdings die Weitergabe von Grüßen nicht fort, sondern unterbricht sich, um noch einmal auf wichtige Anliegen hinzuweisen. Wir blicken deshalb noch einmal auf die Liste der Grüße *nach* Rom.

Es ist erstaunlich, wie viel wir durch die Grüße des Paulus über die Christen in Rom erfahren. Paulus nennt 28 Leute persönlich, 26 mit Namen, zwei über ihre Beziehung zu anderen (Mutter des Rufus, Schwester des Nereus). Zwei dieser Personen sind offensichtlich keine Christen, sondern die Besitzer großer Haushaltungen mit vielen Sklaven und Bediensteten, unter denen sich auch eine Reihe von Christen befinden. Der eine der beiden, Aristobul, dürfte ein Mitglied des herodianischen Königshauses sein, der irgendwann (evtl. mit seinen Sklaven) nach Rom gezogen ist. Der andere, Narcissus, könnte ein bekannter, reicher Freigelassener des Nero sein, der selbst viele Sklaven besaß. Acht Personen sind Frauen, von denen mindestens sechs als besonders aktiv in der Gemeindearbeit gerühmt werden.
16 Personen tragen Namen griechischen Ursprungs; bei zwölf von ihnen (und zwei weiteren Personen) ist anzunehmen, dass sie aus dem Osten zugewandert sind. Acht Namen sind lateinisch. Manche Namen verraten etwas über die soziale Herkunft: Mindestens neun von ihnen weisen auf eine unfreie Herkunft (und zu ihnen kommen die Leute des Aristobul und des Narcissus), vier auf eine freie Geburt. Fünf Personen sind Juden, bei drei weiteren ist das wahrscheinlich (Maria, Rufus und seine Mutter).
Wichtig sind auch die Angaben über die verschiedenen Gruppierungen unter den Christen in Rom. Wenigstens fünf Gruppen können identifiziert werden. Da ist die Gemeinde im Haus von Priska und Aquila. Paulus benutzt das Wort *Gemeinde* (*ekklesia*) in der Regel von Ortsgemeinden (vgl. 16,1.23), wobei anzunehmen ist, dass auch diese Gemeinden sich in einem geeigneten Raum eines Privathauses versammelt haben. Gelegentlich aber wird nicht von der Gemeinde eines Ortes, sondern von der Gemeinde im Haus des N.N. gesprochen (Phlm 2; Kol 4,17; 1Kor 16,19: auch hier Aquila

und Priska in Ephesus). Vermutlich ist dies dann der Fall, wenn es mehrere Versammlungshäuser an einem Ort gab. In Rom gab es solche Versammlungen außer bei Priska und Aquila auch in den Gruppen um Asynkritos bzw. Philologus und jeweils vier weitere, persönlich genannte Christen. Ihnen stand wohl kein Haus eines wohlhabenderen Patrons zur Verfügung. Vielleicht versammelten sie sich reihum in Mietwohnungen oder hatten gemeinsam ein Ladenlokal oder eine Werkstatt gemietet. Es spricht viel dafür, dass sich auch die Leute des Aristobul bzw. des Narcissus zu einer Art Hauskreis in Räumen im Anwesen ihrer Herren trafen.
Es bleiben 14 einzeln genannte Personen, die wir keiner dieser Gruppen zuordnen können. Einige mögen zur Hausgemeinde von Priska und Aquila gehört haben, andere sich in weiteren Versammlungen getroffen haben. Es gab also in Rom wahrscheinlich an die sieben oder noch mehr verschiedene Hausgemeinden, Hauskreise oder andere Arten von christlichen Versammlungen, die im Blick auf Herkunft, sozialen Status und religiöse Tradition sehr unterschiedlich geprägt waren. Eine übergreifende Organisation einer Gesamtgemeinde ist nicht erkennbar. Dennoch spricht Paulus die Christen in Rom als *eine* Gemeinschaft an. Er grüßt nicht nur diejenigen, die er kennt, sondern bittet alle Christen in Rom, ihnen seine Grüße zu übermitteln. Menschen, die zu Christus gehören, bilden eine Gemeinschaft, gleich wie sie sich in einzelnen Versammlungen organisieren.

16,17–20
Eine letzte, dringende Warnung

Paulus unterbricht die Weitergabe von Grüßen, um die Christen in Rom noch einmal vor Gefahren zu warnen. Das ist auffallend, und es ist zu fragen, welchen Grund dies hat. Zunächst aber der Text:

¹⁷Ich bitte euch aber dringend, Brüder und Schwestern, ein Auge auf die zu haben, die Spaltungen verursachen und Fallstricke legen, entgegen der Lehre, die ihr gelernt habt, und euch von ihnen abzuwenden. ¹⁸Denn diese dienen nicht unserem Herrn Christus, sondern ihrem eigenen Bauch, und mit Schönrednerei und wohlklingenden Worten täuschen sie die Herzen der Arglosen. ¹⁹Denn die Kunde von eurem Gehorsam ist bei allen angekommen. Ich freue mich deshalb über euch, möchte aber, dass ihr weise seid im Blick auf das Gute, aber unverdorben dem Bösen gegenüber. ²⁰Aber der Gott des Friedens wird den Satan in Kürze unter euren Füßen zerschmettern. Die Gnade unseres Herrn Jesus sei mit euch!

Auffallend an diesem Abschnitt ist nicht nur seine Stellung inmitten des Grußkapitels, sondern auch Stil und Inhalt der Auseinandersetzung mit anderen Lehren. Hatte Paulus in 14,1 – 15,13 nachdrücklich dafür plädiert, auch Christen mit abweichenden Überzeugungen anzunehmen und zu respektieren, so mahnt er jetzt, sich von solchen Leuten zu trennen. Ging es hier um ganz andere, viel gefährlichere Fragen? Oder ergreift eine andere Stimme das Wort, die – ähnlich wie die späteren Pastoralbriefe – die Gemeinde durch klare Abgrenzung von Irrlehren schützen will? Viele Ausleger sind der Meinung, dass an dieser Stelle der Römerbrief von Paulusschülern überarbeitet wurde, die diese Passage anlässlich der Zusammenstellung einer Sammlung der Paulusbriefe eingefügt haben, um eine deutlichere Warnung gegen Irrlehrer auszusprechen.
Allerdings steht der Abschnitt in allen uns bekannten Handschriften des Römerbriefs, was die Annahme einer späteren Einfügung schwierig macht. Es ist für Paulus auch nicht ungewöhnlich, am Schluss eines Briefs noch einmal eine heftige Warnung gegen Irrlehrer einzufügen (vgl. 1Kor 16,22; Gal 6,12f). In diesem Sinne lassen sich auch diese Sätze verstehen.
Noch einmal wendet sich Paulus sehr persönlich an die *Brüder und Schwestern* in Rom und *bittet* sie *dringend* (hier könnte man auch übersetzen: *ermahnt* oder *beschwört* sie), *ein Auge* auf die Leute *zu haben*, die *Spaltungen* verursachen und Leute *zu Fall bringen*, indem sie falsche Lehren verbreiten (**17**). Vielleicht war es gerade der Blick auf »alle Gemeinden Christi« in V. 16b, der Paulus an die Kämpfe erinnert, die er in Galatien, Korinth oder Philippi mit bestimmten Gegnern durchzustehen hatte. Es geht nun um andere, sehr viel grundlegendere Fragen als in 14,1 – 15,13. Paulus nennt die Probleme nicht. Aber sie gefährden die Grundlagen der Lehre, auf der der Glaube der römischen Christen beruht. Wieder geht es nicht um Erregung von *Ärgernis* (so die traditionelle Übersetzung von *skandalon*), sondern um Lehren, die zum *Fallstrick* werden, durch den man ins Straucheln und zu Fall kommt. Die Gefahr in der Verkündigung dieser Leute liegt darin, dass unter einer attraktiven Oberfläche Überzeugungen weitergegeben werden, die den Glauben gefährden, ja zerstören können. Darum mahnt Paulus, solche Leute zu meiden, wenn sie nach Rom kommen, und sie nicht aufzunehmen. Paulus begründet das (**18**): Solche Leute *dienen nicht unserem Herrn Christus, sondern ihrem eigenen Bauch*. Das klingt sehr hart, gerade zum Abschluss des Römerbriefs. Aber wo Paulus das Evangelium und die Menschen, die ihm vertrauen, in Gefahr sieht, kann er solche harte Aussagen machen. So etwa in 2Kor 11,13, wo er seine Gegner »falsche Apostel, betrügerische Arbeiter« nennt, oder Phil 3,18f, wo er von den »Feinden des Kreuzes

Christi« sagt: »Ihr Gott ist der Bauch und ihr Ruhm ist ihre Schande, sie sind alle auf das Irdische bedacht.« Der Vorwurf, dem *eigenen Bauch* zu *dienen*, bedeutet also, nur den eigenen Vorteil im Auge zu haben. Ob Paulus diesen Leuten damit gerecht wird oder ihnen Unrecht tut, wissen wir nicht. Er wirft ihnen jedenfalls vor: *mit Schönrednerei und wohlklingenden Worten täuschen sie die Herzen der Arglosen.* Er sieht hier eine Verkündigung am Werk, bei der ein gefälliges und ansprechendes Äußeres verdeckt, dass sie im Kern die Botschaft verfälscht. Wahrscheinlich stehen ihm Leute vor Augen wie die, mit denen er sich im 2. Korintherbrief auseinandersetzen musste.

Doch das führt Paulus nicht weiter aus. Er begründet vielmehr einerseits, warum er befürchtet, dass solche Leute in Rom auftauchen könnten, und andererseits, warum er zuversichtlich ist, dass sie dort nichts ausrichten werden (**19**): *Denn die Kunde von eurem Gehorsam ist bei allen angekommen.* Schon in 1,8 hat Paulus gesagt, *dass man von eurem Glauben in der ganzen Welt spricht.* Es ist bekannt, dass es in Rom Christen gibt, und da es zur Methode der Leute, vor denen Paulus warnt, gehört, in fremden Gemeinden zu wirken, könnten die römischen Christen leicht zum Ziel ihrer Aktivitäten werden. Aber der Glaube der Christen in Rom ist echter *Gehorsam*, d.h. *Glaubensgehorsam*, von dem Paulus in 1,5 und 6,17 (hier auch mit Bezug auf die *Lehre* wie in V. 17) spricht. Sie sind keine »Wohlfühlchristen«, die leicht durch neue Versprechungen verführt werden könnten, und deshalb *freut sich* Paulus über ihre klare Haltung und ist zuversichtlich für sie. Aber er will doch eine klare Warnung aussprechen, denn er möchte, *dass ihr weise seid im Blick auf das Gute, aber unverdorben dem Bösen gegenüber.* Die Formulierung erinnert an Jesu Wort in Mt 10,16: »Seid klug wie die Schlangen und ohne Falsch (= *unverdorben*) wie die Tauben.« Wahre Weisheit zeigt sich darin, dass sie das Gute erkennt und annimmt; ein reines, unverdorbenes Gemüt erweist sich als immun gegenüber dem Bösen. Das wünscht Paulus den Christen in Rom.

Ein Zuspruch soll das bekräftigen (**20**): *Der Gott des Friedens* – damit greift Paulus die Segensformel von 15,33 auf – wird den Satan, der hinter diesen bösen Machenschaften steckt besiegen, bzw. – wie Paulus vielleicht im Anschluss an Gen 3,15 formuliert – *wird den Satan in Kürze unter euren Füßen zerschmettern.* Frieden kann nur werden, wenn der überwunden ist, der Frieden verhindert und zerstört. Den entscheidenden Sieg über den Satan und alles Böse, was er bewirkt, muss Gott selbst erringen. Und das wird er – davon ist Paulus überzeugt – bald tun. An diesem Sieg und der sich daraus entfaltenden Herrschaft werden auch diejenigen Anteil bekom-

men, die zu Gott gehören. Sie kriegen den Bösen und das Böse unter die Füße. Davon war die jüdische Apokalyptik überzeugt, das wird in Offb 20,1–10 als Teil der Endgeschichte geschildert, und darauf hofft auch Paulus, selbst wenn er nur selten davon spricht. Problematisch an unserer Stelle ist, dass der Apostel durch diesen Gedanken andeutet, dass die, vor denen er warnt, Leute des Satans sind (ähnlich 2Kor 11,14f). Eine solche »Verteufelung« der Gegner ist nicht ungefährlich – selbst bei einem Apostel – und muss kritisch bedacht werden.
Paulus schließt diesen Abschnitt mit einem Segenswort, wie es bei ihm sonst meist am Schluss eines Briefs steht: *Die Gnade unseres Herrn Jesus sei mit euch!* Manche Handschriften lassen es deshalb hier weg. Aber vielleicht sah Paulus die Notwendigkeit, hinter diesem Blick auf eine mögliche Gefährdung einen Zuspruch der Gnade zu stellen.

Dass Paulus auch Grenzen einer verantwortlichen Evangeliumsverkündigung aufzeigt, wissen wir aus anderen Paulusbriefen (2Kor; Gal; Phil). Diese Briefe zeigen auch, dass er Leute, deren Verkündigung er für gefährlich hält, hart attackieren kann. Dabei geht es nicht um persönliche Gegner; deren Treiben kann er recht gelassen kommentieren (vgl. Phil 1,15–18). Scharf wird Paulus, wenn er den Kern der frohen Botschaft von Gottes Gnade in Jesus Christus gefährdet sieht. Auffallend an Röm 16,17–20 ist, dass die Auseinandersetzung erst im Schlussteil des Briefs erfolgt und nicht inhaltlich geführt wird. Dass der Abschnitt erst später eingefügt wurde, lässt sich nicht ausschließen, aber auch nicht beweisen. Er ist in jedem Fall Teil des uns überlieferten Briefs und stellt die Kirche, die den Brief als Teil des biblischen Kanons ansieht, vor die Frage: Wie gehen wir mit Bewegungen um, die das Evangelium zu verfälschen drohen? Was ist das Kriterium dafür? Zur Beantwortung dieser Fragen ist allerdings nicht nur diese Stelle heranzuziehen, sondern der ganze Brief und das ganze neutestamentliche Zeugnis vom Evangelium Jesu Christi.

16,21–24
Grüße nach Rom

²¹Es grüßt euch Timotheus, mein Mitarbeiter, und Lucius, Jason und Sosipater, meine Landsleute. ²²Ich, Tertius, grüße euch, der ich den Brief im (Dienst des) Herrn geschrieben habe. ²³Es grüßt euch Gaius, mein Gastgeber und der der ganzen Gemeinde. Es grüßt euch Erastus, der Stadtkämmerer, und der Bruder Quartus.
²⁴Die Gnade unseres Herrn Jesus Christus sei mit euch allen. Amen.

Paulus fährt mit den Grüßen an die Christen in Rom fort und erwähnt nun auch noch einzelne Personen, mit denen er zusammen ist (**21**). *Timotheus* war der engste Mitarbeiter des Paulus, den wir kennen. Nach Apg 16,1–3 war er Sohn einer jüdischen Mutter und eines griechischen Vaters aus Lystra in Lykaonien in der heutigen Türkei. Er war vielleicht zweisprachig aufgewachsen und in jeder Hinsicht für die Mitarbeit in der paulinischen Mission hervorragend geeignet. Er wird als Mitabsender vieler Briefe genannt (1Thess 1,1; 2Thess 1,1; 2Kor 1,1; Phil 1,1: Kol 1,1; Phlm 1) und reist als Verbindungsmann des Paulus zwischen den Gemeinden hin und her (Apg 17,14f; 18,5; 19,22; 1Thess 3,2.6; 1Kor 4,17; 16, 10; Phil 2,19). Nach Apg 20,4 gehörte er zur Gruppe derer, die mit Paulus von Korinth über Mazedonien zur Überbringung der Kollekte nach Jerusalem reisen wollten. Darum war er auch jetzt mit Paulus zusammen.

Die nächsten drei, die grüßen, sind *Landsleute* des Paulus, also trotz ihrer lateinischen bzw. griechischen Namen *Juden*christen. Der erste, *Lucius*, ist kaum identisch mit Lukas, wohl auch nicht mit Lucius aus Kyrene, der in Apg 13,1 erwähnt wird. Dagegen ist *Jason* ziemlich sicher der frühere Gastgeber des Paulus in Thessalonich (Apg 17,5–7) und *Sosipater* der in Apg 20,4 erwähnte Sopater aus Beröa. Alle vier Personen haben mit der Überbringung der Kollekte zu tun; nicht von ungefähr sind alle Judenchristen.

Persönlich nimmt *Tertius* das Wort, der den Brief nach Diktat des Paulus geschrieben hat (**22**). Da das Schreiben auf Papyrus eine mühsame Angelegenheit war, die besondere Schulung erforderte, war es üblich, sich bei längeren Briefen eines Sekretärs zu bedienen. Der Name des Sekretärs, *der Dritte*, lässt auf eine unfreie Herkunft schließen. Dass er sagt, er habe *im (Dienst des) Herrn* geschrieben, weist ihn als Christen aus und deutet an, dass er das ohne Bezahlung gemacht hat. Vielleicht war er ein Sklave oder Freigelassener der Phöbe oder einer anderen wohlhabenden Familie in Korinth; vielleicht hat er sich auch in seiner freien Zeit zur Verfügung gestellt. Dass er selbst das Wort ergreift, ist ungewöhnlich für einen Schreiber. Vermutlich hatte er Bekannte unter den Christen in Rom. Es zeigt aber auch etwas vom egalitären Geist christlicher Gemeinden. Auch der Schreibsklave wagt es, das Wort zu ergreifen!

Zum Schluss grüßen noch drei Personen aus Korinth (**23**). *Gaius* ist nach 1Kor 1,14 einer der wenigen Christen in Korinth, die Paulus selbst getauft hat, und wahrscheinlich mit (Gaius) Titius Iustus identisch, den Apg 18,7 erwähnt. Sein Haus stand neben der Synagoge, und Paulus wohnte dort bei seinem Aufenthalt in Korinth. In diesem Haus fanden auch die Versammlungen der korinthischen

Gemeinde statt. Auch die nächste Person ist ein Mann von einigem Ansehen: *Erastus, der Stadtkämmerer*. Sein Name weist ihn als einen römischen Freigelassenen aus, der mit seiner Freilassung das Bürgerrecht erhielt. Gerade in Korinth hatten sich viele dieser Leute angesiedelt und es zu Ansehen gebracht. Sein Titel bezeichnet eine Aufgabe in der Finanzverwaltung der Stadt. Im Jahr 1929 wurde in Korinth eine lateinische Inschrift aus der Mitte des 1. Jh.s gefunden, die in Übersetzung lautet: »Erastus hat als Dank für das Amt des Ädils (diese Straße) auf eigene Kosten pflastern lassen.« Das Amt des Ädils war ein ehrenamtlich auf ein Jahr befristetes Wahlamt mit Aufsichtsbefugnis über Märkte, Verkehr und öffentliche Einrichtungen. Ob die Aufgabe identisch ist mit der, die Paulus nennt, ist umstritten, aber es handelt sich mit ziemlicher Sicherheit um dieselbe Person, die im Laufe einer Politikerkarriere verschiedene Positionen eingenommen hat. Trotz dieser hohen Stellung hat er sich gelegentlich in den Dienst der Sache des Paulus gestellt (Apg 19,22; vgl. auch 2Tim 4,20). Dass Paulus in einem Brief nach Rom einen angesehenen römischen Lokalpolitiker als Christen und Unterstützer vorstellen kann, war dort eine Empfehlung für dessen weitere Pläne. Als letzter grüßt *Quartus*, auch er ein Mitchrist (*Bruder*), dessen Name (*der Vierte*) auf eine Herkunft als Sklave bzw. Freigelassener schließen lässt.

In den meisten neueren Übersetzungen findet sich V. **24** nur in einer Anmerkung oder in eckige Klammern gesetzt. Der Vers fehlt in den ältesten Handschriften und ist darum nicht im Text der maßgeblichen Ausgaben des griechischen Urtextes abgedruckt. Aber das hängt offensichtlich damit zusammen, dass der Brief mit den V. 25–27 etwas später einen neuen Schluss bekam (s.u.). Sollte dies stimmen, dann wäre der ursprüngliche Römerbrief ohne ein Segenswort am Schluss abgeschickt worden. Das ist ganz unwahrscheinlich. Deshalb nimmt die neuere Auslegung an, dass der ursprüngliche Schluss in V. 24 bewahrt worden ist. Mit einem Segenswunsch wie *Die Gnade unseres Herrn Jesus Christus sei mit euch allen* schließen viele der paulinischen Briefe (vgl. 1Kor 16,23; Gal 6,18; Phil 4,23; 1Thess 5,28; 2Thess 3,18; Kol 4,23; erweitert 2Kor 13,13). Der Zuspruch der Gnade fasst noch einmal alles zusammen, was für Paulus in der frohen Botschaft des Evangeliums den Menschen geschenkt ist: Gottes gnädige Zuwendung in Jesus Christus, die Überwindung der Gefangenschaft der Sünde und die Befreiung zu einem Leben mit Gott. Paulus greift damit auch seinen Eingangsgruß in 1,7 wieder auf. Besonders betont ist im Römerbrief das *mit euch allen*. Noch einmal unterstreicht Paulus, dass alle, die sich in Rom zu Christus bekennen, trotz unterschiedlicher Überzeugungen von dieser Gnade leben. Darum spricht er sie auch allen zu. Ein abschließendes *Amen* bekräftigt das Segenswort und beschließt den ursprünglichen Brief.

Die Liste der Christen, die aus Korinth Grüße übermitteln, zeigt zwei Dinge: 1. Das enge Netzwerk der Mitarbeit und Anteilnahme vieler Menschen, das die paulinische Mission auszeichnet. 2. Sklaven und Leute in hohen Ämtern stellen ihre Gaben gemeinsam in den Dienst für das Evangelium. Das ist ein bleibender Impuls für die Wertschätzung aller in der christlichen Gemeinschaft!

16,25–27
Ein Lobpreis am Schluss

Die Schlussverse scheinen nicht zu dem Text des von Paulus versandten Briefs gehört zu haben. Dafür spricht der handschriftliche Befund: In einigen Handschriften fehlen diese Verse, in sehr vielen stehen sie nach 14,23, wo sie den Zusammenhang unterbrechen, in einer frühen Handschrift nach 15,33, in manchen Manuskripten nach 14,23 *und* am Schluss des Briefs und in einer Anzahl älterer Manuskripte nur am Schluss. Das spricht dafür, dass die Verse später hinzugefügt wurden, es aber unsicher war, wohin sie gehören. Am rätselhaftesten ist die Einfügung nach 14,23 durch so viele Handschriften. Wir wissen allerdings, dass Marcion, der um die Mitte des 2. Jh.s in Rom wirkte, eine christliche Heilige Schrift herausgab, die nur aus Lukasevangelium und den Paulusbriefen in überarbeiteter Fassung bestand. Sein Römerbrief endete mit 14,23. Dass er selbst die Doxologie anfügte, ist unwahrscheinlich, da er die prophetischen Schriften ablehnte. Aber offensichtlich wurde diese Kurzfassung auch von anderen benutzt, die einen angemessenen Schluss suchten und dafür die Doxologie fanden. Als sich die originale Langfassung des Briefs durchsetzte, wurde die Doxologie teilweise anstelle des ursprünglichen Segenswortes an den Schluss gestellt, teilweise auch an beiden Stellen aufgenommen. Da es frühe Sammlungen der Paulusbriefe gab, in denen der Römerbrief am Schluss stand, war der feierliche Abschluss umso passender. So gesehen stellt der Lobpreis eine erste Antwort auf die Botschaft des Paulus dar.

25Dem aber, der euch stärken kann nach meinem Evangelium und der Verkündigung Jesu Christi, nach der Offenbarung des Geheimnisses, das seit ewigen Zeiten verschwiegen war, 26jetzt aber ans Licht gebracht worden ist und durch prophetische Schriften nach der Anordnung des ewigen Gottes kundgemacht wurde, um Gehor-

sam des Glaubens bei allen Völkern zu wecken, **²⁷ dem allein weisen Gott durch Jesus Christus, dem sei Ehre in alle Ewigkeit. Amen.**

Der Lobpreis gilt Gott, der die Macht hat, diejenigen, die sich zu ihm bekennen, zu stärken und zu bewahren. Dieser Zuspruch war für die frühen Christen, die nur eine winzige Minderheit in der Gesellschaft darstellten, sehr wichtig. Der Grund für diese Gewissheit, vielleicht auch der Maßstab für Gottes Wirken wird mit zwei Wendungen beschrieben.

Es geschieht erstens *nach* (oder *gemäß, entsprechend*) *meinem Evangelium und der Verkündigung Jesu Christi* (bzw. *von Jesus Christus*) (**25**). In ähnlicher Weise sagt Paulus in 2,16, dass das letzte Gericht *nach meinem Evangelium* geschehen wird. Hier wird nun klargestellt, dass es dabei nicht um die Privatbotschaft des Paulus geht. Sein Evangelium ist grundlegend, weil in ihm die Verkündigung dessen, was Gott in Jesus Christus für die Menschen getan hat, klar und eindeutig weitergegeben wird.

Aber daneben tritt die zweite Näherbestimmung: Gottes kraftvolle Bewahrung und Stärkung auch in schwierigen Zeiten geschieht zweitens *nach der Offenbarung des Geheimnisses, das seit ewigen Zeiten verschwiegen war, jetzt aber ans Licht gebracht worden ist* (**26**). Das ist ein Gedanke, der sich vor allem im Kolosser- und Epheserbrief findet, am einfachsten in Kol 1,26 formuliert: »das Geheimnis, das verborgen war seit ewigen Zeiten und Geschlechtern, nun aber ist es offenbart seinen Heiligen« (vgl. Eph 3,3–5). In der Antike galt nicht das Neue als besonders vertrauenswürdig, sondern das, was seit alters bestand. Darum betonen die Christen: Was von Jesus Christus verkündigt wird, das ist nicht neu. Es war Gottes Heilsplan von Anfang an. Aber dieser Plan blieb ein Geheimnis, es wurde – so wird hier gesagt – von Gott *verschwiegen*, weil die Zeit noch nicht reif war, es aufzudecken. Jetzt aber, im Kommen Jesu Christi, »als die Zeit dafür erfüllt war« (Gal 4,4), ist dieses Geheimnis ans Licht gebracht worden. Für die Christen war das nicht eine leere Behauptung. Sie fanden in der Schrift eine Fülle von Hinweisen dafür, dass Gott diesen Plan, die Menschheit durch Christus zu retten, schon immer gefasst hatte. Für sie redete die ganze Schrift prophetisch, und der Römerbrief ist ein wichtiges Beispiel für diese Auslegung.

Allerdings scheint sich die Fortführung des Gedankens, dass dies *durch prophetische Schriften nach der Anordnung des ewigen Gottes kundgemacht wurde*, nicht nur auf die alttestamentlichen Prophetenschriften zu beziehen. Denn das *jetzt aber* verweist auf die christliche Verkündigung, und so ist zu vermuten, dass mit den *prophetischen Schriften* auch christliche Dokumente wie die Briefe des Paulus gemeint sind. Was in ihnen steht, ist nicht Privatinitiative der Schreiber, sondern beruht auf Gottes besonderer *Anordnung*. Hier zeichnet sich die Entstehung des Neuen Testaments als zweitem Teil der Schrift ab. Für diese Auslegung spricht auch, dass diese prophetischen Schriften dazu dienen sollen, *Gehorsam des Glaubens bei allen Völkern zu wecken*. Das ist der Auftrag des Paulus, wie er ihn in 1,5 beschrieben hat, und dem soll auch die Weitergabe seiner Briefe dienen.

Ziel dieser Überlegungen aber bleibt es, den Gott zu beschreiben, dem das Lob der Christen gilt. Seiner Führung kann man sich anvertrauen, denn der Weg, den er im Evangelium zum Heil für alle weist, ist verlässlich und führt zum Ziel. Darum gilt der Lobpreis ihm, *dem allein weisen Gott* (**27**) – das ist das staunende Lob derer, die Gottes Weisheit in seinem alle umfassenden Heilshandeln erkennen (vgl. 11,33f). Diese Erkenntnis aber ist ihnen *durch Jesus Christus* geschenkt, durch den sie auch befähigt werden, Gott von ganzem Herzen zu preisen und zu sagen: *dem sei Ehre in alle Ewigkeit. Amen.*

Wem Gott im Evangelium begegnet, der kann Gott die Ehre geben und Gottes Herrlichkeit, den Glanz und die Schönheit seiner göttlichen Gegenwart, preisen. Wer das tut, hat schon jetzt Anteil an dieser Herrlichkeit und darf in großer Gewissheit darauf hoffen, einst ganz in Gottes Wirklichkeit und Herrlichkeit hineingenommen zu werden. Gottes Ja zu den Menschen, das im Offenbarwerden seiner Gerechtigkeit in Jesus Christus allen zugesprochen wurde, findet seine Vollendung und sein Ziel in der Verherrlichung Gottes durch das Leben und das Loben derer, die sich im Glauben seinem Ja anvertraut haben.

Die Botschaft des Römerbriefs
Versuch einer Zusammenfassung

Paulus schreibt einen Brief an die Christen in Rom, um ihnen mitzuteilen, dass er sie bei einem Zwischenstopp auf einer Missionsreise nach Spanien gerne besuchen möchte. Dabei deutet er auch an, dass er für praktische Hilfe bei der Vorbereitung und Durchführung seiner Spanienreise sehr dankbar sein würde. Dazu schreibt er einen Brief mit 16 langen Kapiteln. Das ist auch für die Antike ein Brief von außergewöhnlicher Länge.
Was bewegt Paulus dazu, einen so ausführlichen Brief nach Rom zu schicken?

I. Anlass und Absicht des Briefs

Eine erste Antwort auf diese Frage könnte sein, dass Paulus dazu neigt, längere Briefe als üblich zu schreiben. So ist der erste Brief an die Gemeinde in Korinth ungefähr gleich lang wie der Römerbrief. Das hängt mit einer Eigenart des Leitungsstils des Paulus zusammen: Paulus erklärt und begründet, was er sagt. Obwohl er gelegentlich auch autoritative Töne anschlagen kann, befiehlt er in der Regel nicht einfach als Apostel, was richtig ist, sondern sucht das Einverständnis seiner Adressaten. Genau das aber macht Paulus zum ersten Theologen der jungen Christenheit. Zwar schreibt er keine theologischen Abhandlungen, sondern Briefe, in denen er aktuelle Fragen aufgreift. Aber er bedenkt, begründet und erklärt dabei die Bedeutung des Evangeliums und des christlichen Glaubens für unterschiedliche Situationen und Fragestellungen, und genau das ist die Aufgabe der Theologie.
Der Hinweis auf den ersten Korintherbrief hilft aber nur bedingt weiter, wenn es gilt, die Eigenart des Römerbriefs zu verstehen. In jenem Brief hatte Paulus eine Reihe von Anfragen aus einer Gemeinde zu beantworten, die er selbst gegründet hatte. Er griff darüber hinaus auch einige Probleme in der Gemeinde auf, von denen er gehört hatte. Das trifft für den Römerbrief so nicht zu. Warum schreibt der Apostel an die Christen in Rom dennoch mit dieser Intensität und in diesem Umfang. Welche Absicht verbindet er damit?

Zur Beantwortung dieser Frage wird es hilfreich sein, zwischen der *Absicht*, in der Paulus den Brief schrieb, und dem *Ergebnis*, das uns im Römerbrief vorliegt, zu unterscheiden.

Die *Absicht*, in der Paulus den Brief schrieb, bestand offensichtlich darin, eine tragfähige *missionarische Partnerschaft* mit den Christen in Rom aufzubauen. Hauptziel war dabei, ihre Unterstützung für die Mission in Spanien zu gewinnen. Paulus erhofft sich aber auch – zumindest für einen überschaubaren Zeitabschnitt – ein gemeinsames missionarisches Wirken in Rom selbst. Er ist überzeugt, dass er als der Apostel der Völker wichtige Impulse einbringen könnte und sollte. Möglicherweise war das missionarische Engagement der verschiedenen christlichen Gruppen in Rom aufgrund der schwierigen Vorgeschichte und der unterschiedlichen Prägung noch sehr verhalten, sodass Paulus mit seinem Brief und seinem Kommen Motivationsarbeit leisten wollte.

Wie versucht Paulus dieses Ziel zu erreichen? Was hält er für nötig, um eine solche missionarische Partnerschaft zu aufzubauen? Paulus möchte dazu durch seinen Brief die *Übereinstimmung im Blick auf Inhalt und Wirkung des Evangeliums* feststellen oder begründen. Es ist auffallend, wie häufig und gewichtig im Einleitungs- und Schlussteil des Briefs das Thema Evangelium und Evangeliumsverkündigung vorkommt. Schon im »Briefkopf« gibt Paulus eine Definition des Evangeliums, dem er verpflichtet ist. Und im Thema des Briefs in 1,16f begründet Paulus seinen umfassenden Missionsauftrag, indem er kurz und präzise sagt, was das Evangelium, die frohe Botschaft von Jesus Christus, für Juden und Nichtjuden bewirkt.

Paulus lässt offen, wieweit er damit rechnet, dass die Christen in Rom mit seiner Auffassung vom Evangelium schon übereinstimmen. Aber immer wieder nimmt er sie in seine Argumentation hinein und sucht den Dialog mit ihnen. Wie in keinem anderen Brief arbeitet er mit Hinweisen auf die Heilige Schrift. Er möchte erreichen, dass am Ende des Briefs alle Christen in Rom in das universale Lob Gottes und seines Christus einstimmen. Übereinstimmung in der missionarischen Perspektive und Dynamik des Evangeliums ist für Paulus das entscheidende Kriterium für eine ökumenische Zusammenarbeit, auch zwischen Christen unterschiedlicher traditioneller Prägung.

Die Art, wie Paulus dieses Ziel im Römerbrief verfolgt, ist offensichtlich von *zwei aktuellen Herausforderungen* bedingt und mitgeprägt.

1. *Die Situation der Christen in Rom*. Erst in den letzten Jahren ist in der Auslegung des Römerbriefs bewusst geworden, dass Paulus doch einiges über die Situation in Rom weiß und darauf in sei-

nem Brief Bezug nimmt. Aus seinen Andeutungen lässt sich manches erschließen. Aus verschiedenen Gründen kamen die Christen in Rom nicht zu einer gemeinsamen Gemeindeversammlung zusammen und bildeten deshalb keine alle Christen der Stadt umfassende »Gemeinde Jesu Christi in Rom«, wie das z.B. in Korinth der Fall war. Ein wichtiger Grund dafür mögen die großen Entfernungen in der Großstadt und das Fehlen geeigneter Räume für eine solche Versammlung gewesen sein. Aber auch die unterschiedliche religiöse, kulturelle und soziale Herkunft und Prägung einzelner Gruppierungen könnte dabei eine Rolle gespielt haben.
Eines der Unterscheidungsmerkmale war wohl die Frage der jüdischen bzw. nichtjüdischen Herkunft. Doch scheint es in Rom keine geschlossene Gruppe von Judenchristen gegeben zu haben, die von den nichtjüdischen Christen verlangt hätte, sich beschneiden zu lassen und die wichtigsten Reinheits- und Speisegebote zu halten, um miteinander in Gemeinschaft leben zu können oder um die christliche Gemeinde wieder in die Synagoge zurückzuführen. Ein beträchtlicher Teil der mit Namen genannten Judenchristen in Rom hatte ja mit Paulus zusammengearbeitet. Es war in Rom eher das umgekehrte Problem eingetreten. Diejenigen, die weiterhin bestimmte jüdische Lebensregeln befolgen wollten, waren unter Druck geraten und wurden von Paulus in Schutz genommen. Es gab also kein einliniges Gegenüber von Judenchristen und Heidenchristen, sondern unterschiedliche Konstellationen. Dass aber der ganze Brief von der Aussage durchzogen ist, dass das Evangelium Gottes rettendes Handeln für beide, Juden und Nichtjuden, offenbart, das hat zweifellos auch mit der Situation unter den Christen in Rom zu tun. Doch deutet Paulus gerade im Römerbrief an, dass es auch noch andere Grenzlinien zwischen gesellschaftlichen Schichten gibt, die das Evangelium überwindet; so etwa, wenn er etwa von der Verpflichtung gegenüber Griechen und Barbaren, Gebildeten und Ungebildeten spricht. Für diese Überlegungen spielt wohl auch der Vorblick nach Spanien eine Rolle, das von der hellenistisch-römischen Kultur noch wenig durchdrungen war. Aber daneben tritt eine zweite Herausforderung:
2. *Die Situation der jungen Christenheit.* Paulus schreibt den Brief nach Rom zu einem Zeitpunkt, den er selbst als Einschnitt in seiner missionarischen Arbeit ansieht. Er sieht seine Arbeit im Osten des Reiches (Syrien, Kleinasien und Griechenland) für abgeschlossen an. Bevor er aber über Rom in den Westen nach Spanien reist, will er zunächst nach Jerusalem gehen, um dort den Ertrag der Sammlung seiner Gemeinden für die dortige Gemeinde zu überbringen und so die Einheit der jungen Christenheit zu dokumentieren. So beschäftigt Paulus, während er den Römerbrief schreibt,

sowohl der Blick zurück auf die eigentlich »abgeschlossene« Arbeit in den von ihm gegründeten Gemeinden als auch der Blick nach vorne auf das, was ihn in Jerusalem erwartet. Dafür gibt es im Römerbrief direkte und indirekte Hinweise.

Indirekt sind die Hinweise auf die Auseinandersetzungen, die Paulus gerade in einigen seiner Gemeinden zu bestehen hatte. Er berichtet nirgends von diesen Spannungen und Kämpfen; selbst Andeutungen fehlen. Aber er greift das Grundproblem seiner Auseinandersetzung in Galatien auf, nämlich die Frage der Rechtfertigung ohne Werke des Gesetzes allein aus Glauben. Diese Frage ist für ihn zur grundsätzlichen Begründung der Mission unter nichtjüdischen Menschen geworden, und darum geht es ihm auch im Römerbrief. Weil es aber in Rom darüber keinen aktuellen Streit gab, kann Paulus die teilweise sehr polemischen Ausführungen im Galaterbrief überarbeiten und ihre bleibende Bedeutung für alle herausarbeiten. Er spricht sehr viel positiver vom Gesetz und zeigt die Bedeutung der Rechtfertigungsbotschaft auch für Israel auf. Dabei würdigt er – ganz anders als im Galaterbrief – besonders die bleibende Berufung Israels. Zugleich aber hält er grundsätzlich an dem theologischen Ertrag der Auseinandersetzung in Galatien fest und formuliert ihn klarer und allgemeingültiger.

Nicht ganz so deutlich ist der Einfluss der Auseinandersetzungen in Korinth, von denen wir durch die beiden Korintherbriefe wissen. Paulus scheint nicht zu befürchten, dass die enthusiastischen Strömungen in Korinth und der Einfluss judenchristlicher Apostel, die dort seiner Autorität und seinem Verständnis des Evangeliums so gefährlich geworden waren, in Rom allzu schnell Fuß fassen würden. (Nur die Warnung in 16,17–20 könnte ein Hinweis darauf sein.) Aber der theologische Ertrag der Debatte fließt doch deutlich in die Argumentation im Römerbrief ein. Das zeigt die Neufassung der Aussagen vom Leib Christi und den Charismen in Röm 12,3–8 (vgl. 1Kor 12), die Art der Argumentation in der Frage der »Starken« und der »Schwachen« in Röm 14 (vgl. 1Kor 8–10) oder die Aufnahme des Versöhnungsmotivs in Röm 5,9 (vgl. 2Kor 5,18f). Neben dem Galaterbrief weist zweifellos der 2. Korintherbrief die meisten Beziehungen zum Römerbrief auf.

Direkt ist dagegen der Hinweis auf die Befürchtung, dass die Meinungsverschiedenheiten mit den Verantwortlichen der Gemeinde in Jerusalem wieder aufleben könnten. Paulus spricht in 15,31 deutlich von seiner Sorge, die Gabe der heidenchristlichen Gemeinden könne dort nicht willkommen sein. Er muss wohl damit rechnen, dass die Vereinbarung, die er nach Gal 2,8–10 mit den damaligen Leitern der Jerusalemer Gemeinde getroffen hatte, dort nicht mehr als gültig angesehen wurde. Unseren Brief als einen »Brief nach Jerusalem« zu bezeichnen, weil die durch diese Blickrichtung angerissenen Fragen seinen Inhalt beeinflussen, ist übertrieben. Aber dieser Hintergrund hat überall dort die Argumentation geschärft und vertieft, wo sich in dem Schreiben an die Christen in Rom die Notwendigkeit ergab, die Berechtigung, ja die Verpflichtung zur gesetzesfreien Heidenmission zu begründen, zugleich aber auch die bleibende Bedeutung der Berufung Israels herauszuarbeiten.

II. Die ursprüngliche Botschaft des Briefs

Das *Ergebnis*, das wir heute vor uns haben, also der Brief, den Paulus Tertius diktierte und den Phoebe nach Rom brachte, entspricht ganz der *Absicht*, mit der Paulus das Schreiben verfasste. Es ist geeignet, eine tragfähige missionarische Partnerschaft zu begründen. Und er tut dies, indem er den Christen in Rom Inhalt und Wirkung des Evangeliums darlegt, als dessen Bote und Beauftragter Paulus sich weiß.

Aber dieses Ergebnis führt doch auch ein gutes Stück über den ursprünglichen Anlass hinaus. Weil Paulus sein Kampf um die rechte Verkündigung des Evangeliums und eine dem Evangelium entsprechende Gestaltung christlichen Lebens noch gegenwärtig ist, ihm aber auch die Situation der Christen in Rom vor Augen steht, wird aus dem Brief eine sehr grundsätzlich gehaltene Darstellung des Evangeliums: Seine Bedeutung für jeden einzelnen Menschen, für die Menschheit als ganze, aber auch für Israel im Besonderen, für das Zusammenleben der Christen und für ihr Leben in der Gesellschaft wird klar herausgearbeitet. Paulus verliert die aktuelle Situation nicht aus den Augen, aber seine Ausführungen gehen nicht in der aktuellen Problemlage auf, sondern gewinnen eine grundsätzliche Tiefe, die in der Geschichte der Kirche immer wieder neu und mit unterschiedlicher Akzentsetzung ausgelotet wurde.

Worum geht es Paulus dabei?

1. *Es geht um die missionarische Kraft des Evangeliums.* Von ihr zu reden ist Paulus am wichtigsten. Im Evangelium von Jesus Christus spricht Gott sein Ja zu allen Menschen. Diese Botschaft durchbricht nicht nur die Trennung zwischen Juden und Heiden, sondern überwindet auch die Grenzen zwischen Gebildeten und »Barbaren«, zwischen gesellschaftlich Bevorzugten und Benachteiligten. Paulus möchte die Christen in Rom in die Dynamik dieser Bewegung hineinnehmen.

2. *Es geht um die Begegnung mit Gott und seiner Wirklichkeit.* Die Kraft des Evangeliums liegt darin, dass in ihm Gott selbst den

Menschen begegnet. Sein Ja, das er zu ihnen spricht, entspringt keiner vorübergehenden Laune. Es entspricht seinem Wesen. Paulus nennt dies Gottes Gerechtigkeit. Von ihr reden schon die heiligen Schriften des Judentums, das Gesetz und die Propheten, sie wird in der Person und im Wirken Jesu Christi wirksam, sie offenbart sich in der Verkündigung des Evangeliums. In biblischer Sicht ist Gottes *Gerechtigkeit* seine rettende, befreiende und schöpferische Treue zu dem, was er geschaffen und berufen hat.

Wer Gott ist, erfährt der Mensch, durch das, was Gott tut: Er ist der, der aus dem, was nicht ist, das schafft, was ist; er ist der, der die Toten auferweckt und Jesus von den Toten auferweckt hat; er ist der, der die Gottlosen rechtfertigt (4,5.17.24). So handelt Gott, so ist Gott. Ihm zu vertrauen und an diese Botschaft zu glauben, das ist Rettung und Heil für die Menschen.

3. *Es geht um die Stellung der Menschen vor Gott.* Dass Gott im Evangelium auf ganz neue Weise sein Ja zu den Menschen spricht, hat einen Grund. Alle sind Gott entfremdet und verfehlen deshalb das Ziel ihres Lebens. Das sieht nicht bei allen Menschen gleich aus. Paulus schildert zwei verschiedene Seiten der Problematik. Da sind die Menschen, die sich ihre eigenen Götter machen und deren Herrschaft verfallen. Gottes Nein zu diesem Verhalten zeigt sich darin, dass er sie den Konsequenzen ihres Tuns überlässt. Das Ausmaß der sozialen und sittlichen Perversion, dem oft gerade die verfallen, die sich ihrer Freiheit rühmen, ist das unübersehbare Symptom für ihre Entfremdung von Gott (1,18–32).

Aber da sind auch die, die von Gott durch seinen besonderen Ruf und seine Weisung wissen und seinen Willen durch sein Gesetz kennen (2,1 – 3,20). Bei ihnen sieht Paulus die Gefahr, dass es bei diesem Wissen bleibt und nicht zum Tun kommt. Dass der Besitz des Gesetzes als eine Art Heilsgarantie gesehen wird, die anderen gegenüber ausgespielt wird, und dabei über eigene Verfehlungen hinweggegangen wird, zeigt, wie sich auch Menschen, die Gott eigentlich ganz nahe stehen, ihm auf eine subtile und doch nicht weniger gefährliche Weise entfremden. Paulus hat hier offensichtlich seine eigene Haltung vor seiner Christusbegegnung verarbeitet und verallgemeinert.

Es ist klar, dass Paulus damit zunächst die Stellung von Nichtjuden (»Heiden«) und Juden vor Gott charakterisiert. Aber es gibt Hinweise, dass Paulus ganz grundsätzlich zwei Weisen der Entfremdung von Gott kennzeichnet, die auch das Leben von Christen bedrohen (vgl. die Warnung an die Heidenchristen in 11,17–24). Wichtig ist für Paulus vor allem die grundsätzliche Feststellung in 3,22f: *Denn es besteht kein Unterschied: Alle haben gesündigt,* al-

II. Die ursprüngliche Botschaft des Briefs

so durch ihr verkehrtes Tun die Bestimmung ihres Lebens verfehlt; und *alle entbehren die Herrlichkeit Gottes*, d.h. es fehlt ihnen die Verbindung mit Gott und seinem Wesen und darum auch der »Glanz« und die Würde des Lebens, die ein erfülltes und gelingendes Leben ausmachen. Diese tödliche Entfremdung von Gott kann keiner von sich aus überwinden. Das ist die Situation, auf die Gott durch den Weg Jesu Christi antwortet.

4. *Es geht um Christus und um die Liebe, die Gott in ihm gelebt hat.* Im Mittelpunkt der Argumentation des Paulus im Römerbrief steht das, was Gott in Jesus Christus zur Rettung der Menschen getan hat. Schon im Briefkopf findet ein kurzes Christusbekenntnis Platz (1,3f), und im letzten Abschnitt der theologischen Ausführungen entfaltet Paulus noch einmal die Bedeutung des Dienstes Christi für Juden und Heiden (15,8–13). Paulus spricht im Römerbrief nicht vom »Wort vom Kreuz« (1Kor 1,18), aber immer wieder begründet er die frohe Botschaft mit der Bedeutung der Lebenshingabe Jesu. Davon handelt der zentrale Abschnitt 3,24–26, damit beschreibt Paulus den Inhalt des Glaubens in 4,25, so begründet er die Gewissheit der Liebe Gottes in 5,6–10. Tod und Auferweckung Christi sind Grundlage für die Wirklichkeit eines neuen Lebens (6,3–10) und für ein Leben in der Kraft des Geistes und der Freiheit der Kinder Gottes (8,3–11). In einer ersten Zusammenfassung der Botschaft des Briefs ist es Jesu Weg in den Tod, der die Gewissheit schenkt, dass uns nichts von Gottes Liebe trennen kann (8,31–39). Im Gespräch über den Weg Israels nimmt das Bekenntnis zur Auferweckung Jesu einen zentralen Platz ein (10,9f), und auch da, wo es um das Zusammenleben in der Gemeinde geht, wird die Beziehung zu Christus, der »starb und wieder lebendig wurde«, zum entscheidenden Maßstab (14,9.15; 15,3).
Paulus benutzt verschiedene Verstehenshilfen, um zu erklären, was Jesu Tod und Auferstehung für uns bedeuten. Dazu gehören der Sühnegedanke und die Vorstellung von der Notwendigkeit eines stellvertretenden Leidens und Sterbens. Aber keine dieser Erklärungen schöpft die Bedeutung dieses Ereignisses ganz aus. Und so umkreist Paulus mit seinen Erläuterungen das Geheimnis des Wunders, dass Gott selbst im Sterben Jesu das Elend menschlicher Schuld, menschlichen Leides und unseres Todes auf sich genommen und in Jesu Auferweckung überwunden hat. Jesus Christus ist in dem, was er tat und was er litt, die Verkörperung der Liebe Gottes, das menschgewordene Ja Gottes zu uns Menschen, durch das Gott unser offenes oder unbewusstes Nein zu ihm überwindet.
Fast alle der Aussagen über Christus stehen deshalb in enger Verbindung zu Thesen der paulinischen Rechtfertigungslehre (3,21–

26; 4,25; 5,6–10; 8,3–11.31–39; 10,9f). Sie erklärt, was Gottes Handeln in Christus für die Beziehung zwischen Gott und den Menschen bedeutet.

5. *Es geht um Rechtfertigung als Freispruch zum Leben.* Grundlage der Rechtfertigungslehre ist die Gewissheit, dass Gott im Christusgeschehen sein rettendes Ja zu den Menschen gesprochen hat (3,21–26). In der Verkündigung des Evangeliums wird dieses Ja allen Menschen zugesprochen (1,16f). Wer diese Zusage im Glauben annimmt und Gottes Ja für sich gelten lässt, der wird aus der Gefangenschaft der Sünde und des Todes herausgeführt, hinein in ein Leben in der Gemeinschaft mit Gott und in seinem Dienst (6,1–23). Gottes Liebe wird zum Zentrum eines solchen Lebens (5,5). Das schenkt die Gewissheit, Gottes Kind zu sein (8,14–16). Gott ist für uns: Das gibt Halt auch unter schwierigen Bedingungen (8,32–39). Das begründet vor allem die Hoffnung auf die Vollendung dieser Gemeinschaft mit Gott in der letzten Begegnung mit ihm und auf eine neue Existenz in einem für das Leben mit Gott erlösten Leib (8,10f). Aus dieser Hoffnung erwachsen die Bereitschaft und die Befähigung, das eigene Leben mit all seinen Möglichkeiten in den Dienst Gottes und seiner Gerechtigkeit zu stellen und gerade darin wahre Freiheit zu erleben (6). Das begründet einen Lebensstil, der sich von den Spielregeln der sonstigen Gesellschaft beträchtlich unterscheidet, gerade weil Christen versuchen, anderen in Liebe zu begegnen (12,1 – 15,6).

Aus dieser Hoffnung heraus entsteht auch eine tiefe Solidarität mit der noch unerlösten Schöpfung. Das Wissen, dass Gottes Ja seiner ganzen Schöpfung gilt, begründet die Zuversicht, dass Leiden und Tod nicht das letzte Wort über das Geschick der Geschöpfe Gottes sein wird, und aus dieser Zuversicht und dem Beistand des Heiligen Geistes erwächst die Motivation und die Befähigung, sich durch Beten und Handeln für die Menschen und ihre bedrohte Lebenswelt einzusetzen (8,19–27).

6. *Es geht um eine von Christus bestimmte Gemeinschaft.* Die Christen in Rom bilden keine »Gemeinde« im technischen Sinne und sind doch eine Gemeinschaft in Christus, deren Zusammenleben durch die Zugehörigkeit zu ihm bestimmt und geprägt wird. Darauf spricht sie Paulus an, und das gibt dem Brief ein stärkeres ekklesiologisches, d.h. auf das Wesen von Kirche hin ausgerichtetes Gewicht, als oft wahrgenommen wird. So vertritt Paulus seine Charismenlehre, die er in 1Kor 12–14 entwickelt hat, in einer revidierten Form, die sich auf die wesentlichen Funktionen in einer Gemeinde vor Ort und ihr Zusammenwirken konzentriert (12,3–8).

II. Die ursprüngliche Botschaft des Briefs

Paulus macht keine Vorschläge zur strukturellen Verbesserung des Miteinanders oder für eine einheitlichere Organisation. Es fehlt eine Mahnung, das Herrenmahl gemeinsam unter einer apostolisch autorisierten Leitung zu feiern. Das Herrenmahl wird nicht einmal ausdrücklich erwähnt. Dagegen gibt es die nachdrückliche Mahnung, einander anzunehmen und aufzunehmen, wie Christus uns aufgenommen hat (14,1 – 15,7). Angesichts der Tatsache, dass im Hintergrund Fragen im Blick auf gemeinsame Mahlzeiten stehen, dürfte dies auch die Mahnung zu großzügiger »eucharistischer Gastfreundschaft« eingeschlossen haben.
Die entscheidende ökumenische Bedeutung des Römerbriefs liegt darin, dass er zeigt: Kirchengemeinschaft beruht auf der Übereinstimmung im Evangelium und ist darum notwendigerweise missionarisch ausgerichtete Arbeitsgemeinschaft.

7. *Es geht um die bleibende Berufung Israels und das alle umfassende Erbarmen Gottes.* Eine neue Perspektive für Israel gehört sicher zu den wichtigsten Kennzeichen der Theologie des Römerbriefs im Vergleich zu den anderen Briefen des Paulus. Ausgangspunkt ist die Trauer darüber, dass sich die Mehrheit der Juden der befreienden Botschaft der Rechtfertigung allein aus Glauben verweigert. Paulus hält daran fest, dass Juden, die stattdessen auf eine Rechtfertigung aufgrund von Gesetzeswerken bauen, ihr eigentliches Ziel, in Gemeinschaft mit Gott nach seinem Willen zu leben, verfehlen. Aber zwei Überlegungen eröffnen eine neue Perspektive: Israels Verschlossenheit gegenüber der Botschaft des Evangeliums weist nicht nur auf die Schuld und die Tragik im Verhalten der Mehrheit der Juden. Sie erklärt sich auch daraus, dass Gott Israel zu diesem Verhalten bestimmt und es in den Unglauben »eingeschlossen« hat, damit der Weg frei wird für die Verkündigung des Evangeliums an die Nichtjuden (11,30–32). Dazu tritt die zweite Überlegung: Gott wird einen Weg finden, sein Ja zu Israel, das er nicht widerrufen hat, seinem Volk so nahe zu bringen, dass es sich ihm dankbar öffnen und Gottes alle umspannendes Erbarmen erfahren wird (11,25–27). Gerade die Rechtfertigungsbotschaft, an der Israel zu scheitern scheint, begründet die Hoffnung auf Israels Errettung.
Zwei wichtige Konsequenzen ergeben sich aus diesen Überlegungen: Es wird klar, dass auch der Glaube keine Leistung oder Errungenschaft der Glaubenden ist, auf die sie stolz sein können und gegen andere ausspielen. Glaube ist Geschenk und wird nie zum Besitz; er vollzieht sich immer im dankbaren Empfangen der Gnade und kann nicht zum Anlass werden, nicht glaubende Juden oder Nichtjuden zu verachten (11,17–24).

Weil Gottes Ja allen Menschen gilt, gibt es für Paulus auch einen Hoffnungshorizont, dass Gottes Erbarmen alle erreicht. Schon in 5,18f hat er im Vergleich der Wirkung von Adam und Christus diese Perspektive entwickelt. In 11,32 taucht sie noch einmal eindrucksvoll auf: *Gott hat sie alle in den Ungehorsam eingeschlossen, um sich aller zu erbarmen.* Wie sich diese Vision verwirklichen wird, darüber spricht Paulus nicht. Vor allem aber ist sie kein Grund, seinen missionarischen Auftrag zu vernachlässigen. Gerade umgekehrt: Weil seine Hoffnung allen Menschen gilt, darum sollen auch alle Menschen Gottes Ja im Evangelium hören und im Glauben daran ein neues, befreites und erfülltes Leben führen.

III. Die Wirkung des Briefs

Der Römerbrief ist wohl immer als ein bedeutendes Dokument apostolischer und christlicher Theologie angesehen und gewürdigt worden. Die theologische Brisanz und Dynamik dieses Schreibens wurde aber nicht immer erkannt. Es waren ganz bestimmte Umstände, die in verschiedenen Phasen der Theologiegeschichte dazu führten, dass die Botschaft des Römerbriefs neu gehört und ihre revolutionäre Kraft erkannt wurde.
In der Antike war es vor allem *Augustin* (354–430), der die Radikalität der Gegenüberstellung von Gesetz und Gnade bei Paulus neu entdeckte und sie zur Grundlage seines theologischen Denkens machte. In seiner Auseinandersetzung mit Pelagius, einem christlichen Lehrer, der zwischen ca. 400 und 420 wirkte und ein Zusammenwirken von Gottes Gnade und dem Willen des Menschen lehrte, wird Augustin die absolute Vorrangstellung von Gottes Gnade für die Rettung der Menschen bei Paulus wichtig. Dabei greift er auf die Aussagen von der Erwählung allein aus Gnade zurück, die Paulus in Röm 9 gemacht hat, und entwickelt daraus ein Lehre von der göttlichen Vorherbestimmung (Prädestination) zum Heil, die jedes Mitwirken des Menschen an seiner Errettung ausschließt. Auch der Glaube ist Gottes Geschenk. Problematisch ist, dass Augustin aus den Aussagen des Paulus über die Allgemeinheit der Sünde in Röm 5,12–21 eine Lehre von der *Erb*sünde entwickelt und diese mit dem Vollzug menschlicher Fortpflanzung verbindet. Aber in seiner Gnadenlehre hat er den Kern des paulinischen Anliegens aufgegriffen. Das gibt den Anstoß für die Neubesinnung der Reformatoren auf Paulus, aber auch für entsprechende Ansätze in der katholischen Reformbewegung.
Für *Martin Luther* (1483–1546) und die anderen Reformatoren, insbesondere *Philipp Melanchthon* und *Johannes Calvin*, wurde der

III. Die Wirkung des Briefs

Römerbrief zur Grundlage der neuen evangelischen Lehre. Eine frühe Vorlesung über den Römerbrief (1515/16) vertiefte die Bekanntschaft Luthers mit der Paulusauslegung Augustins und bereitete den Boden für seine aufbrechende reformatorische Erkenntnis vor. Zentral für sie ist die Einsicht, dass sich die Offenbarung von Gottes Gerechtigkeit im Evangelium (Röm 1,16f) nicht auf die strafende Gerechtigkeit, sondern auf die rettende, Heil schaffende Gerechtigkeit Gottes bezieht bzw. auf die uns in Jesus Christus zugesprochene und geschenkte Gerechtigkeit (Röm 3,21–26; darum übersetzt Luther: *die Gerechtigkeit, die vor Gott gilt*). Aus der Auslegung des Römerbriefs stammten auch die zentralen Stichworte reformatorischer Theologie: *allein aus Glauben – allein aus Gnade* (3,28; 4,16). Aus der Situation heraus wichtig, historisch aber nicht unproblematisch war die Gleichsetzung der *Gesetzeswerke*, die Paulus ablehnt, mit den *guten Werken*, deren Verdienstlichkeit die spätmittelalterliche katholische Theologie lehrte. Weil der Galaterbrief den Gegensatz Glaube – Werke noch schärfer herausstellte, wurde er für Luther besonders wichtig, während für die lehrmäßige Entfaltung der reformatorischen Lehre bei Melanchthon und Calvin der Römerbrief die maßgebliche Grundlage war.
Dass die Botschaft des Römerbriefes auch zum Sprechen kommen konnte, wo durch die zeitgenössische religiöse Situation kein scharfer Gegensatz zwischen »Werkgerechtigkeit« und »Glaubensgerechtigkeit« vorgegeben war, zeigt die methodistische Erweckungsbewegung unter der Leitung der Brüder *John* und *Charles Wesley* (1703–1791/1707–1788). Für sie war die Verbindung von Rechtfertigung und Heiligung wichtig. Nur durch Gottes Gnade und allein durch den Glauben wird ein Leben neu. Als Kennzeichen wahren Christseins galt für sie, dass *die Liebe Gottes in unsere Herzen ausgegossen ist durch den Heiligen Geist* (5,5).
In einer völlig neuen Perspektive las *Karl Barth* in den beiden Auflagen seiner Auslegung (1919/1922) den Römerbrief. In ihrem Zentrum stand die absolute Souveränität Gottes. Das Gericht über alles menschlichen Tun – und erscheine es auch noch so fromm – und die Unbedingtheit der Gnade Gottes weisen nach Barth darauf hin, dass Gott »ganz anders ist« und dass sein Handeln in keinem menschlichen System zu verrechnen ist. »Gott ist Gott« – diese Aussage ist zugleich die Abrechnung mit allen Versuchen, Gott für menschliche Zwecke zu vereinnahmen. Sie ist auch alleiniger Grund der Hoffnung, einer Hoffnung, die freilich ganz »unanschaulich« (vgl. Röm 8,24) bleiben muss, soll sie nicht alsbald wieder vom frommen Ich instrumentalisiert werden.
In der Auslegung der zweiten Hälfte 20. Jahrhunderts stehen sich zwei Tendenzen gegenüber. Anknüpfend an Grundeinsichten der

Reformatoren, denen sich inzwischen auch katholische Ausleger angeschlossen haben, wird die Rechtfertigungslehre des Römerbriefs als Auseinandersetzung zwischen einer menschlichen »Leistungsreligion« und der Rechtfertigung allein aus Gnade gelesen. Das jüdische Insistieren auf »Werke des Gesetzes« wird dabei als Musterbeispiel für eine solche »Werk- bzw. Leistungsgerechtigkeit« angesehen, die sich freilich in neuer Form bis in die Leistungsideologie unserer Zeit findet.

Dagegen steht eine »neue Perspektive« der Auslegung der paulinischen Rechtfertigungslehre und damit auch des Römerbriefs, die vor allem im angelsächsischen Bereich verbreitet ist und die Rechtfertigungslehre strikt auf dem Hintergrund der damaligen Fragestellung verstehen möchte. Es ging in der Auseinandersetzung mit Judentum und Judenchristen nicht um »Werkgerechtigkeit«, sondern um die Frage nach den Bedingungen für die Aufnahme der Heiden in das Volk Gottes. Sollten diese die »Identitätsmerkmale«, die Gottes Gesetz dafür vorsah, übernehmen oder nicht? Diese Fragen sind für uns heute nicht mehr relevant, weshalb auch bei einer unmittelbaren »Anwendung« der Aussagen des Römerbriefs Vorsicht geboten wird. Dieser Auslegung versucht den Römerbrief sehr viel stärker als Brief nach *Rom* zu verstehen und weniger als Zusammenfassung der paulinischen Theologie.

Blickt man auf die Geschichte der Auslegung des Römerbriefs, so fällt auch auf, dass manche Stellen über Jahrhunderte hinweg eine herausragende Bedeutung gehabt haben, die ihnen im Briefzusammenhang kaum zukommt, während andere zentrale Abschnitte so gut wie nicht beachtet wurden. So hat man vor allem im Protestantismus aus 13,1–7 so etwas wie eine Staatsdoktrin entwickelt, was wohl kaum die Intention des Paulus war. Dagegen haben die Kap. 9–11 in der christlichen Exegese jahrhundertelang so gut wie keine Beachtung gefunden und sind in ihrer Bedeutung – zumindest von der akademischen Auslegung – erst gegen Ende des 20. Jahrhunderts neu gewürdigt worden.

Es wäre vermessen, nun im Rückblick ein Urteil darüber fällen zu wollen, wer denn nun den Brief »richtig« ausgelegt habe. Denn auch unsere Einsicht ist ja bis zu einem gewissen Maß von unserer Situation und unserer kulturellen Brille beeinflusst. Angesichts der Vielfalt von Auslegungen mag sich ein kritischer Beobachter sogar fragen, ob denn die Ergebnisse nicht relativ beliebig seien und jede Zeit das gelesen habe, was sie lesen wollte.

Das wäre allerdings eine Übertreibung. Zwar hat die neuere Forschung im Blick auf das Verstehen von Texten gezeigt, dass auch die Lesenden und ihre Situation einen wichtigen Anteil daran haben, welche Bedeutung die Textaussage gewinnt. Aber die Diskus-

III. Die Wirkung des Briefs

sion über diese Fragen hat auch erbracht, dass es falsch wäre, daraus zu folgern, die Texte hätten gar keine eigene Bedeutung, diese würde erst durch die Lesenden in sie hineingetragen. Richtig aber ist, dass ein Text – und zwar auch ein biblischer Text – eine gewisse Bandbreite an Deutungsmöglichkeiten in sich trägt, die zu unterschiedlichen Zeiten und in unterschiedlichen Situationen von den Lesenden oder Hörenden unterschiedlich wahrgenommen und aufgenommen werden. Es ließe sich zeigen, wie in der Vielfalt der Deutungen des Römerbriefs doch so etwas wie ein roter Faden sichtbar wird. In aller Vorsicht könnte man dann wohl auch wagen, bei manchen Auslegungen festzustellen, dass sie sich ziemlich am Rand oder auch außerhalb der Bandbreite der Deutungsmöglichkeiten befinden, die in diesem Text angelegt sind.
Aber endgültige Urteile gibt es hier nicht. Wir befinden uns in einem Zirkel (oder vielleicht besser: in einer Spirale) des Verstehens: Wir fragen danach: Was wollte Paulus den Christen in Rom damals in seiner und ihrer Situation sagen. Wir wissen zugleich: Wir tun das durch die Brille unserer Gegenwart, selbst wenn wir versuchen, nicht unsere Fragen einzutragen, und durch die Erforschung der zeitgeschichtlichen Umstände auch in der Lage sind, uns ein Stück weit in die damalige Situation hineinzuversetzen. Wir dürfen allerdings darauf vertrauen, dass wir in der von uns gefundenen »ursprünglichen« Bedeutung des Textes die Impulse entdecken, die uns helfen zu sehen, welche Bedeutung diese Aussage für uns und unsere Situation hat. Dass das geschieht, ist freilich nicht nur das Ergebnis redlichen Forschens. Es ist Geschenk des Geistes Gottes.

IV. Die Bedeutung der Botschaft heute

Nach dem Gesagten wäre es vermessen, den Eindruck zu erwecken, als könne ein Ausleger allein *die* Botschaft des Römerbriefs für heute darlegen. Es kommt darauf an, dass Menschen versuchen, möglichst genau auf die ursprüngliche Botschaft des Briefs zu hören und so zu vernehmen, was Gott ihnen heute dadurch sagt.
Aber das schließt nicht aus, doch einige inhaltlichen Punkte zu nennen, von denen wichtige Impulse für heutigen Glauben und heutiges Handeln in Kirche und Gesellschaft ausgehen könnten:

1. Im Mittelpunkt des Briefs steht die missionarische Kraft des Evangeliums, der frohen Botschaft von Gottes Handeln in Jesus Christus. Sie gilt allen Menschen und hat die Kraft, auch religiöse, kulturelle und soziale Schranken und Grenzen zu überwinden. Da-

ran zu glauben ist nicht Zeichen eines kirchlichen Imperialismus, sondern Ausdruck der Gewissheit, dass Gottes gnädiges Ja und seine verlässliche Liebe allen gelten.

2. Die Botschaft des Briefs kreist um zwei Brennpunkte: Der eine ist die universale Wirkung des Handelns Gottes in Jesus Christus, aus dem heraus eine neue Menschheit entsteht, die so umfassend ist wie die »alte« Menschheit, die sich von Adam herleitet. Der andere Brennpunkt ist die Überzeugung, dass Gottes Ja zu seiner befreienden und rettenden Wirkung bei den Menschen kommt, die es im Vertrauen auf Gottes Zusage für sich gelten lassen. Paulus versucht nicht, diese beiden Brennpunkte in eins zu setzen. Beides ist wichtig: der globale Horizont des Wirkens Gottes und die existentielle Bedeutung des persönlichen Glaubens. Die christliche Kirche war nicht selten in Gefahr, den einen oder den anderen Brennpunkt (oder manchmal beide) aus den Augen zu verlieren. Das Hören auf die Botschaft des Römerbriefs könnte uns helfen, Globalisierung nicht nur als Bedrohung zu erleben, sondern ihr aufgrund der globalen Perspektive der Liebe Gottes ein menschliches Gesicht zu geben, und zugleich die lebenswichtige Bedeutung der ganz persönlichen Begegnung mit dieser Liebe festzuhalten.

3. Die Wirklichkeit und Kraft der Liebe Gottes in einer lieblosen und dem Tod verfallenen Welt zeigt sich für Paulus in Tod und Auferstehung Jesu. Auch wenn die Verstehensmodelle der damaligen Zeit, die Paulus zur Erklärung dieses Geschehens verwendet, uns nicht mehr unmittelbar ansprechen, so bleiben Gewicht und Bedeutung seiner grundsätzlichen Aussage davon unberührt: Gott zeigt seine Liebe dadurch, dass er in Leben, Leiden und Sterben Jesu das ganze Leid und den tiefen Schmerz menschlicher Lebensverfehlung und ihrer Folgen auf sich nimmt und für uns trägt. Das ist die Antwort des Paulus auf die unausgesprochene Frage nach der Theodizee, nach Gott und dem Leid. Gottes Liebe und das Leben, das sie schafft, sind stärker als Sünde, Leid und Tod. Das erweist die Auferweckung Jesu. Die Botschaft von Gottes befreiender Solidarität mit seinen Geschöpfen hat nichts an ihrer Kraft verloren. Dass uns nichts von der Liebe Gottes trennen kann, die er für uns in Jesus Christus gelebt hat, gibt auch heute in Grenzsituationen des Lebens entscheidenden Halt.

4. Rechtfertigung ist Freispruch zum Leben: Freispruch von der Anklage einer verfehlten Vergangenheit, Freispruch von den Besitzansprüchen von Mächten und Gewalten, an die sich Menschen innerlich verkauft haben, Befreiung aus der Gefangenschaft eines

IV. Die Bedeutung der Botschaft heute

Status- und Leistungsdenkens, das Menschen in ganz unterschiedlichen Bereichen ihres Lebens gefangen hält. Rechtfertigung ist Zusage neuen Lebensrechts, Ausdruck unbedingter Wertschätzung durch Gott, die vor allen denen gilt, die an ihrem Recht zu leben zweifeln. Aber auch diejenigen leben davon, die meinen, ihr Lebensrecht durch religiöse Garantieerklärungen oder säkulare Leistungsnachweise sichern zu können. Vor Gott zählt allein, sich seiner Liebe anzuvertrauen. Gerade das aber befreit dazu, das Leben in der Gemeinschaft mit Gott und im Dienst seiner Gerechtigkeit zu leben.
Paulus erörtert diese Fragen im Dialog mit jüdischen Gesprächspartnern. Es geht um die Geltung des Gesetzes für Heidenchristen, aber auch um die Bedeutung des Glaubens für die Juden. Paulus behandelt diese Fragen aber in einer Weise, die seine Antwort auch für neue, vergleichbare Fragestellungen wichtig macht:
Wo Menschen ihr Leben darauf bauen, dass sie zu einer bevorzugten Gruppe gehören und dies an bestimmten Identitätsmerkmalen festmachen, wo sie sich auf ihre Leistung, auf ihren Besitz oder auf andere Statussymbole verlassen oder ihren Selbstwert aus dem Vergleich mit anderen schöpfen, da ruft sie die Rechtfertigungsbotschaft auch heute dazu auf, sich aus diesen trügerischen Selbstrechtfertigungsritualen befreien zu lassen und ihr Leben ganz Gott anzuvertrauen.
Wo Menschen daran resignieren und verzweifeln, dass sie nicht »dazu«gehören, wo sie den Eindruck haben, dass ihr Leben keinen Wert hat, und wo Menschen glauben, dass ihr Leben durch eigene (oder fremde) Schuld verpfuscht ist und sich von Gott und Menschen verlassen sehen, da sagt ihnen die Rechtfertigungsbotschaft zu, dass Gottes Ja in Christus gerade ihnen gilt und er sie in seiner Liebe annimmt.

5. Die Annahme durch Gott findet ihre Entsprechung in der Gemeinschaft der Christen. Alle, die Gott in seine Gemeinschaft aufgenommen hat, haben auch in der Gemeinschaft der Christen ihren Platz. Dass sie in manchen Fragen unterschiedliche Überzeugungen haben, kann das nicht in Frage stellen. Es gibt eine gemeinsame Basis in der Beziehung zu Gott und eine gemeinsame Aufgabe in der Weitergabe des Evangeliums. Unterschiedliche Begabungen helfen, diese Aufgabe gemeinsam zu bewältigen. Der Römerbrief ist eine intensive Aufforderung, auch über unterschiedliche Meinungen in theologischen Einzelfragen und unterschiedliche Organisationsformen hinweg auf der Grundlage des gemeinsamen Verständnisses des Evangeliums zu einer missionarisch orientierten Kirchengemeinschaft zusammen zu finden.

6. Gott ist nicht nur ein Gott der Christen. Diese Überzeugung ist die zwingende Folge der paulinischen Aussage, dass Gott nicht nur ein Gott der Juden ist. Für Paulus hat das nicht bedeutet, die Götter der Griechen und Römer zu christianisieren oder gleichwertig neben den Gott Israels zu stellen. Für ihn bedeutete das, das Wirken Gottes auch jenseits der Identitätsmerkmale zu erkennen, die traditionell als Grenzmarkierungen für sein Handeln gelten. Paulus mutet uns also heute zu, Gottes Wirken in Jesus Christus auch dort zu denken und zu glauben, wo wir davon noch gar nichts zu sehen meinen. Paulus nimmt »Religion« als Ahnung Gottes ernst und kritisiert sie zugleich als Form menschlicher Gottesbemächtigung. Darum bleibt es gemeinsamer Auftrag der Christen, Menschen anderer Religionen und Weltanschauungen, einschließlich der bewussten oder unbewussten Atheisten, zu sagen, dass sie in Christus Gott und seinem Ja begegnen, und sie einzuladen, dies im Glauben an ihn zur Wirklichkeit ihres Lebens werden zu lassen. Die Frage, wie sich das auch an äußeren Merkmalen zeigen sollte, ist immer wieder neu zu überdenken. Für die Begegnung mit dem Judentum ist grundlegend, dass Gott sein Ja zu Israel nicht widerrufen hat. Ein Leben, das von der Gnade in Christus geprägt wird, ist das einzig legitime Christuszeugnis ihm gegenüber.

7. Kein Brief des Paulus spricht so ausführlich über das Leben der Christen in der Gesellschaft wie der Römerbrief. Und obwohl sich die gesellschaftlichen Verhältnisse seit dieser Zeit grundlegend verändert haben, hat das bleibende Bedeutung. Dabei geht es nicht nur um die positive Einschätzung staatlicher Ordnung als Gabe Gottes (13,1–7). Es geht vor allem um das konstruktiv kritische Verhalten der Christen in der Gesellschaft. Es ist ganz von der Liebe bestimmt. Darum wird es unangepasst bleiben und ein kritisches Gegenüber zu vielen gesellschaftlichen Normen darstellen. Die Solidarität mit einer leidenden Schöpfung wird sich auch im politischen Handeln zeigen. Weil es aber der Liebe immer um das Leben des anderen geht, bleibt die »Kernkompetenz« der Christen, das, was sie von Gott an Liebe empfangen haben, als Licht der Welt und Salz der Erde anderen weiterzugeben.

8. Dazu tritt ein letzter zusammenfassender Gesichtspunkt: Für Paulus offenbart sich im Evangelium von Jesus Christus Gottes Gerechtigkeit, sein Ja zu allen Menschen. Dass Christus für die Schwachen und Gottlosen starb, ist für ihn der tiefste Ausdruck der alle umfassenden Liebe Gottes. Die Konsequenz, mit der Paulus das in seiner Rechtfertigungslehre vertritt, entspricht der Radikalität, mit der Jesus die Nähe der Herrschaft Gottes als Gottes Ja für die

IV. Die Bedeutung der Botschaft heute

Armen und Sünder gelebt und verkündigt hat. Im paulinischen Evangelium lebt die Botschaft Jesu weiter und trägt Gottes befreiendes, versöhnendes und neu schaffendes Handeln hinein in eine Welt, die von Zertrennung, Zerstörung und Tod gezeichnet ist. Darin liegt seine bleibende Bedeutung.

Weiterführende Literatur

a) *Allgemeinverständliche Auslegungen*

Althaus, Paul, Der Brief an die Römer (Das Neue Testament Deutsch 6), Göttingen (1935) ¹³1978
Barth, Karl, Kurze Erklärung des Römerbriefs, München (1956) 1967
Kertelge, Karl, Der Brief an die Römer (Geistliche Schriftlesung zum Neuen Testament 6), Düsseldorf (1971) ³1989
Pesch, Rudolf, Der Römerbrief (Neue Echter-Bibel. Neues Testament 6), Würzburg 1983
Pohl, Adolf, Der Brief des Paulus an die Römer (Wuppertaler Studienbibel), Wuppertal 1988
Stuhlmacher, Peter, Der Brief an die Römer (Das Neue Testament Deutsch 6), Göttingen 1989
Theobald, Michael, Römerbrief I/II (Stuttgarter kleiner Kommentar – Neues Testament), Stuttgart I (1992) ²1998 / II 1993

b) *Wissenschaftliche Kommentare*

Barth, Karl, Der Römerbrief, Zürich (1922) ¹³1984
Dunn, J.D.G., Romans 1–8 / Romans 9–16 (Word Biblical Commentary 38 A/B), Dallas 1988
Fitzmyer, Josef A., Romans. A New Translation with Introduction and Commentary (Anchor Bible 33), London / New York 1993
Haacker, Klaus, Der Brief des Paulus an die Römer (Theologischer Handkommentar zum Neuen Testament 6), Leipzig (1999) ¹³2002
Jewett, Robert, Romans (Hermeneia), Minneapolis 2007
Käsemann, Ernst, An die Römer (Handbuch zum Neuen Testament 8a), Tübingen (1973) ⁴1980
Lietzmann, Hans, An die Römer (Handbuch zum Neuen Testament 8), Tübingen ⁴1933
Lohse, Eduard, Der Brief an die Römer (Kritisch-exegetischer Kommentar über das Neue Testament IV), Göttingen 2003.
Michel, Otto: Der Brief an die Römer (Kritisch-exegetischer Kommentar über das Neue Testament IV), Göttingen (1955) ⁵1978
Schlatter, Adolf, Gottes Gerechtigkeit. Ein Kommentar zum Römerbrief, Stuttgart (1935) ⁵1975
Schlier, Heinrich, Der Römerbrief (Herders Theologischer Kommentar zum Neuen Testament VI), Freiburg u.a. (1977) ²1979

Wilckens, Ulrich, Der Brief an die Römer I–III (Evangelisch-Katholischer Kommentar VI/1–3), Neukirchen-Vluyn/Düsseldorf I (1978) ⁴2008 / II (1980) ⁴2003 / III (1982) ⁴2008

c)   Einführung in die Auslegung des Römerbriefs

Theobald, Michael, Der Römerbrief (Erträge der Forschung 294), Darmstadt 2000.

Bei Zitaten aus der Literatur verweisen Verfassername und Seitenzahl auf die oben genannten Werke.

Abkürzungen

Altes Testament
Gen	Buch Genesis = 1. Buch Mose
Ex	Buch Exodus = 2. Buch Mose
Lev	Buch Levitikus = 3. Buch Mose
Num	Buch Numeri = 4.Buch Mose
Dtn	Buch Deuteronomium = 5. Buch Mose
Jos	Buch Josua
Ri	Buch der Richter
Rut	Buch Ruth
1/2Sam	Erstes und zweites Buch Samuel
1/2Kön	Erstes und zweites Buch der Könige
1/2Chr	Erstes und zweites Buch der Chronik
Esra	Buch Esra
Neh	Buch Nehemia
Est	Buch Ester
Hiob	Buch Hiob = Ijob
Ps	Buch der Psalmen
Spr	Buch der Sprüche Salomos = Sprichwörter
Pred	Buch des Predigers = Kohelet
Hld	Hohelied Salomos
Jes	Buch Jesaja
Jer	Buch Jeremia
Klgl	Klagelieder Jeremias
Ez	Buch Ezechiel = Hesekiel
Dan	Buch Daniel
Hos	Buch Hosea
Joel	Buch Joel
Am	Buch Amos
Obd	Buch Obadja
Jon	Buch Jona
Mi	Buch Micha
Nah	Buch Nahum
Hab	Buch Habakuk
Zef	Buch Zefanja
Hag	Buch Haggai
Sach	Buch Sacharja
Mal	Buch Maleachi

Apokryphen
Jud	Buch Judith
Weish	Weisheit Salomos

Tob   Buch Tobias
Sir   Buch Jesus Sirach
1/2Makk   Erstes und zweites Buch der Makkabäer

Neues Testament
Mt   Evangelium nach Matthäus
Mk   Evangelium nach Markus
Lk   Evangelium nach Lukas
Joh   Evangelium nach Johannes
Apg   Apostelgeschichte
Röm   Brief an die Römer
1/2Kor   Erster und zweiter Brief an die Korinther
Gal   Brief an die Galater
Eph   Brief an die Epheser
Phil   Brief an die Philipper
Kol   Brief an die Kolosser
1/2 Thess Erster und zweiter Brief an die Thessalonicher
1/2 Tim   Erster und zweiter Brief an Timotheus
Tit   Brief an Titus
Phlm   Brief an Philemon
Hebr   Brief an die Hebräer
Jak   Brief des Jakobus
1/2 Petr   Erster und zweiter. Brief des Petrus
1/2/3Joh   Erster, zweiter und dritter Brief des Johannes
Jud   Brief des Judas
Offb   Offenbarung des Johannes

Schriften des Judentums
1QM   *Milchama* / Kriegsrolle aus Höhle 1 von Qumran
1QH   *Hodayot* / Hymnenrolle aus Höhle 1 von Qumran
4QMMT   *Miqsat Ma'aseh ha-Torah* / Brief zu Fragen des Gesetzes aus Höhle 4
CD   Damaskusschrift
Shab   Shabbat (Traktat im Babylonischen Talmud)

Griechisch-römische Literatur
Bell   Lukan (30 – 65 n.Chr.) Bellum Civile
Cleom   Plutarch (45 – 125 n.Chr.) Kleomenes
Ep 1   Horaz (65 – 8 v.Chr.) Epistulae
Ep   Seneca (4 – 65 n.Chr.) Epistulae
EurMed   Euripides (485-407 v.Chr.) Medea
Metam   Ovid (43 v. – 18 n.Chr.) Metamorphosen
Sat   Horaz (65 – 8 v.Chr.) Satiren
Trist   Ovid (43 v. – 18 n.Chr.) Tristien

Bibelübersetzungen
EÜ   Einheitsübersetzung
LÜ   Lutherübersetzung
REB   Revidierte Elberfelder Bibel
ZB   Zürcher Bibel

Register wichtiger Begriffe

Es werden nur die Stellen angeführt, an denen ausführlichere Erklärungen zu den genannten Begriffen zu finden sind.

Abba/Vater 144f
Apostel 17.270.272–274
Auferstehung/Auferweckung 77–79.105.141.182.191.245
Barmherzigkeit s. Erbarmen
Bedrängnis/Leiden 85.148.161f
Begierde 34.99.106f.121f.128.134f.237
Berufung 155f.169f
Beschneidung 46f.49.66.73.75.264
Brüder/Schwestern 25.116f
Buße s. Umkehr
Charismen/Gnadengaben 210–212
Christus/ In Christus 17.60.94.133.168.179.208f.237.263f
Dienst 210f.215.253.264.271.277.283
Ebenbild Gottes/Christi 156
Erbarmen (Gottes) 23.172.174f.197.203.212.265
Erlösung 60.151f
Erneuerung 206
Erwählung/Vorherbestimmung 155f.158.172–175.185f.197
Evangelium 18f.26–28.43.271.274.295
Fleisch 19f.56.112.124.126.135–139.142f.170.237
Freiheit 133–137.141.146.149f
Freude 253.267
Friede 82f.219.252f.267.281.290f
Gebet 24.145.153.279
Gehorsam 21.98.110.197.272.290.296
Geist / Heiliger Geist 19f.47.86.117.133.138–147.151.153f.214.252f
Gemeinde 22.207–213.239–264.283ff
Gerechtigkeit (Gottes) 28f.50.58f.63f.70–72.140.176–182.252f
Gericht 32.41–43.50.220.246
Gesetz 42f.54f.58.64–67.75.94.98f.116–134.137f.176–182.231f
Glaube 21.28–30.63.65f.69–73.75–78.82f.176–182.185.193.208.210.239f. 255f.267
Gnade 21.60.69f.75.83.95.99.102.107.110–115.188f.207.209.270.293f
Gottesdienst 204f
Gottesfurcht 53.193
Gottlose 71.87.91
Griechen 25.28.182
Gutes (Böses) tun 41.51.124.126f.155.206.214.218f.221.224f.251.290

Heiden s. Völker
Heil/Rettung 28f.182.132.197.234
Heilige, Heiligung 22.112f.191f.216.277.283
Herr 20.181.183.243–246
Herrlichkeit (Gottes) 33.41f.59.83.104.146.148f.167.265f
Hoffnung 77.83.85f.149.152.267
Homosexualität 35–38
Juden/Judentum/Israel 28.44–57.66.166–201
Kinder/Söhne/Töchter Gottes 143–148.151.167.170
Kirche s. Gemeinde
Kuss, heiliger 286
Leben/ewiges Leben 41.114.120–141.245
Lehre 111.211.289
Leib 106f.128.141–143.151f.203f
Leib Christi 117.208f
Liebe (Gottes/Christi) 22.86–90.161–165.188
Liebe zu Gott/Nächsten 155.214.216.230f
Opfer 203f.271
Prophetie 210
Rechtfertigung 42f.50.55.60–68.71f.79.82.89.91.96f.106.156.160.182f.197
Reich Gottes 252f
Rettung s. Heil
Ruhm, Rühmen 63f.69f.83f.196f.272
Sammlung für Jerusalem 277–280
Schöpfer, Schöpfung 33f.76f.149–151
Schwache/Starke 238–262; vgl. 87
Sklave (Gottes/der Sünde) 16.110–112.144.243
Sohn Gottes 19.135f.156.158f
Staat 222–229
Sühne 61–63.79.89f.136
Sünde 52.54f.59.72.89.93–95.98f.102f.106f.110–114.119–137
Taufe 103–105
Tod Jesu 61–63.79.87–91.103–106.117.136.158ff.245
Tod, Sterben 96.114.117–139.245
Umkehr 40
Ungesetzlichkeit 112
Unreinheit 112.250
Unterordnung 223.226
Verheißung 74f.77f.170.265
Vernunft 128f
Versöhnung 91.191
Völker/Heiden 21.42f.66.76.176.182.190f.195.265.271f.278f
Wahrheit 33.50.265
Welt(zeit) 205
Werke (des Gesetzes) 54f.66.69.171
Wort Gottes, Heilige Schrift 49.51.58.260
Zorn Gottes 32.40f.75.220

Bei Fragen zur Produktsicherheit wenden Sie sich bitte an:
If you have any questions regarding product safety, please contact:

Brill Deutschland GmbH
Robert-Bosch-Breite 10
37079 Göttingen
info@v-r.de